«Una historia llena de integridad,
que distingue a Rivers. La trayec
Gracias por compartir esto con no

«Conozco el terror, el miedo, los golpes, la imposibilidad de escapar
y la locura de la infancia violenta [de Víctor Rivas Rivers]. Ésa fue
mi infancia. Ahora, conozco a Víctor... valiente, sincero, brillante y
bondadoso. Este libro... insta a todos nosotros a romper el aislante
y extenuante silencio para contar nuestras historias».
—Eve Ensler, autora de *Los monólogos de la vagina*,
ganadora del premio Obie

«Cautivante, poderoso y conmovedor... [este] auténtico relato de
cómo un niño fue criado por una aldea de individuos tiernos y
valerosos... nos inspira a todos... Magistralmente escrita».
—Melanie Griffith y Antonio Banderas

«Víctor Rivers ha ayudado a Lifetime Television a propagar la voz
sobre la importancia de que mujeres y hombres trabajen juntos
para frenar la violencia... Ha contado esta historia para que otros,
especialmente los niños, puedan escapar de la violencia».
—Meredith Wagner, vicepresidente ejecutivo, Asuntos Públicos
Lifetime Entertainment Services

«Lean su libro... me siento muy orgulloso de él, como sé que lo
están todos sus antiguos entrenadores y compañeros de equipo».
—Bobby Bowden, director deportivo, del equipo de fútbol
Seminoles de la Universidad del Estado de la Florida.

ASUNTO

DE FAMILIA

MEMORIAS

Víctor Rivas Rivers

Portavoz de la National Network
to End Domestic Violence
(Red Nacional para
Erradicar la Violencia Doméstica)

Traducción de Vicente Echerri

ATRIA BOOKS
New York   London   Toronto   Sydney

ATRIA BOOKS
1230 Avenue of the Americas
New York, NY 10020

ISBN-13: 978-1-4165-3729-8
ISBN-10: 1-4165-3729-5

Primera edición en español de Atria Books, octubre 2006

10 9 8 7 6 5 4 3 2 1

ATRIA BOOKS es un sello editorial registrado de Simon & Schuster, Inc.

Impreso en los Estados Unidos de América

Para obtener información respecto a descuentos especiales
en ventas al por mayor, diríjase a *Simon & Schuster Special Sales*
al 1-800-456-6798 o a la siguiente dirección electrónica:
business@simonandschuster.com

Para mami, Tony, Ed, Barbie y Carmen
y
en amorosa memoria de Robert Rivas

índice

reconocimientos

En primer lugar, quiero expresarle mi más profunda gratitud a Mim Eichler Rivas, mi guía espiritual y literaria, quien también es mi esposa. Sin ti, mi trayectoria a través de este libro y, lo que es aún más importante, mi vida, no habría sido tan rica ni tan plena. A mi hijo, Eli, cuya sabiduría y amor me han ayudado a exorcizar muchos de mis demonios. Gracias. Los quiero a ambos hasta el infinito.

Mi gratitud se extiende a los ángeles que me ayudaron a traer este libro al mundo: Malaika Adero, por tu perspicacia editorial; Judith Curr por tu cordialidad y orientación; Justin Loeber y Michelle Hinkson por una campaña publicitaria estelar; y a todos en Atria Books, con quienes trabajar ha sido un placer. A mi agente, Joe Regal, gracias por tus contribuciones literarias, tu protección y tu estimulante camaradería.

Finalmente, a Donna Edwards, Lynn Rosenthal, al pueblo donde me crié y a todos los que siguen abogando por salvar vidas y rescatar almas, muchas gracias.

Intentaré retribuir a otros.

nota del autor

Ésta no es una obra de ficción. Los acontecimientos, acciones, experiencias y sus consecuencias han sido fielmente narrados aquí como yo los recuerdo. No obstante, se han cambiado los nombres y rasgos característicos de ciertos individuos.

Las conversaciones que se presentan como diálogos se han recreado a partir del vívido recuerdo que conservo de ellas, pero no pretenden reproducir un testimonio literal, palabra por palabra; más bien se proponen evocar la esencia de lo que realmente se dijo y el espíritu de lo que en ellas se expresó.

ASUNTO
DE FAMILIA

prólogo:
el loco

É STE ES UN RELATO ACERCA de cómo el amor me salvó, en un
momento en que la mayoría de la gente me daba por perdido.

Mi tránsito de niño problemático a joven iracundo en necesidad
de salvación ocurrió luego de un período preciso de cuatro días en el
verano de 1970, en la niebla que precede al amanecer en un segmento
de la carretera interestatal 10, cerca del pueblo de Sierra Blanca, en
Texas. El momento exacto quedó marcado cuando entramos en el
borde de grava de la carretera al tiempo que nuestro sobrecargado pisicorre[1] Impala 63, marrón y dorado, se abalanzaba fuera de control
hacia el precipicio oscuro y pedregoso que se hundía al borde de la
grava. Además del peso de cuatro niños aterrados y del chofer, dormido en el volante, el Impala remolcaba un pequeño yate de motor
con camarote, repleto como un camión de mudanzas, cuyo tonelaje

---

1 *Pisicorre*, cubanismo para llamar a un *station wagon*. (N. del T.)

1

aumentaba el impulso que intensificaría el impacto ciertamente fatal de nuestra inminente colisión.

A los catorce años, el secuestro no era aún un concepto que yo habría sabido emplear para referirme a lo que nos sucedía, aunque hubiera habido señales de advertencia de que estaba ocurriendo algo más peligroso que lo habitual. El primer indicio tuvo lugar cuatro días antes, por la mañana, cuando mis tres hermanos y yo fuimos súbitamente llamados a la cocina por la vociferante voz de mi padre.

El día en Los Ángeles había amanecido seco, caliente y calmado. Tiempo de terremoto. Otras señales me pusieron en guardia: la tersura del aire, los desagradables olores de sobras del galán de noche mezclado con el de la basura sin recoger y el constante zumbido de los insectos. Pero era una ausencia lo que más me alarmaba: la de mi madre.

Mami faltaba de casa desde hacía por lo menos un día, sin que nadie comentara o explicara el hecho de que había desaparecido.

¡Bíctor! Resonó su voz una vez más. La manera en que mi padre pronunciaba mi nombre tenía una traza del sonido de la *b* con que los cubanos suelen pronunciar la *v.* Ciertas palabras denotaban su acento, si bien él había llegado a dominar el inglés, mejorando los rudimentos que adquiriera en su adolescencia en la escuela militar de Georgia. Le gustaba presumir de que mis abuelos ricos habían podido darse el lujo de enviarlo allí, a la espera de que su problemático hijo menor —El Ciclón, como lo llamaban sus amigos— pudiera ser domado.

Pero de esa época él sólo conservaría el meticuloso comportamiento militar, nada iba a domar nunca a Antonio Rivas, o al americanizado Anthony, como era conocido entonces. Para nosotros, él era Dad o papi, y para mi madre, simplemente Tony.

Aliviado de que no era solo a mí que me llamaba a la cocina, me apresuré a reunirme allí con mis hermanos al tiempo que repetía en silencio el lema del soldado Joe. Unos pocos años antes, a mediado de los sesenta, con Vietnam en las noticias diarias, el haberme portado bien por un tiempito me valió que complacieran mi deseo de tener un soldado Joe parlante. El muñeco resultó estar defectuoso. No hacía más que repetir la misma frase: «me han impuesto una dura tarea». Aprendí a decir eso con la misma voz grabada del soldado Joe, resuelto, comprometido en el cumplimiento de un deber superior. La frase se convirtió en mi mantra hablado y silente, efectivo para enfrentar cualquier cosa que pudiera acecharme en la pieza de al lado.

De pantalones caqui y pulóver planchado y arremangado, precisamente para destacar sus robustos brazos, Dad estaba sentado a la mesa de la cocina. Con una ingenua sonrisa en el rostro, esperaba en silencio, fumándose un cigarro[2] y bebiéndose el último de sus cafés cubanos —Bustelo, una marca de café exprés que él saturaba de azúcar. Nosotros cuatro, vestidos con una variedad de vaqueros cortados, camisetas y zapatos tenis, nos alineábamos frente a él como si fuéramos soldados durante una inspección. En posición de firmes, no de descanso.

Mi hermano Tony, con dieciséis años, estaba por entrar en el último curso de la escuela secundaria, mientras yo iba a ingresar en el décimo grado. Él sólo me llevaba quince meses, pero resultó ser bastante genial y había saltado un grado, en contraste con mi carrera escolar de problemático y desajustado. Mis hermanos menores, Eddie y Barbie, de nueve y casi cuatro años, respectivamente, eran brillantes y se portaban bien, no como había sido yo a la edad de ellos. Aunque la individualidad era estrictamente desalentada en la tropa de mi padre, cada uno de nosotros tenía su modo particular de prever sus estados de ánimo. Tony —contenido y maduro, con su destreza para librarse de un conflicto— se mantenía al frente de la fila, exteriormente tranquilo y sin dar muestras de ninguna emoción. Eddie, que estaba junto a él, se mostraba nervioso y su cuerpo delgaducho empezaba a temblar. La tercera en la fila era Barbie, una muñequita de tez olivácea con la cabeza llena de cortos crespos negros. Dulce, femenina, inocente, pero asustada, se colocó a un paso detrás de mí, al final.

Mientras Dad apagaba el cigarro y se ponía de pie, me puse tenso y

---

2 La manera de llamar en Cuba a un cigarrillo. En este libro siempre lo usamos en ese sentido. (N. del T.)

abrí las piernas al tiempo que contraía los músculos del estómago, del pecho y de la espalda —un acto reflejo al estar en su presencia al tiempo que me preparaba para la dura tarea, prestándole atención hasta el mínimo detalle, como si lo grabara para la historia. Éste era el papel que yo había asumido como reportero del tribunal de familias, cuyo deber era recordarlo todo para presentarlo posteriormente en el juicio, arguyendo mi caso ante un juez y un jurado que existían sólo en mi imaginación.

—Nos mudamos a Miami —anunció Dad, aún con su plácida sonrisa— tan pronto empaquemos, mañana o pasado mañana.

Al principio, ninguno de nosotros dijo ni una palabra, ni intercambiamos miradas, ni respondimos con entusiasmo o no. Una mudada al sur de la Florida —donde vivían muchos emigrados cubanos, incluida la mayoría de nuestros parientes— no era ilógica; Dad había estado acariciando la idea durante algún tiempo. De tarde en tarde, concebía toda suerte de planes y proyectos que nunca realizaba.

Excepto por el tictac del reloj del fogón, no hubo más que silencio, que yo al fin rompí al preguntar lo obvio:

—¿Dónde está mami?

El fingió no haberme escuchado y se alejó. De repente se detuvo en el lugar, con los músculos posteriores de los brazos contraídos y se volvió de pronto. Los ojos entrecerrados, la sonrisa había desaparecido.

Para mirarme directamente, Dad tenía la humillante necesidad de levantar la barbilla, para ver la terrible verdad: el hecho de que durante el último año me había atrevido a crecer varias pulgadas por encima de su estatura en mi camino a alcanzar los seis pies, dos pulgadas. Pero en todos los sentidos mi padre seguía imperando sobre mí. Su presencia era enorme y llenaba la pequeña cocina con la fuerza de su ser, un ejército invasor en sí mismo, sometiendo la atmósfera que respirábamos, el suelo que pisábamos. Le devolví la mirada, mi campo visual abarcaba la totalidad de sus cinco pies diez pulgadas y doscientas libras de peso.

Papi siempre había parecido más grande de lo que era, gracias a una ancha estructura ósea, el torso musculoso y los muslos macizos. Todos nosotros íbamos a tener los notorios «muslos Rivas». A pesar de su volumen, papi se las arreglaba para moverse con la inusitada elasticidad de un felino. No con deslumbrante velocidad, sino con la agilidad natural de un atleta por encima del promedio —dueño de una sorprendente coordinación visual y muscular— o de una cobra.

Desvió la mirada, dudando si responder o no responder en absoluto, y al mirarlo de perfil, tuve un fugaz sentimiento de admiración. A veces papi era notablemente apuesto, como un actor de cine de otros tiempos, aunque sus rasgos, juzgados individualmente, eran imperfectos: una nariz ancha con las fosas nasales abocinadas; una boca común con un labio superior fino que se abría para dejar ver una pronunciada abertura entre sus dientes; una piel demasiado blanca que se cuarteaba y se quemaba fácilmente y, lo más odioso de todo para él, unas entradas que se ampliaban y le hacían retroceder el fino cabello castaño rojizo, que se le iba encaneciendo. Dad luchaba contra estos defectos alterando su apariencia con patológica frecuencia: con rápidos aumentos o pérdidas de peso, cambios en el peinado y en el color del pelo (se había destacado por usar una peluca de Beatle), varios tipos de bigotes y barbas (o bien afeitado) y toda una variedad de disfraces. Por extraño que parezca, él mudaba estas diferentes apariencias con bastante éxito, como un espía de la guerra fría, o así creía yo, como si su capacidad de resultar convincente como empresario un día o como hippie al siguiente fuera un asunto de vida o muerte.

Había, sin embargo, una constante: sus ojos. Eran inolvidables y para mí, constituían un resumen de todo su carácter. Tenían un color avellanado —un color que yo heredé de él, aunque el mío se había ido haciendo más verde que el tono ámbar de los suyos, que era casi inhumano. No tenía, como yo, los ojos grandes y almendrados, sino que se asemejaban a los de un reptil, casi como dos cuentas, a los que unas pestañas cortas y finas y unas cejas poco pobladas hacían más intensa su apariencia letal.

Dad se volvió para mirarme de frente. Él podía intimidar, consolar, atrapar, persuadir y aterrar tan sólo con los ojos.

Habló con una cierta indiferencia. Mami nos había abandonado. La idea de que ella lo dejara no era imposible, pero su respuesta sonaba demasiado simple.

—Ella no viene con nosotros —reiteró, y se encogió ligeramente de hombros—. No quiere irse. Ustedes pueden quedarse aquí con ella, si ésa es su decisión, pero ella no los quiere.

Al decir eso comenzó a presionarnos, empezando por mi hermano mayor.

—Bueno… ¿qué quieres, Tony? ¿Quieres venir a la Florida conmigo, o quedarte aquí con tu madre?

Tony, trigueño, guapo, estudiante y atleta estelar de la misma estatura que Dad, respondió enseguida que él quería irse a Miami.

—¿Eddie? —Dad le preguntó a mi hermano menor, cuya voz temblaba al decirle:

—Contigo, papi.

Barbie se hizo eco de la respuesta de Eddie.

Mi padre me dejó de último: —¿Vic?

—Yo me quedo con mami —y planté mis pies firmemente en el suelo de California.

—¡No! Tú —y señaló hacia algún punto invisible entre mis ojos— te vas conmigo.

Él siguió diciéndome —en español, con esa entonación cubana, plana, reticente, apresurada— que mi madre no podía controlarme. No con mi conducta. No podía controlarme con mis mentiras, mis robos, mis palabrotas y mis payasadas. Singao vago, comepinga, idiota, comemierda, estúpido. Su hijo mala cabeza. Coño, lo que yo necesitaba era la disciplina que sólo él podía darme.

Por un momento me había engañado al pensar que de verdad tenía una opción.

—Bueno —cambió el tono al tiempo que se frotaba las manos—, ya que hemos tomado una decisión, tenemos trabajo que hacer.

La tarea de Eddie y Barbie era quitarse de en medio mientras Tony y yo comenzábamos a sacar cosas importantes del garaje y a ponerlas en el jardín del frente. El garaje con capacidad para dos autos, en el que nunca se había guardado ninguno de los nuestros, consistía en una estructura separada, al fondo de la casa, que daba a la entrada lateral. Lo que sí almacenaba era toda clase de herramientas eléctricas necesarias para un banco de trabajo doméstico, dos motores de barco Chrysler Crown y toda la basura que mi padre había acumulado durante su vida, el tesoro de todas las ferias de intercambio con las que él tenía extraordinarios planes que nunca llegaron a cuajar.

Debido a que el pisicorre Impala —pintado por mi padre con ese lamentable color dorado carmelitoso— se llenaría con nosotros cinco, el plan era llevarnos sólo lo que pudiera caber en el casco del yate de veintidós pies. Este bote, como todos los botes de mi padre —y hubo muchos— jamás había estado en el agua.

El bote se destacaba en el jardín delantero, sujeto al viejo remolcador de un solo eje que estaba corroído y mohoso. Yo dudaba de que hubiera llegado a funcionar alguna vez. Servía más como un pedestal para que mi padre pudiera enterar a todo el mundo de que teníamos un yate.

—¡Carajo! —dije casi para mí mismo, sin que mi padre me oyera, cuando ya habíamos empezado.

—¿Qué? —preguntó Tony.

—Que no me creo esa mierda de que mami se hartó de nosotros y se fue y no nos quiere. ¿Adónde se fue? ¿Dónde está?

Tony me miró fijamente, a punto de decir algo. Parecía que él sabía la respuesta, pero que el castigo por decirlo sería más doloroso para él que el esfuerzo de borrarlo de su memoria, y no dijo nada.

Teníamos que turnarnos para sacar las cosas del garaje, al fondo, para llevarlas hasta el frente; uno corría por la próxima carga mientras el otro vigilaba constantemente los preciados objetos. Trabajamos sin descanso desde media mañana hasta el anochecer.

Un tenue olor de melocotones más que maduros flotaba en la atmósfera de la noche, que se espesó cuando una capa de niebla avanzó desde el océano antes de que el sol se pusiera. El melocotonero del traspatio era un recuerdo de King, nuestro aterrado y aterrador pastor alemán, que había desaparecido dos meses antes. King se cagaba dondequiera debajo del árbol, fertilizando el suelo, gracias a lo cual se daban unos melocotones enormes y apetitosos.

Un receptor de radio diminuto sonaba dentro de la casa, donde Dad decidía cuáles eran las pocas cosas que nos llevaríamos en la mudada. El era un adicto absoluto a la música, que alternaba entre los ritmos latinos, AM Top 40, los Beatles e incluso algún rock psicodélico como Jimi Hendrix —para acompañar lo cual, movía las caderas y tarareaba: *«¡groovy!, ¡groovy!»*, con las «uves» que sonaban más como «bes». *«Grooby, grooby! Outasight, outasight! Sock-it-to-meee!»*. Cuando las canciones alcanzaban su mayor estridencia, solía levantar la rodilla, mientras hacía círculos con el dedo índice por encima de la cabeza. Para tratarse de un cubano, mostraba una falta de ritmo sorprendente.

Cuando se hizo demasiado oscuro para ver lo que estábamos haciendo, Dad salió de la casa para instalar reflectores, poniendo algunos en el techo y fijando otros en el suelo. Las luces le daban a nuestro jardín la apariencia de un juego de pelota nocturno, con todo los tarecos del garaje ordenados en cuidadosas hileras como espectadores cautivos. Mucho después, tal vez alrededor de la medianoche, se aparecieron dos tipos desconocidos que hablaron con mi padre y se fueron con los dos motores y algunas de las cosas del barco.

En medio de la noche, a Tony y a mí nos permitió que entráramos a dormir un rato. Una hora o dos después, casi a las 5:00 A.M., Dad me despertó y, con explícita urgencia, me dijo que me pusiera pantalones largos y un suéter y que me reuniera con él en el pisicorre.

La oscuridad se hacía más espesa debido a la niebla, y las calles estaban desiertas, con sólo el reflejo ocasional de los semáforos destacándose en medio de la bruma. Dad se dirigió al oeste, hacia el océano, y veinte minutos después entraba en un parqueo cerca del montacargas del muelle de Redondo Beach. Tratándose de un sitio al que acudían numerosas embarcaciones comerciales de pesca, el montacargas se usaba para alzar un bote de cualquier tamaño de su remolque y ponerlo en el agua, y viceversa.

Más de dos docenas de autos con remolques estaban en el estacionamiento, prueba de que los pescadores salían bastante antes del amanecer y regresaban al caer la tarde.

Dad condujo lentamente a través del estacionamiento con las luces apagadas, examinando atentamente los carros estacionados. El aullido solitario de una sirena traspasó las sombras que empezaban a desaparecer. A mi mente vinieron escenas de James Bond y maniobras de la guerra fría mientras escrutaba la oscuridad en busca del típico hombre sin rostro y de impermeable. Ésta no era una conclusión improbable. Después de todo, por más de cinco años, Dad había trabajado para la North American Rockwell, con un permiso de máxima seguridad, en el manejo de archivos de computadora secretos.

Pero no tardó en hacerse evidente que esa importante misión no estaba a punto de ocurrir. Con el primer destello del día que quebró la oscuridad con unos rayos grises, vi que Dad había estacionado el pisicorre junto a una camioneta blanca que llevaba un remolque del mismo color. Nervioso, dejó el motor prendido, salió velozmente del carro, desenganchó el remolque de la camioneta blanca y comenzó a ponerlo detrás de nosotros.

—¡Bic! —me llamó con voz ronca, al tiempo que me hacía señas de que lo ayudara. No necesité instrucciones. A los dos nos llevó poco tiempo enganchar el remolque blanco a nuestro carro.

En el camino de regreso a casa, con un día que amanecía nublado, menos seco y caliente que el anterior, Dad prendió un cigarro, encendió una estación de radio Top 40 y empezó a tararear, desentonadamente, con una expresión satisfecha en el rostro, mientras hacía sonar su grueso anillo de oro sobre el volante para acompañarse con su propio compás.

De vuelta al vecindario, entramos por la senda lateral y nos detuvimos detrás del garaje. Mientras mantenía la mirada al frente para vigilar el camino, me dijo que buscara a Tony y que pusiéramos el remolque en el garaje.

Mi hermano se apresuró a ayudar. Tan pronto como zafamos el remolque, Dad salió disparado por la callejuela. Tony lo haló mientras yo lo empujaba hasta que lo metimos en el garaje casi vacío.

—¿Ahora qué? —pregunté a mi hermano.

Tony hizo un gesto hacia la puerta abierta del garaje, indicándome que debíamos cerrarla. Salimos a la senda, bajamos la puerta y nos encaminámos a la casa.

Dad nos esperaba en el camino, con los brazos cruzados y dilatadas las ventanas de la nariz.

—¿Adónde creen que van?

Antes de que pudiéramos responder, nos informó que teníamos que regresar a trabajar para sacar el resto de las cosas que quedaban en el garaje.

—Excepto el compresor —dijo—. Dejen eso en el armario.

Volvimos a tropezones hacia el garaje, al tiempo que él nos decía:

—Me voy, pero vuelvo pronto.

La cara de Tony, que hasta entonces había mostrado muy poca emoción, empezó a reflejar el asombro que yo sentía. Pero ambos, que creíamos que papi era omnipresente, que conocía la verdad de nuestras fechorías, de nuestras palabras, de nuestros pensamientos, no importaban cuáles fueran, sabíamos que era mejor no decir nada.

En el acarreo de los últimos trastos, estuvimos yendo y viniendo del garaje al jardín, y siempre que pasábamos junto al remolque blanco que pertenecía a otra persona, no podía dejar de pensar que mi padre se lo acababa de robar y que yo lo había ayudado. La confusión, el desencanto y la vergüenza se mezclaban con el resentimiento, el cansancio y el miedo creciente.

Yo tenía cicatrices en mi cuerpo que podía identificar y enumerar, una crónica de mis robos —marcas que me hicieron a los cuatro años, a los cinco, a los siete, a los ocho, a los diez y así sucesivamente— porque, me dijeron, merecía ser castigado. Esas cicatrices se quedaban para recordarme lo que ocurre a los que cogen las cosas que no les pertenecen. Papi solía pretender luego que le pesaba administrar tal castigo, pero ¿qué otra cosa me enseñaría que nadie jamás querría confiar o ser amigo de un jodío ladrón?

Ahora yo veía que el ladrón era él. No sólo no mostraba el menor remordimiento, sino que robarse el remolque del bote parecía que le daba placer.

Todavía no me había dado cuenta de que él también se disponía a robarnos a *nosotros mismos*.

Cayó la noche antes de que estuviéramos listos para irnos. La secuencia del tiempo y las imágenes de nuestro último día en Los Ángeles se me tornan confusas. En un momento está la visión de papi en el garaje, inclinado sobre el frente del remolque blanco, con un cigarro encendido en una mano y una mandarria para metales en la otra, y una cajita de madera a su lado que contiene lo que parecen barrenas de un taladro.

—Mira —me explicó con orgullo—, estoy regrabando los números de serie para que coincidan con los del remolque viejo.

La caja de madera resultó ser un estuche de cincelar. Luego de volver a grabar el número de serie, empleó su compresor de pintura manual, una herramienta adquirida con el propósito de pintar a pistola nuestro refrigerador blanco de un espantoso color verde botella.

Recuerdo cómo reaccionó mami cuando le presentó la nevera a la familia. Por supuesto, mi madre —alta, bella, en un tiempo altiva y apasionada— había estado privada durante años de expresarse con naturalidad. Papi le prohibió incluso que abrazara y besara a sus hijos, seguro de que eso nos haría débiles y afeminados. Sin embargo, ella y yo teníamos nuestra propia forma de comunicarnos —un cariño que no se expresaba con palabras— y el mismo sentido del humor. Cuando ella contempló la obra de pintura, la vi llevarse de inmediato la mano a la boca para reprimir una muestra de sorprendida repulsión: compartimos una mirada de secreta inteligencia.

El trabajo de pintar el Impala resultó ser mejor, aunque ese color oro viejo fue otro vano intento de mostrarle al mundo que Antonio Rivas era alguien —el que manejaba un carro de oro— cuando en efecto se asemejaba más a una mierda metálica. Él usó el mismo color para repintar el remolque robado.

Ver la facilidad con que mi padre se robó, regrabó y pintó este remolque, me convenció de que él había hecho esto antes.

En el momento en que cargamos el carro, Tony y yo llevábamos cerca de treinta y seis horas sin dormir. El mayor reto se produjo antes, cuando Dad se tiró a descansar un rato, dejándome a mí de guardia en el frente. Si yo me sentaba, sabía que me quedaría dormido, de manera que me sostuve de pie sujeto a un rastrillo y luchando por mantener los ojos abiertos. Pero antes de que me diera cuenta, la voz de mi hermano me sorprendió:

—¡Vic! ¡Vic!, ¡Despierta!

De repente, me aclaré la vista para concentrarme en Tony.

Cuando me cercioré de estar consciente, Tony me susurró:

—Te quedaste dormido de pie. Estabas roncando.

—Coño.

Según me dijo me había quedado dormido con los ojos abiertos, muy abiertos. De cansancio, de susto.

El turno de Tony llegó cuando entró a hacer el café para Dad. Esto era una rutina por esa época. Habíamos sido educados desde nuestros primeros años en el arte de colar café cubano, llevándole una taza a papi a la cama, y cumpliendo nuestros respectivos deberes de despertarlo de la profundidad del sueño: un esfuerzo que a veces podía convertirse en una empresa de un día entero para toda la familia.

A la espera de que Tony me avisara de que el café estaba listo, me apoyé más firmemente en el rastrillo y me volví a quedar dormido de pie, con los ojos abiertos, lo cual descubrí cuando el resonante *BAA-ANG* de una pequeña explosión me despertó con un sobresalto.

Corrí a la cocina. Tony estaba en el piso, un fardo adolescente de vaqueros y sudadera sentado y repantigado y profundamente dormido. Del cielorraso que se encontraba encima del fogón, que aún sostenía la volcada y vacía cafetera italiana de metal, goteaba café y borra de café.

Apague la hornilla y desperté a Tony. Con los ojos enrojecidos, pestañeó y señaló al reloj. Teníamos casi dos horas de retraso para despertar a Dad. Lo que nos dejó totalmente patidifusos fue cuando él me dijo que acababa de usar lo último que quedaba del Bustelo.

A diferencia de mí —todo pasión y emoción, necesitado de disciplina y control— mi hermano rara vez se rebelaba, y nunca lloraba. Pero ahora tenía lágrimas en los ojos. En la secundaria de Hawthorne, Tony se disponía a cursar un último año triunfante: campeón de fútbol americano y lucha libre, estudiante con honores que ya había saltado un año de escuela, un tipo guapo y popular por el que se disputaban varias muchachas. Todo eso ya no sería suyo. En Miami, probablemente tendría que empezar otra vez, tal vez sin hacer deportes, tal vez sin las becas y otras ventajas futuras a las que él aspiraba.

De lo que ahora me daba cuenta es que llevárselo de allí sería mucho más difícil para él. Para mí, era casi una oportunidad de comenzar de nuevo, de perder mi reputación de problemático; porque yo no tenía ningún modo de predecir mi propio futuro. Me convencí de que con lo mal que andaban las cosas, no podrían ser peor en la Florida.

El suceso principal de la tarde había sido una muestra del genio fracasado de mi padre en la operación de mover el bote del remolque viejo e inservible al remolque nuevo. El plan A conllevó una especie de abrazadera hecha de bloques de madera para que el bote se deslizara de un remolque al otro. El también fallido plan B consistió en aserrar el viejo remolque a la mitad, halarlo, y deslizar el nuevo remolque debajo del bote. Fue necesario apelar al plan C, que requirió el uso de la cigüeña eléctrica del nuevo remolque y que nosotros tres levantáramos el yate unas pocas pulgadas del remolque viejo.

Estas complicaciones no me tomaban por sorpresa. Me parecía que era una especie de justicia moral impartida por fuerzas invisibles. Dad era un ladrón, ya eso estaba fuera de duda, y era posible que se saliera con la suya legalmente, pero no ante los ojos de Dios. Tony y yo, pese a haber actuado como cómplices, seríamos perdonados porque

Dios sabía que no teníamos ninguna otra opción que obedecer las órdenes de nuestro padre.

En el ir y venir de estas maniobras, una advertencia —provocada por la rotura de los tacos de madera— se abrió paso en mi mente. Como el robot de *Lost in Space* que repetía monótonamente: «¡Peligro! ¡Peligro, Will Robinson!», me decía que su idea de simplemente levantar el bote para acercarlo al nuevo remolque no iba a funcionar. En el bullicio de Dad vociferando instrucciones, el chirrido de la cigüeña y el roce áspero de la fibra de vidrio contra el metal, se me ocurrió que las leyes de la física habían dejado de funcionar en ese momento; el bote no estaba flotando en el agua sino que su mitad trasera se apoyaba en tacos de madera en nuestro jardín: esta ecuación carecía de la dinámica que él tenía en mente.

Una fracción de segundo después de que está lógica se materializara, vi que la proa del bote me caía sobre el pie derecho. No sentí dolor. En lo que me pareció que se demoró varios minutos, pero que de seguro fue instantáneo, agarré el bote, y con un grito gutural que me salió del alma, lo levanté y me liberé el pie.

Para mi propio asombro, no sólo había levantado el yate de dos toneladas, sino que no sentí que me había hecho ningún daño en el pie. Debía habérmelo triturado. Papi sólo se me quedó mirando boquiabierto; él y Tony casi nerviosos, atónitos y estupefactos, como si acabaran de ver a Supermán, o algo aun más prodigioso: la venganza de los santos a los que le rezaba mi madre, su única fuente confiable de protección.

—Coño, ¿estás bien? —gritó Dad mientras corría hacia mí.

—Sí —le dije, saltando sobre el pie para que él lo viera.

Me sacó el zapato y el calcetín, me examinó el pie y me declaró ileso y capaz de volver a trabajar. Al final, con ayuda de la cigüeña y mucho halar y empujar de parte nuestra, conseguimos enganchar el bote al otro remolque.

Una hora y media después, con la casa y el jardín ya vacíos y habiendo anochecido, Dad se sentó al volante, Tony a su derecha en el asiento delantero, y Eddie, Barbie y yo en el trasero. La atmósfera fresca y seca de esa noche de verano no era consoladora. No había ningún vecino para desearnos buen viaje ni darnos dulces recién horneados para el trayecto. No había amigos para darnos un abrazo de despedida.

Bajé la ventanilla, saqué la cabeza y miré en dirección de la casa abandonada, medio esperanzado, medio expectante, de ver a mi madre corriendo por la acera, imaginando su grito en medio de la noche que detendría el carro y nos reuniríamos con ella.

Pero hasta donde me alcanzó la vista mientras nos alejábamos, mami no apareció. Un recuerdo de su perfume y un eco de su risa me vinieron a la mente según acelerábamos cuesta arriba por la rampa que nos conectaba a la carretera I-10, con dirección al este. En una ocasión anterior ella había desaparecido durante semanas, luego de que casi se muere y que la llevaron al hospital como una desconocida. Papi entonces la había culpado de abandonarnos, diciendo que su colapso era una especie de desmayo melodramático para llamar la atención; sus «vacacioncitas» como lo llamaba. Cualquier cosa podría haberle ocurrido a ella esta vez, ninguna de las posibilidades era tranquilizadora y todas me atormentaban mientras me entregaba al sueño, consolándome con que en Miami había tíos y tías que me ayudarían a encontrarla y a cerciorarme de que ella estaba a salvo.

Había otra persona en alguna parte de la extensa ciudad a quien yo debía volver a buscar. Mi hermano Robert, nacido un año y medio después de Eddie, un hermano que apenas conocía, y que aún vivía —o al menos eso creía yo— al cuidado de unos extraños.

Antes de quedarme dormido, pasamos ante las torres del centro de Los Ángeles y me volví de nuevo para ver por última vez el sitio del que nos marchábamos. Estas últimas miradas eran las señales, como las migajas de pan dejadas en el bosque, de manera que pudiera encontrar de nuevo, una vez pasada la noche, el camino de regreso a casa, en busca de mi madre dondequiera que se encontrara.

* * *

Desperté rodeado por la niebla y el pulsátil efecto estroboscópico de relampagueantes luces amarillas. Nuestro carro estaba detenido, sacudido violentamente por la velocidad del tránsito que pasaba silbando a nuestro lado. El aire que despedía un gigantesco camión de dieciocho ruedas nos hacía sentir que podíamos salir volando.

¿Nos había detenido la policía? ¿Había la policía perseguido y atrapado a Dad por el robo del remolque del bote? ¿Se había dirigido mi madre a las autoridades y les había dicho que sus hijos habían desaparecido? ¿Cuánto tiempo había pasado desde que nos fuimos? Puesto que era noche cerrada, ¿podía haber estado durmiendo de una noche hasta la siguiente? ¿En qué estado estábamos?

Un violento tirón al carro atrajo mi atención hacia el parabrisas delantero, donde una grúa enorme remolcaba nuestro carro. Comenzamos a movernos lentamente a lo largo del borde de la carretera, para luego entrar de nuevo en el flujo del tránsito hasta que vi un letrero en una interestatal con la palabra «California» escrito en el borde inferior.

Las resultantes veinticuatro horas de retraso —causadas por el desplome del eje trasero de nuestro pisicorre— vinieron como un ligero respiro. Dad estaba inusitadamente apaciguado, pese a su frustración de que la gasolinera de la Texaco, con el mecánico que nos quedaba más cerca, no abría hasta por la mañana, pese al gasto que el arreglo iba a costar, pese al costo de ponernos en el cuarto de un motel.

En un Denny's, donde fuimos luego de instalarnos en nuestro cuarto, le explicó calmadamente a Tony el por qué el carro se había roto —como el peso añadido del bote y del remolque había partido en dos el eje— hablando, como a menudo lo hacía, como si yo no estuviera allí.

Comimos, como siempre, en silencio, hasta que Barbie lo rompió con su carita morena desecha en lágrimas.

—Quiero a mami. ¿Dónde está?

Ella no esperaba respuestas ni le importaba que, según su costumbre, papi la alcanzara por debajo de la mesa y le diera un terrible pellizco.

—Quiero a mami —repitió.

—Sí, sí, yo sé —respondió él asintiendo tristemente—. ¿Qué le vamos a hacer? Llegaremos pronto a Miami.

En el motel, casi a medianoche, me incliné para apagar la luz y vi un directorio telefónico en el cajón del fondo de la mesa de noche. Fue entonces que supe que sólo habíamos recorrido noventa millas, cuando vi impreso, en él en grandes letras negras, el nombre de la localidad en que nos encontrábamos: «San Bernardino».

Era otra marca, otra señal de cuán erróneo era pensar que la vida tenía que mejorar tan sólo porque no podía ponerse peor.

Anocheció de nuevo antes de que pudiéramos volver a la carretera. Continuábamos rumbo este por la I-10, a través de Palm Springs, y en Arizona, en Blythe, mientras Dad se quejaba enfurecido del trabajo lento y costoso de los mecánicos en la Texaco, su tono sugería, como otras veces, que nosotros teníamos la culpa.

—Llevamos demasiadas libras —dijo con voz áspera—. ¡Ustedes, culigordos, necesitan perder de peso! Hizo una mueca juguetona. Tony y yo le respondimos con el mismo gesto. Papi capto mi expresión en el espejo retrovisor y la devolvió con un seño amenazador.

Considerando el peso absurdo que el carro arrastraba, parecía que andaba muy bien. Pero para asegurarse de que no acentuaba el esfuerzo, impuso una norma de cero aire acondicionado.

El mantener las ventanas abiertas ayudaba a recoger el embotamiento del calor que se combinaba con el rastro constante del humo del cigarro que se arremolinaba dentro del carro. Los anillos y el reloj de Dad sonaban incesantemente sobre el volante, llevando el compás de las canciones de la radio que parecían cobrar un significado especial en nuestras circunstancias: «El largo y torcido camino», «Mamá me dijo que no viniera», y «O-o-h, chico… las cosas van a ser más fáciles».

Mi padre avanzaba, conduciendo como un poseso, deteniéndose sólo por gasolina, comida o para ir al baño, y usualmente las tres cosas a la vez, porque podían encontrarse en una sola parada. Tony —que acababa de obtener su licencia de aprendizaje, pero a quien no le permitían conducir— desempeñaba el papel de copiloto, examinando mapas y midiendo las distancias que habíamos viajado.

Dad manejó toda la noche después que salimos de San Bernardino, toda la mañana siguiente y el mediodía hasta el atardecer, cuando, confesando su fatiga, entró en un área de descanso en alguna parte al sur de Nuevo México. Cinco horas después, dos de las cuales se dedicaron a alejarnos del carro para que él pudiera dormir y las otras tres dedicadas a tratar de despertarlo, proseguimos la marcha. Yo me imaginaba a los camioneros y los que viajaban solos meneando la cabeza con aire de sospecha, y las familias normales conversando de lo extraños que les parecíamos: dos adolescentes en el intento de sacar del auto el cuerpo laxo e inerme de su padre.

Como antes, salimos bajo las sombras de la noche, como si estuviéramos en una carrera contra algo o alguien que yo no conocía. Las cosas *no iban* a ser más fáciles.

Gritos fantasmales y un sacudimiento de manos invisibles me alcanzaron en mis sueños, despertándome lo suficiente para identificar los sonidos de rocas y grava que chocaban contra el chasis del carro. Desde la derecha del asiento trasero donde había dormido con la cabeza recostada a la ventanilla desde que empezamos a bordear la planicie del oeste de Texas, miré hacia fuera y no encontré que hubiera ninguna carretera por el lado derecho del carro. Lo que vi fue un declive de unos cuarenta pies que se precipitaba en un barranco cubierto de rocas y yerbas secas. A mi izquierda, Eddie estaba dormido, recostado contra la ventanilla izquierda. Al mirar al frente, vi que Tony estaba profundamente dormido, con la barbilla hundida en el pecho y con Barbie hecha un ovillo en su regazo, acunada en sus brazos. Detrás del volante, mi padre dormía con las manos firmemente asidas al timón.

Aparte del sonido de la grava debajo del carro, en el interior había un completo silencio. El auto derivaba hacia la derecha, el ruido de la grava aumentaba y todos nosotros nos dirigíamos hacia el abismo.

Si despertaba a mi padre de un bofetón, podría matarme. Pero si no lo hacía, nos mataríamos todos.

Mi alternativa no era difícil. Era simplemente un asunto de sumar las muchas veces que mi padre me había golpeado en la cara cuando tenía seis, ocho, once, doce años, aunque yo estuviera profundamente dormido. Además de eso, me di cuenta de que el acto primo de devolverle el golpe por primera vez en mi vida iba a producirme un gran placer.

primera parte

zona de guerra

1

sancti spíritus

(1955–1957)

La multitud de palmas de variadas formas, las más altas y hermosas que jamás haya visto, y una infinitud de árboles grandes y verdes; los pájaros de vistoso plumaje y el verdor de los campos prestan a este país, serenísimos príncipes, de una belleza tan maravillosa que sobrepasa a todos los otros en gracias y encantos, tal como el día aventaja a la noche en lustre. Me he quedado tan asombrado a la vista de tanta belleza que no he sabido cómo relatarla.

—Cristóbal Colón, sobre Cuba,
en una carta a los reyes Fernando e Isabel, 1492

OLGA ANGÉLICA LÓPEZ IBARRA nació prematuramente a las 3 P.M. del 21 de septiembre de 1929 en un hospital de La Habana. Era al nacer del tamaño de una botella pequeña de Coca-Cola y apenas pesaba cuatro libras. Sin unidades neonatales ni incubadoras que le fomentaran la vida, comenzó su existencia como luego habría de vivirla: luchando.

Para mí, mi madre era la encarnación de Cuba: una belleza natural, trigueña, exótica, altiva, inteligente, tenaz, irónica con un cierto sentido tragicómico, pero inocente; después llegaría a ser, al igual que nuestra propia isla, conquistada, explotada, oprimida. Mi padre hizo cuanto pudo para anularla, para quebrarla en mil pedazos; pero ella no se dio enteramente por vencida. Tenía la tez de criolla y de española, pero era una mezcla de otras etnias, como Cuba, mi patria. Muchos de sus recuerdos y experiencias se transmitieron a mis células, a mi ADN, o me las contó a retazos a través de los años, casi siempre de espaldas a mí mientras se atareaba en la preparación de innumerables comidas en los mostradores de las varias cocinas que tuvimos; acompañándose con frecuencia, si papi estaba ausente, de su querida música cubana que sonaba en discos rayados o en desconocidas estaciones de radio.

En público, mi madre bailaba con una soltura y una alegría —ya fuese un ritmo lento o rápido, un son o un mambo— que parecía pertenecer a otra persona, pero en casa no la dejaban bailar, como si ello pudiera provocarle una rebelión contra papi. No obstante, con música o sin ella, solía moverse con una gracia sensual que respondía al compás de la música cubana que llevaba por dentro con su núcleo de cultura africana, con el ritmo de las claves —dos gruesas varillas de madera como de un pie de largo— para marcar el tiempo.

Mi madre se distinguía por otra cualidad que guardaba en secreto: tenía el don de visión. Podía leer presagios y sentir la presencia de espíritus. Su energía generaba calor y hacía que el agua que se quedaba en los vasos bullera como si estuviera en un caldero hirviente. Tenía poderes curativos innatos que, de haber sido libre para orientar su propio destino, podrían haberle llevado a convertirse en una profesional de la medicina. Estos poderes pueden habérsele fortalecido en sus primeros días cuando luchaba entre la vida y la muerte, siendo «tan sólo ojos y pelo», como sus padres la describieron al nacer.

Pero, «con la ayuda de Dios» (la frase favorita de mami), la niña Olga sobrevivió y no tardaron en dejarla ir a casa. Su padre, un policía apuesto y formal llamado José Manuel López —más conocido por Manolo— sacó a su primogénita del hospital en uno de los gigantescos bolsillos de la chaqueta de su traje. En su modesta casa, la madre de Olga, Eladia Ibarra, una joven y bella costurera, cosía para su diminuta hija vestidos más pequeños que trajes de muñecas.

Sobrevinieron otros conflictos. Menos de un mes después de su nacimiento, el desplome de la bolsa en Wall Street precipitó a Cuba en una de sus peores crisis económicas hasta esa fecha. Cuatro años después, a la familia López le nació una segunda hija, Carmita, en el preciso instante en que el país era sacudido por la guerra civil. En medio de una atmósfera de incertidumbre, el presidente Gerardo Machado renunció antes de abordar un avión para Miami, y un joven sargento del ejército, llamado Fulgencio Batista, tomó las riendas de la nación isleña.

Pese a la relativa pobreza de su familia y a la inestabilidad nacional, el amor y la protección abundaban en el hogar de la pequeña Olga, de manera que ella recordaba su niñez como sencilla y apacible. Nunca se creyó una gran belleza, decía, aunque luego admitía que «tenía una cierta presencia y sabía cómo ganarse a la gente». ¿Era demasiado modesta? «Bueno, solían decirme que era amistosa y simpática. Tal vez debido a mi buen carácter, me llovieron los momentos felices».

Ese encanto, esa energía positiva y atractiva le trajo muchos pretendientes. Después de su diminuto comienzo en la vida, creció hasta alcanzar una estatura sorprendente: cinco pies seis pulgadas, más alta que la mayoría de las muchachas cubanas de su generación; y con sus ojos castaños, sus gruesas y largas pestañas y una negra melena ondulada, Olga López, a pesar de las dificultades, poseía la chispa de los que están destinados a ser afortunados en el amor. Pero luego, gracias a toda una serie de lamentables circunstancias, conoció a Antonio Rivas. Al parecer, le faltó su don de visión. Durante toda su vida, Olga no podía recordar lo que había llegado a ver en él.

Ni tampoco podía entender por qué había roto su compromiso con Artemio, el verdadero amor de su vida. Tal vez fue en parte porque tenía tan sólo doce años cuando se conocieron en la *guagua*[1] de La Habana que ella tomaba para ir a la escuela (en la cual su idolatrada maestra de inglés era Miss Amelie, quien, dio la casualidad, llegaría a tener un hijo llamado Andrés, que mucho después se haría famoso como actor: Andy García).

Descontando el que le llevara nueve años y que fuera chofer de autobuses, Artemio poseía otras cualidades que a Olga le gustaban. Era de pelo negro, de seis pies, con un espeso bigote bien recortado y una sonrisa encantadora. Aunque ella era demasiado joven para pretendientes, él resultó ser un caballero y muy perseverante, lo cual le ganó

---

1 Nombre que le dan en Cuba y en las islas Canarias a los autobuses. (N. del T.)

al fin el permiso de los padres de Olga para salir con ella junto con una chaperona. Todo el mundo convenía en que hacían una pareja estupenda. Acompañada por su madre, persona amable, pero que la vigilaba celosamente, Olga y su enamorado disfrutaron de la deslumbrante y glamorosa vida nocturna de La Habana de finales de los años cuarenta. Aunque era sólo la hija de un empleado público, y él nada más que un guagüero, eran la pareja más popular de la pista de baile. Con su bien timbrada voz, Artemio también la hacía sentir única cuando, en ocasiones, le pedían que se uniera a la orquesta para cantar y le dedicaba sus canciones a ella.

Planeaban casarse una vez que Olga terminara el programa de magisterio en que se había matriculado después de graduarse de secundaria con honores. Esta carrera no había sido enteramente de su elección. Cuando le dijo a Manolo que pretendía hacerse enfermera, su padre le había respondido que «de eso nada». Buen hombre y padre protector como era, tenía el prejuicio anticuado de que la profesión de enfermera no era respetable para una muchacha soltera. ¿Por qué?

—Porque los médicos —arguyó— sostienen relaciones con sus enfermeras y les arruinan su reputación.

Comprometida a casarse con Artemio, ella prosiguió, conforme a los deseos de Manolo, la carrera de magisterio, al tiempo que, sin el conocimiento y el consentimiento de su padre, se matriculó en la escuela de enfermeras. Durante tres años, aun con lo mucho que le exigían sus estudios para hacerse maestra, Olga trabajaba secretamente de ayudante de enfermera en el hospital de la policía.[2]

En su círculo de amistades existía la opinión general de que las muchachas bonitas y educadas debían buscar casarse por encima de su condición social. Al principio esto no afectó en nada sus sentimientos hacia Artemio, quien atenta y pacientemente la había visto pasar de adolescente a mujer y se había mantenido respetuoso de su inocencia

---

2 El hospital de la Policía Nacional en La Habana de entonces estaba casi contiguo a la Escuela Normal para Maestros. (N. del T.)

todo el tiempo. Los amigos de Olga convenían en que él era apuesto y amable, pero le resaltaban otras objeciones. El dinero y la posición social importaban, como también el apellido de la familia, pese a lo que decían las canciones de amor. En efecto, en los titulares de la prensa norteamericana culpaban de la creciente tasa de divorcios a los cantantes populares que hacían que el amor romántico pareciera algo tan sencillo cuando, como sabía todo el que tuviera una pizca de sentido común, el matrimonio era un quehacer, un arduo quehacer.

Olga no pudo mantenerse ajena a estas ideas. Con la vida prometedora que parecía depararle el futuro, rompió su compromiso. Las toallas ya habían sido bordadas.

Con el tiempo ella llegaría a lamentar haber terminado su relación con Artemio, y a tenerla como una de las peores decisiones de su vida.

Entretanto, después de graduarse con su diploma de magisterio, Olga se vio distraída por una inesperada serie de aventuras y retos que se interpusieron en su camino. Aunque había supuesto que su primera plaza sería en una escuela de La Habana, la mandaron a empacar sus maletas ya que su trabajo la llevaría a servir en aulas de toda Cuba, en la subatendida zona rural. Casi como una joven misionera, a veces viajando por su cuenta, llegó a conocer su isla como pocos, visitando todas las zonas del territorio que se extiende más allá de La Habana: Baracoa, Santiago, Bayamo, Camagüey, Trinidad y Sancti Spíritus. Sin duda que estas contingencias preocupaban a su padre, pero ella le aseguró que dondequiera que iba la trataban muy bien.

La señorita López tenía alumnos de todas las clases sociales —de las familias de los ricos hacendados y de las familias de los peones más pobres. Se sorprendía de que aquellos que poseían muy poco o nada se las arreglaban para ser muy generosos con cualquier cosa que tuvieran. Según enseñaba, también iba aprendiendo: a recoger, por ejemplo, algunos de los remedios populares y rituales de curación de la santería, la magia blanca que combinaba las creencias africanas y caribeñas; al igual que las recetas de cocina de diferentes regiones.

Manolo había sido cocinero en el ejército y le había enseñado a

cocinar a sus dos hijas desde temprana edad. A los nueve años, Olga
ya preparaba la mayoría de las comidas de su familia. Ahora le añadía
a su repertorio las recetas que recogía mientras viajaba por el campo,
creando así sus propias versiones de platos tradicionales cubanos,
como el arroz con pollo y el lechón asado, que competían entre los
más sabrosos, y algunas creaciones eclécticas sin rival: como su arroz
frito cubano, inspirado por los descendientes de mercaderes chinos
que una vez llegaron a la isla con la esperanza de seguir de largo y
nunca se fueron.

Para una mujer joven que había sido tan protegida, Olga López
llegó a ser inusitadamente independiente: viajando en varios tipos de
transporte que no se limitaban a barcos, trenes y autobuses, sino que
en ocasiones también lo hacía en quitrín (un coche de caballos) o incluso a lomo de caballos y de mulos. Muchas veces se sintió acobar-
dada, pero se las compuso para sobrevivir las peripecias del viaje; hasta
hubo una ocasión en que uno de sus deberes la llevó de noche a campo
abierto donde se vio, a caballo, debajo de un aguacero torrencial,
mientras cruzaba un río crecido. El terror se apodero de ella. Por un
instante la poseyó el pánico y tiró de las riendas del caballo para obligarlo a regresar, mientras el animal cabeceaba y se encabritaba y casi
la lanzó a las turbulentas aguas del río. Ella estaba segura de que iba a
morir. Luego cerró los ojos, dejando que la calma descendiera sobre
ella al tiempo que se ponía en las manos de Dios, pidiéndole que
guiara a su caballo. Debajo de ella, el caballo comenzó a nadar y ella
se mantuvo sujeta todo el tiempo a la crin del animal hasta que, finalmente, fue a dar a varios kilómetros de su destino: empapada, aún ate-
rrorizada, pero a salvo.

Siendo bella, fuerte, maestra y enfermera, a la vez que cocinaba
como un ángel y bailaba estupendamente, Olga atrajo a muchos pretendientes, entre ellos a un médico, a un ingeniero de azúcar y a un oficial del ejército. A pesar de que ya casi tenía veintitrés años —mayor,
según algunos criterios, para no haberse casado todavía— no tenía
ninguna prisa en comprometerse, si bien disfrutaba del cortejo de sus

pretendientes. Eso cambió cuando Eduardo Suárez Rivas, ministro de agricultura en el gobierno del presidente Carlos Prío[3] comenzó a hacerle insinuaciones indeseadas.

El ministro Rivas la vio por primera vez en una exposición de arte que tuvo lugar en la ciudad de Sancti Spíritus (en la actualidad capital de la provincia cubana de ese nombre)[4] en que se exhibían las obras de sus alumnos. Olga había enseñado en varias escuelas de la región, a la que asistían los hijos de los obreros que laboraban en las grandes plantaciones cañeras, tanto como los hijos de los dueños de las plantaciones. Ella también había seguido ofreciendo sus servicios de enfermera a la gente de la localidad siempre que podía.

La ciudad de Sancti Spíritus —o del Espíritu Santo— le ofrecía otras lecciones de historia que se remontaban a los primeros conflictos del país. Cuando los españoles intentaron establecer la ciudad por primera vez, los nativos habitantes de la zona —hordas de notorias hormigas bravas— montaron una defensa muy bien organizada que hizo insoportable la vida de los conquistadores. Entonces trasladaron la ciudad a otro lugar, donde los piratas la redujeron a cenizas no una sino dos veces. En esos incendios se perdió la primera iglesia de Cuba, la Parroquial Mayor del Espíritu Santo, construida en 1522, reconstruida posteriormente.

En 1896, el joven periodista Winston Churchill visitó la ciudad mientras acompañaba al ejército español como corresponsal de guerra. La lujuriante belleza de la región y la sensación de peligro inminente dejaron su huella en Churchill cuando escapó milagrosamente de morir durante una escaramuza con los insurrectos cubanos.

La señorita López no tuvo el menor indicio de su inminente peligro cuando el jefe del ministerio de agricultura puso sus ojos en ella por primera vez durante la exhibición de las obras de arte de los estudiantes de la ciudad. Aristocrático y caballeroso, el anciano ministro

---

3 Eduardo Suárez Rivas fue también durante muchos años senador por el Partido Liberal de la antigua provincia de Las Villas. (N. del T.)

4 En ese tiempo, la ciudad de Sancti Spíritus pertenecía a la antigua provincia de Las Villas. (N. del T.)

meramente se fijó en ella, disimulando que se había quedado muy impresionado. Puede que se haya vuelto y le haya dicho algo a un joven que estaba a su lado, su sobrino de veintidós años, Antonio Arturo Guillermo Rivas García Rubio —quien también tenía un aire aristocrático y encantador— para indagar quién era. Ni le dijo nada a ella hasta que otra reunión en Sancti Spíritus le ofreció una ocasión al ministro para acercársele, presentarse y preguntarle que de dónde era, cómo había llegado a enseñar en la zona y quién era su familia. Con bastante inocencia, Olga respondió a sus preguntas, agregándole que ella esperaba regresar a La Habana pronto para ver a los suyos.

—Bien, entonces —dijo el ministro Rivas, entregándole su tarjeta—, debes venir a verme cuando estés en La Habana.

El le prometió que si lo hacía —y sus deseos ahora eran claros— él podría conseguirle una promoción.

Puesto que Olga se encontraba aún en un programa de principiantes y todavía no había obtenido sus permanentes credenciales docentes, necesitaba desesperadamente una promoción. Pero no si ello significaba acceder a la lujuria de un hombre más viejo que su padre. Cuando ella no lo fue a ver en La Habana, el funcionario siguió acosándola y ella siguió rechazando sus propuestas, hasta que finalmente él la amenazó de que, a menos que se le entregara, procuraría su despido.

Preocupada de que todos sus estudios y su laborioso trabajo se perdieran por no satisfacer las fantasías de un viejo, Olga se encontró por casualidad con el sobrino del ministro y no pudo dejar de confiarle lo que le ocurría.

Antonio Rivas, o Tony, como sus amigos lo llamaban, la escuchó con simpatía.

—No te preocupes —le dijo—, mi tío cambiará de actitud. Yo me ocuparé de eso.

Fiel a su palabra, hizo valer adecuadamente su influencia y ella pudo conservar su puesto y seguir, por lo pronto, enseñando en la zona de Sancti Spíritus. Olga se sentía en deuda con Tony y agradecía cómo él galantemente se había ofrecido a ayudarla, sin pedirle nada a cambio. O eso creía ella.

Lo que no sospechaba era que tal vez Tony quería probarse a sí mismo al atrapar la inalcanzable mujer que incluso su poderoso tío no había podido conseguir, no tanto porque se hubiera enamorado de ella, sino casi como una suerte de competencia machista. Irónicamente, cuando la visitaba ocasionalmente en las escuelas donde ella enseñaba, Olga supuso que su interés era sólo platónico. Desde luego, a ella no le habría importado que él hubiera tenido intenciones románticas. Con la piel blanca pecosa, el pelo castaño ligeramente rojizo y sus intensos ojos claros —para no mencionar que no era tan alto— él no era su tipo; pero era rico. O al menos eso pensaba ella.

Antonio Arturo Rivas García Rubio había nacido en una de las familias más prominentes de Sancti Spíritus. Su padre, Victoriano Rivas, era venerado localmente como uno de los magistrados de la provincia. La mayoría de la riqueza de la familia provenía de la cría de ganado por la línea de la madre de Tony, María García Rubio. La familia era dueña de una extensa hacienda ganadera llamada Las Minas, donde usualmente residía.

Sí, Olga tenía que admitir que ella estaba impresionada por el abolengo de Tony, por su estilo, su manera impecable de vestir, la elocuencia, con un cierto acento teatral, con que se expresaba y, sobre todo, por sus halagadoras palabras sobre el espíritu de generosidad que él le había visto desplegar en sus clases. Tony le dijo que era obvio cuánto querían los alumnos a su amable, simpática y atractiva maestra, y que él admiraba su bondad contagiosa, que le permitía ganarse la simpatía de la gente con tanta facilidad. También le manifestó su escándalo y su preocupación por las condiciones de trabajo que se veía obligada a soportar —en sitios donde el aire no circulaba bien y sin ventiladores que aliviaran la humedad y el calor monstruosos del trópico— que resultaban insalubres tanto para ella como para los niños; y prometió hacer valer su influencia para encontrar ayuda.

Olga no tardó en advertir que, de esta manera casta y sutil, él la estaba pretendiendo; no con insinuaciones sexuales, sino con un interés personal que era más que el de un amigo generoso, y eso posiblemente —ella puede haber abrigado la secreta esperanza— conduciría a una proposición matrimonial. Esperaba tímidamente porque el cortejo se produjera, pero eso nunca ocurrió. Él no le pidió que fuera su novia, ni la invitó a lugares elegantes para cortejarla. Ni salieron a bailar, ni se tomaron de las manos, ni nunca se besaron.

En lugar de eso, y para su sorpresa, Antonio Rivas llegó a la casa de los padres de Olga sin avisar, durante una de las visitas de ella a La Habana, y quiso hablar a solas con su padre.

—Señor López —Tony comenzó respetuosamente—, no quiero que su hija trabaje más. Las condiciones son intolerables. Ella no debería sufrir tales privaciones.

Manolo se incomodó ante la presunción del joven, consciente de que era un tipo rico que no podía entender el hecho de que algunas personas no podían optar por trabajar o no. Reprimiendo su incomodidad, le contestó:

—Sí, eso es verdad, pero yo no apruebo que una mujer soltera no tenga un trabajo legítimo, con todas las implicaciones que eso conlleva.

—Entiendo —contestó Rivas—. Pretendo casarme con Olga dentro de tres meses. Con su permiso, por supuesto.

—¡Qué dice usted!, ¿tres meses? ¿Hay alguna razón para una boda tan rápida? —como policía, a Manolo lo habían enseñado a controlar su ira, pero estaba claramente furioso.

Tony se excusó prolijamente por cualquier malentendido, explicándole que deseaba casarse con ella tan pronto como fuera posible para que dejara de trabajar y pudiera ocupar el lugar que le correspondía en el hogar que él quería formar con ella.

—Si por mí fuera, me casaría mañana —afirmó—, pero tomará un tiempito preparar una boda como debe ser y como ella merece. Y también con la ayuda de mis padres —su familia correría con los gastos, recalcó.

Manolo ahora estaba impresionado. ¿Quién era él para interponerse en el camino de que su hija se casara en una familia del nivel de los Rivas García Rubio? Echando a un lado sus primeros recelos, se avino con el plan. Luego Antonio se fue para regresar a Sancti Spíritus —complacido, en efecto, de haberse acabado de comprar una novia bella y virtuosa. Manolo iría a darle la noticia a Olga.

Ella se sentía súper feliz, aunque, de pasada, lamentaba abandonar su trabajo: la enseñanza y especialmente la enfermería. Pero éste era el sacrificio que estaba dispuesta a hacer, si era importante para Tony, porque fuera de eso, su vida estaba a punto de comenzar a parecerse a la realización de un sueño, un cuento de Cenicienta. Entregada a imaginar un futuro de casada con el heredero de una vasta fortuna, Olga no se detuvo a considerar cuán poco ella realmente lo conocía, ni se cuestionó lo que realmente sentía por él, suponiendo acaso que llegaría a quererlo con el tiempo, e ignoró ciertas advertencias a las que de otro modo habría prestado atención.

Por ejemplo: en La Habana, Tony Rivas tenía reputación de mujeriego y problemático. Era un conocido miembro de un club de motociclistas que corrían en grupos por toda la isla a lo largo de carreteras bordeadas de palmas, vistiendo chaquetas de cuero negro y gorras ribeteadas del mismo material, sin otra agenda política que la de obedecer los impulsos de su testosterona. (Posteriormente, las fotos mostraban su notable semejanza con Marlon Brando en *Salvaje*). Así fue como Tony se ganó su apodo de «El Ciclón»: era el centro de la tormenta que barría La Habana para armar alborotos en los *nightclubs,* antes de ir a sosegarse en la provincias.

Olga tampoco sabía que la razón por la cual los padres de Tony lo habían enviado a Estados Unidos, a estudiar en una escuela militar de Georgia, era su perturbadora conducta en la infancia y adolescencia que le había dado, como el más joven de sus tres hijos, el papel de oveja negra de la familia. Sabía, sí, que era extremadamente inteligente, capaz de alcanzar el éxito en numerosas habilidades profesionales. Pero no le prestó atención a los indicios de que ya él había dilapidado la mayor parte de su herencia y de que no tenía ningún dinero suyo, y que una de las razones por las que sus padres estaban ansiosos de casarlo era probablemente la esperanza de que el carácter recto y responsable de ella lo afectaría positivamente a él.

Por supuesto, ni los padres ni los hermanos de Tony sugirieron nada de esto cuando llegaron a La Habana unas pocas semanas antes de la boda. A diferencia de la familia López, que tenía más sangre criolla, los Rivas eran esencialmente españoles en su apariencia y actitudes. El padre de Tony, Victoriano, un caballero de aspecto distinguido y pelo cano bien peinado —con cierta semejanza con el presidente Woodrow Wilson— se conducía con el aire majestuoso que acompañaba el cargo de magistrado provincial. La madre de Tony era asimismo elegante, amable y dulce, «una santa» a los ojos de Olga, quien también había quedado muy bien impresionada por José Luis, el hermano mayor de Tony, que era alto y apuesto, de una discreta inteligencia, y por la belleza de su hermana, la blanca y aristocrática María Rosa.

En medio del desarrollo de este cuento de hadas, a sólo unos días de la boda —planeada como una ceremonia sencilla para un buen número de invitados— Olga estaba demasiado entusiasmada y ocupada para darle cabida a las dudas. Pero a Manolo no lo cegaba la parcialidad. Cuando se sentó a conversar con su hija, le dijo con la cara muy seria:

—No te cases con ese hombre.

Atónita, ella se quedó helada hasta que pudo encontrar el valor de preguntarle a su padre por qué había cambiado de opinión respecto a Antonio.

—Porque —Manolo se expresó sin reservas— no es un buen hombre.

¿Le prohibía él que se casara? No, pero le rogaba que cancelara la boda.

—Apunta mis palabras —le advirtió Manolo—: se trata de un niño bitongo.

Olga vio la genuina preocupación de su padre. Sabía que él sólo quería lo que fuese mejor para ella, protegerla por tanto tiempo como pudiera, y también creía que era profundamente perceptivo, que usualmente veía a través de los más sutiles disfraces —una cualidad que ella había heredado de él. De manera que deliberó concienzudamente, sopesando su preocupación contra la idea de cómo reaccionarían los invitados si ella lo cancelaba todo, para no mencionar a los padres de Tony que habían corrido con todos los gastos de la boda y de la espléndida luna de miel, además de la casa que les habían alquilado a los novios en Sancti Spíritus, completamente amueblada con piezas caras y todos los artículos necesarios para que una pareja comience su vida de casada. Finalmente, llegó a la conclusión de que Manolo estaba mostrándose sobreprotector, algo que no era inusitado en cualquier padre a punto de entregar en matrimonio la mano de su hija. No, él tenía que estar equivocado respecto a Tony. Ya vería él.

El 24 de julio de 1953, Olga López se casó con Antonio Rivas en una capilla de su pueblo, Arroyo Naranjo, un suburbio de La Habana. Ella estaba radiante, la novia más asombrosamente bella que cualquiera de los invitados hubiese visto nunca, o así muchos lo reiteraron en la recepción de la boda —lo cual, cosa bastante rara, parecía molestar al novio luego de oírlo decir con cada felicitación. Olga no advirtió que cuando posaron para las fotos de familia, él era la única persona en la fiesta de bodas que rehusó sonreírle a la cámara.

El 26 de julio, dos días después, el hasta entonces poco conocido Fidel Castro y su banda de revolucionarios asaltaban el cuartel Moncada, en Santiago. El golpe resultó un fracaso total y los que sobrevivieron, Castro entre ellos, fueron encarcelados en Isla de Pinos. Pero eso no sería el fin de Fidel ni de la revolución, más bien era el principio del fin de todo lo que Cuba había sido hasta entonces.

Esa misma noche, en su suite de recién casados, el cuento de hadas de mi madre se deshizo rápidamente. Fue el final de todo lo que ella había sido hasta entonces y el comienzo de la pesadilla.

Mientras yo crecía y escuchaba los distintos segmentos de esta historia, mami me libró de los detalles gráficos de cómo tuvo lugar ese primer asalto de parte de mi padre. Ella se las arreglaba para restarle importancia de este modo, siempre refiriéndose jocosamente a papi como «el Caballero».

Parte del escenario que capté fue que, al estilo de Dr. Jekyll y Mr. Hyde, él llegó a convertirse en uno de esos hombres abusadores que creían que cuando se casaban con una mujer y la despojaban de su virginidad, ella les pertenecía; para golpearla a voluntad, como él podía hacérselo a un caballo que tuviera en la hacienda, de la misma manera que maltrataba a los criados. Por capricho.

Pero hubo algo más, algún misterio en el cuarto que condujo a aquel primer estallido de violencia. Posteriormente, mami me dijo que ella creía que eran los celos debajo de la furia lo que lo llevó a golpearla insensiblemente al tiempo que la llamaba puta y, con un par de tijeras, le arruinaba cada uno de los bonitos vestidos que le habían hecho o comprado para su luna de miel, rompiéndoselos y luego cortándolos en cientos de pedacitos. En lugar de sentirse orgulloso de la buena apariencia de su mujer, se celaba de ella, si es que eso era posible, enfurecido por su belleza y por el modo en que otros la encontraban atractiva.

Mi madre se encerró en un cuarto del hotel, empacó el resto de su ropa en su maleta y tomó la decisión de irse a la mañana siguiente y volver con sus padres. Pero cuando llegó la mañana, la asaltaron las dudas, recordando los votos sagrados que había hecho, sintiéndose avergonzada por no haber escuchado a su padre y no deseando acarrearle más vergüenza a su familia. Pero todas sus voces íntimas le decían: ¡vete!, ¡vete!, ¡vete!

Mi padre se apareció antes de que ella se fuera, lloriqueando a regañadientes al tiempo que estrujaba su pañuelo blanco salpicado de lágrimas. Le aseguró que un exabrupto como ése nunca más volvería a ocurrir y le prometió reemplazarle los vestidos. Durante los próximos días resultó ser una persona encantadora y considerada, pero cuando le trajo los vestidos nuevos ella se sintió humillada al descubrir que eran largos y poco atractivos: ropa severa más apropiada para señoras mayores.

Para entonces ya mami había recobrado su don de visión. Le pidió a sus santos protección y orientación para que la ayudaran a mejorar su desastrosa elección de marido; pero se mantuvo cautelosa. Durante un tiempo, papi sí mejoró, y casi siempre intentaba controlar su temperamento, a veces mostrándole su afecto y su calor, e incluso el lado divertido y seductor de El Ciclón. Desafortunadamente, este era un lado suyo que a él le gustaba mostrarle a los demás también. Luego de salir embarazada, unos tres meses después del matrimonio, mami llegó a enterarse de que la empleada doméstica que trabajaba para ella y papi había hecho una inesperada visita a Las Minas.

La criada había pedido entrevistarse con mis abuelos, a quienes les reveló que había tenido una relación con su hijo Antonio, de quien estaba embarazada. Al parecer, la joven ya había sabido que su patrón no tenía ningún dinero que darle, de manera que apelaba a sus padres para conseguir alguna ayuda económica.

Victoriano —que tal vez se había enfrentado a solicitudes semejantes en el pasado— no cuestionó si ella decía o no la verdad. Pero sí le recordó a la madre soltera que era mayor de edad y que por tanto su bebé era de su sola responsabilidad, y la despachó con las manos vacías.

Mami supo después que la criada había dado a luz una niña, aunque la paternidad nunca se llegó a comprobar. Si papi fue el padre, en alguna parte del mundo mis hermanos y yo tenemos una media hermana, nacida aproximadamente en julio de 1954, por la misma fecha en que mi madre estaba a punto de dar a luz su bebé y la llevaron de urgencia a la Clínica de Los Ángeles.

Durante las angustiosas horas que siguieron, el Dr. Orizondo llegó finalmente a la conclusión de que si podía salvar al bebé, la madre, dado su estado de debilidad, probablemente no sobreviviría al parto. El problema, así me lo explicaba mami, era que Antonio Arturo Rivas Jr., que pesaba más de diez libras, se encontraba al parecer tan a gusto en el ambiente seguro, tibio y acuático del vientre de su madre que sencillamente rehusaba salir. Si es cierto que los bebés ya pueden antes de nacer oír y percibir el mundo que les aguarda, esa explicación habría tenido sentido en el caso de mi familia.

Cuando Tony finalmente nació, el 9 de julio, los signos vitales de mami eran muy débiles y comenzó a desangrarse. Perdió tanta sangre que el Dr. Orizondo estaba seguro ahora de que la vida de mi hermano le costaría a mi madre la suya. Pero con la ayuda de Dios… sobrevivió. Yo me he preguntado si en ese túnel a través del cual se dice que pasamos después de la muerte —el sombrío pasadizo con la gloriosa luz al final donde los santos de mami estarían esperándola para llevarla al cielo— no volvió la espalda y decidió regresar por su nuevo bebé y los otros hijos que habrían de nacerle. Ella puede haber sabido entonces cuánto la necesitaríamos.

Mi padre estaba indudablemente supercontento de tener su primer hijo, que llevaba su nombre, casi como si la bondad y brillantez de Tony Jr. sirvieran para redimir los defectos de papi. Nunca tuve dudas del amor y el orgullo que él sentía por mi hermano. En mi papel de hijo segundo, yo estaba destinado a la posición de tener que hacer un mayor esfuerzo para demostrar mis méritos, y no siempre reconocí el precio que Tony tuvo que pagar, desde temprano, por las expectativas de perfección que papi tenía de él, además del estigma que llevaba por ser el bebé por quien mami casi se muere cuando lo trajo al mundo.

Mi nacimiento, quince meses después, el 1 de octubre de 1955, en la Clínica de Los Ángeles, en Sancti Spíritus (entre ángeles y el Espíritu Santo) fue mucho más afortunado, excepto por la caída accidental que mami se dio el último día de su noveno mes cuando, durante una visita de mi abuela María y abuelo Chucho (la manera cariñosa en que llamábamos a Victoriano) dio un traspié y fue a caer torpemente con su barriga gigantesca sobre el borde de una gaveta. Tal vez fue un presagio de que yo estaba destinado a sufrir serias agresiones físicas más tarde, accidentales y deliberadas.

Cuando mi madre estaba encinta, la violencia de papi tendía a contenerse, por lo que de cierta manera ella tenía suerte de ser tan fértil —si bien, teniendo en cuenta el tamaño de sus bebés, era una bendición a medias. Por suerte, el parto en que yo nací no constituyó el gigantesco trauma que había sido el de Tony, pero yo era aún más grande, con diez libras y media de peso.

—¡Un hermoso bebé! —mami solía decir siempre que recordaba

la ocasión; salvo por una cosa: los dedos. Nací con seis dedos en cada mano, un signo ominoso cuyo significado nunca llegaron a explicarme. El médico me los amputó enseguida y se los guardó a mami en un frasco, que ella mantenía siempre bajo llave, otro secreto de familia.

En honor de mis dos abuelos, mis padres me pusieron por nombre Víctor Manuel Remigio Rivas García Rubio López. En tanto Tony tenía los rasgos y la tez más oscura de mi madre, yo saqué la piel blanca y los ojos claros de papi.

De regreso a casa, mami tenía dos bebés que amamantar, uno en cada pecho. En la iglesia y otras reuniones comunitarias o de familia, presentábamos un hermoso cuadro de una familia cubana de clase alta, cariñosa y feliz. Mi padre era un mago para adoptar la pose de la normalidad. La franca sonrisa de mi madre se fue haciendo forzada. Ella aprendió a guardar más secretos.

Los corretos de papi continuaron. Poco después de mi nacimiento, durante una carrera de ida y vuelta a La Habana, se rompió una pierna en un accidente de motocicleta. Mientras estaba con la pierna enycsada, se ofreció a dormir en el sofá de la sala —para no perturbar el sueño de mami y evitar que ella le fuese a dar accidentalmente un puntapié.

Ella no puso ninguna objeción, pero se preocupó mucho en una ocasión en que despertó a media noche y oyó los gemidos y jadeos de mi padre que al parecer había sufrido un repentino ataque de dolor. Mami corrió a la sala dispuesta a ayudarlo; pero la cama del sofá estaba en desorden y él no estaba allí, como si se hubiera caído y se hubiera ido arrastrando hasta el baño. Al tiempo que aumentaba el volumen de sus gemidos, ella corrió al baño, imaginándose que se había resbalado en el suelo; pero tampoco estaba allí. Siguiendo los ecos de lo que empezaba a sonar más como placer que como agonía, entró en el cuarto de la criada. Luego de un momento de duda, abrió la puerta, y allí estaba mi padre, con yeso y todo, copulando encima de la joven mujer. Mami cerró la puerta, se tragó cualquier humillación que sintiera en el escudo frío y silencioso que empezaba a formársele en torno al corazón, y regresó a su cuarto.

Manolo tenía razón, Antonio Rivas era un niño bitongo: veía algo que le gustaba y lo cogía, con un arrojo que no tenía nada que ver con la forma en que lo criaron. Pero algo más alentador era que papi parecía tomar en serio su papel de proveedor. Cuando él y mami se casaron, su padre le había conseguido un puesto en el Departamento de Justicia —el primer empleo que había tenido nunca— y aunque eso no duró mucho tiempo, a él se le ocurrió una mejor idea y, a fines de 1956, le anunció a mami que había decidido mudarse para los Estados Unidos. Sus tiempos en la escuela militar de Georgia le habían dejado gratos recuerdos de la buena vida en ese país y le aseguró que allí existían cantidad de oportunidades profesionales para las cuales él estaba bien preparado.

Apenas tres años después, empezaría a llegar a las costas de Estados Unidos la primera gran oleada de exiliados cubanos que huía del régimen comunista de Castro y de todo lo que eso entrañaba. Pero nuestra partida no tuvo que ver nada con la revolución, aunque este movimiento se arraigó en las provincias, en parte como reacción a la creciente decadencia y corrupción que florecía en La Habana. Ajeno a los vientos políticos que soplaban, mi padre, tanto entonces como después, simplemente quería mudarse para alguna otra parte, algún lugar mejor (tal vez lejos del escrutinio o del juicio de sus padres y hermanos), e hizo las gestiones para hacerlo lo antes posible.

Debido a que sería más fácil obtener en la capital todos los documentos que hacían falta, los cuatro nos mudamos a La Habana y nos instalamos en la casa de los padres de mami. Poco después, a papi le dieron la visa y se fue antes que nosotros en busca de trabajo y de casa. Durante casi un año, mi madre estuvo esperando que mandara a buscarnos. En el ínterin, ella rara vez tenía noticias suyas y él nunca le envió dinero, de manera que nuestros cuatro abuelos nos mantenían. Finalmente, no mucho después de mi segundo cumpleaños, papi llamó para decir que ya estaba preparado para que nosotros nos reuniéramos con él.

El 26 de octubre de 1957, mami, mi hermano Tony y yo volamos a los Estados Unidos, abandonando oficialmente nuestro país tropical para siempre. Sólo una inmersa memoria de mi primera infancia en Sancti Spíritus subsistía en mí. Otros recuerdos de Cuba los adquirí un año y medio después cuando abuelo Chucho y abuela María nos invitaron a mi hermano y a mí a ir a visitarlos por dos meses en el verano de 1959.

Algunas de las imágenes más indelebles se han conservado, de manera muy general, de lo que era mi conciencia de casi cuatro años entonces, como gruesos y brillantes brochazos de color: en múltiples tonos de verde dondequiera, en las formas de la espesura tropical, en los estrechos y serpenteantes caminos a través de opulentos campos que rebosaban con diferentes clases de cultivos, sabanas donde pastaba el ganado, y una atmósfera tan espesa, debido a la humedad, que reflejaba todos los colores como un prisma. Otros recuerdos eran más vívidos y específicos, como el día en que mis abuelos nos llevaron a la famosa playa de Varadero, donde la arena era tan blanca y crujiente debajo de mis pies que me parecía que estuviera caminando sobre polvo de talco.

Nuestra estancia en Sancti Spíritus, en Las Minas, también dejó vívidas impresiones: el largo camino sin pavimentar bordeado de palmeras gigantescas que conducía a la elegante casa principal de dos plantas, con jardineros, peones, choferes, cocineros, camareros y otros criados (al parecer más numerosos que el número de los verdaderos residentes), todos los cuales parecían celebrar nuestra presencia y complacer nuestros deseos. El más memorable era Moya, el chofer o *cochero* principal, que trabajaba en la hacienda con su mujer.

Moya era uno de los hombres más notables que yo jamás hubiera visto, de una piel negra como el ébano, tan oscura que era de una tonalidad casi azul, y con un porte distinguido que, en mi percepción, lo ponía a la altura de mi adinerado abuelo. Cuando él no estaba llevando a los miembros de la familia en un auto de lujo, Moya andaba por toda la finca haciendo mandados en un viejo *yipi*[5] militar descapo-

---

5 Manera usual de llamar en Cuba a un jeep. (N. del T.)

table, en el cual Tony y yo nos ofrecíamos a acompañarle siempre que él quisiera llevarnos.

Así fue, hasta el día en que salimos con él y tuvo que regresar a buscar algo. Moya apagó el motor, sacó las llaves y se encaminó a la casa. Tony —que acababa de cumplir cinco años— se deslizó hacia el asiento del chofer, puso las manos en el volante y fingió que estaba manejando.

Divertido, me eché a reír y le dije:

—¡Déjame probar!

Tony no me hizo caso y se puso a examinar la mecánica de la barra de cambios, tironeándola con bastante fuerza como para cambiar la velocidad y ponerla en neutral. Podíamos sentir como el yipi comenzaba a rodar lentamente en marcha atrás siguiendo la ligera inclinación de la senda mientras intercambiábamos amplias sonrisas de satisfacción. ¡Era mágico!

Tony mantuvo el volante firme mientras comenzamos a ganar velocidad, en el momento exacto en que miramos hacia atrás para ver a Moya que salía de la casa. Corrió hacia nosotros y nos hizo señales con ambas manos, al tiempo que nos gritaba:

—¡Coño! ¿Qué están haciendo?

Nuestra risa se convirtió en histeria aterradora cuando resultó claro que cuanto más rápido corría Moya detrás de nosotros, tanto más nos alejábamos de él. Al aumentar la velocidad, el yipi, —que afortunadamente no tenía dirección asistida— mantuvo un curso bastante recto en marcha atrás. Retrocedimos todo el trayecto de la entrada de carros y atravesamos la carretera principal pavimentada, yendo a carenar contra una maleza tan tupida que resultó como las bolsas de aire de hoy, amortiguando nuestro choque.

La inmediata preocupación de Moya fue nuestro bienestar, no la culpa que él iba a cargar por el percance. Viendo que estábamos ilesos, aunque traumatizados, nos dijo que habíamos sido en extremo dichosos de que no hubiera tránsito en la carretera y que no hubiéramos chocado o nos hubiéramos volcado en un canal que corría junto al camino. El mensaje de Moya tuvo otra implicación para mí, que un adulto protector haría cualquier cosa a su alcance por cerciorarse de que los niños a su cuidado no sufrieran ningún perjuicio. Los mensajes de mi padre en esta época me decían algo totalmente distinto.

Cuando visitamos a mis abuelos maternos en La Habana, ellos también nos hicieron sentir seguros e incondicionalmente amados. Aunque yo tengo tan solo un borroso recuerdo de su casa y del estilo de vida de esta visita, luego me he preguntado si la sensación de seguridad que asociaba con abuelo Manolo y abuela Muñeca (como la llamaban afectuosamente) provenía de nuestra primera estancia de un año entero con ellos cuando ya papi se había ido para Estados Unidos.

Cuando Tony y yo salimos de Cuba a fines del verano de 1959, nos despedimos de los padres de mi madre sin saber que nunca más los volveríamos a ver.

Sólo unos ocho meses antes, el día de año nuevo, la revolución de Fidel Castro había derrocado al régimen de Batista e inundado el país con revolucionarios en traje de campaña. En nuestra familia no se mencionó el por qué esto sucedía, lo que significaba ni cómo podría afectarnos a nosotros o a nuestros parientes. Ciertamente, la posibilidad de que nunca volveríamos a ver nuestra patria ni siquiera se sugirió.

En la medida en que otros acontecimientos y retos fueron ocupando mi atención, el suelo en que nací y donde di los primeros pasos se fue alejando cada vez más en mis sentimientos, y mis primeros años casi desaparecieron por completo de mi memoria consciente. Muchos años después, tuve un sueño extraño en el cual yo era un bebé, quizá de poco más de un año, que terminé por contarle a mami, como era lo usual, cuando ella estaba ocupada en la cocina, esta vez mientras preparaba unos platos.

En el sueño, le decía yo, sólo llevaba puesto un pañal y tenía la sensación de indefensión y terror de que me caía de espaldas, como en cámara lenta, sujeto de alguna manera a una silla alta.

De espaldas a mí, mientras yo le describía la extraña sensación de vergüenza que acompañaba mi caída en el sueño, vi que ella de repente se había quedado helada. Los hombros se le hundieron en el lavadero y comenzó a temblar de manera espontánea. Estaba llorando.

Sin volver la cabeza, mami me dijo:

—Ay, hijo, ¿cómo te puedes acordar de ese momento? Tú tenías menos de dos años.

Lo que yo no había recuperado en mi sueño fue que un momento antes de darme la caída en la silla alta ese día en Sancti Spíritus, ella, con bastante inocencia, le había dicho a papi que me había encontrado en la silla con las manos metidas en el pañal —obviamente me había descubierto el pene y el placer primordial que provoca el tocárselo— y que ella no sabía qué hacer para desalentar esa conducta.

Mami sacó una lección de este episodio, sería la primera y última vez que le pedía al Caballero que resolviera una situación que afectara a sus hijos y que ella pudiera manejar por sí sola. Para mí la lección tomaría años en inculcarse, trayendo consigo la idea de que cualquier castigo que recibiera, me lo merecía.

En el instante en que papi oyó lo que su segundo hijo, de quince meses, estaba haciendo, se me acercó y me miró, y luego, sin mediar un segundo, me dio un quemante bofetón con el dorso de la mano. La fuerza del golpe no sólo derribó la silla y a mí hacia atrás, sino que me sacó de la silla y me lanzó de cabeza contra la mesa de la sala.

Todo eso me fue devuelto en el sueño a una mayor edad; no obstante, la sensación de caída libre de espaldas, era el primer recuerdo de mi vida y uno de mis pocos recuerdos de Sancti Spíritus.

2
chicago
(1957–1964)

Tú no eres malo, sino mal criado.
—«Romantic Comedy», Stars, del álbum *Heart.*

E N MI ALMA SE ESTABA librando una batalla.

Por la época en que comencé el *kindergarten* en la primera escuela parroquial a la que asistí en Chicago, dos meses antes de cumplir cinco años, ese mensaje había comenzado a hacerse evidente. Que el mundo dentro de nuestros hogares era semejante a una zona de guerra era aún una dura realidad que yo me resistía a aceptar, como si estuviera convencido de que el accidentado terreno de la infancia en el que había caído en paracaídas —por error, podría agregar— era sólo un campo de entrenamiento para prepararme para mi verdadero destino. O era eso —una prueba complicada con una recompensa al final— o una broma.

Primera lección de supervivencia: conservar un sentido de la ironía.

De una manera abstracta, era realmente cómico que de todos los lugares de Estados Unidos donde papi podía haber elegido para que comenzáramos nuestra vida allí, escogiera Chicago, o *«shhee-cogoh»* como yo lo pronunciaba en mi inglés con un dejo extranjero. Pasé del amable clima subtropical, donde mi vestuario era básicamente un pañal, a las heladas temperaturas de la Ciudad de los Vientos, donde, como cualquiera que haya pasado un invierno en Chicago puede dar fe, se requieren múltiples capas de ropa para aislarse de los lacerantes vientos que soplan desde el lago Michigan y se desplazan a gran velocidad por los corredores que forman las calles de la ciudad. Yendo y viniendo de la escuela con un traje especial para la nieve, overoles y ropa interior larga, camisas, suéteres, botas, mitones, sombrero y bufanda, podía inclinar todo el peso de mi cuerpo en la dirección del viento y sentir como si no me estuviera moviendo en absoluto. La prueba de vestirse y desvestirse podía ser difícil, especialmente cuando tenía que usar el baño, lo cual exigía despojarme habilidosamente de todas las capas de ropa en una carrera para no orinarme. A veces perdía.

Mami ciertamente había luchado por conservar su sentido de la ironía en la nevada noche de finales de octubre de 1957 cuando llegó con nosotros —Tony de tres y yo de dos años— al aeropuerto O'Hare, sin que ninguno de nosotros estuviera adecuadamente vestido para las descendentes temperaturas. Papi no estaba por ninguna parte. Ya que el avión se había retrasado, mami supuso que a él le habría sobrado tiempo para estacionar su auto y encontrarse con nosotros en el andén, pero cuando no apareció, ella nos llevó, cansados y temblando, hasta el área de reclamación de equipajes, recogió nuestras maletas y cajas, y se las compuso para reunir todas las cosas y a nosotros —arropados juntos bajo su chal ligero— en el borde de la acera para esperar a papi. Finalmente, incapaz de soportar nuestros lloriqueos mientras el viento y la humedad nos azotaban, llamó a un taxi y le dio al chofer la dirección de mi padre.

Cuando mami tocó el timbre del apartamento, nos recibió una pareja de ancianos que parecía no tener ninguna idea de donde se encontraba el Sr. Rivas, su nuevo inquilino. Pero viendo nuestro estado, de inmediato nos entraron en su apartamento y trajeron varias frazadas para envolvernos a Tony y a mí, una humeante taza de café para mami, y leche caliente y galleticas para nosotros. Mi madre no hablaba inglés, pero fue de alguna manera capaz de expresar su aprecio.

Segunda lección de supervivencia: aceptar la generosidad de los extraños.

A eso de las 5:00 A.M. de la mañana siguiente, papi irrumpió en el apartamento hablando pestes por la fatiga que le imponían los turnos dobles de trabajo como chofer de guaguas. No era su culpa que él no hubiera estado en el andén cuando llegó nuestro avión, porque él había estado en el aeropuerto, después de todo, esperando puntualmente. ¡Temprano! Pero debido a su cansancio se había recostado de su asiento y se había quedado dormido.

—Ustedes deberían haberme buscado —susurró como para no despertar a sus patronos—. ¡Si no fueran tan estúpidos, lo habrían hecho!

Varios días después, papi localizó un apartamento para nosotros mientras él y mami gastaban el resto del dinero en unos cuantos muebles y, lo más importante, ropa abrigada para que resistiéramos el clima de Chicago, que cada día se hacía más frío. Mi madre luego de haber tenido que renunciar a su empleo de maestra porque mi padre había insistido que ninguna mujer suya iba a trabajar fuera de casa, ahora tuvo que buscar cualquier clase de empleo que pudiera encontrar y al que pudiera llegar a pie desde la casa. Eso resultó ser un puesto en una línea de ensamblaje en una fábrica de plásticos que quedaba cerca, donde ganaba $1,25 la hora, y muy pronto la ascendieron a un nivel superior con el sueldo máximo de $1,45 la hora.

Mami no se quejaba del duro trabajo ni de las caminatas yendo y viniendo de la casa a la fábrica; se estaba convirtiendo en «La luchadora» y se sentía más que dispuesta a hacer todo lo que pudiera para contribuir a nuestro bienestar. Ella sí se quejaba, sin embargo, *a posteriori,* de su dificultad de adaptarse a tan drásticos cambios de cultura y de clima, e incluso de la comida americana. Alegaba que intentaba aprender inglés, pero que debido a que la mayoría de sus compañeros de trabajo eran de nuestro barrio, predominantemente italiano, terminaría por aprender italiano.

Dicho en defensa de mi padre, él no era el único loco isleño tropical que se había aventurado a pasar del norte de Miami hacia el interior de Estados Unidos. Había realmente en Chicago una comunidad cubana llena de vitalidad, si bien pequeña, que se congregaba frecuentemente en el Club Madrid —al que llamábamos *el club cubano:* un salón de baile y club social, ruidoso y lleno de humo, donde actuaban gente como Celia Cruz y Tito Puente, convirtiendo el invierno en verano y el Chicago en la patria.

Es aquí donde la memoria visual de mi infancia se concentró por primera vez y donde —entre los tres y los nueve años— observé al carismático Ciclón en acción. ¿Quién era él, este hombre con tan distintos rostros y estados de ánimo? Aquí en el club cubano podía hacer su entrada, analizar la escena, sereno e indiferente, pero luego —¿por qué no?— decidir convertirse en el alma de la fiesta, haciendo chistes y cuentos con los otros hombres mientras mi madre se juntaba con las damas, y mientras Tony y yo corríamos a jugar en el espacioso salón con otros niños.

Papi estaba en su elemento, haciendo torneos verbales con los hombres y flirteando sin riesgo con algunas de las mujeres casadas, como Mecca, la rubita cubana cuyos hijos Charlie y Elena —mucho tiempo después se convertirían en nuestros hermanastros— estaban en el grupo jugando con Tony y conmigo. Usualmente mami no bailaba en presencia de papi, pero llevaba el ritmo con el cuerpo sin moverse de su lugar, sonriendo porque esta música que hacía cimbrar las paredes era realmente *suya.*

Sin embargo, hubo una noche excepcional, cuando mi madre se robó el show, para gran disgusto de papi. El artista invitado de esa noche era Miguelito Valdez —Mr. Babalú— un cantante mulato de Cuba, alto, guapo y muy famoso, y el Club Madrid estaba esa noche para bailar. Con la ayuda de Mecca (abreviatura de América), que era peluquera, mami se había hecho un peinado de rubia platinada y llevaba un vestido negro de noche ceñido y descotado. Cuando Cáscara, el artista amigo de Mecca, de sólo noventa y ocho libras de peso, sacó a bailar a mi madre, a papi no pareció importarle, excepto que todo el mundo se detuvo a observar sus fabulosos movimientos. En un abrir y cerrar de ojos, mami tenía delante al mismísimo Mr. Babalú, quien, insertándose entre ellos, le pidió a Cáscara que si a él no le importaba cederle su compañera.

—Ésta es una mujer casada —le dijo Cáscara—. Tienes que pedírsela a su marido —y señaló a mi padre que estaba del otro lado junto al bar.

Papi se encogió de hombros. Seguro, ¿por qué no?

Olga López Rivas y Miguelito Valdez despejaron el salón de baile. Todos los ojos estaban en sus sambas, mambos, merengues y cha cha chás perfectamente sincronizados. Todo el club se paralizó mientras mami y el cantante cubano se movían a través de la pista de baile con pasos que provocaban aplausos y vítores. Aunque papi más tarde le haría pagar por eso, esa fue una de las más espléndidas glorias de mi madre.

Siempre que íbamos al club cubano, sobraban las opiniones rotundas y las gesticulaciones a que acostumbran tanto los cubanos como los chicaguenses. A la ciudad, por supuesto, la han apodado la Ciudad de los Vientos no sólo por la fuerza del aire, sino por la política de trastienda del Chicago de los primeros tiempos, cuando prevalecían la jactancia y las conversaciones que se *ventilaban* acaloradamente. Su otro sobrenombre, el de la segunda ciudad, se derivaba de la sombra gigantesca que Nueva York le proyectaba encima, y que hacía que la gente de Chicago, nativos o no, le diera a eso mayor importancia y hablara de eso en voz mucho más alta.

Cuando terminaba la fiesta, el salón estaba tan húmedo que las paredes sudaban producto del calor de los cuerpos. Pero en lugar de salir a la suave noche tropical, una escala en el vestidor era un recordatorio instantáneo del sitio donde realmente vivíamos. Papi nunca tuvo que venir y decirnos que era tiempo de irse; podíamos sentir, como mascotas adiestradas, sus ojos clavados en nosotros y sabíamos que había que correr a vestirse. Pero tan pronto habíamos pasado todo el proceso de halarnos y tironearnos y cerrarnos con cremallera en nuestras múltiples capas, alguien le ofrecería a papi otro cafecito, otro cóctel, otro chiste y él con indiferencia lo aceptaría, dejando a mami parada en silencio, mientras Tony y yo nos quedábamos como miniaturas del abominable hombre de las nieves, empapando de sudor hasta el último resquicio del cuerpo y de las ropas dentro de nuestras propias saunas.

Esto era la despedida cubana. La rutina podría proseguir la noche entera. Y en cuanto a quejarse —bueno, desde el *kindergarten* yo sabía más que eso.

Tuve bastantes problemas ese invierno, con castigos y advertencias en aumento. Como resultado, cuando no estábamos en público, la presencia de papi en casa creaba una creciente tensión, un sentimiento de que en cualquier momento el podía lanzar un ataque. Sentía que él estaba encima de mí como un halcón, a la espera del mínimo error que exigiera disciplina: usualmente una palmada o un manotazo en el trasero, pero si realmente me salía del tiesto, se quitaría el cinto y me azotaba el culo desnudo. Para cerciorarse de que yo sentía el miedo y el dolor que él se proponía infligirme, tenía el hábito de doblar el cinto y de hacerlo chasquear varias veces. El sonido me atemorizaba mucho más. Su cinturón de conductor de buses —de tres pulgadas de ancho con una hebilla enorme— era usualmente el instrumento de castigo que prefería. Él me dejó muchas marcas de nalgadas y cintazos en el trasero.

Al acercarse la Navidad, papi sí reconoció mi esfuerzo de mejorar mi conducta, y me anunció que si me seguía comportando así, encontraría una recompensa debajo del árbol de Navidad.

—Escucha a tu padre —solía alentarme mami cada mañana. Sé un buen chico.

En casa hablábamos solamente español, aunque Tony y yo habíamos estado aprendiendo inglés en la escuela católica que quedaba cerca, donde yo había asistido a la guardería infantil el año anterior. Poco a poco, comenzaría a comunicarme en un inglés torpe, aprendiendo a preguntarle a las monjas acerca de distintos artículos comestibles como queso y leche. Me aprendí el Padrenuestro, el Avemaría y la jura de la bandera. Al año siguiente, con Tony en primer grado y yo en el *kindergarten,* ambos éramos bilingües, con acento, pero bilingües.

—*Good boy*—me dijo mami una mañana de finales de noviembre, sonriéndome con aprobación, alentándome, creyendo en mí, al llegar a la mesa del desayuno, lavado y vestido con el uniforme regular de la escuela católica —camisa blanca, corbata de presilla, pantalones oscuros y zapatos negros— para encontrar que Tony casi terminaba de comer.

—Come —y mami me alcanzó la comida sencilla que era el mismo desayuno que comimos durante muchos años: pan de flauta (una especie de *baguette* cubana) con mantequilla y jalea, y una taza de café con leche; es decir, café expreso con leche caliente y cantidad de azúcar. La bebida caliente tenía el propósito de calentarnos nuestras barriguitas para el frío día que teníamos por delante. A mis padres nunca se les ocurrió que tal vez la razón de que las monjas insistieran en reportar que yo era inusitadamente inquieto en la escuela tenía algo que ver con el combustible humano de alto octanaje que yo bebía todas las mañanas.

—Mami estás engordando —le dije de repente, al notarle el vientre abultado por primera vez.

—Sí, lo sé, pronto voy a tener un bebé. Vas a tener un hermanito o una hermanita.

—¿Voy a tener un hermanito? —Esto era maravilloso, pero confuso—. ¿Cómo? ¿Por qué?

—Porque Dios quiere que lo tenga.

El concepto me fascinaba, y me seguía rondando en el cerebro mientras me zambullía en mis ropas de invierno, y salía dando tumbos y arrastrando los pies detrás de Tony camino a la escuela, sin decir ninguno de los dos una palabra como para que no nos entrara una bocanada de aire helado en la garganta. El misterio de los bebés me dejaba perplejo, pero resultaba una buena distracción de los nombretes burlescos de «¡Fidelito!» y «¡Comunista!» que nos voceaban de la acera de enfrente un grupo de muchachos mayores del barrio que nos provoca-

ban con nombres que empezábamos a oír cada vez más con mayor frecuencia. Cualquiera que fuera lo que querían decir, yo sabía que era
malo y comenzaba a volverme para decirles «cállense»; pero Tony, con
su estilo ágil y estoico, me tomaba del brazo y me halaba tras sí.

En la escuela, Tony se adelantaba hacia su aula de primer grado,
dejándome en el área del *kindergarten,* la cual estaba lo bastante lejos
para que, excepto en misa, rara vez nos viéramos en el curso del día.

—*Guu morniiing* —saludaba a la hermana que era mi maestra
antes de entrar en el guardarropa con el andar de un pato para quitarme mis prendas de invierno. Aunque aún tenía conflictos con mi
nuevo idioma, sin duda progresaba.

El mundo exterior a nuestra casa, tal como yo lo entendía, era el
sitio donde podía ser niño, salvo que estaba gobernado por monjas,
que al parecer estaban asociadas con papi en el empeño de eliminarme
mi maldad innata. Ellas también eran responsables de todo lo concer-
niente al aula, impartiendo la instrucción académica tanto como la religiosa.

Esta mañana, como todas las mañanas, asistíamos a la misa en la
escuela, celebrada por los mismos sacerdotes que presidían la misa del
domingo, a la que también teníamos que asistir. Otro enigma para mí
era que en tanto Tony y yo íbamos a la iglesia todos los domingos, ninguno de mis padres, por razones desconocidas, asistía. Mi cerebro de
cinco años le daba vueltas a ese pensamiento mientras formábamos
en fila para la misa, y pasábamos junto a la ceñuda Madre Superiora. Aunque yo sabía que en la jerarquía de la Iglesia ella no era tan
poderosa como nuestros sacerdotes parroquiales, parecía ejercer su
supremacía sobre todos, porque las monjas la obedecían como una
directora, y yo, por reflejo, la esquivaba al pasar junto a ella.

Durante esta misa, participábamos en los diversos rituales católicos: haciendo genuflexión, arrodillándonos, poniéndonos de pie y haciendo la señal de la cruz. La hermana que era nuestra maestra de
kindergarten nos avivaba durante el tiempo de la misa con una chicharra, un aparatito de metal en forma de escarabajo que sostenía entre el

índice y el pulgar y que, cuando lo presionaba, emitía un chasquido de
dos tonalidades: *clic, cloc.* Cada monja portaba una chicharra. Además
del inglés había un código del lenguaje de la chicharra que había que
aprenderse. Un clic de la chicharra significaba *de pie;* dos clics, *hacer
una genuflexión;* tres clics, *arrodillarse;* y cuatro, *hacer la señal de la
cruz.* Toda la escuela asistía a la misa matutina, y con todas las monjas
cliqueando al unísono, se me ocurrió esa mañana en particular que
había una especie de música que llenaba la iglesia que reverberaba con
el extraño coro de chicharras metálicas.

Si cerraba los ojos y me mecía en los talones, casi sonaba como la
música del club cubano, que a su vez me recordaba la del verano anterior, cuando los padres de mi padre habían venido a visitarnos a Chicago y habíamos ido todos juntos al club social.

La presencia de abuelo Chucho y de abuela María durante dos semanas alegró nuestra casa y la dejó irreconocible porque papi, al igual
que cuando estábamos en público, hizo el mejor papel en presencia de
sus padres, y redujo a un mínimo la constante ridiculización de mi
madre. En lugar del silencio total a la mesa de la cena, interrumpido
tan sólo por su voz destemplada pidiendo «¡sal!» o dándole algún otro
brusco mandato a mami —que nunca se sentaba a comer con papi,
sino que nos servía como una criada— él insistía en que ella se sentara
e incluso le celebraba su sazón. Nuestras nalgadas y castigos se hicieron
casi inexistentes; y aún mejor, me dejaron que acompañara a mis abuelos en excursiones a muchos de los parques y museos a lo largo de la
costa del lago Michigan. Estaba el Parque Lincoln, que tenía un zoológico muy frecuentado, y el Parque Grant, que era mi preferido, con su
famosa fuente de Buckingham, que en las noches de verano la ilumi-
naban con luces multicolores.

Dondequiera que fuéramos, mis abuelos iban impecablemente
vestidos: abuela María con sus vestidos elegantes, sus joyas caras y su
tenue perfume; abuelo Victoriano con sus trajes bien cortados y sus zapatos relucientes, y yo andaba muy orgulloso entre los dos, muy
orondo de que me asociaran con una pareja tan distinguida, cons-

ciente de las miradas de admiración que recibían. Lo mejor de todo era el afecto verbal y físico con que ellos nos inundaron, consintiéndonos a Tony y a mí con invitaciones y regalos.

¡*Clic-CLOC!* El sonido de la chicharra me devolvió al presente, mientras estaba de pie en la fila. Pero la memoria me volvió a arrastrar a toda velocidad, mientras me acordaba de cómo me había comportado mal con abuela por mi renuencia a dormir la siesta y cómo ella había manejado la situación.

—Toma —me ofreció, sosteniendo una moneda de veinticinco centavos que relucía de nueva—, duerme tu siesta y te daré esto.

La miré con los ojos muy abiertos, su delicada piel blanca, su pelo castaño perfectamente peinado y sus ojos chispeantes, y observé como me ponía la moneda en la mano.

—Ahora, sé un niño bueno y ve a dormir tu siesta —me dijo sonriendo.

¡Dos bocados! Es así como lo llamaban en Chicago. Hasta donde yo sabía, uno podía comprar más de cien caramelos por eso. Sin decir una palabra, tomé rápida y alegremente el pasillo rumbo al dormitorio que compartía con Tony, salté a la cama gemela y cerré firmemente los ojos, al tiempo que mantenía la moneda en un puño, y hacía mi mayor esfuerzo por dormirme. Pero debajo de mis párpados danzaban las visiones de un tesoro de golosinas: ¡rompequijadas, Good & Plenty, chicles Bazooka, barras de chocolate! ¿Quién iba a dormir en un momento tan emocionante como ése? Lo que yo realmente quería hacer era dar saltos de alegría, y así lo hice. Pero entonces, cuando me paré en la cama y comencé a saltar, se me ocurrió que podría dejar caer mi adorada moneda nueva. ¿Dónde ponerla?, pensé. Por supuesto, ya sabía yo, ¡debía guardármela en la boca! Con la moneda sana y salva en mi cachete, comencé a saltar otra vez, levantando mis robustas piernas hacia el pecho, como si me transformara en una pelota.

Luego sucedió lo inevitable. Un rebote estremecedor me dejó sin aliento y, al abrir la boca para cojer aire, la moneda se me salió del cachete y se me alojó firmemente en la garganta, bloqueándome completamente las vías respiratorias. Traté de gritar pidiendo socorro, pero no salió nada. En cuestión de segundos, yo estaba en estado de pánico y comenzaba a perder la conciencia. En mi desesperación, me arrojé contra la pared, a la espera de que alguien escuchara el impacto. En efecto el impacto logró que la moneda se desalojara, pero enseguida me la tragué.

Mami y abuela corrieron a ayudarme. Me encontraron jadeando y llorando. Entre sollozos, confesé mis acciones y la pérdida de mi moneda.

—Ahora no la voy a ver más —grité casi ahogándome—. ¡La perdí y es mi culpa!

Mi abuela me consoló y me dijo con semblante muy misterioso:

—Vas a ver la moneda otra vez, estoy segura.

—¿Cómo?

Mami había salido del cuarto, pero a pesar de eso, abuela María se inclinó y me dijo al oído:

—Avísame la próxima vez que hagas caca. Pero no hales la cadena. Entonces te explicaré cómo.

A la mañana siguiente, sin duda después del café con leche, saqué la cabeza del baño y le dije a mi abuela que viniera. Ella entró y cerró la puerta, me dijo que me echara a un lado para ella poder examinar el contenido de la taza del inodoro. Su cara daba muestras de algún desencanto mientras se inclinaba a mirar, pero luego se quebró en una sonrisa satisfecha.

—Allí —señaló—. ¡Mira!

Para mi asombro, pude ver algo que brillaba en el agua. ¡Pura magia! Ella pescó la moneda con un vaso plástico, la desinfectó y me la devolvió.

Otra lección de supervivencia: a veces hay que escarbar en la mierda para recobrar un tesoro perdido.

Mi abuela puede haber querido darme otras lecciones; acaso solamente que me amaba y que no quería verme frustrado. Esta era una mujer, al menos en ese tiempo, que podría muy fácilmente haberme dado otra moneda. Pero ésta era mi moneda y ella me había prometido devolvérmela. Lo que debió haber sido la situación más incómoda y desagradable resultó ser una amorosa lección y uno de los más tiernos recuerdos de mi abuela.

Con profundo sentimiento vi partir a mis abuelos. Abuelo Chucho me aseguró que después que regresaran a Cuba harían planes para mudarse a Estados Unidos, así que los vería de nuevo antes de nada. Pero con las restricciones a la inmigración cubana que pronto entraron en vigor[1], pasarían varios años antes de que yo lo viera otra vez. En cuanta a mi abuela, en nuestra despedida después del incidente de la moneda fue la última vez que la vi.

—¡Víctor Rivas! —la hermana del *kindergarten* siseó mi nombre en el oído como una severa reprimenda, sacándome una vez más de mis fantasías y devolviéndome a la misa. Ella entrecerró los ojos en señal de advertencia. Yo le hice una imploración con la mirada. Yo era un niño bueno, realmente, y pondría mi mayor empeño. ¡Se lo prometía!

Existía una amenaza normal en la escuela de que si la mala conducta de un alumno era seria, había que informar a los padres. Afortunadamente, como se acercaban las vacaciones de Navidad, no le enviaron a papi ningún informe de ningún problema en la escuela y yo me hacía cautelosamente optimista respecto a los regalos que me esperaban debajo del árbol.

El tan ansiado día, vestido aún con mis calzoncillos largos que hacían las veces de pijamas, me encaminé a la sala segundos antes que Tony, para descubrir que en efecto había un montoncito de regalos envueltos, la mayoría de los cuales contenían más ropa interior larga, calcetines y ropa de invierno; pero había un camión de bomberos para mí y, para compartirlo con Tony, un juego de troncos de los que se conocen por Lincoln Logs que ambos habíamos pedido. ¡Feliz Navidad!

Rompimos la envoltura al mismo tiempo. Se sabía que Tony y yo

---

1 A principios de la década del sesenta, las mayores restricciones migratorias que enfrentaron los cubanos fueron impuestas por el gobierno de Cuba. (N. del T.)

nos peleábamos por juegos y juguetes: nuestras dos diferentes personalidades entraban en conflicto principalmente en lo que respecta a las reglas y el proceso. A los seis años, él era estrictamente un tipo ordenado que seguía todas las cosas al pie de la letra, uno de esos niños que siempre lee todas las instrucciones antes de comenzar cualquier juego o proyecto nuevo. Mi actitud, entonces y después, era usualmente la de abrir el paquete sin ceremonia, echar las piezas al piso y comenzar a jugar. El bautismo de fuego se avenía más a mi estilo.

—¡Espera! ¡Espera! —me gritó Tony, desenvolviendo el papel que venía en la caja y comenzando a leer, mientras yo vaciaba la carga de troncos rojos con muescas de diversos tamaños y los listones verdes que solían usarse para la construcción del techo de la cabaña.

Sin prestarle atención, comencé a poner los troncos más pequeños unos encima de otros, y después de varios intentos fallidos, logré equilibrar los troncos en dos torres verticales de unos dos pies.

Tony apenas había acabado de leer sobre la venerable historia de los Lincoln Logs y estaba a punto de comenzar a examinar los intrincados diagramas con las instrucciones de edificación cuando yo anuncié que mi proyecto estaba terminado, canturreando orgullosamente:

—¡Mira mi puesto de guardabosques!

Sin dar muestras de asombro alguno, Tony cogió un tronco pequeño y lo lanzó contra mi creación ¡Un tiro certero! El puesto del guardabosques se desmoronó.

—¡Jerk! —chillé. Nuestro diálogo en casa era en español, excepto por algún chapurreo ocasional de la jerga norteamericana. La mezquina acción de mi hermano me sacó las lágrimas.

Tony hizo una mueca y empezó a reírse entre dientes, lo cual me enfureció, y me enloqueció aún más verle regresar tan campante a sus preciadas instrucciones, como si nada hubiera ocurrido. Entonces, cogí un tronco de mi torre desplomada y se lo tiré. ¡Un tiro certero! Justo en su ojo derecho.

Tony lanzó un aullido que resonó en todo el apartamento, provocando el sonido de los pasos de papi que, provenientes del dormitorio del fondo, se iban haciendo más audibles.

Mi hermano guardó silencio en mitad de su alarido. Intercambiamos miradas de horror. No habría más Lincoln Logs por unos cuantos días.

—¿Qué carajo pasa? —nos rugió papi que venía vestido y acicalado. Su técnica investigativa de la escena del crimen en busca de pruebas se centraba en el ojo derecho de Tony que ya empezaba a hinchársele.

Sabíamos que era mejor no responder. Eso vendría en el proceso del interrogatorio, el método de mi padre para llegar al fondo de las cosas, como le gustaba decir, lo cual conllevaba entrevistas separadas, un procedimiento regular de la policía. De ese modo, cada sospechoso nunca estaba seguro de lo que la otra persona había dicho acerca del mismo incidente y no podía mentir para proteger al otro. Por virtud de su condición de primogénito y debido a su lesión, a Tony lo interrogaron primero.

Luego de varios minutos, mi hermano regresó sosteniendo una bolsa de hielo sobre el ojo. Eso y el rostro severo de mi padre que venía detrás de Tony, mirando enfurecidamente en dirección a mí, me bastaron para decirme que para mí no habría interrogatorio. Había sido convicto sin subir al estrado. Injusto, injusto.

—Vaya a su cuarto —me ordenó papi. Pero calmadamente, de manera desapasionada.

Obedientemente, me levanté y me fui aprisa por el pasillo, contrayendo mi cuerpecito regordete para el invisible gaznatón o trompada que me asaltaría por la espalda. Para mi sorpresa, no vino nadie. Tal vez yo podría contar mi versión de la historia. O tal vez papi se había puesto de mi parte luego de oír la versión de Tony conviniendo en que yo sólo había actuado en defensa propia, o en defensa de mi propiedad.

Cuando llegamos al cuarto que Tony y yo compartíamos, mi padre hizo un gesto en dirección a la puerta del armario, al tiempo que decía:

—Ábrelo.

Sin saber adónde se encaminaba con esto, obedecí rápidamente.

—Ahora —dijo—, coge tu cinto preferido.

¿Mi cinto? ¿Íbamos a salir a alguna parte? ¿Quería él cerciorarse de que yo me vestía a su gusto? Mi preferido era un cinto plástico y delgado de vaquero.

—Éste —le dije, alcanzándoselo.

Mi padre me ayudó a desengancharlo, al tiempo que me decía:

—Vírate.

Obviamente no íbamos a salir. Asumí la posición familiar para recibir mi azotaina, doblado con mis manos en las rodillas. Papi me bajó el calzoncillo largo y me dio el primer cintazo. El dolor era intenso, mordiéndome la piel como si fuera la misma furia que él sentía.

—No llores —ordenó—. ¿Cuántas veces tendré que decírtelo?

No recuerdo cuántas veces me azotó, concentrado como estaba en el inútil esfuerzo de no llorar. Cuanto más lloraba, más duro y por más tiempo me pegaba. Pero yo podía recordar una sensación húmeda y tibia que me empezaba a gotear por la pierna.

Finalmente, mami —que se acercaba rápidamente a la fecha de dar a luz y se movía con más lentitud que la usual— entró en el cuarto y le rogó que, por favor, parara.

Para sorpresa de ambos, él lo hizo. La vista de la sangre tendía a aplacarle su frenesí. Casi contento de que lo relevaran de la dura tarea de disciplinarme, dejó el cinto y se encaminó a la puerta. Pero justo en el momento en que me subía mi calzoncillo largo y mami iba a darme un abrazo de consuelo, viró en redondo y señaló con el índice como una advertencia.

Para entonces papi le había prohibido que nos abrazara o nos besara a mí y a Tony porque, según él:

—Tú los consientes y se vuelven un par de maricones.

Mami no discutió mientras ganaba tiempo, fingiendo la necesidad de sentarse. Se alisaba su bata de maternidad y se palpaba la inmensa barriga, a la espera de que él dejara el cuarto. Luego se levantó de la cama, me puso la mano en el hombro y fue conmigo hasta el baño para inspeccionar el estrago. La sangre me había empapado la parte poste-

rior del calzoncillo, que se me pegaba a las nalgas y las piernas, dejándome saber que el espectáculo de mi trasero no era muy bonito.

—Ay —dijo ella con una entonación de asco y sacó algunos artículos de primeros auxilios del botiquín, incluido su curalotodo preferido: el mercurocromo. Puso todo en el asiento cerrado del inodoro
y se sentó en el borde de la bañera, limpiándome amablemente mis
lesiones y haciendo la cura como ella sabía hacerla. El dolor era lo bastante intenso como para que me resultara difícil sentarme por los próximos días, pero también tuve que familiarizarme con mi trasero rojo.

Mientras mami estaba todavía curándome, papi apareció en la
puerta. Ahora me preguntaba por mi versión de la historia.

—¿Por qué? ¿Por qué le tiraste el tronquito a tu hermano en
el ojo?

Casi sin aliento por el ardor del alcohol que mami acostumbraba a
usar antes del mercurocromo, yo defendí mi caso, explicando que
Tony había comenzado derribándome mi torre.

—¡Tony! —Papi bramó y lo envió al cuarto.

A mis oídos llegaron tres breves foetazos[2] ¡ra, ra, ra! Luego sentí el
llanto de Tony y eso fue todo.

Sea lo que fuere la primera versión de la historia que Tony le había
contado a papi, nunca la supe, pero yo no me quejaba de él. La culpa
era la injusticia de papi.

Otra lección de supervivencia: cada persona vela por sí misma.

Cuatro días después, un espíritu muy distinto llenaba el apartamento
cuando mi padre nos sacaba del sueño temprano en la mañana con una
noticia extraordinaria. La noche anterior mami había ido al hospital a
dar a luz. Su tercer hijo, Edward Alexander Rivas, había llegado.

Había encendido uno de sus mejores tabacos, uno grueso y distinguido que iba chupando en el carro climatizado mientras viajábamos

---

2 *Foetazo*, galicismo de uso en Cuba para referirse a un golpe dado con una fusta (o *foete*) u otro objeto
flexible. (N. del T.)

lentamente sobre las heladas calles rumbo al hospital. La perspectiva de ser un hermano mayor me entusiasmaban. Papi se sentía muy contento de que me interesara este nuevo miembro de la familia a quien ni siquiera habíamos visto.

En la sala de maternidad que quedaba en el tercer piso del enorme hospital —donde las enfermeras, asistentes y médicos se desplazaban a una velocidad vertiginosa—, mi padre se detuvo en el puesto de enfermeras para preguntar adónde dirigirse. El perfecto caballero, le hizo amablemente una inclinación de cabeza a la enfermera que apuntó hacia la ventana de observación que se encontraba en el pasillo.

Desde cierta distancia, la sala parecía contener una extraña colección de cajitas blancas, de tamaño mediano, montadas en zancos. Según nos acercábamos, eran hileras e hileras de aquellas cajas que contenían muñecas pequeñas de distintos colores que iban del rosado al amarillo o al carmelita y muchos tonos intermedios. Todas estaban envueltas, probablemente para salir, pero puesto que eran muñecas no tenían realmente que temer a resfriarse. Súbitamente, de por sí, una de las muñecas abrió la boca. Varias otras lo hicieron también. Parecía que estuvieran gritando, pero no se escuchaba ningún sonido.

De pie ahora delante de la vidriera, me quedé horrorizado por un descubrimiento que me hizo retroceder dos pasos. Estas muñecas no eran tales, sino diminutos bebés, muchos de ellos del tamaño de uno de mis brazos. Lo que más me asustaron fueron sus caras. Muchas parecían deformes, y algunas eran incluso monstruosas. Me quedé mirando boquiabierto, dispuesto a salir corriendo si alguno de ellos intentaba escapar de sus cajas.

—Con permiso —papi llamó a la enfermera que se encontraba del otro lado del vidrio, dando unos toquecitos en la vidriera. Cuando ella pareció no oírlo, él comenzó a gritar:

—¡Rivas!, ¡Rivas!

Ella levantó la vista, lo vio, y continuó sus rondas. Con la palma de la mano abierta mi padre golpeó insistentemente en la ventana. En nada dispuesta a dejarse intimidar, la enfermera se volvió de nuevo y levantó una mano haciéndole señas de que la esperara un minuto.

Varios minutos después, cerró el cuaderno de notas en que estaba escribiendo y se encaminó a la puerta trasera, desapareciendo de nuestra vista.

En un abrir y cerrar de ojos, la misma enfermera estaba al lado de papi.

—¿Qué ocurre? ¿Qué quiere usted? —preguntó.

Con la sonrisa de un caballero, mi padre me puso una mano en el hombro y otra en el de Tony.

—Quiero ver a mi hijo recién nacido. Y ellos quieren ver a su hermanito.

—¿Sí?

—Al parecer no podemos encontrarlo. ¿Podría usted tal vez sostenerlo para que podamos verlo mejor?

Ella preguntó cuál era el bebé.

—El niño Rivas —papi pronunció nuestro apellido, en aquel contexto de manera elocuente, como si fuera un verso.

El severo talante de la enfermera se vino al suelo e incapaz, obviamente, de mantener la compostura, dijo riéndose:

—Simplemente, busquen al bebé que no cabe en la cuna —dio media vuelta y se fue aún riéndose entre dientes.

Papi, Tony y yo apretamos nuestras narices contra el vidrio y comenzamos a revisar las cunitas. Tony advirtió que cada cuna tenía una tarjeta de información pegada al frente. Cada tarjeta tenía un nombre, con una hora y una fecha. Mientras miraba hacia el lado derecho de la ventana, quedé sorprendido y congelado por lo que vi. Apenas contenido en una de las cunas que estaban más distantes había una bola de carne peluda. Tony se dio cuenta casi al mismo tiempo y comenzó a leer la información de la tarjeta en voz alta: Edward Alexander Rivas, 3:20 A.M. 12-29-60.

Según nos acercamos, nos dimos cuenta de que había más información escrita en la parte inferior izquierda de la cuna. Lo que Tony leyó parecía afectar solamente a mi padre: «Trece libras y media. Veinticuatro pulgadas».

Mami estuvo llorando durante varios días después de regresar a casa, no porque le importara menos la bendición que Dios le había dado de lo que habría hecho con cualquier otro bebé, aunque secretamente puede haber temido que el cuerpecito de su hijo, cubierto con una capa de vello negro, fuera en parte el de un primate. Él también tenía el dedo adicional en cada mano con el que yo nací, y también se los quitaron enseguida. El pelo no tardó en caérsele y Eddie dejó de parecerse a un mono. En cualquier caso, me encantaba la idea de tener un hermanito. Al principio, hice mi tarea de vigilarlo, para protegerlo si podía, aunque yo no podía protegerme a mí mismo. Porque eso fue lo que Tony trataba de hacer conmigo y lo que se supone que haga un hermano mayor. Eso es lo que la gente hace cuando se quiere.

Mi comprensión del amor era remota y llena de contradicciones. El amor romántico, desde luego, estaba más allá de mi entendimiento. Nunca había visto a mis padres besarse o abrazarse, por lo que estaba doblemente curioso por los besos que mostraban las películas de los años cuarenta que veíamos en nuestra televisión en blanco y negro. No había nada que me informara que los niños de cinco años no pueden abrazar a las niñitas de cinco años y besarlas en los labios.

Ciertamente, algunos de los varones del *kindergarten* decían que las niñas eran repulsivas. Se rumoreaba que las niñas tenían piojos, que era un insecto o un germen, puro cuento, a mi parecer. Tan temprano como en la primavera de 1961, hacia el fin del *kindergarten,* ya me interesaban las niñas. Eran como forasteras exóticas, con su ajena cultura femenina, traviesa y mágica. Para mí, la niña más interesante de todas era una rubita de mi clase con unos ojos azul eléctrico. No sabiendo el procedimiento adecuado para hacerle saber que me gustaba, decidí hacerlo al estilo del cine y darle un beso. Bautismo de fuego.

Acercándomele desvergonzadamente, me le encimé con mi cabeza prominente —la proporción Charlie Brown de cuerpo a cabeza no pasaba inadvertida en mis primeros años— al tiempo que cerraba los ojos y pronunciaba los labios.

No sucedió nada. Abrí los ojos y vi que ella me miraba confusa.

—Sólo quiero besarte —le explique.

La niña de los ojos azules arrugó la cara como si oliera algo podrido.

—*Yu kis mi* —insistí de manera perentoria. Y de nuevo, y de modo aún más enfático— ¡*Yu kis mi!*

—¡No! —respondió ella con firmeza.

¿Cómo podía negarse? ¿Qué había hecho yo para merecer un no?

—Mejor me besas —le dije, y notando que había retrocedido hasta el rincón, añadí— o te voy a empujar la cabeza contra la pared.

¿No podía darse cuenta de que yo quería halagarla dándole un beso?

Ella intentó abrirse paso quitándome de en medio y yo le devolví el empujón. Nunca fue mi intención lastimarla, pero le di un empellón tan duro que la cabeza se le fue a estrellar en el rincón de la pared. Su alarido de dolor paralizó la clase.

La hermana del *kindergarten* vino a grandes zancadas, me apartó y cogió a la niña de ojos azules para consolarla. Fue entonces que ambos vinos el daño. No era un simple golpe. Tenía la cara salpicada de sangre, que le iba empapando el pelo rubio y tiñéndoselo de rojo.

Como si respondiera a una señal de una chicharra toda la clase, al unísono, empezó a gritar a todo pulmón. ¡¡¡Aaaayyyyyyyyy!!!. Y de nuevo ¡¡¡aaaayyyyyyyyy!!!!

Paralizado por el miedo y la vergüenza, me quedé en el medio del aula mientras mis condiscípulos cuchicheaban y me apuntaban con el dedo, y varias otras hermanas se presentaban en el aula, atraídas por los gritos. La hermana del *kindergarten* me entregó a otra de las monjas, que me agarró por la piel del cuello y me sacó de la clase.

—Dios te va a castigar por lo que has hecho —me reconvino, mientras me conducía a empujones por el pasillo hacia la dirección.

Yo estaba menos preocupado por Dios que por lo que mi padre me haría cuando llegara a casa.

En el área de espera de la dirección, la hermana me sentó en una sillita de cara a la pared, y desapareció en el despacho de la Madre Superiora. Nadie tenía que decirme que iban a llamar a mi padre.

Mientras permanecía sentado a la espera de que él llegara, mi cabeza se inundaba con las imágenes de la paliza que me darían y la certeza de que probablemente me castigarían durante la mayor parte de mis vacaciones de verano, para las que sólo faltaban unos días.

Cuando papi llegó a la oficina, volví la cabeza de la pared, con auténtico remordimiento, pero él no dijo una palabra; sólo me miró con los ojos entrecerrados y los labios fruncidos. La Madre Superiora salió y me miró con una expresión aún más ceñuda que de costumbre. Papi entró con ella en la oficina.

Pasó algún tiempo y se abrió la puerta. Mi padre estaba de pie en el umbral y le daba las gracias. Luego se volvió hacia mi y dijo:

—Venga.

Él usaba la palabra *venga* frecuentemente. Y adquiría una significación especial cuando la combinaba con *acá*. Venga acá. Solía enfatizar el *venacá* con un dedo que señalaba un punto frente a él. Mi adiestramiento consistía en acercarme, pero luego detenerme dentro del alcance de su mano. Eso no bastaba. Su juego consistía en seguir repitiendo *venacá* y gesticulando amenazadoramente, señalando con el dedo un punto precisamente enfrente de sus pies. Siempre que esta ceremonia tenía lugar, me iba acercando paso a paso hasta que podía ver en que agujero del cinto tenía prendida la hebilla, lo bastante cerca para que me envolviera su olor corporal.

Remilgado en todo sentido, no sólo en su apariencia, sino en su aliento y en las emanaciones de su cuerpo, pese a que se fumaba diariamente dos paquetes de cigarros, papi siempre olía a fresco y limpio.

Ese era el perfume que llenaba el carro cuando íbamos de regreso a casa en silencio. Ni música de radio, ni ninguna conversación. Luego «*venacá*».

Desde el asiento trasero, podía ver la fijeza de su mirada por el espejo retrovisor. Moviéndome hacia delante incliné la cabeza sobre el asiento delantero, sabiendo que me esperaba un manotazo. Me concentraba en no rehuirlo antes que me golpeara, porque si lo esquivaba o sólo hacía un contacto mínimo tendría que inclinarme otra vez. Recibí el golpe, que me lanzó al asiento trasero, donde lloré en silencio, sabiendo que habría más, rezando por que no sucediera.

Cuando llegamos a casa, el aroma de la comida que salía de la cocina me dio la certeza de que mi madre había regresado de la fábrica. Papi me envió al cuarto. En la puerta, me dijo que me sentara en la cama, que había de convertirse en el área de castigo que durante muchos años me estaría destinada.

—Espérame —me dijo.

La idea del inminente sufrimiento que me tocaba pugnaba con mi preocupación por la niña de los ojos azules y el sentimiento de que merecía la reprimenda. En otra parte del apartamento, papi estaba hablando con mi madre, aunque sus palabras no eran audibles. Mami sí respondió un par de veces con «¡ay, Dios mío!», pero el sonido rutinario de los cubiertos en la loza mientras papi y Tony comían me llevó a creer tontamente de que el incidente podría pasar sin terribles repercusiones.

Luego oí que rodaban una silla. Él venía.

Mi padre llevó el castigo que me había dado la mañana de Navidad a otro nivel. Esta vez yo no elegí mi cinto preferido. Y en lugar de pararme, me dijo que me acostara boca abajo en la cama.

Recostado en el marco de mi cuarto con su camiseta sin mangas que mostraba su voluminoso torso, parecía como que él estuviera listo para una pelea de boxeo, sacándose su cinto de *guagüero* con una aterradora resolución. Los cintazos iniciales me sacaron alaridos de lo más profundo del pecho. Pero con un golpe tras otro del cuero y del metal sobre mi piel, el dolor cambió. Una tenue tibieza comenzó a mojarme los glúteos y los muslos, casi entumeciéndome el dolor mientras la parte inferior de mi cuerpo latía lentamente.

En algún momento Mami empujó la puerta abierta y grito:

—¡Ya, Tony! Basta.

Mi padre cesó de pegarme. Me levanté sobre los codos y me volví para verle levantar el cinto como si fuera a pegarle a mi madre con él.

Ella le devolvió la mirada, asustada, pero resuelta. Él se le acercó sin hacerla retroceder. Finalmente, la apartó de un empujón y salió del cuarto.

Las lágrimas que yo había estado conteniendo se me salieron. Los sollozos me sacudían el cuerpo. Mami me ayudó a levantar, sus tristes ojos pardos, inyectados de sangre y llenos de lágrimas, se fijaron en los míos. No había nada que ella pudiera decir. Comenzó a quitarme el uniforme. Cuando me sacó los pantalones, me dio vuelta:

—Ay, mijo —dijo suavemente. Yo sabía que ella estaba llorando por la vibración de su voz.

—Déjalo solo —la voz de mi padre nos sobresaltó. Él la despidió, hablándome ahora desde la puerta.

—¡Ponte tu pijama, orina y ve a dormir!

Así no pasaba en las películas.

La palabra «*Help*» fue dicha por una vocecita al tiempo que una pelota que alguien había pateado en un juego cercano vino rodando hasta el medio de mi juego de *dodgeball*[3] un soleado y brillante día otoñal de Chicago en 1961.

Acababa de cumplir seis años y estaba de regreso en la misma escuela católica luego que papi había logrado convencer magistralmente a la Madre Superiora de que yo había sido completamente rehabilitado durante el verano.

Absolutamente, convenía yo. Luego de pasar largas horas en mi cuarto con las cortinas corridas —sufriendo por tres meses el calor arenoso y abrumador de Chicago, en el cual los edificios que servían como túneles del viento en el invierno, se comportaban como enloquecidas serpentinas del calor en la época anterior a que todo el mundo tuviera aire acondicionado— sin esperanzas de ir a la piscina o de comprar helado, o de jugar a cualquier cosa, había cargado con el peso de mi fechoría. No había ocasión de que fuera a intentar de nuevo

---

3 Una especie de balompié que se juega en las escuelas. (N. del T.)

el besar a una niña sin su consentimiento, o a ninguna en absoluto. De vez en cuando, me preguntaba cómo podría haber reaccionado otro padre ante esta situación, pensando acaso que hombres como mis abuelos o como Moya podrán no haber sido tan brutales.

El presidente Kennedy podría haberme dado un severo regaño, o enviarme a mi cuarto a escribir un ensayo, pero ahí habría terminado todo. John Fitzgerald Kennedy era mi prototipo mental del padre ideal —noble, valiente, fuerte— y yo pensaba en él como si estuviéramos conectados personalmente, imaginando elaboradas fantasías en las cuales era adoptado por Jack y Jackie y llevado a vivir en la Casa Blanca. Muchos cubanos, supe después, se encolerizaban ante la sola mención de JFK, especialmente después de Bahía de Cochinos, pero no entendí ninguna de esas ramificaciones hasta que fui mayor, y había pasado tantas horas sintiéndome relacionado con la primera familia que nunca perdería mi amor y admiración por nuestro trigésimo quinto presidente.

Elvis, sin embargo, era mi verdadero ídolo. Imaginar que pudiera ser su hijo me parecía casi sacrílego, una fantasía demasiado grande incluso para mi rico mundo imaginario. Pero sí me entretenía con mi propias imitaciones de Elvis, tocando mi guitarra de aire, moviendo las caderas y cantando versiones viciadas de inflexiones cubanas de *Jou ain't notting bot a hound dog* y *Hark-brake Hotel*.

Cuando mami estaba en casa y mi padre no se encontraba allí, mi aislamiento se aliviaba por la vista que tenía desde la puerta del dormitorio de la cocina adyacente, y podía verla cocinar y limpiar, notando qué ingredientes cortaba para sazonar los frijoles negros en la olla de presión, cómo aporreaba los bisteques de falda con el macerador de carne y les espolvoreaba pan rayado para hacer bistec empanizado (mi plato preferido) y la manera correcta de freír plátanos. Con un pie en la cocina y otro en mi cuarto —sin quebrantar las normas, sólo alterándolas ligeramente— no dejaba de darle conversación.

Ella me advertía: «Tú sabes que se supone que estés sentado en tu cama. Si papi llega...». Mami no tenía que terminar la oración. Sin embargo, ella parecía que disfrutaba de nuestra inocente conspiración, contándome relatos que nos liberaban a los dos de nuestras circunstancias poco favorables, aunque fuera temporalmente.

El año escolar tardaba demasiado en llegar, para mi gusto, no sólo para librarme de mi arresto domiciliario y disponer de la necesaria cantidad de diversión y expresión propia de que carecía en casa, sino también porque yo sinceramente quería demostrar que podía ser un buen chico. Las reglas estaban ahora muy claras y confiaba que el primer grado sería muy diferente al *kindergarten*.

Aún más claro era el hecho de que las hermanas de esta escuela parroquial eran un puñado de mujeres tendientes a una disciplina extremadamente corporal. Algunas de las monjas nos agarraban por el cogote, otras nos halaban de las orejas y nos obligaban a mantener los brazos en alto por encima de la cabeza. Y luego estaban las monjas a quienes les gustaba sonar la leña. Si eras sorprendido conversando o distraído, alguien te pegaría con la regla en los nudillos o en la cabeza. Y otras usaban directamente la palmeta.

Para cerciorarse de que yo estaba bajo la más estricta supervisión, la Madre Superiora puede haber intervenido al asignarme a la clase de primer grado de la hermana Ernestine Marie, considerada la monja que más duro pegaba en la escuela, a quien llamábamos «hermana Ernie Banks», un apodo que le habían puesto, en honor del primera base de los Cachorros de Chicago y futuro miembro del Pabellón de la Fama, por el modo en que hacía girar la regla en el aire y por el número de ellas que había roto en los traseros de los estudiantes.

La hermana Ernie Banks reservaba la regla para las mayores ofensas. Para mí era un mal comienzo, pues yo parecía tener una tendencia inevitable por las fantasías, las payasadas y la agitación, de cualquier clase, y con frecuencia era llamado al guardarropa del aula, donde me rompieron más de una regla en las nalgas. Afortunadamente, ella mantenía la norma de que si nos castigaba en clase, no llamaba a nuestros padres.

Desafortunadamente, papi le había impuesto una nueva exigencia a mi hermano de segundo grado. Tony tenía que informarle directamente a él de cualquier muestra de mala conducta en que yo incurriera en la escuela, en la casa o en cualquier otra parte.

—Tú eres mis otros ojos —le había dicho, apuntándole con el dedo. Si Tony dejaba de informar mis malas acciones, lo golpearían y lo castigarían.

Eso me daba muy poco margen de error, excepto durante el tiempo del recreo y el almuerzo, los recesos durante el día cuando las fantasías, las payasadas y los juegos no estaban en contra de las normas. Podía pasar de un juego a otro a voluntad, perdido en un mar de niños que iban desde el primer grado hasta el sexto. Libertad, dulce libertad.

—¿Podrías ayudarme? —de nuevo era esa voz mientras la pelota pateada venía rodando hacia mí. La detuve con el pie y me volví para descubrir que el origen de la voz era un niñito con unos absurdos espejuelos, que me pedía por señas que le devolviese la pelota.

Feliz de ser útil, eché hacia atrás el pie derecho y golpeé perfectamente la pelota y la pelota salió despedida hacia delante, como si hubiera sido disparada por un cañón. El muchacho tenía los brazos extendidos, pero yo supe, inmediatamente, debido a que la pelota viajaba demasiado a prisa y él era demasiado pequeño, que él no tendría ninguna oportunidad de cogerla. Peor aun, la pelota le dio en plena cara y lo derribó. En el suelo, con los lentes colgándole de una oreja, abrió la boca en un grito mudo que, al igual que una sirena, explotó un segundo después en un aullido largo y penetrante. Antes de que yo pudiera excusarme o ayudarlo, se levantó del suelo y se fue corriendo.

De vuelta a mi juego, volví a oír su voz minutos más tarde que gritaba:

—Está allí ¡Es él!

El niño de las gafas me señalaba y con él había tres niños mayores y más grandes que me miraban furiosamente.

—Déjenme explicarles —commencé—. Fue un accidente. Intenté ayudarlo.

Los muchachos mayores se acercaron y me rodearon, moviéndose como una escena entre los *jets* y los *sharks* de *West Side Story*. Por un segundo pensé que estaban alardeando, pero sin que hubiera ninguna monja ni hermano mayor a la vista que saliera en mi defensa, mi próximo movimiento fue correr como loco, serpenteando a través de varios juegos en la pista de asfalto, interrumpiéndolos, pero sin peder al grupo de muchachos que me perseguía.

Doblé a toda carrera por el lado del edificio de la escuela sólo para darme cuenta, según ellos doblaban la curva, de que estaba atrapado, acorralado. Mirando en torno mío, advertí que había una pequeña escalera que conducía a una puerta. Dios mío, por favor, que esté abierta, recé, subiendo los peldaños y agarrando la manija. La puerta estaba cerrada.

Mis perseguidores se acercaban a la escalera. Habían dejado de correr y estaban andando lenta y amenazadoramente.

Uno de ellos, probablemente el hermano mayor del muchachito, dijo por lo bajo:

—Estás muerto.

Empezaron a subir los peldaños. Yo di un paso atrás, ellos subieron otra grada. Yo di otro paso atrás, ellos subieron otra grada. En mi próximo paso hacia atrás, el piso desapareció y perdí el equilibrio. Arqueándome hacia atrás, agitando los brazos, de pronto me vi mirando al cielo con una sensación extrañamente familiar de caída libre en cámara lenta, y comencé a bracear para amortiguar el impacto. En lugar de chocar contra el asfalto, reboté en un cojín suave y polvoriento, oí claramente un *puf* y todo se ennegreció.

Una suerte de oscura sustancia esponjosa me envolvió mientras luchaba por salir a la superficie, intentando respirar. Con la sensación de que se me quemaban los pulmones y la nariz, tosí varias veces, despidiendo una pequeña nube negra con cada tos.

Desde arriba podía oír la risa. Viéndome ahora desde lo alto de la escalera, los muchachos grandes y el niñito de espejuelos se inclinaban, me señalaban y decían a gritos:

—¡Miren al bebé de brea!

Esa fue la pista para mí de que el tonel de tres pies de profundidad de brea en polvo en el cual me había caído me había convertido en negro de pies a cabeza. Sonó el timbre que anunciaba el fin del receso, y los muchachos salieron corriendo desternillándose de risa. Mis intentos de sacudirme el polvo negro que me cubría el cuerpo y la ropa resultaron infructuosos, y solo empeoraron las cosas al levantar nubecillas de polvo negro en torno a mí. Ya no era más Charlie Brown; ahora era Pigpen, el desajustado por quien siempre se siente lástima. Ahora sentía pena por mí, comencé a llorar desesperadamente mientras entraba por la puerta principal de la escuela.

El patio estaba vaciándose de niños, pero uno de los rezagados resultó ser Tony, quien se quedó boquiabierto, pestañando, como si estuviera borrando la imagen de su mente para no tener que decírselo a papi.

En honor de un grupo de monjas jóvenes, que sostuvieron una breve conferencia acerca del apuro en que me encontraba, esa tarde me trataron con mucha bondad mientras dos de las hermanas vinieron con ropa limpia y toallas y me llevaron al baño de las niñas.

Una vez dentro, me ayudaron a desvestirme —un momento de terrible humillación, pero necesario para que me pudieran restregar con las toallas y el jabón. Me consolaron a través del proceso, un gesto tan considerado que me hizo llorar aún más.

Cuando estaba seco y tan limpio como podía sin un baño adecuado, me ayudaron a ponerme las ropas que habían traído: una camisa blanca de mangas largas y lo que pasaba por unos pantalones, de un color que podría describirse como verde limón. La camisa me quedó bien, pero los pantalones eran muy ajustados para mis muslos Rivas y para mi trasero, y la cremallera no cerraba. (En Sears, Roebuck & Co., siempre me classificaban como «robusto»). Ambas monjas y yo tuvimos que halar, tironear y finalmente conseguimos que la cremallera subiera. El color limón era ya bastante castigo, pero la incomodidad de mi entrepierna, cuando intentaba caminar o sentarme, resultaba difícil de soportar.

La hermana Ernie Banks también se mostró inusualmente simpática cuando regresé a clase, aunque hubo algunas risitas de mis compañeros. Andando a casa solo, para evitar a Tony, cabizbajo, caí en cuenta sólo entonces que esos pantalones increíblemente feos eran también muy cortos, que me quedaban por encima de los tobillos. La idea de que Papi hubiese llegado temprano del trabajo me atormentaba. ¿Cómo podía sobrevivir esta catástrofe con él?

Pero, con la ayuda de Dios… mi padre nunca llegó a saber nada del incidente del bebé de brea. Puede haber sido la comidilla de nuestra escuela, pero Tony fingió ignorar toda la historia. Además del amable tratamiento que recibí de las monjas, la otra nota positiva fue la risa que le provoque a mami. Con Eddie colgado de la cintura mientras cocinaba, ella tuvo una clásica reacción tardía cuando entré caminando y le conté mi historia de horror. Luego, según me examinaba, comenzó a reírse estrepitosamente, como rara vez la había oído reírse. Eddie, de solo diez meses, uniéndose al jolgorio, comenzó a reír también. Después de haber tenido que soportar que se rieran de mí el día entero, me habría sentido herido en mi orgullo si mami no me hubiera explicado que los pantalones verde limón eran de niña con una cremallera lateral. De alguna manera las monjas se las habían arreglado para mover la cremallera al frente, lo cual explicaba la dificultad que tenía al caminar. Ahora, aliviado y exhausto, me uní a la risa de mi madre y de mi hermanito.

Habría de pasar mucho, mucho tiempo antes de que oyera a mami volver a reírse de ese modo.

Un mecanismo de supervivencia surgido por esa época se inspiraba en el popular anuncio de principio de los sesenta de la tensión dinámica de Charles Atlas, que aparecía en todos los libritos de historietas que yo leía con voracidad. Los superhéroes y los soldados eran mis preferidos, y en la mayoría de ellos aparecía el anuncio de Charles Atlas que explicaba, a través de una serie de ilustraciones, cómo él había estudiado el movimiento y la constante tensión muscular de los tigres para desarrollar sus teorías de la tensión dinámica. Para aprender esta técnica todo lo que yo tenía que hacer era enviar mi dinero y él me enviaría su régimen de entrenamiento secreto. Pero yo no tenía dinero, ni modo alguno de conseguirlo.

En lugar de eso, intenté un enfoque personal y comencé a estudiar a los tigres por mi cuenta, fijándome en los que aparecían en libros y revistas, o aficionándome al Show de Ed Sullivan cuando él tenía un número de leones y tigres amaestrados. Los leones eran impresionantes, pero el poder y la gracia de los tigres eran los que me cautivaban. Observaba los cambios sutiles en sus cuerpos cuando estaban al acecho de una presa o coléricos por el látigo del domador. Los tigres se mostraban constantemente tensos y prestos a saltar o a escapar.

En mis sueños, de noche, comencé a comportarme como un tigre. Al principio del sueño era yo mismo, en mi propio cuerpo, y luego lentamente, cuando se presentaba algún peligro, me transformaba en tigre. Mi visión nocturna era sobrehumana, y los ojos del tigre en que me convertía eran del mismo color avellanado de mis ojos. Mi cuerpo se movía grácilmente, pegado al suelo, poderoso y veloz. Mi tigre nunca atacaba o mataba a sus presas; sólo protegía a otras criaturas en peligro y luego desaparecía en la noche.

Cree otros dos mecanismos de supervivencia por esa época: mentir y robar. El mentir era una extensión del robar, que comenzó para mí como una necesidad y luego se convirtió en un hábito. El ciclo empezó con el hombre de los helados Good Humor. En los meses más cálidos, el tintinear de su campana o la vista de su camión blanco que bajaba lentamente la calle llevando su tesoro de helados con nueces, serpentinas, paletas multicolores y otras golosinas congeladas me producía una reacción de salivación y de apetito como si fuese el perro de Pavlov. Pero por ser papi, no mami, el Señor de la Plata, nunca estaba seguro de si él me daría o no el dinero para el helado. Por tanto, la respuesta conductista de la salivación venía acompañada de una nerviosa incertidumbre y el temor subsiguiente, incluso una aversión, a una sensación física que experimentaba no como mariposas en el estómago, según le ocurre a alguna gente, sino como un hormigueo en los testículos, como si tuviera ganas de orinar.

Si estaba de buen humor, papi me recompensaba con una sonrisita, que dejaba ver esa abertura familiar entre sus dos dientes frontales superiores, y me lanzaba una moneda de veinticinco centavos. Pero si él no se encontraba, o si yo estaba castigado, el sonido del camión del Good Humor para los oídos del niño insolvente de seis años que era yo, daba inicio a una reacción primaria que iba de la entrepierna al cerebro. Esto me convencía de que si no encontraba la manera de comerme un helado, ciertamente me iba a desnutrir y posiblemente moriría.

Sólo esa amenaza fundamental a mi existencia podía haberme llevado a comenzar a hurtar monedas de la cómoda de papi, donde él descargaba sus bolsillos al fin del día en una variedad de menudo, llaves adicionales, fósforos y otros artículos que los hombres suelen llevar en los bolsillos. La primera vez que lo hice me produjo tal pánico que guardé la moneda durante varios días y luego la puse de nuevo en su lugar sin comprar el helado. Pero cuando papi no hizo mención de haber perdido una moneda, me figuré que no contaba el cambio, y en consecuencia levanté otra, esta vez para el camión del Good Humor, devorando furtivamente mi helado con nueces, y regresando a casa sin que mami ni Tony lo advirtieran.

—Víctor —papi me llamó varios días después, pidiéndome que fuera a su cuarto. Con su neutra voz de detective me preguntó si yo sabía quien había tomado dinero de su cómoda.

—Yo no sé —respondí de inmediato, al tiempo que me encogía de hombros y subrayaba el «yo» de la respuesta. Yo no sé. Mentirle a papi, el omnisciente señor del reino de Rivas, era uno de los actos más temerarios que había cometido, y yo sabía que era malo mentir. Pero las palabras salieron de mis labios antes de que pudiera contemplar una alternativa.

—Bien, alguien por aquí lo sabe —dijo papi, escrutándome de arriba abajo— y tarde o temprano pescaré al singao ladrón.

Tuve suerte de escapar del castigo, excepto que, habiéndome salido con la mía en un hurto pequeño, incurrí la próxima vez en algo más serio y comencé a penetrar en su cuarto y husmear en otros sitios donde suponía podía haber monedas cuya ausencia él no iba a notar. Había un plato que tenía una presilla de corbata, un anillo y dos grandes monedas de plata. En mi lógica, papi estaría mucho más propenso a echar de menos las monedas más nuevas y relucientes regadas en su cómoda que cualquiera de estas monedas opacas, deslucidas y más bien pesadas de ese plato. Sin estar seguro de que tuviera siquiera algún valor, agarré la más grande de las dos sin que me impresionara el año de su origen impreso en ella: 1894.

El hombre del Good Humor se quedó impresionado, pero parecía dudoso de aceptarla.

—¿De donde sacaste esto?

—Me la encontré.

No sólo tomó la moneda, sino que me dio tres de vuelto.

Un día y medio después, papi me llamó a su cuarto. Esta vez:

—*Bíctor, venacá.*

De pie ante la cómoda me preguntó con calma:

—¿Cogiste algo de mi cómoda?

—N-n-no. Bue-no, creo que no —tartamudeé. La reacción del hombre del Good Humor me había dado la pista de que la gran moneda deslucida podría haber tenido algún valor después de todo.

—Te voy a preguntar otra vez. ¿Cogiste algo?

—No —mi mentira tenía que sonar más convincente. Pero no era así. Su mano se echó hacia atrás y luego hacia mí, propinándome el primer bofetón.

—Antes de responder —papi me advirtió—, recuerda que ya sé la respuesta. Ten cuidado.

—No sé quién cogió el dinero. No fui yo.

—¿Quién habló de dinero? —me preguntó al tiempo que el segundo bofetón me tiraba al suelo.

—Tú lo hiciste. Tú dijiste que alguien había cogido algún dinero da la cómoda.

Qué locura me llevó a discutir con él, no lo sé. Pero me levanté del suelo de todos modos, sin poder dejar de llorar.

—Lo que te dije fue: ¿cogiste algo de mi cómoda?

—Oh, yo no estuve aquí, no pude haber sido yo.

Él tenía razón respecto a mí. Además de ser un ladrón y un mentiroso, también era un estúpido.

Agarró el cinto, lo desenganchó y de un tirón me bajó los pantalones, lo dobló y comenzó a chasquearlo.

—Te daré otra oportunidad. ¿Cogiste algo de mi cómoda?

Estaba ante un auténtico dilema. ¿Retractarme, confesar y ser golpeado, o mantenerme fiel a mi declaración original y ser golpeado? Se me ocurrió la idea de que si iba a robar o a mentir en el futuro tendría que aprender a hacerlo mejor. Por el momento, insistí en mi mentira:

—No sé lo que cogieron, pero yo no lo hice.

—Bien. Vírate.

En la azotaina que siguió, él vociferaba, prometiéndome no parar hasta que yo confesara, gritando:

—¡Era un dólar de plata de 1894, que valía mucho mas que eso. No puedo creer que seas tan estúpido como para usar esa moneda para llenarte de helado ese culo gordo!

El hecho de que él supiera que yo había usado la moneda para comprar helado, ya fuera que el hombre del Good Humor se hubiera convertido en uno de sus confidentes o no, me confirmaba sin duda que papi era tan omnisciente como decía ser. Aun así, yo rehusé retractarme, prefiriendo esa diminuta e ilógica satisfacción de no darle lo que él quería, a pesar de saber que él me estaba pegando mucho más duro y por mucho más tiempo porque yo no cedía en mi argumento, aunque fuera mentira. Pensando con más lógica, decidí que él terminaría por cansarse y que ya me había disciplinado una vez. Si ahora cambiaba mi respuesta, comenzaría de nuevo.

Esto era obviamente un juicio fallido de mi parte, pero ni se acercaba al acto idiota y desafiante que cometí una semana después cuando violé una de sus órdenes más explícitas de no llevar nunca ningún

juguete u otra pertenencia a la escuela. Por mi último cumpleaños, me
habían regalado una pelota de goma que yo atesoraba y que, sin pe-
sarlo, había metido en mi maleta escolar esa mañana, tal vez sólo por
saber que estaba allí o para mostrársela a mis condiscípulos. Con la
hermana Ernie Banks, no me habría atrevido a sacarla ni a jugar con
ella, de manera que no corría prácticamente ningún riesgo de perderla
o de que me la robaran.

Como ocurren las cosas, cuando llegué a la escuela y fui a clase,
descubrí que la hermana Ernie Banks se había tomado el día por enfermedad y que teníamos una sustituta. Esta hermana era una de las
monjas más viejas que jamás hubiera visto, parte del personal cuya presencia yo había notado ocasionalmente en la misa o transitando por los
pasillos, pero nunca enseñando.

En mi pupitre de la última fila al fondo del aula —donde la hermana Ernie me había puesto luego de mis crónicas interrupciones—
me uní a la mayoría de mis compañeros de clase en el antiquísimo ritual de confundir a la sustituta al responder a diferentes nombres durante el pase de lista. Con dificultades auditivas y visuales, si el grosor
de sus lentes servía de algún indicio, la monja vieja no resultaba muy
difícil de confundir. Era una mujercita menuda, su estatura se empe-
queñecía aún más por la joroba de su espina dorsal, y su voz no era
mucho más que un murmullo. En el aula de alto puntal que tenía largas y altísimas ventanas en una de las paredes laterales, ella parecía
mucho más frágil.

Probé su capacidad auditiva haciendo ruidos divertidos. Los peos y
los eructos produjeron las mejores respuestas de los otros alumnos,
pero al parecer resultaban inaudibles para ella. Tal vez ignorándome, al
igual que a los otros chicos problemáticos, la monja vieja dejó transcu-
rrir gran parte de la mañana. Con sólo una lección de matemática pen-
diente hasta el receso, ella fue al pizarrón y lo convirtió en un mural de
problemas matemáticos que luego procedió a responder en un caudal
de murmullos ininteligibles.

La tentación, terrible tentación como del mismo diablo, me susurraba desde mi maletín en el lenguaje de la pelota de goma que sólo un

niño aburrido y travieso de seis años podía entender. Tal vez yo podía solamente palparla, cerciorarme de que estaba aún allí. Eso iba bien. Tal vez podía tan sólo sacarla y sostenerla hasta el receso. No había problema. Miré a la anciana monja, entretenida con su tiza y su matemática, e hice rodar la pelota alrededor de mi mano izquierda y luego de la derecha. La tiré al aire con una mano y la cogí con la otra.

Antes de mucho tiempo, estaba hipnotizado por la pelota, que adquirió una voluntad propia, pidiendo ser lanzada contra las duras losas del suelo, y sus huecas entrañas dejaban escapar un sonido —*boiiinnng* dondequiera que rebotaba en el suelo o en las paredes. Al pasar de pequeños rebotes a los grandes, me mantuve observando la reacción de la monja vieja, pero ella estaba completamente ausente.

Algunos de mis compañeros de clase me incitaban a seguir, mientras otros me instaban a parar. Una y otra, la atención que atraía, ya fuese positiva o negativa, me resultaba apasionante. Con cada lanzamiento, la pelota se acercaba más al cielo raso. Para generar suficiente fuerza para llegar al cielo raso, me puse de pie y lancé la pelota contra el suelo y la vi ascender todo el trayecto hasta el tope del aula, rebotando hacia abajo. Pero antes de que pudiera rebotar en el piso otra vez, en su descenso, la pelota fue interceptada en el aire. Con la palma hacia arriba una mano atrapaba mi pelota de goma roja. Una mano vieja con dedos nudosos y doblados. Subí la vista desde la mano para encontrarme con los gruesos lentes de la monja vieja.

Sin decir una palabra, ella fue a su escritorio, abrió una gaveta, echó allí la pelota y cerró la gaveta. Luego regresó al pizarrón y a sus murmullos matemáticos.

El resto del día pasó sin incidentes. Cuando las clases estaban por terminar, la monja vieja nos puso nuestras tareas y dijo:

—¿Hay preguntas que hacer?

Yo fui el único que levantó la mano.

—Sí. ¿Cuál es, jovencito?

—¿Puedo recobrar mi pelota? —le pregunté. Mi inglés era mucho mejor, auque todavía con acento.

—Sí, usted puede… —en esa pausa de un aliento, yo me dirigí

rápidamente hacia el frente de la clase para recoger la pelota, cuando ella agregó:

—...al final del curso.

—Pero estamos solamente en abril.

—¡Qué pena, jovencito! Usted debería haber pensado en eso antes de traer esa pelota a la escuela.

—¡No la traeré otra vez! —le prometí.

Su murmullo resultó de repente muy claro y bien pronunciado al contestarme que no tendría ninguna pelota hasta el fin del curso.

—¡Pero yo quiero que me devuelva mi pelota de goma ahora!

—No, siéntese, jovencito.

—Déme mi pelota de goma. ¡Ahora mismo! —esto es lo que se conoce por una perreta, y yo estaba a punto de que me diera una.

La monja vieja la vio venir.

—Basta ya. Vaya donde la Madre Superiora.

La simple mención de la ceñuda Madre Superiora fue suficiente para aquietarme, sabiendo que la llamada a mi padre vendría después. Pidiéndole perdón, le dije a la monja vieja que se podría quedar con la pelota para siempre, y que yo me sentaría en mi puesto y no fastidiaría más. No había arreglo con ella. Íbamos a la dirección y no había nada que hacer.

La desesperación se apoderó de mí:

—Por favor, lo siento, lo siento —exclamé—, no voy a hacerlo más. Me sentaré y estaré tranquilo.

—Demasiado tarde. Usted va y no hay nada más que hablar.

Sin tener idea de la sangrienta paliza que le caería a mi cuerpo por la inevitable llamada a mi padre, ella me agarró por el brazo y comenzó a arrastrarme hacia la puerta.

Decidido a no ir, me afinqué en los talones y halé en sentido contrario, lo cual dio lugar a un forcejeo entre la endeble monja vieja, que debía tener sesenta largos años o más, y yo, robusto y fuerte para mi edad. Con un último tirón de desesperación, que se desplegó con la lentitud de una película de horror, este forcejeo final con la monja vieja le hizo perder el equilibrio y, proyectándola hacia delante, vino a chocar conmigo, sólo para tropezar con la pierna que yo tenía extendida. La clase dio un respingo al unísono al tiempo que ella trastabillaba sobre el duro enlosado del suelo y aterrizaba en cuatro patas. El hábito se le había corrido por encima de la cabeza, tapándole la cara y dándole la apariencia de un pájaro caído. Luego ella alzó la cabeza y dejó escapar un grito horripilante.

Sus gritos no tenían fin, lo cual indujo a algunos de mis compañeros de aula a que empezaran a gritar también. ¡Ay, Dios mío! ¿Qué es lo que he hecho? ¿Qué es lo que he hecho? Otras monjas comenzaron a llegar para prestarle ayuda a su compañera caída. Sentía que el piso subía y bajaba, como si fuera a abrirse y a tragarme en el abismo del infierno adonde yo pertenecía, aunque no había sido más que un accidente.

La Madre Superiora llegó momentos antes que los enfermeros del servicio de emergencia y no necesitó que nadie le dijera quién era el culpable. Me agarró por el lóbulo de la oreja y me sacó a rastras del aula hasta el pasillo y me llevó a empellones a su oficina mientras los gritos distantes de la monja vieja repercutían en las paredes de la escuela.

Debido a que ella no pudo dar con mi padre, luego de darme ella misma unas palmetadas —los tres duros golpes de la palmeta eran apropiados—, la Madre Superiora empleó otro proceso de notificación para escribir una nota en su antigua máquina Underwood, sellándola en un sobre, y prendiéndomela del saco de mi uniforme con un alfiler grandísimo.

—No toque esto —me dijo con una mirada colérica—. Vaya derecho a su casa y enséñesela a su padre.

El camino a casa era una pesadilla. La vista se me empañaba por las lágrimas que me rodaban de los ojos mientras tropezaba con las grietas de la acera. Dios sabe que había sido un accidente, pero yo le rogaba de todo corazón que me perdonara por el dolor y el sufrimiento que le causé a la monja vieja, y también interponía un ruego adicional para que me protegiera de la ira de papi. Las cuatro cuadras para llegar a casa me tomaron más de una hora.

No resultaba un alivio descubrir que papi no había llegado aun del trabajo cuando entré por la puerta. Me castigué a mi mismo, y fui directamente a mi cama y me senté. Pero cuando miré hacia el piso, todo lo que podía ver era el sobre en el lado izquierdo del pecho, como el desaliñado lazo de un payaso. Tony y Mami entraron a preguntarme por qué tenía un sobre enganchado en el pecho y que había ocurrido en la escuela. Todo lo que yo pude hacer era llorar. Mami me preguntó:

—Ay, mijo, ¿qué hiciste?

Demasiado avergonzado para contarle, lloré con mayor sentimiento. Ella intentó alimentarme, pero la idea de comer o de ser consolado no era correcta, no mientras la monja vieja estuviera sufriendo.

El tintineo de las llaves de papi en la puerta del frente me hizo estremecer de miedo, provocándome el aterrado cosquilleo de los testículos. Sus zapatos se encaminaban por el pasillo en mi dirección.

En lo tocante a las palizas, ésta fue diferente —no que a papi le gustara repetirse—, ya que claramente los castigos que él me había estado dando no funcionaban. Una diferencia esta vez, antes de que el me abofeteara con una mano y me arrancara la nota del pecho con la otra, fue que antes de que los golpes comenzaran yo estaba tensando mis músculos, como un tigre, en mi propia versión de la técnica de tensión dinámica de Charles Atlas, endureciéndoles en la zona donde podía esperar que fueran a descargarse los golpes. Pero la otra diferencia fue que papi pareció percibir mis intentos de montar una resistencia defensiva: una vez que rasgó el sobre cuidadosamente por uno de los extremos, lanzó un breve soplo en él y alcanzó a sacar la carta, que leyó en un santiamén y que lo enfureció de una manera como yo nunca lo había visto.

—Párate —me ordenó. Antes de que estuviera completamente de pie, con todos los músculos de mi torso en tensión, me dio un puñetazo que me levantó en peso y me tiró en la cama.

—Párate.

Yo no podía pararme. Boqueando, estaba paralizado en la cama —me había sacado el aire— en ese limbo en que uno siente que nunca va a respirar otra vez. Mientras mis músculos luchaban por tensionarse para prepararme para el próximo golpe, él se detuvo y fue en otra dirección, agarrándome por el uniforme y lanzándome al suelo: un duro aterrizaje que me devolvió el aire al cuerpo.

Todo se hizo borroso, al tiempo que mi cerebro se negaba a aceptar lo que estaba pasando, pero mis músculos lo calculaban, sabiendo que en lugar de contraerse, lo que necesitaban era relajarse lo más posible para lograr el mínimo impacto mientras papi me zarandeaba alrededor del cuarto como una muñeca de trapo. Rebotando y cayendo en el piso y las paredes y los muebles —la cama, la cómoda, la caja de los juguetes—, intenté ser más como un tigre que como una pelota de goma, un esfuerzo que me quitó la conciencia del dolor que me aquejaba de pies a cabeza. Con un tremendo empellón y un vuelo en picada, su último golpe me lanzó de cabeza sobre el extremo redondo del poste de la cama.

Mientras mi visión volvía a enfocarse, vi a papi de pie sobre mí. Mami estaba en la puerta.

—Olga, busca un poco de hielo —le dijo, y después que ella se había ido, se volvió hacia mí:

—Párate.

Con un último esfuerzo, me levanté tambaleándome, intentando tensionar mi cuerpo, pero no me quedaba ninguna energía. Él señaló la cama. Yo pasé por su lado, sin dejar de mirarlo en caso de que él hiciera un movimiento. Subí a la cama y me senté frente a él. Mami llegó con el hielo; él salió. Ella me acostó con la cabeza en la almohada y la bolsa de hielo en el ojo, que me latía y que empezaba a cerrárseme rápidamente. Mami me miró, y en voz muy baja dijo:

—Hijo de puta.

—¿Qué? —papi estaba de pie a la puerta, fumando un cigarro. Le dijo a ella lo que decía la nota, lo que yo había hecho en la escuela. Mami hizo un gesto de incredulidad, y me preguntó con la mirada «¿por qué?», lo cual me dolió más que lo que me dolía el ojo.

Después de las tantas veces que yo había visto a papi golpeándola y humillándola, con frecuencia cuando ella trababa de proteger a Tony, a

Eddie y a mí, yo había llegado mucho antes a la conclusión de que golpear a una mujer estaba mal. La vergüenza que sentía por haber lastimado a la indefensa monja vieja me impedía mirar a mi madre.

Esa noche me quedé dormido rezando, como haría diariamente por las próximas semanas, de que Dios en su misericordia me perdonara. No se me ocurrió pedir perdón por papi, porque yo era, después de todo, culpable. Al mismo tiempo, estaba consciente de que mi padre me había agredido físicamente como nunca antes; me había atacado como un hombre golpea a otro en una pelea callejera. Pero yo no estaba furioso con él. Todavía no.

Siguió un período de calma, como ocurre después de una tormenta. Tal vez papi lamentaba haberse excedido o quizá era otra parte de la prueba, para cogerme en falta otra vez. Así como mami se había quedado en casa sin ir a trabajar cuando papi le había amoratado un ojo o le había hecho alguna otra magulladura o lesión visible, yo dejé de ir a la escuela varios días hasta que el ojo se curara.

En este interludio, la Madre Superiora llamó a mi padre para informarle que mi asalto a la monja vieja le había ocasionado la fractura de la rótula. Se había tomado la decisión, le anunció la Madre Superiora a papi, que me permitirían terminar el año escolar, pero que no sería recibido en el curso siguiente.

Cuando regresé a la clase de la hermana Ernie Banks para terminar el último mes del primer grado, los otros niños tendieron a mantenerse alejados de mí, sugiriéndome que sus padres y otras personas les habían advertido que yo era un niño malo y que no se mezclaran con tipos como yo.

Tal vez no era tan terrible que me cambiaran de escuela. Para entonces, el verano estaba a las puertas y yo había hecho la firme resolución de portarme bien. Quizá podía disfrutar de mis vacaciones, para variar.

Lamentablemente, hubo algunas semanas en los meses siguientes en que fui castigado y obligado a quedarme en casa por ridículas infracciones como la de rasgar accidentalmente los pantalones, o la de llegar dos minutos tarde a casa después de jugar. Sin embargo, en su mayor parte, el verano de 1962 trajo consigo momentos de gran diversión e incluso unos pocos paseos disfrutables en compañía de papi.

Había muchas cosas que me impresionaban de mi padre, pero yo estaba especialmente orgulloso del hecho de que él era un impresionante clavadista. Dondequiera que vivimos, a él le gustaba ir a las piscinas municipales y hacer gala de sus impecables clavados, desde trampolines o plataformas altas, ejecutando perfectamente su excepcional acrobacia: el salto mortal de vuelta y media en posición recta o doblada. Podía hacer un giro en el mismo salto o hacer una zambullida de cisne con increíble gracia. Viendo a los niños de esas varias piscinas maravillados con sus saltos, me sentía orgulloso de hacerles saber que el hombre musculoso que estaba en el trampolín era mi propio padre.

—En Cuba, compitió como clavadista para las Olimpíadas —exageraba, asumiendo que nunca llegarían a saber que eso no era exactamente cierto.

Y luego estaba el factor de seguridad de estar en público con papi, además de que al niño isleño que había en mí le gustaba estar en el agua o en sus alrededores. Tony y yo aprendimos a nadar muy temprano en el Boys Club local. La única cosa que nunca entendí era que en este Boys Club uno tenía que nadar desnudo. Tú llevabas la trusa a la piscina, pero antes de lanzarte a ella, tenías que quitártela, y esto incluía al gigantesco y peludo salvavidas italiano.

Nadar, especialmente bajo el agua, deslizarse debajo de la superficie, descolgar las piernas como un tigre, era una escapada transitoria a un mundo quieto. Oyendo el apagado murmullo de la gente por encima de mí, podía pretender estar en una misión para salvar a alguien, conectando a mis buenos sentimientos, el amor a la libertad, la seguridad y la paz.

Algo más que papi hacía era un evidente signo de distinción ante mis ojos. Papi podía *fumar* un cigarro. Él no era un fumador nervioso o uno que va regando cenizas por todas partes. Como fumador era más bien sentimental, ligeramente petulante, viril. Podía haber sido un fumador rudo y campestre como el hombre de la Marlboro, aunque, al menos en los primeros años de mi vida, él fumaba Pall Malls o Lucky Strikes sin filtro. Fumar no era algo de que avergonzarse en los años sesenta, cuando los anuncios de cigarros aparecían en las vallas y en los autobuses y las revistas. En la televisión, la mayoría de los actores fumaba en cámara, entre ellos Desi Arnaz, nuestro compatriota cubano, y Frank Sinatra.

Como el jugador de pelota que sigue en su juego un elaborado ritual, papi tenía una cierta manera de encender un cigarro. Primero, sacaba la cajetilla y le daba unos golpecitos por ambos extremos. Luego halaba la cinta de celofán que liberaba la envoltura exterior, cinta que a veces él usaba como hilo dental. Luego, y siempre con absoluta precisión, le arrancaba una esquina de la envoltura interior de papel plateado y le daba unos golpecitos ligeros a la cajetilla hasta que un cigarro asomaba la cabeza. Con los dientes, sacaba ese cigarro del paquete y lo sostenía entre los labios al tiempo que hacía aparecer de la nada uno de sus encendedores y prendía el cigarro. Lo fumaba lenta y concentradamente, como si fumar lo hiciera pensar mejor. Papi sacudía la ceniza con el dedo índice, haciendo rodar a veces el extremo encendido del cigarro por el borde del cenicero. Nunca se lo fumaba hasta el cabo.

Unos pocos meses antes de mi séptimo cumpleaños, hacia fines del verano, en un intento de ser tan distinguido como papi, intenté fumar mi primer cigarro. Una mañana de fin de semana, luego que papi saliera de casa, presumiblemente por el resto del día, robé unos cuantos fósforos Blue Tip —que me gustaba encender rayándolos en superficies ásperas— y salí a buscar colillas de cigarros. Encontré varias enseguida, entre ellas un par que estaban relativamente enteras y no demasiado sucias ni aplastadas pese a estar en la calle.

Encender la colilla no fue un problema, pero cuando le di una larga chupada como le había visto hacer a mi padre en incontables ocasiones, mi cuerpo al instante me hizo saber que había cometido un gran error. Expulsando el humo como podría arrojar un alimento venenoso, me puse a toser y a resoplar. Una espuma blanca me salía de la boca. Mareado y sudoroso, me puse a gatas intentando desesperadamente extinguir el fuego que sentía en el pecho. Fue en ese momento, cuando oí el motor de un auto detrás de mí, que me di cuenta de que estaba en el medio de la calle. Volví la cabeza lentamente y reconocí el carro. Era el convertible plateado Valiant con revestimiento interior rojo perteneciente a Tony Rivas Sr., mi padre.

Papi estaba sentado detrás del volante, fumando apaciblemente su cigarro, con la cara medio sonriente mientras me señalaba la casa. En lugar de usar mi cuarto como su tribunal, me llamó a la cocina y haló una silla para que nos sentáramos uno junto al otro ante el mostrador de imitación de mármol de la cocina.

—¿Así que —dijo con una voz atrozmente tranquila— tú quieres fumar?

—No, papi —respondí.

Él extrajo su cajetilla de Pall Malls del bolsillo de la camisa y buscó en sus pantalones el encendedor, y puso ambas cosas frente a mí en la mesa.

—Vamos, fuma.

—Lo siento —le dije—, lo siento —yo no quería fumar nunca más.

—Fue un error.

—No, tú parecías un tipo grande fumando allá afuera —cogió la cajetilla—. Aquí, fúmate uno ahora.

—Yo no quiero, papi —ya había comenzado a llorar.

—Ah, pero ya ves, vas a fumar —ni una pizca de cólera alteraba su talante.

Sacó un cigarro de la cajetilla y lo encendió. Trató de ponerme el cigarro en la boca, pero yo no la abrí. Apreté los labios tanto como pude. Él hizo varios intentos, pero no abrí la boca. Fue entonces, cuando, con sólo un atisbo de incomodidad y un encogimiento de hombros me dijo:

—Muy bien, como quieras —me agarró firmemente la mandíbula con una mano y con la otra me clavó la punta encendida del cigarro en los labios, y la mantuvo allí hasta que contó hasta tres.

Mis sentidos confundidos intentaron separar el dolor del olor del humo y de la carne chamuscada.

Mi padre me miró, concentrándose, y le dio una larga chupada al cigarro, y lo apagó contra el cenicero.

Mi tensión de tigre se relajó mientras me preparaba para irme a mi cuarto. Antes, en la calle, había aprendido que no podía soportar el gusto o los efectos del fumar; mi padre había reforzado esa lección definitivamente. Antes de que me levantara, él dijo sacando un segundo cigarro:

—Tengamos otro.

Esta vez después que el lo encendió y me sujetó por la mandíbula, yo retrocedí, lo cual lo enfureció notablemente. Repitió la lección en otra sección de mi labio superior. Papi continuó quemándome con más cigarros hasta que tanto mi labio superior como el inferior estaban quemados.

Apagó el último cigarro, se levantó y salió de la cocina, regresando momentos después con un paño y un tarro de vaselina. Aterrado, lo observé como improvisaba una bolsa helada con el paño y un puñado de cubitos de hielo. Con dos dedos cubiertos por una capa del petrolato, me lo untó en mis labios ampollados mientras yo lo miraba a los ojos amarillos de cortas pestañas lo que él debe haber reconocido como asombro y los primeros atisbos de ira, que para mi perplejidad parecían darle una especie de satisfacción.

Cálida y amorosamente, papi me entregó la bolsa de hielo y me dijo:

—Ve, acuéstate y mantén el hielo en los labios.

Hice como él me dijo.

Mami engordó otra vez. Dios quería que ella tuviera otro bebé. Papi hizo cantidad de observaciones irónicas sobre su talla, ordenándole que se pusiera una faja para que «escondiera ese gran culo».

Éste iba a ser su cuarto hijo. Un nuevo hermano o hermana estaba por llegar. En agosto, con el fin del verano encima de nosotros y apenas a unos días del comienzo del nuevo curso escolar, advertí que mami tenía el estómago pronunciado y que otras partes de su cuerpo parecían inusitadamente hinchadas.

Para entonces mami rara vez se reía o sonreía. Hasta mis chistes cuando conversábamos no la alegraban mucho. Tenía un nuevo empleo en la Zenith ensamblando radios, aún de jornada completa, y era responsable de cocinar, limpiar y atender a los niños. Durante el verano, cuando estaba trabajando, dejaba a Tony, a Eddie y a mí con una niñera que la ayudaba; pero la presión de su embarazo venía a combinarse con todo lo demás que resultaba agotador.

Una tarde cuando nos recogió en casa de la niñera, nos dijo a mí y a mis hermanos que papi nos sacaría a comer esa noche para que ella no tuviera que cocinar. Tony y yo fuimos a lavar y a cuidar a Eddie para que ella y papi pudieran prepararse.

En casa, hicimos como nos había pedido y nos pusimos a esperar en la sala. El sonido de la voz de papi atronaba desde el cuarto de ellos mientras él gritaba acerca de algo que yo no podía descifrar. Su voz se hacía cada vez más alta y más colérica hasta que oí que ella gritaba con un acento de terror que nunca antes le había oído. Más como un alarido.

Caminé lentamente por el pasillo y me detuve detrás de la puerta, temeroso e indeciso en cuanto a qué pudiera o debiera hacer. Cuando oí el resonante batacazo de un cuerpo que golpeaba el suelo y los quejidos de Mami de «¡ay!, ¡ay!»; pese al terror de lo que pudiera encontrar del otro lado, abrí la puerta.

La imagen de lo que vi me hizo una quemadura mucho peor que la de los cigarros. Mami estaba boca arriba en el piso, despatarrada, vestida solo con ajustadores, pantimedias y una faja que le envolvía su vientre gigantesco. Papi estaba completamente vestido de espaldas a mí. Con las botas que llevaba puestas plantó un pie en el suelo, como un pateador que fuera a entrar un gol, y mientras yo observaba con espantoso horror por saber lo que estaba a punto de hacer, le dio una patada en el estómago. Luego reculó para hacerlo otra vez. No terminaba. Él no había terminado. Había más. Encimándosele, Papi se inclinó tendió las manos hacia ella con la intención de golpearla o de asfixiarla, al tiempo que yo corrí la corta distancia que había desde la puerta y lancé mi cuerpo de casi siete años sobre su espalda. Le pasé los brazos por el cuello e intenté halarlo, gritándole:

—¡Ya, papi!

No como un ser humano, ni siquiera como un animal, sino como un robot o una máquina programada, volvió la cabeza y me miró desde la comisura del ojo, mientras la computadora de su conciencia evaluaba el momento. Funcionó. Yo era ahora el blanco. Papi se levantó, me agarró los brazos, me zarandeó en redondo y me soltó, lanzándome contra la pared, de donde me deslicé hasta ir a dar al suelo.

Con el pelo desgreñado y la fosas nasales dilatadas, se quedó mirándome, a su hijo, encogido de miedo y llorando en el suelo, a la espera de que su ira cayera sobre mí. Mientras me miraba, algo cambió en sus ojos. Resopló, se alisó el pelo, me sonrió a medias y salió del cuarto.

Corrí adonde estaba mami, que se encontraba en el suelo. Yo no quería mirarla, porque ella estaba en ropa interior, y nunca la había visto así. Después que la ayudé a levantarse, mami me dijo, con un tremendo esfuerzo:

—Ve a tu cuarto, y trata de quitarte de su camino.

Yo no estaba plenamente consciente de que habíamos cruzado un umbral hacia una existencia mucho más peligrosa. Pero en el mismo nivel percibía que lo que habían sido pequeñas o no tan pequeñas escaramuzas en nuestra casa estaban a punto de convertirse en verdaderas batallas campales con escenarios de vida y muerte. Posteriormente mami escribió acerca de esta época, diciendo con una cierta exagerada modestia: «Mi marido comenzó a tratarme de manera más dura, y nuestras relaciones maritales empeoraron», y ella recordaba esa noche como el momento decisivo.

Mucho tiempo tendría que pasar antes de que yo tuviera la suficiente edad para entender la conexión entre lo que había presenciado y las complicaciones que ocurrieron con el nacimiento de mi hermano Robert David Rivas, que nació dos semanas después, el 6 de septiembre de 1962.

Era un bebé grande y hermoso, como mami se permitía recordarlo después, que pesó nueve libras y media al nacer. Ella supo inmediatamente que la agresión de mi padre dos semanas antes había dañado la cabeza del bebé. Los médicos diagnosticaron su enfermedad como microcefalia, un trastorno del desarrollo. Le dijeron que la cabecita no tenía la zona blanda que se supone tengan los bebés. Padecía de otras enfermedades que los médicos predijeron que empeorarían.

Cuando mami y Robert regresaron a casa luego de unos cuantos días en el hospital, la atmósfera del hogar era de desolación. Eso era lo más que yo sabía. Aconsejada por los médicos que no lo amamantara, mami sufría cada vez más por la falta de desarrollo de mi hermano. Lloraba constantemente, llegando a reconocer más tarde que casi perdió la razón. Por primera vez en su vida, mami empezó a fumar. Cuando papi se lo prohibió, ella siguió haciéndolo a escondidas. A veces yo corría a la tienda a comprar cigarros para ella; otras veces, cuando papi me interrogaba sobre si ella estaba fumando, yo le mentía deliberadamente para encubrirla. Mami y yo formábamos ahora una conspiración.

Cuando mi padre comenzó a explicar que Robert era retardado, algo que él señalaba que «era muy común en las familias numerosas», ella y yo sabíamos que eso no era la plena verdad. Él me hizo otros cuentos años después —que Robert había nacido con el cordón umbilical alrededor del cuello, y otras cosas por el estilo—, pero nunca le creí.

Robert vivió con nosotros durante un mes. Luego mis padres se reunieron con una serie de especialistas que les aconsejaron que lo recluyeran en una institución. Mami protestó, mostrándose abiertamente en desacuerdo, pero estos médicos insistieron que sus necesidades especiales se verían mejor atendidas con médicos y enfermeras especialmente preparados para ello.

—Sra. Rivas le dijo uno de los especialistas—, esta clase de niños no son capaces de entender la ausencia de amor.

Ella discutió el asunto, señalando que Robert ciertamente entendía la presencia del amor. Era un bebé de carácter dulce, sonriente, inocente. ¿Quiénes eran ellos para decirle que él no iba a sentir la ausencia del amor?

Luego le dijeron que los niños con los padecimientos de Robert eran mentalmente inferiores a los animales. Y además, las exigencias de cuidar de él la incapacitarían para cuidar de sus otros hijos.

Mami finalmente cedió, permitiendo que Robert fuera colocado en una instalación residencial de los suburbios de Chicago.

La primera vez que fuimos juntos como una familia a visitar a Robert, papi nos dijo en el carro a Tony y a mi:

—Van a ver algunos niños muy extraños aquí. Se los advierto.

Mami sostuvo a Eddie en sus brazos y desvió la mirada.

En esta primera visita, como en las otras, yo encontré la cuna de Robert en un rincón y fui a saludarlo. Él me devolvía la mirada con su sonrisa contagiosa, como un angelito. Salvo por la cabeza pequeña, a mí me parecía un niño sano. Con su piel blanca y sus ojos claros, se parecía más a mí que mis otros dos hermanos.

Como familia, lo visitamos en tres ocasiones a lo largo del próximo año, y cada visita le ocasionaba a mi madre tal desesperación que apenas podía hablar durante varios días. Después de la tercera visita, papi dijo que estaba bueno, que no volveríamos a visitar más a Robert. Mami intentó discutir, diciendo que ella lo haría por su cuenta, pero él se lo prohibió. Mi padre rompió la única foto de Robert que ella tenía, y luego fue rompiendo todos los documentos en que aparecía la dirección y el número de teléfono del asilo.

Una lección de supervivencia de segundo grado: la adversidad no siempre tiempla el carácter. Y otra posterior: si los zapatos no te sirven, no te los pongas.

La Madre Superiora de mi nueva escuela parroquial tenía la misma expresión ceñuda que su homóloga de la escuela anterior, pero dejó entrever un atisbo de entusiasmo, o de falso optimismo, mientras me sermoneaba a mi llegada a la escuela en el otoño. Al parecer estaba bien al tanto de mi reputación, pero parecía estar preparada con un plan de acción si yo seguía siendo un perturbador del orden. La maestra de segundo grado a cuya clase fui asignado tenía la misma actitud de no dejar pasar ninguna tontería, situándome desde el primer día de clase en la última fila al tiempo que me amonestaba:

—Pórtese bien.

Excepto por un par de veces en que ella me cogió payaseando en la misa —lo cual dio lugar a un par de reglazos— me las agencié durante unas cuantas semanas para no meterme en problemas. El que Tony no asistiera a la misma escuela tenía ventajas y desventajas. Para mi pesar, ya no disfrutaríamos de la camaradería de ir y venir juntos en el bus de la escuela, y tampoco contaría con su presencia permanente en el caso de que necesitara de un hermano mayor que velara por mí en el recreo. Por otra parte, aunque no me proponía portarme mal, era consolador saber que si lo hacía, Tony no se lo iría a decir a papi.

De haber estado Tony allí, yo no habría perdido la ecuanimidad durante un receso a fines de septiembre cuando un niño particularmente beligerante, de otra clase, me llamó «fidelito» y «comunista» tantas veces, que se pasó de rosca.

—Yo no soy comunista —le contesté a gritos, crispando los puños y enfrentándomele.

—¿Cómo no? Tú eres cubano, *¿noesverdá?*

Fue su manera despectiva de decir «cubano» lo que me hizo comenzar la pelea, que terminó con él golpeado y sangrando por la nariz. Sin sentir remordimiento, me sujetaron varios amigos suyos antes de que pudiera golpearlo otra vez.

La Madre Superiora me saludó con la palmeta lista y una expresión que decía que no se sorprendía de verme. Después que se acabaron las palmetadas, me señaló una silla fuera de su oficina, diciéndome:

—Espere aquí hasta que llegue su padre.

—¡No llame a mi padre, por favor! —le supliqué al tiempo que ella levantaba el teléfono—. Voy a ser bueno, se lo prometo. Me portaré mejor. No pelearé más. Lo siento. ¿Por favor?

Tal vez era la sinceridad de mi ruego lo que la hizo dejar de discar el teléfono, al tiempo que me ofrecía una alternativa.

—¿Has pensado alguna vez en llegar a ser monaguillo?

—En verdad, no —le respondí, sin llegar a decirle que nunca me había considerado un candidato idóneo. Pero la Madre Superiora vio esto como una dorada oportunidad de salvar mi alma de siete años, y cuando me dio la opción de convertirme en monaguillo o de llamar a papi, yo puse la expresión más entusiasta y elegí.

—Monaguillo, sí. Gracias, Madre Superiora.

—¿Te invitaron a convertirte en monaguillo? —papi estaba impresionado—. Eso será bueno para ti, *Bíctor*, te dará carácter —y luego vino la mejor parte, dicha mientras me pasaba la mano por el pelo y sonreía—: Estoy muy orgulloso de ti.

Nervioso de algún modo por estar tan cerca del santo altar —donde, se nos decía, estaban el cuerpo y la sangre de Cristo—, me incorporé al grupo de acólitos que ya se adiestraban en las diversas responsabilidades requeridas para asistir al sacerdote durante la misa. Entre esos deberes estaban los de llevar una vela, sostener la patena en la comunión, asistir al sacerdote en el altar y tocar las campanillas, todos los cuales yo estaba llamado a dominar. Aunque era uno de los niños más pequeños del grupo, me sentía confiado en que podía ser tan buen monaguillo como cualquiera de ellos. Resultó ser que, pese a la angélica apariencia que nos daban nuestras vestimentas, en nuestro grupo la invitación a convertirse en monaguillo solía hacérsele a los muchachos díscolos. Todo ese tiempo que cumplíamos nuestros deberes a entera satisfacción de los sacerdotes nuestra otra misión no declarada era fastidiarnos mutuamente o provocar que cometiéramos torpezas. Elevamos nuestro nivel de engaños a maldad, hasta convertirlo en una forma de arte.

Mi oficio de cirial resultó tan exitoso que me promovieron a la difícil tarea de llevar el plato (llamado patena) que se pone debajo de la mandíbula de los comulgantes cuando el sacerdote les da la comunión. En caso de que la hostia se cayera, la patena evitaría que tocara el suelo. La dificultad para mí era mantener una cara seria mientras sostenía el plato debajo de las bocas de los adultos que, al arrodillarse para tomar la comunión, quedaban a la altura de mis ojos, mientras el sacerdote sosteniendo la Eucaristía, decía con entonación litúrgica *Corpus Christi* y colocaba la oblea en la lengua extendida del comulgante. Mi visión de las bocas de incontables adultos era una provocación a la risa, pero sus expresiones cuando sacaban la lengua y subían la mirada en dirección al cielo me llevaba a morderme los labios para evitar reírme a carcajadas. El impulso de sacar la lengua para devolverles el gesto era casi incontrolable.

En el toque de la campanilla fue donde se creció mi creatividad. En ciertos momentos de la misa, el campanillero se supone que toque las campanillas, en ocasiones tres veces seguidas, para resaltar la solemnidad del momento; algunos fieles solían darse tres suaves golpes en el pecho en ese instante. Ocasionalmente, en uno de mis últimos días como monaguillo, experimenté con la adición de un cuarto campanillazo, y luego observaba con regocijo a hurtadillas cómo se propagaba la confusión entre los feligreses. Las primeras veces el sacerdote me miró, y me encogí de hombros lo mejor que pude para indicarle que era un accidente mientras esbozaba con los labios la palabra «perdón» y eso fue suficiente. Pero finalmente, luego de haber estado en la preparación por casi seis meses, no fui invitado a continuar y regresé a mi condición de niño malo.

Mi intención no era ser malo, por supuesto, sino evitar lo que era peor: ser *nada*. De alguna manera tenía que encontrar un modo de distinguirme, de mantener la cabeza en alto y andar orgulloso de algo que nadie más tenía. A mediados de febrero de 1963, días después de que me descartaran como monaguillo, encontré eso mismo que buscaba metido en el armario de mis padres: las botas de vaquero de mami. Perfecto. Con horma puntiaguda y tacones de tres pulgadas, y llamativos pespuntes blancos sobre la reluciente piel amarillo-marrón, me hicieron tambalearme y culebrear luego de que me las puse para ver cómo me quedaban. A mi mente acudieron imágenes de John Wayne y de Elvis.

—Víctor —la voz de mami me llamaba de la cocina, instándome a que me apurara y me pusiera el resto de mis prendas de invierno antes de que saliéramos a tomar el bus. En la gélida ciudad recién barrida luego de la última nevada, el ponerse varios abrigos no era una opción. Empecé a poner las botas otra vez en el ropero, pero luego las metí en mi portalibros, seguro de que impresionarían a alguien. El plan no era necesariamente usarlas en la escuela, pero una vez que estuve en el guardarropa me vino la idea. ¿Por qué no? Por el resto de la mañana, estuve yendo y viniendo por los pasillos, con las piernas arqueadas como un auténtico vaquero. De seguro que caminaba erguido, de hecho tres pulgadas más alto que mi estatura regular que ya estaba por encima del promedio.

Nadie lo notó hasta que llegamos al patio de recreo, una extensión de asfalto envejecido y sólido. Lo único verde que se veía allí venía de las yerbas que salían a través de las grietas, aunque ahora ellas también estaban cubiertas por una capa de hielo que a su vez recubría una costra de fango, una falsa pista de patinaje sobre la cual mis zapatos se portaban como unos esquís bien encerados.

—¡Bonitas! —dijo uno de mis condiscípulos, un chico de los que organizaban los juegos, mientras otros se le sumaban con comentarios de admiración y risas. Cuando eligieron los equipos para un juego de *Red Rover,* el organizador me escogió primero. Mi reputación en este juego no era mala, puesto que yo era un muchacho naturalmente fuerte, notorio por deshacer casi siempre al grupo de niños que se enlazaban por las manos y derribarlos al suelo conmigo siempre que me pedían al grito de: «*Red Rover, Red Rover, send Victor right over*».

Este día, las botas de mami me aumentaban el impulso y la velocidad y según me precipité desde la línea de mi equipo hacia el de la oposición como una gigantesca y rasante pelota de bolos, sabiendo que podía derribar a los otros alumnos de segundo grado como si fuesen muñequitos de papel, saboreé por primera vez la euforia de la competencia atlética. Era algo que alteraba la vida —no sólo la emoción del momento en aquella competencia en particular, sino también la percepción de que podría llegar a ser alguien después de todo. Luego de que me llamaran las dos primeras veces, mis compañeros de equipo estaban celebrando nuestra inminente victoria echándome miradas de asombro.

La tercera vez que me llamaron, luego que el otro equipo se tomó un receso sorpresivo, me di cuenta, tan pronto comencé mi estampida y deslizamiento hacia ellos, que todos mostraban unas sonrisas raras como si supieran cómo detenerme. No tenían ni una oportunidad. Con la adrenalina y la velocidad que el hielo me imprimían, volaba con tanta fuerza y velocidad hacia ellos que cerré los ojos antes de romper el enlace, a la espera del impacto que los derribaría a todos junto conmigo. Pero no hubo tal impacto. Al menos, no por varios segundos.

Abrí los ojos con horror, antes de que mi cerebro pudiera registrar el hecho de que ellos deliberadamente se habían soltado las manos para dejarme pasar como un bólido —¡lo cual iba contra las reglas!—, me di cuenta de que estaba abalanzándome peligrosamente hacia la cerca del patio de la escuela, hecha de altas y delgadas barras de acero reforzadas —con un ancho de ocho pulgadas entre cada barra— construidas por durabilidad y seguridad para mantener alejados a los extraños y dentro a los escolares. *¡Ay, Dios mío!* ¿Qué he hecho? Con los brazos extendidos para frenar la colisión, volví a cerrar los ojos, sólo para librarme de chocar contra la cerca. En lugar de eso, y en un giro de una mecánica casi imposible que podría haberme hecho incluir en el *Créalo o no lo crea de Ripley's,* los brazos atravesaron los espacios entre las barras y mi cabezota de Charlie Brown de alguna manera se las arregló para hacer lo mismo, pasando al otro lado y trabándome justo detrás de la mandíbula y las orejas. Aunque me encontraba consciente y el dolor no era intenso, la mandíbula comenzó a hinchárseme de inmediato.

Allí estaba yo, en las botas de vaquero de Mami, encajado frente al tránsito de la ciudad para que todo el mundo lo viera, con la escandalosa risa de mis compañeros que me llegaba desde atrás. Momentos después sonó el timbre y todos desaparecieron de mi alcance auditivo, sin duda de regreso a los acogedores confines de nuestra disciplinada escuela parroquial, mientras yo me quedaba librado a mis lágrimas y mi pánico, y al día helado que se oscurecía y que amenazaba con más nieve. No mucho después de eso, oí la voz de la Madre Superiora preguntándome cómo había llegado a quedar en esa posición. Mis lágrimas se convirtieron en sollozos y, apiadándose de mí, ella le pidió ayuda a dos conserjes de la escuela.

La Madre Superiora fue por el otro lado de la cerca para darme la cara mientras los dos conserjes me agarraban cada uno de una pierna y comenzaban a halarme hacia atrás. En lugar de echarme esa mirada mitad ceñuda, mitad recelosa, o intentar regañarme, la Madre Superiora metió la mano en el hábito y sacó un pañuelo bellamente bordado a mano, y con mucha ternura comenzó a enjugarme las lágrimas y el agua que me goteaba de la nariz —lo cual me ayudó a aliviarme en algo de la vergüenza que estaba pasando, pese al consenso de los conserjes de que se necesitaba ayuda exterior.

Cuarenta y cinco minutos después, con las orejas, la nariz y la boca entumecidas por el frío, la ayuda llegó en la forma de una furgoneta, de la cual descendió un tipo que portaba un tanque grande y llevaba toda la cara cubierta por una visera con un rectángulo oscuro a la altura de sus ojos. Tenía un comportamiento inanimado que me recordaba a Gort, el robot de la película *El día que la tierra se detuvo,* y que no disminuyó cuando se descolgó el soplete y lo encendió.

La Madre Superiora me sostuvo la mano a través de las barras mientras Gort se acercaba con la intensa llama azul y me envolvía la cabeza con una tela protectora. Mientras lloraba en silencio, olía la peste a podrido del hierro quemándose y empecé a rezar con la intensidad de un tigre para que me liberaran de mi jaula. En el esquema universal de las cosas yo entendía, obviamente, que podría no merecer que mis oraciones fuesen oídas. Pero entonces, la madre superiora, que debía estar muy cerca de Dios, también estaba rezando por mí.

Ella lo consiguió, afortunadamente, y me vi libre, magullado y humillado, pero por otra parte ileso. Papi nunca se enteró, porque de haberlo sabido, me habría propinado una buena azotaina por haber perdido en el *Red Rover.* Sólo para ajustar el puntaje con los miembros del equipo contrario por haberse confabulado en mi contra, me dediqué a buscarlos uno por uno al día siguiente y de algún modo tropezaba con ellos, cerciorándome de que cada uno aterrizara sobre un montón de nieve fangosa.

Durante algunas semanas después de este episodio sentí que entre la Madre Superiora y yo se había establecido un vínculo más cálido y estrecho. Pero luego, a fines de marzo, se rompió.

De camino a la escuela esa mañana, entré en la tiendecita de la esquina con la intención de comprarme algún dulce, pero, en lugar de eso, me libré de hacer la larga cola ante el mostrador robándome un paquete de Oreos y metiéndomelos en mi portalibros. Las galletitas se quedaron allí todo el día hasta nuestro período de estudio por la tarde cuando la maestra de segundo grado anunció que iba a la oficina y volvía enseguida. Era la señal para comerme un Oreo. Sentado como estaba en la última fila, me figuraba que tendría tiempo de advertir el regreso de nuestra maestra.

—¿Me puedes dar una? —me dijo un muchacho que se sentaba a mi derecha—. ¿A mí también? —me preguntó otro—. ¿Galleticas? —corearon desde el frente.

—Nananina —les respondí a todos, hasta que la petición vino de la niña reservada y distante que se sentaba a mi izquierda. El hecho de que nunca me hablara, excepto para provocarme o para divertirse a costa mía, no me había impedido enamorarme de ella. Cuando me pidió un Oreo, no pude rehusar, y tomé otro para mí. La niña reservada se comió su galleta en dos mordiscos, se la tragó, y luego tendió la mano en busca de otra.

—No, basta con una.

—Haré algo si me das otra —dijo, menos reservada que antes, pero no lo suficientemente amistosa.

—¿Qué?

—Me alzaré la falda y te mostraré mis blúmeres.

Es justo. Luego de tirarme el fogonazo, yo le di una segunda galletica. Ella volvió a tender la mano. Hicimos este intercambio un par de veces más. Cuando me pidió la quinta galleta no mostré interés:

—Nah, ya he visto bastante.

—Determinada, se inclinó hacia mí y me dijo al oído

—Me bajaré el blúmer y te mostraré la cosa.

—Muy bien —estiré el cuello mientras ella cumplía con su oferta, provocando que otros alumnos que se sentaban cerca dejaran escapar risitas o gruñidos de asco. Luego, cogiendo una Oreo, se la tendí a través del pasillo y cuando, a su vez, tendió la mano para tomarla, una tercera mano envolvió a las dos nuestras. La hermana había regresado. Con una expresión severa, me mandó al frente del aula a esperar, y acompañó a la niña reservada y distante a la oficina. Minutos después la hermana regresó, con una mirada aún más severa, seguida por la llegada de una amenazante Madre Superiora. La misma santa mujer que semanas antes me había secado las lágrimas con su propio pañuelo bordado me apuntaba ahora con el índice y lo encogía para indicarme que la siguiera.

Una vez fuera del aula, me agarró por la oreja y me arrastró por el pasillo hasta que llegamos a la puerta de batientes del baño de los varones, que ella abrió y luego me empujó dentro.

Enfrente de una fila de urinarios, la Madre Superiora con la cara enrojecida me sorprendió diciéndome,

—Quiero que me enseñes lo que estabas haciendo con esa niñita.

Al tiempo que se me empezaban a salir las lágrimas, protesté:

—No, no puedo. No voy a decirle.

—¡Oh, sí que vas a poder!

—No puedo.

—¡Hazlo!

En el momento en que intenté explicarle que no tenía mis galletitas y que la niña no estaba ahí para levantarse la falda y mostrarme sus blúmeres y su cosa, la Madre Superiora explotó.

—No me mienta, jovencito. Sé lo que estabas haciendo. Ella te estaba dando las galletitas y tú estabas sacándote el pito. Sácatelo. Muéstrame lo que estabas haciendo.

Sorprendido y asqueado dejé de llorar. Obviamente, la niña había cambiado totalmente la historia, lo cual yo intentaba explicarle a la Madre Superiora, pero ella no me creía en lo más mínimo. Se mantuvo exigiéndome que le mostrara lo que yo hacía. Luego de rehusar varias veces de que le mostrara el pene, la Madre Superiora me sacó a rastras del baño por una oreja hasta su oficina, donde le escribió a máquina una carta a mi padre, la selló en un sobre, y me la enganchó en la solapa del uniforme. Otra escuela, otra madre superiora, la misma drástica medida que iba a dar por resultado las mismas penosísimas consecuencias una vez que llegara a casa.

Al despedirme, la madre superiora dijo en tono amenazador:

—No vuelvas a la escuela sin tu padre.

En el bus en que regresaba a nuestro barrio, pensaba en escaparme de la casa. La amenazante nota enganchada en mi uniforme me traía tan horribles recuerdos de la última vez que, al bajarme del autobús, me arranqué el sobre del pecho y lo rompí en pedacitos, tirándolo al latón de la basura que había en un callejón a unas tres cuadras del edificio donde vivíamos. En casa me mantuve absorto y evitando cualquier contacto visual con nadie, me fui a la cama temprano, pero no dormí mientras me deshacía el cerebro pensando en lo que iba a hacer.

Por la mañana mi plan se presentó por sí solo. Después del desayuno, me puse mi uniforme, cogí mi portalibros y mi almuerzo y salí por la puerta. A una cuadra de mi apartamento camino del autobús, entré a través de una ventana rota en el sótano de una casa de apartamentos donde un niño que yo conocía guardaba sus juguetes de guerra. Había unos cuantos yipis, camiones y soldados en un campo de batalla de tierra que el padre del chico le había construido. Durante los próximos cuatro días, mantuve esta rutina, salía por la mañana como si fuera a la escuela y me pasaba el día jugando solo en el sótano con cientos de soldados de plástico verde, algunos con bazucas, algunos con fusiles, algunos posicionados en el campo de batalla, algunos caídos. Al final de la jornada escolar, cuando veía los zapatos de otros alumnos que iban de regreso a sus casas pasar por las ventanas del sótano y escuchaba sus voces, me limpiaba, me ponía la chaqueta del uniforme y la corbata de pinza, cogía el portalibros, salía por la ventana y regresaba caminando a casa.

Al cuarto día, al entrar en mi cuadra, vi que en la calle se alineaban varios carros patrulleros de la policía. De repente tenía a mi lado a un hombre de corbata y chaqueta deportiva que sostenía una foto mía del colegio.

—¿Eres Víctor Rivas? —me preguntó, encimándoseme y mirándome con un rostro terrible.

Luego me condujo a casa sosteniéndome por el hombro, tan asustado que me cagué en los pantalones.

Mami me ayudó en el baño, demasiado aliviada de verme vivo para enfurecerse. Escuchó mi parte de la historia y luego me dijo que, después que la Madre Superiora la había llamado al trabajo para preguntarle si estaba enfermo, ella se había figurado que estaría haciendo novillos.

—¿Papi lo sabe? —le pregunté con pánico.

Con tristeza hizo un gesto afirmativo con la cabeza.

Extrañamente, los próximos días de prolongado castigo, con no una sino dos palizas, no fueron especialmente memorables. Pero lo que yo no podía olvidar era la vista de los carros patrulleros en nuestra cuadra y de haberme cagado en los pantalones.

Nunca regresé a esa escuela católica ni a ninguna otra escuela católica, aunque sí continué yendo a la iglesia y seguí pidiendo orientación, protección y perdón.

En 1963, la Navidad se había convertido en una fiesta ominosa. En los últimos años yo había sido castigado y sólo había recibido la ropa interior y las prendas de invierno acostumbradas. Para esta época ya había adquirido el hábito de fingirme enfermo la mayoría de las mañanas de Navidad para no tener que sufrir la indignidad de no recibir ningún juguete. Pero este año fue muy diferente. Luego de semanas de nerviosa ansiedad, desperté para encontrar que había varios regalos para mí, entre ellos un juego de ratonera y un trineo. Tony y Eddie, que estaba a punto de cumplir tres años, también tuvieron montones de regalos.

—¿Ves lo que pasa cuando te esfuerzas? —se apresuró a señalar mi padre, dejando ver la abertura de sus dientes al sonreírse, lo cual parecía como una aprobación para mis ojos de ocho años.

Era cierto que yo había hecho un cambio impresionante de mi

temprano comienzo en la delincuencia juvenil, aunque aún quedaban algunas asperezas luego de mi expulsión de la segunda escuela parroquial y de mi subsecuente traslado a la Primaria de Bateman, donde tuve que terminar el segundo grado en una clase para niños que, en comparación, hacían que yo y mi antiguo grupo de monaguillos pareciéramos exactamente eso, monaguillos. A Tony —que había sido trasladado a Bateman en el otoño y a quien ya habían promovido del tercer grado al cuarto por sus avanzada capacidad— papi le volvió a pedir que fuese nuevamente sus ojos y sus oídos en el recinto para informarle el menor indicio de mala conducta de mi parte.

Mi padre me había llevado a Bateman el primer día, dejándome a la puerta del aula luego de tener una conversación particular con una maestra joven y linda que tenía a su cargo este grupo de díscolos alumnos de segundo grado.

—Niños, quiero presentarles a un alumno nuevo… —comenzó, su voz ahogada por las conversaciones de los estudiantes—. Niños —prosiguió, mientras una rebatiña de empujones y empellones la interrumpió de nuevo—. ¡Niños! —gritó finalmente, mientras el aula más o menos se callaba—. Éste es el nuevo alumno, Víctor Rivas —les dijo mientras yo ensayaba una sonrisa medianamente amistosa.

—Sí, ¿y qué? —dijo una voz.

—¿A quién le importa? —dijo otra.

Mi media sonrisa se desvaneció. Ella me miró y entonces, vivazmente, preguntó quién quería ayudarme a conseguir los materiales que necesitaba.

El siguiente provocador dijo en voz alta:

—¿Por qué no lo ayuda usted? ¡Usted es la maestra!

Los comentarios rudos y sarcásticos siguieron a lo largo del día, algunos estudiantes rehusaban hacer lo que se les pedía. Uno de lo varones hasta tomó un puntero de la mesa de la maestra, y cuando ella fue al pizarrón y nos dio la espalda, utilizó el puntero para levantarle la parte trasera del vestido.

Comparado a la mayoría de estos niños, yo era un estudiante modelo. Al principio, sin embargo, mientras intentaba adaptarme, mi conducta se deterioró aún más, metiéndome en más líos en la escuela y en casa. Uno de los peores incidentes ocurrió después de la escuela cuando mi traviesa tendencia a encender fósforos Blue Tip dio lugar a que, accidentalmente, se incendiaran las cortinas de mi cuarto cuando nadie más estaba en casa. En lugar de usar un cubo, cuya presencia no advertí, intenté apagar el incendio con un vaso de agua que rellenaba en continuos viajes a la cocina. Las cortinas se quemaron completamente y las paredes y el cielo raso cercano se chamuscaron.

Tony llegó a casa cuando acaba de producirse el daño y me encontró en la sala empacando una maletita.

—¿Qués estás haciendo? —preguntó.

—Me voy.

—¿Por qué?

Le señalé hacia el cuarto sin decir una palabra. Tony corrió a ver y cuando regresó, apuntó hacia la maleta y dijo:

—Déjame ayudarte.

Antes de que yo tuviera tiempo de escapar, papi llegó de trabajar más temprano ese día. Desde que él había dejado de manejar un autobús y había comenzado a trabajar como programador de computadoras, parecía estar, por lo general, en un mejor estado de ánimo. Pero no cuando vio el cuarto ennegrecido por el humo. Al mismo tiempo, no perdió su compostura mientras me administró una severa paliza y me castigó por dos meses.

Tal vez lo peor que hice en este tiempo fue llevar a la escuela el hermoso reloj de oro de mami —un regalo que le había hecho abuela María, la mamá de papi. En el patio de recreo, le dije a algunos niños que era de oro puro y que me lo habían dado mis abuelos ricos en Cuba. Un fanfarrón mayor que yo se rió a carcajadas e hizo un comentario sarcástico en cuanto a que yo era comunista por venir de Cuba. Eso me puso furioso. Para ser sincero, comenzaba a querer ocultar mi pasado cubano y deseaba que pudiera deshacerme del atisbo de acento que me quedaba. Cualquier otra cosa que cubano habría sido preferible. Idealmente, si me hubiesen dado a elegir, mi origen étnico preferido habría sido irlandés, como el hijo perdido del presidente y la Sra.

Kennedy. Me fui enfureciendo y, de no haber llevado puesto el reloj de mami, me habría ido a los puños con el bravucón.

Eso habría sido mejor de lo que pasó. Le dejé que cogiera el reloj. Al segundo de cogerlo, empezó a pasearse con él declarándolo suyo. Histérico, le caí detrás, gritándole que era mejor que me lo devolviera, lo cual provocó que empezara a correr en círculos en torno a mí.

—¿Lo quieres? —me preguntaba—. Cógelo —y lo lanzó al aire.

Intenté atraparlo, pero no acerté y vi cuando el preciado reloj de oro de mami se estrellaba contra el asfalto, con el resultado de que el cristal se astilló y las manecillas se rompieron. El maestro a cargo del receso me ayudó a recoger las piezas rotas y a ponerlas en un sobre para mami, adjuntándole una nota en que explicaba lo que había sucedido. Pero yo me sentía demasiado avergonzado para darle el sobre a mami, y lo escondí entre el fogón y la pared.

Mi madre lo encontró un par de meses después y reaccionó propinándome la única paliza física que me había dado o que habría de darme en toda su vida. Me pegó con un cinto mientras estaba desnudo en la bañera, haciéndome llorar de dolor, sorpresa y vergüenza. En el pasado, papi había intentado decir que lo que él me hacía le dolía más que a mí, aunque yo nunca se lo creí. En este caso, aunque mami no lo dijo, yo sabía que infligirme un castigo físico la lastimaba mucho más de lo que me lastimaba a mí. A partir de entonces, me puso de penitencia o me negó privilegios, pero esa fue la última vez que ella alzó un dedo para castigarme.

En nuestra forma de comunicarnos sin palabras, nos perdonamos mutuamente, como si ambos supiéramos que no nos culparíamos el uno al otro por mi mala conducta ni por su frustración. Por lo demás, parecíamos resolver los problemas sin palabras, para que ninguno de los dos se permitiera, ni a Tony ni incluso a Eddie, que nos dividieran y nos vencieran. Luego de nuestra última visita para ver a Robert, alrededor de esta época, mami comenzó a intervenir físicamente cada vez más cuando papi se tornaba en extremo amenazante con cualquiera de nosotros. Y cuando él la amenazaba a ella o a mis hermanos, adquirí el hábito de intentar distraerlo, algo que, para bien y para mal, se fue convirtiendo en mi especialidad.

A principio del verano, papi me suspendió temporalmente el castigo para que fuera con él y con Tony una noche a ver el circo de los hermanos Ringling. Mi entusiasmo con la salida fue muy breve. Papi paró para recoger a una mujer que nos presentó como su «amiga», y a su detestable hijito, aproximadamente de mi misma edad. Para mí resultó claro, pese a la poca edad que yo tenía y a lo despistado que era, que esta mujer era su amante, lo cual redujo al mínimo mi interés por el circo. Peor era la expectativa obvia de que yo debía congeniar con este chiquillo llorón mientras papi la manoseaba en presencia de nosotros. Yo no tenía ningún deseo de jugar con él, y terminé dándole un puñetazo en la nariz.

—¡Coño! ¡Qué te has creído! —papi me dijo a gritos por encima del vocerío del circo, mientras el niño lloraba y la mujer corría a detenerle la hemorragia nasal a su hijo.

Yo no sentí ningún remordimiento. Huelga decir que ese fue el final de esa cita romántica, pero el comienzo de unos días en que volvieron de nuevo las disciplinas y los castigos. En una de esas tardes en que debía estar en mi cuarto, sentado en la cama, con los pies en el suelo, salí gateando y entré en la cocina, donde le dije a mami la noticia de que papi tenía una novia. Ella me echó una mirada en la que se podía entender que ya lo sabía o que su parranda era lo que menos le preocupaba. No dijo nada, se encogió de hombros y suspiró y después se fue andando.

A mediados del verano, me las había arreglado para sobrevivir mis diversos castigos y había demostrado bastante iniciativa —la palabra preferida de papi— para que me permitieran ir por dos semanas con Tony al campamento del *Boys Club* en Salem, Wisconsin. Fuimos libres de un modo que nunca antes lo habíamos sido. Tony no tendría que vivir a la altura de su perfección todo el tiempo ni yo tendría que llevar todo el tiempo mi manto de perturbador del orden. Podíamos ser tan sólo niños.

Hacia el fin de las dos semanas, un consejero nos informó, a Tony y a mí, que nos solicitaban en la cabaña del director del campamento. Cuando llegamos, de pie uno junto al otro, el director nos pidió que nos sentáramos. Tenía algunas noticias de casa que debía darnos. Serenamente, Tony yo nos sentamos y esperamos, balanceando nuestros musculosos y tostados muslos Rivas en los pantalones cortos del campamento para ocultar nuestro nerviosismo. Estábamos adiestrados a ser estoicos.

El director parecía preparado para consolarnos, como si fuera a darnos una mala noticia, pero cuando prosiguió y nos dijo:

—Su padre llamó y necesita que ustedes se queden otra semana — su expresión cambió al sorprenderse de nuestras caras entusiastas. Cualquiera que sea el nombre que se le dé a lo contrario de la nostalgia hogareña, eso es lo que sentimos y no pudimos ocultar. La única ocasión que tuvimos que lamentar fue cuando, al cabo de las tres semanas, papi vino a buscarnos.

De regreso a Chicago, me sentí de alguna manera diferente, renovado y agradecido de haber estado fuera. La ciudad misma me parecía distinta también, y la apreciaba de un modo que no lo había hecho antes. Como el hijo segundo, que tenía que esforzarse más, yo me relacionaba con la Segunda Ciudad, que también hacía un mayor esfuerzo, con la mezcla de diferentes etnias y pasiones de *Shheecogoh* y con la resistente personalidad de una ciudad cuyos fanáticos nunca perdieron la esperanza en equipos de pelota que rara vez ganaron. Todos los deportes americanos me interesaban, pero la iglesia del béisbol prevalecía en nuestra casa, con papi como predicador del evangelio de lo que hacía grandes y no tan grandes a los jugadores. Mis hermanos y yo no comenzamos en las Pequeñas Ligas hasta después, pero entre las opiniones de papi y mi devoción a los Cachorros, sabía bastante de béisbol antes de blandir mi primer bate.

Así pues, en el espíritu de estar dispuesto a esforzarse, me dieron la oportunidad de pasar el tercer grado en la clase regular, ya no más en la «clase de los delincuentes», como la llamaba papi, y mantenerme al margen de problemas, excepto en el patio de recreo, donde ya tenía la reputación de ser un peleón. La imagen que tenía de mí mismo era

la de un niño común y no tan inteligente. Este criterio se veía reforzado, sin duda, por mi padre, que comparaba los logros académicos de
Tony con los míos y a menudo se quedaba de pie detrás de mí mientras
hacía mi tarea de matemática, que no me resultaba tan fácil como la
ortografía o la caligrafía, en las que andaba bien. El esfuerzo de concentrarme con él respirándome en el cuello era realmente un reto, y si
resolvía mal un problema, lo cual hacía inevitablemente debido a mi
nerviosismo, él de seguro trataba de motivarme con un pescozón que
me hacía recordar que nunca sería tan inteligente como Tony. Pero en
el tribunal particular de Anthony Rivas Sr., me concedieron un título
que me hacía superior a Tony en un aspecto. Papi había decidido, a
pesar de mis infinitos defectos, que yo era generoso. Según nuestro
padre, Tony era egoísta.

Una lección de supervivencia Rivas: nunca discutas un elogio,
pero tampoco confíes en él.

Mi momento más bajo de ese curso no estuvo relacionado con ningún problema que yo causara o con problemas en casa. Fue en respuesta a los sucesos que paralizaron al mundo en la tarde del 22 de
noviembre de 1963: el asesinato del presidente John Kennedy. Mi
maestra de tercer grado estaba llorando en el momento en que nos dijo
que habían agredido a tiros al presidente, y cuando iba de regreso a
casa, la gente en la calle daba gritos y se agolpaba en el frío en torno a
los televisores de las vidrieras de las tiendas. Se corrió la voz por la calle
de que estaba muerto. John Fitzgerald Kennedy estaba muerto. No,
no, no, no podía creerlo. En sollozos convulsivos cuando llegué a casa,
eché a mami a un lado cuando vino a consolarme.

—¡Tú no eres mi madre! —exclamé—. ¡Mi madre es Jackie
Kennedy!

Mami parecía entender que yo no quise decir eso, pero su propia
pena fue tal que cuando se alejó de mí, tenía los hombros doblados y el
cuerpo le temblaba en lo que yo reconocía que era su silenciosa forma
de llorar. Más tarde esa noche, le pedí perdón. Por supuesto que ella era
mi madre.

Durante los próximos días, la televisión se mantuvo prendida constantemente, incluso en el aula, sobre un carrito rodante de manera que pudiéramos ver el funeral junto con el resto de la nación. Al igual que muchos de mis condiscípulos y mi maestra, lloré abiertamente durante el funeral, especialmente en el momento en que John-John saludó el ataúd de su padre al pasar junto a él rumbo al Cementerio Nacional de Arlington.

Luego de Navidad, un mes después, me acordé de John-John y por lo que yo imaginaba que él, Carolina y la Sra. Kennedy estarían pasando al tratar de soportar la muerte de un padre y un esposo mientras el mundo entero estaba atento a todos sus movimientos. La consigna del soldado Joe era adecuada. Vivir este tiempo era una dura tarea para todo el mundo.

Debido a que teníamos nuestra propia zona de guerra que nos aislaba notablemente de los demás, vivíamos en una suerte de vacío, en el cual los otros cambios que giraban en torno nuestro rara vez se registraban en el radar de papi. Aun con la baraúnda que rodeó el asesinato de JFK, la contienda por los derechos civiles, el curso de la guerra fría y la escalada de la guerra de Vietnam, él parecía completamente ajeno. Pero luego, en la noche del domingo 9 de febrero de 1964, mi padre se hizo parte de un momento histórico y en un sorprendente rasgo de benevolencia me llamó del cuarto —donde yo estaba castigado por alguna razón— para que compartiera la experiencia:

—¡Bíctor! Venacá.

En la sala, él y el resto de la familia estaban sentados en torno a la televisión. Papi señaló a la pantalla mientras yo observaba a quien me pareció un joven Moe de Los Tres Chiflados sosteniendo una guitarra y cantando. Había cuatro jóvenes Moes y apenas podían hacerse oír por encima de los gritos frenéticos de las muchachas del público. Este fue el debut de los Beatles en el programa de Ed Sullivan, y sin que mediara una palabra, entendí que se trataba de un momento histórico, el nacimiento de un fenómeno de la cultura popular. Todos pudimos percibirlo. Que yo pudiera preservarlo en mi memoria como testigo del nacimiento de la invasión británica a principio de los sesenta es cosa sorprendente, pero lo que me impresionó aún más fue que por esa noche fuimos una auténtica familia americana, reunida en torno al tubo incandescente. Por el resto de la hora, permanecimos de ese modo. La tenebrosa sombra que la presencia de papi siempre proyectaba sobre nuestra familia se contrajo ante las brillantes melodías de John, Paul, George y Ringo. Las cosas parecían seguras y normales.

La paz duró poco tiempo. A la mañana siguiente, la sombra había vuelto y todos regresamos a nuestras rutinas, caminando sobre campos minados, y ni siquiera muy seguros de lo que éramos ni dónde estábamos. Luego, en la primavera de ese año, papi nos lanzó una bomba. En una repetición de la mudada que había hecho de Cuba para Estados Unidos en busca de un mejor nivel de vida, iba a mudarnos a California, donde ya tenía un trabajo de programación de computadoras con la North American Rockwell, una compañía aeroespacial. Y aquí venía la mejor parte: él se iba enseguida, mientras el resto de nosotros se quedaba en Chicago para que Tony y yo pudiéramos terminar el curso.

De repente fue el campamento otra vez. Libertad, dulce liberad. La constante tensión de nuestro hogar se fue junto con papi en el avión que se lo llevaba a miles de millas de distancia. Mami suavizó casi todas las reglas en casa de manera que pudiéramos respirar y disfrutar de nosotros mismos. Siempre que hubiera hecho la tarea, podía ir todos los días a jugar, sin temor de ser abofeteado si llegaba un minuto o cinco minutos tarde a casa. Pero al igual que un convicto que sale en libertad bajo palabra, inmediatamente deshice todo, ignorando o desafiando los límites de la seguridad y el sentido común.

Mami nunca supo de una de las cosas que ocurrieron, y con mi fama de cuentero, nadie a quien se lo dije tampoco me creyó. En primer lugar, no debía haber venido andando a casa de la escuela a través de callejones, salvo que en mi juego imaginario de ser un tigre que deambula por la selva, los callejones me ofrecían un mejor escenario que las repletas calles de Chicago. Mientras andaba lentamente, tensando y relajando mis músculos con control felino, un chorro de adrenalina me recorrió el cuerpo cuando de repente alguien me sujetó por detrás.

Peludo, mal oliente y jadeante, clavó en mí la vista cuando torcí el cuello para mirarlo. Como el tipo de lobo que asaltó a la Caperucita Roja en su camino a la casa de la abuela. Sólo que no era un lobo. Era un gigantesco y asqueroso pastor alemán, que de pie en sus patas traseras se balanceaba en las otras dos sobre mis hombros.

—Nunca te dejes dominar por el pánico ante un perro agresivo —me había dicho antes papi—. Pueden oler el miedo. Y hagas lo que hagas, no corras.

Caminando muy despacio ahora, apenas pulgada a pulgada, intenté fingir que no tenía miedo y esperé que el pastor se bajara, pero él seguía encaramado en mi espalda, empujándome como si quisiera moverme o llevarme consigo. Luego de darme un último empujón, en el momento en que yo llegaba a nuestra puerta trasera, el perro me soltó, volvió a sus cuatro patas, y se fue. Cuando recuperé el aliento y comencé a subir a nuestro apartamento, me di cuenta de que la parte trasera de mi camisa estaba pegajosa y húmeda. La verdad de que un perro pastor alemán acababa de copular y eyacular sobre mí era algo demasiado difícil de entender a los ocho años y medio, aunque sí era lo bastante obvio para que me diera de inmediato una ducha. Cuando se lo conté a Tony y a algunos de mis amigos, todos convinieron en que era demasiado absurdo para ser cierto. Su incredulidad me insultaba aunque yo podría haber percibido —como en el relato del niño que gritaba «ahí viene el lobo»— que algunas de mis anteriores exageraciones tenían la culpa.

Mami sí tuvo noticias de la escuela respecto a otros incidentes, incluso uno que exigió que ella se presentara a la oficina del director, de donde también me habían ido a buscar al aula. De pie junto a mi madre, mantuve la mirada en la punta de los pies mientras el director, con el estilo de un general del ejército, deslizó un pequeño montón de cheques a lo largo de la mesa en dirección a mami.

Señora Rivas, ¿está consciente de que su hijo ha estado falsificando la firma de su padre y emitiendo cheques por grandes sumas, y distribuyéndolos entre los estudiantes?

Mami me lanzó una mirada. Ella sabía del día en que llevé a la escuela un viejo par de espejuelos de leer de papi con armadura de carey y le dije a todo el mundo que eran míos; también sabía que mientras escudriñaba las gavetas en casa había encontrado suficiente menudo para hacerme la costumbre de comprar caramelos y helados para otros niños. Pero esto era una novedad para ella. Sostuvo los cheques escritos contra una de las viejas cuentas de mi padre. Su cara iba del descontento al asombro según revisaba las diferentes cifras: $200, $1.000, $10.000, $250.000.

El director general del ejército preguntó si necesitaba ponerse en contacto con mi padre. Y cómo lo haría.

—No, no —mi madre le dijo en su torpe inglés—. Yo me ocuparé de Víctor. Él será castigado.

Ella no estaba contenta conmigo, pero me perdonó fácilmente, con sólo una semana de castigo. Si comprendió o no que los cheques y las historias inventadas formaban parte de mi deseo de ser querido y de llamar la atención, mi madre nunca me lo indicó. Pero cuando hacía algo que era realmente inaceptable, ella no cedía, como el día en que vine a casa montado en una hermosa bicicleta nueva con borlas que le colgaban de los extremos de los relucientes manubrios cromados.

Mami salía de la parte trasera de nuestro apartamento para trabajar en el pequeño jardín que había comenzado a plantar allí, y tenía a Tony a su lado ayudándole, cuando llegué manejando la bicicleta.

—¿De quién es esa bicicleta? —preguntó sospechosamente.

—Oh, este chico del parque me la prestó. Me dijo que podía tenerla una semana. —la verdad es que yo se la había pedido a un niño en el parque par dar una vuelta y él me la había prestado, contra las normas de su padre, y me había montado en ella, rodando en círculos, y luego aceleré y me fui.

Mami reconocía una mentira de solo oírla y le mando a Tony que devolviera la bicicleta al chico del parque inmediatamente. Una hora después él regreso, jadeante y furioso conmigo, contando como casi lo ataca un grupo de muchachos mayores. Justo cuando estaban a punto de comenzar a golpearlo, el niño, feliz de haber recuperado su bicicleta, le dijo a sus sicarios que Tony no era la misma persona que le

asunto de familia   113

había robado la bici. Ser castigado de nuevo era un fastidio, pero que mami y Tony estuvieran furiosos conmigo me hacía sentir realmente avergonzado. Cuando lleguemos a California —me juré a mi mismo, y a Dios como testigo—, borrón y cuenta nueva.

Repitiendo su conducta de antes, papi nunca le envió a mami ningún dinero ni boletos para la mudanza. La luchadora se abrió paso de todos modos. Pieza a pieza, vendió nuestros muebles y la ropa de invierno, incluso la tabla de planchar. A todo esto, se las arregló para atender a tres hijos varones, de diez, ocho y tres años, así como su trabajo de jornada completa en la Zenith. Mami mantuvo su desesperación por dejar a Robert en el asilo comunitario en alguna parte bien dentro de ella, en un cementerio particular, no olvidado, pero como algo que la lastimaba mucho para recordarlo a menudo. Tal vez yo entendía esto y, por razones desconocidas, decidí ser el guardián del secreto en que Robert David Rivas se estaba convirtiendo, comenzando con el ataque que mami sufrió y del que fui testigo.

Durante la época en que estábamos empacando para viajar, si mi madre pensó en la posibilidad de sencillamente no ir a California, e intentar enderezar nuestra vida por sí misma, todos nosotros liberados de papi, el mayor obstáculo a que ella se habría enfrentado era el hecho de que aún no se había convertido en ciudadana norteamericana. Sabía que para obtener la seguridad de ella y de sus hijos, primero tenía que hacerse ciudadana, y el próximo paso para ese fin era unirse con mi padre en California y esperar lo mejor.

En agosto de 1964, mami, Tony, Eddie y yo abordamos un tren —el modo más económico de viajar— para un trayecto de cuatro días a través del país, de Chicago a Los Ángeles. El viaje entre las dos ciudades fue espectacular con un escenario siempre cambiante y el movimiento mecánico del tren, *clíqueti-clac, clíqueti-clac,* semejante al toque de unas claves, que nos arrullaba con su ritmo alegre y apasionado.

—Pronto tenemos que hacer esto de nuevo —dijo mami el último día, mientras veíamos las torres del centro de Los Ángeles que resaltaban contra un cielo terroso y brumoso. Cuando desembarcamos en la Union Station, vimos que esta vez papi nos esperaba.

3

hawthorne

(1964–1970)

El sesenta y siete por ciento de los muchachos entre doce y dieciocho años encarcelados por asesinato están allí por matar a los abusadores de sus madres.

—1999, estadística tomada de Men Ending Violence

DURANTE LOS PRÓXIMOS SEIS AÑOS, la única lección de supervivencia que aprendí fue que ninguna de las otras lecciones que
había aprendido servía de mucho. No había ningún orden en el uni-
verso que habitábamos, salvo por lo que Anthony Rivas Sr. decretaba,
cuando lo decretaba. Éramos soldados rasos de su ejército; éramos
también el enemigo. Y estas reglas cambiaban constantemente. Cada
uno de nosotros sabía como arreglárselas lo mejor que podía, aun en
materias de supervivencia fundamental como comer y dormir, lo cual
me hacía sentir siempre con el corazón en la boca.

El tigre que yo había sido en mis sueños y en mis fantasías rara
vez aparecía; ahora me asemejaba más a la serie de perros, principalmente pastores alemanes, que papi, o Dad, como ahora le llamábamos,
llevó a casa para aterrorizarlos junto con nosotros. Ésta fue también
la época en que tuve a mi soldado Joe defectuoso cuya única frase
—según supe luego de varias manipulaciones— era «me han impuesto

una dura tarea», la consigna que yo adopté permanentemente en la zona de guerra.

Con su fino pelo rojizo que había comenzado a mostrar una ligera calvicie en la mollera, mi padre libraba en su interior una batalla perdida de antemano, en tanto la parte de él que era buena, o que quería ser buena, cedía terreno, cada vez más, a sus demonios. Hasta donde sé, su violencia no era provocada por el consumo de bebidas alcohólicas o drogas. Si así hubiera sido, su conducta habría sido más fácil de predecir, así como el quitarse de su camino cuando se emborrachaba. Aunque yo nunca tuve la experiencia psicológica o criminalista para analizarlo, tenía sobrados indicios de que él estaba loco, pero ese conocimiento no me ayudaba cuando comenzaba el tiroteo. Parte de su locura, empiezo a sospechar, era una representación que montaba para mantenernos fuera de equilibrio. Él siempre conservaba el control, aun en algunas de sus peores explosiones cuando lloraba grandes lágrimas de cocodrilo y estrujaba el pañuelo mientras pedía perdón por haber perdido el control. Por supuesto, podía y solía tener explosiones de cólera; pero Dad era mucho más peligroso y anormal cuando estaba en un estado de serenidad rayano en el budismo zen, en el cual llevaba a cabo cada movimiento con una planificación fría y metódica. Intentar predecir lo que iba a hacer era una tontería. Y aún más estúpido intentar seguirle la corriente o aplacarlo.

Esto resultó obvio una tarde a la hora de la cena, no mucho después de que habíamos llegado a California, cuando, para nuestra sorpresa, Dad estaba de un humor jovial, haciendo chistes y dejando que Tony y yo participáramos con nuestras risas y nuestros propios comentarios cómicos.

Había mucho material humorístico en nuestro nuevo vecindario de Hawthorne, un suburbio de Los Ángeles que estaba aproximadamente a cinco millas al este del Océano Pacífico, y cerca del trabajo de Dad en North American Rockwell, incluidos los personajes que vivían en el edificio rosado de seis unidades donde estaba nuestro apartamento.

Mr. Hyler, el administrador del edificio, la persona mejor peinada que yo jamás hubiera visto, era el rey de los excéntricos, y tenía la extraña costumbre de abrir la puerta de nuestro apartamento sin llamar, dar un paso hacia adentro y luego tocar a la puerta por la que había acabado de entrar al tiempo que preguntaba:

—¿Está bien si entro?

Manejaba un enorme pisicorre blanco con una antena flexible que estaba sujeta al guardafangos trasero, y recorría toda la longitud del carro hasta quedar asegurada en la defensa delantera. Mucho antes de la era de los teléfonos móviles, Hyler pretendía hablar por un teléfono rosado estilo princesa que llevaba en el piso del asiento del pasajero. Fantástico.

—Aléjense de ese tipo de al lado —nos advirtió Dad respecto a nuestro vecino que pretendía ser el dueño del edificio de apartamentos—. Es un borracho —ese era nuestro padre, protegiéndonos de los vecinos desagradables.

En una ocasión en que Tony llegó a casa del vecino para recoger la paga por haberle lavado su Chevy blanco El Camino, se encontró al tipo de pie junto al mostrador de la cocina comiéndose una barra de mantequilla. Nuestro vecino le dijo a Tony que estaba «recubriéndose el estómago para beber».

Además de los personajes que íbamos conociendo, empezamos a adquirir amistades, algo que no hicimos en Chicago, excepto en nuestras ocasionales visitas al club cubano. En Hawthorne, nuestros primeros amigos fueron los Coleman —Jack y Lilian, de Argentina, y Carol y Ronnie, sus dos hijos de pelo rubio rojizo y cara pecosa— que vivían en el piso de arriba. Mami y Lillian Coleman trabaron una duradera amistad, en tanto Ronnie, Carol, Tony, Eddie y yo pasábamos todos nuestros ratos libres jugando juntos, menos el tiempo en que yo estaba castigado.

De todos los amigos y vecinos que deben haber oído los ruidos que provenían de nuestro apartamento y sospechado lo que pasaba, los Coleman fueron los únicos que finalmente intentaron ayudar a mami y a nosotros. Algunos de los ruidos eran engañosos; la noche en que estábamos alardeando con Dad, nuestras risas probablemente nos hacía pasar por una familia amorosa y feliz.

Mami terminó de cocinar y comenzó a servirnos, empezando como siempre con la comida de Dad. Ella venía de la cocina llevando su plato, que tenía unas hortalizas largas y mal olientes que provocaron que Tony y yo hiciéremos una mueca y nos apretáramos la nariz al tiempo que nos desternillábamos de risa.

Dad preguntó: «¿Cuál es la gracia? ¿Por qué se tapan la nariz?».

Yo le dije: «Esas cosas de tu plato se ven rarísimas y huelen a peo».

Tony y yo nos reímos aún más.

Mi padre se volvió hacia la cocina y gritó:

—Olga, tráeme un par de latas de espárragos y el abrelatas.

Dad abrió las latas y puso una lata frente a mí y otra frente a Tony.

—Coman.

—Perdóname —le dije—, no debí haberme burlado de tus vegetales —ninguna excusa podría haber sido más sincera.

—Vamos, sabelotodos, cojan sus tenedores.

Hicimos como se nos dijo y cada uno sacó el primer tallo de la lata. Le di un mordisco y comencé a hacer arqueadas.

—Si lo vomitan, se lo tienen que comer también.

No había agua para ayudar a tragar los tallitos babosos y cerosos ni ningún otro alimento para enmascarar el gusto del espárrago frío y enlatado. Complacido de sí mismo, Dad sentado en su silla presenciaba nuestro sufrimiento. Esa no fue la última vez que me obligó a comer espárragos, pero fue la última vez que cometí el desliz y caí en la trampa de creer que podía reírme y jaranear con él. Tony y yo sí nos metimos en líos una vez por sonreírnos de algo. En una ocasión en que nos gritó: «*wipe those silly greens off your face*»[1] con uno de sus simpáticos errores de dicción, perdimos el control y nos reímos como dos locos, pero luego pagamos el precio.

1 «Quítense esa sonrisa idiota de la cara». Él quiso decir *grins* en el sentido de *grimace* (mueca, sonrisa falsa) y lo pronunció como *greens* (verdes), lo cual causó la hilaridad de los niños. (N. del T.)

Otra noche después de comer, en una atmósfera mucho más contenida y luego de que los tres muchachos ayudáramos a mami a limpiar la mesa y todos nos habíamos ido a la sala a ver la televisión, alguien tocó enérgicamente a nuestra puerta.

Mi padre fue a abrir mientras el resto de nosotros, sin movernos de donde estábamos sentados, esperábamos ver quién era. Dad se erizó a la vista de un hombre y una mujer que estaban a la puerta, la misma pareja que dirigía la casa de adopción colectiva cerca de Chicago donde habían dejado a Robert. No había ninguna duda de quién era el niño de dos años que él hombre llevaba cargado. Se trataba de mi hermano Robert, sin duda alguna un Rivas, seguía teniendo la misma apariencia angelical, pero con la mirada mucho más distraída. Dad se quedó parado, sin decir nada, mientras el hombre le dijo:

—¿Se le olvidó algo?

Mami se quedó paralizada en su asiento, con los ojos desorbitados por la impresión, y cuando se levantó y empezó a reaccionar, Dad salió rápidamente y cerró la puerta tras él. Mi madre se sujetó de la pared para sostenerse, al tiempo que nos ocultaba el rostro. Cuando mi padre regresó, aproximadamente unos quince minutos después, nadie se atrevió a preguntarle lo que había ocurrido y que iba a ser de Robert. A los nueve años, yo no me di cuenta aún que papi había evadido las facturas y la responsabilidad legal que tenía de mantener a mi hermano en una institución privada, pero era lo bastante mayor para reconocer a un niño abandonado en los brazos de ese hombre.

Posteriormente, mami y mis hermanos no podrían recordar esa imagen, pero yo vivía atormentado por ella. Mi único consuelo era decirme que algún día yo lo encontraría. Dos semanas después llegó una carta dirigida a «Los padres de Robert David Rivas» con el remitente del Fairview State Hospital impreso en azul y una foto de la institución también en azul, grabada al relieve. Nadie me dijo el contenido de la carta. Pero ese nombre se convirtió en los próximos años en la piedra de toque que me recordaba una de mis duras tareas.

* * *

El director de la escuela primaria Blake de York —donde matriculé el cuarto grado y Tony, el sexto— debió haber aprendido con la hermana Ernie Banks de Chicago. Su palmeta era gigantesca y la usaba sin contemplaciones.

Mi reputación había quedado establecida en las primeras semanas de clases mientras me abría paso hacia los primeros lugares del cuarto grado en *tetherball* y balonmano. Con mi virtualmente incontestable impulso en el balonmano, comencé a jugar con los chicos de quinto y sexto grados. Cuando uno del sexto grado se me puso enfrente en el intento de frenar mi carrera en un receso, le enganché accidentalmente con el pulgar su planchada camisa Oxford y le arranqué varios botones. Sólo por eso, él me tiró de espaldas al suelo y comenzó a pegarme. Mientras me cubría la cara, no podía quitármelo de encima y en mi desesperación grité: «¡TONY!», a todo pulmón. Afortunadamente, Tony estaba del otro lado de la pared jugando balonmano y corrió a rescatarme, quitándome al muchacho de encima y sujetándole los brazos a la espalda. Girando ferozmente, tuve tiempo de propinarle un par de trompones antes de que Tony me gritara:

—¡Víctor! ¡Basta!

Cuando el Sr. Blake llegó, el incidente ya había pasado y nadie acusó a nadie. Sin embargo, él me hizo saber que estaba vigilándome. El muchacho de sexto grado estaba considerado el tipo más guapo de la escuela. Nunca más se metió conmigo ni con Tony después de ese día y, en general, tampoco lo hizo nadie más. Me los podía imaginar diciendo «no armen líos con los Rivas, porque si se meten con uno tienen que fajarse con el otro». La sensación no estaba nada mal.

Mi maestra de cuarto grado decidió que mi reputación en el patio significaba que yo no podía ser un buen estudiante, pese al genuino empeño y al interés que había puesto en el recién instituido programa de lectura SRA. En este sistema codificado por colores, los alumnos podían alcanzar los niveles más altos mediante la lectura de una cara de la tarjeta y luego al responder a las preguntas que aparecían en la otra cara. Pasaba de un color a otro rápidamente y andaba muy orgulloso y presumido con mis logros. Cuando llegué al color del último nivel, mi maestra me pidió que viniera a su escritorio. Creyendo que podría condecorarme con una cinta o con una medalla, me quedé confundido cuándo me preguntó:

—Víctor, has estado haciendo trampas y fijándote por la tarjeta matriz, ¿no es verdad?

—¡Yo no! —y lo afirmé haciendo sonar el pie contra el suelo.

Ella me pidió que releyera una tarjeta de un color varios niveles por debajo de mi actual nivel y luego me daría la prueba. Yo rehusé. Me lo volvió a pedir y volví a negarme. Me advirtió que iba a enviarme a la dirección. Furioso porque no me creyera, no cedí.

El Sr. Blake me esperaba con un sistema de su propia invención. Me hizo entrar en su oficina, se sentó y tomó una tarjeta de tres por cinco. Metió la tarjeta en su máquina de escribir y escribió unas cuantas oraciones. Luego se levantó, caminó hasta la pared y descolgó su palmeta para propinarme tres duros palmetazos y me envió de regreso a clase. Yo sabía perfectamente bien que una visita a su oficina significaba una llamada a mi padre.

Esa noche Dad comenzó preguntándome por qué había hecho trampas en el programa del SRA.

—¡Yo no hice trampa! Hice el trabajo y respondí las preguntas por mí mismo.

—Mientes, Víctor, y ¿sabes por qué? Porque no eres mentalmente capaz de hacer el trabajo que dices que hiciste. De modo que ahora eres un estúpido y un mentiroso.

Antes de que pudiera argüirle algo, me golpeó repetidamente y lo bastante para callarme. Luego dijo:

—Mañana, comenzarás de nuevo el SRA en el color más bajo.

Dad también tenía impredecibles, aunque fugaces, momentos de compasión, como la noche en que llegó a casa después de que Tony y yo habíamos estado forcejeando sobre quién iba a limpiarle el culo a Eddie y quién iba a lavar los platos. Dad había salido a alguna parte, mientras mami, que parecía más delgada y más débil de lo que yo nunca la había visto, se había ido a acostar después de hacer la comida.

Ella creía que estaba pescando un resfriado, o una gripe, y nos había dicho que decidiéramos cómo repartirnos los deberes. En una carrera a la cocina, Tony y yo nos enredamos y él, siendo más grande y más fuerte que yo, me echó a un lado, tirándome accidentalmente contra un borde afilado que me abrió una herida en la parte posterior de la cabeza. Cuando entré a ver a mami y me tiré en su cama, la sangre manaba a borbotones sobre las sábanas. Mami se sentó de un salto:

—¡Ay, Dios mío!

Corrió en busca de algo con que curarme, y no tardó en contenerme la hemorragia con una bolsa de hielo casera. Luego me aplicó con cuidado mercurocromo en la herida.

Dad llegó a casa poco tiempo después y, luego de evaluar la lesión, dijo con calma:

—Debemos ir al salón de emergencias.

Los dos hicimos en carro el breve trayecto al hospital. Me tuvieron que dar nueve puntos para cerrarme la herida de la cabeza. De regreso a casa, Dad me llevó a Clark Drugs y compró unos conos repletos de helado y nos sentamos afuera a saborearlos.

Cuando regresamos a nuestro apartamento, llamó a Tony, lo regañó por el daño que me había causado y le dio un bofetón. Luego se volvió hacia mí y me dio un puñetazo en el estómago. Entró en su cuarto, cerró la puerta, y estuvo golpeando a mi madre, intermitentemente, durante horas.

Las reglas cambiaron, y yo podía sentir que el mundo dentro de nuestro apartamento se iba haciendo más lúgubre. Rara vez, si es que alguna vez, alguien venía a comer, y a nuestros amigos no los dejaban jugar dentro de casa con nosotros. Para compensar la endeblez de las paredes que nos dejaban oír las conversaciones de nuestros vecinos como si fueran discusiones en alta voz, Dad nos ordenaba, a todos nosotros, que nos mantuviéramos de pie frente a él y que soportáramos sus palizas sin lanzar ni una queja. Cuando éramos incapaces de hacerlo, nos amordazaba.

En una ocasión Dad atacó a mami con un brutal golpe de kárate a la garganta que le impidió hablar durante un mes. Cuando recobró la voz, ya nunca más fue el sonido claro y melódico de antes; a partir de entonces hablaría con un sonido áspero y a veces sibilante.

La presencia de Dad en el apartamento de dos cuartos me enseñó a moverme silenciosamente, y a hablar sólo cuando era necesario. Tan pronto como él se iba, yo explotaba, violando usualmente cualquiera que fuese el castigo que tuviera y poniendo a Tony en la incómoda situación de tener que informarle a nuestro padre de mis acciones a su regreso.

Pero sólo para mantenernos desconcertados, Dad de vez en cuando se tornaba repentinamente humano —accesible, afectivo e incluso protector.

—Sal y diviértete un rato —me dijo cuando llegó el verano con la noticia de que había vuelto a hacer el programa de lectura del SRA y había aprobado. Al principio, lo hice con mucha cautela, pero pronto me dejaron ir a la piscina municipal de Hawthorne donde la pasaba muy bien, aprendiendo a usar el monopatín en rampas de factura doméstica o la tabla hawaiana en el Pacífico, en la vecina Manhattan Beach, y a construir y echar abajo una serie de fuertes en los árboles de nuestro edificio de apartamentos. Mis hermanos y yo, junto con Carol y Ronie Coleman, inventamos nuestra propia versión del *Slip 'N Slide*[2], echándole agua a la aceitosa lona del cobertizo de automóviles. Luego de un duro juego en el que con frecuencia terminábamos con las ropas llenas de grasa, nos escurríamos hasta el ciruelo de los vecinos y nos comíamos hasta la última ciruela.

El año 1965 nos trajo también un *Slip 'N Slide* de *rock and roll* con más extraordinarios éxitos musicales de Elvis, tales como «Crying in the Chapel» y un éxito tras otro de los Beatles, que dominaban las ondas radiales: «Ticket to Ride», «Eight Days a Week» y «Help!» salieron en el curso de un período de cinco meses. Nuestros himnos favoritos de esa época era cualquier cosa grabada por los Beach Boys, héroes

---

2 Literalmente «resbala y deslízate», un juego de niños que consta de una balsa inflable sobre la que cae constantemente agua de un grifo y que, colocada a desnivel, le sirve a los que juegan como una especie de tobogán acuático. (N. del T.)

locales que eran el único mérito de Hawthrone para la fama. Su éxito anterior, «Be True to Your School», tenía una especial significación para mí ya que finalmente llegué a asistir a las mismas tres escuelas —la primaria, la intermedia y la superior— a que habían asistido los hermanos Wilson. Ese verano no me harté de oír «Do You Wanna Dance?», «Help Me Rhonda» y «California Girls», canciones que me transportaban a través de la melodía y el ritmo a un lugar de seguridad y amor propio del que carecía el resto del tiempo.

Irónicamente, hubo una semana en agosto cuando, por primera vez en la vida, la casa se convirtió en un lugar más seguro que el mundo exterior, según papi, luego que estallaron los motines en el vecino barrio de Watts el 11 de agosto. Una rutinaria detención de tránsito provocó una verdadera explosión de protesta en la comunidad pobre y oprimida de los afroamericanos al tiempo que los amotinados tomaban las calles entregándose a saquear e incendiar. Desde los árboles de nuestro traspatio donde estábamos, ya podíamos ver las columnas de humo negro que se elevaban en el cielo, cuando Dad nos llamó:

—Entren, muchachos, todos ustedes.

Viendo las noticias esa noche, mi padre se paseaba por la sala, le respondía a gritos a la televisión, y nos hacía saber que no volviéramos a salir hasta que todo se hubiera terminado. Nos advirtió:

—Esa gente los matará si tiene la oportunidad.

En un momento en que nadie miraba, me metí en la cocina y me apoderé de un cuchillo filoso que, durante el resto de la semana, ponía todas las noches debajo de la almohada mientras intentaba dormir con el aullido constante de las sirenas que bajaban por la Calzada Imperial hacia Watts. Cuando todo acabó, había treinta y cuatro personas muertas, miles más lesionadas o arrestadas y la mayoría de los edificios de esa barriada destruidos. A pesar del temor que había sentido, otra parte de mí simpatizaba con los amotinados. Casi con diez años, yo no relacionaba aún los problemas de la pobreza, el desempleo o la falta de vivienda y escuelas adecuadas que habían alimentado las llamas de la ira. Pero sí tenía un incipiente sentido de indignación por lo que percibía como una injusticia hacia mí, cuando los que se encontraban en el poder oprimían a los indefensos. Obviamente, había una especie de motín agitándose en mi interior.

Con el tiempo, esos impulsos encontraron una salida en peleas en el patio de la escuela. Empecé a tener el hábito de ser una especie de bravucón a la inversa, que mantenía a raya a los bravucones. Puesto que Tony se trasladó a la escuela intermedia de Hawthorne para empezar el séptimo grado, y yo estaba aún en quinto en la primaria de York, era libre de actuar sin temer que los informes llegaran a oídos de Dad. Mi otro desahogo, además de los deportes y las peleas del patio, era encontrar medios para hacer reír a la gente. Mis payasadas incluían muchísimos actos de comedia física, como el papelito que le tomé en préstamo a Larry, el de Los Tres Chiflados, para la clase de arte cuando metí un par de tijeras en el tomacorriente para ver si se me ponían los pelos de punta; pero el choque de la electricidad me lanzó zigzagueando hasta el otro extremo del aula. O cuando durante la hora del almuerzo me subí a un banco con un Scooter Pie, un dulce que, según el anuncio de la televisión, tenía «once mordiscos celestiales» y le anuncié a todo el mundo:

—¿Quieren verme comer un Scooter Pie de un solo mordisco?

En medio de burlas y de aplausos, desencajé la mandíbula como una cobra y me metí el pastelito entero en la boca, al tiempo que levantaba los brazos en señal de triunfo y masticaba con el movimiento de todo mi cuerpo. Las dos galletas de harina de centeno cubiertas de chocolate y rellenas de dulce de malvavisco se me volvieron, de súbito, en la boca, una gigantesca bola seca y pringosa que me pude tragar, pero sólo para que se me atorara en la garganta, donde se expandió drásticamente cerrándome la entrada de aire. Con el público todavía hipnotizado, salté del banco y corrí tambaleante hacia mi cartón de leche. Descubriendo que ya lo había agotado, fui de un alumno a otro bebiéndome desesperadamente sus cartones de leche. Finalmente, el Scooter Pie me descendió al estómago. La vista de todo el mundo riéndose estrepitosamente y aplaudiendo me inspiró a subirme de nuevo en el banco, con la leche corriéndome aún de la barbilla y volví a levantar los brazos en señal de triunfo.

Para el fin del quinto grado, el director Blake tenía un mazo de tarjetas de tres por cinco que registraban todas mis fechorías. Entre las palmetadas que me había dado en la escuela y las golpizas de Dad en casa, mi nivel de tolerancia al dolor había aumentado de manera significativa. El Sr. Blake nunca dejó entrever que sospechara nada respecto al uso excesivo de fuerza de parte de mi padre. Eso, después de todo, no era su trabajo. Por otra parte, él ocasionalmente me daba un receso y no llamaba a Dad después de que me metía en algún problema.

Pero en esos casos, el Sr. Blake se cercioraba de que yo recordara los golpes que él me daba. Siempre que regresaba a clase después de una visita a su oficina, mis condiscípulos se volvían para inspeccionar mi estado y ver si lloraba o no. Se convirtió para mí en una competencia aparecer incólume, incluso sonriente. No obstante mis antecedentes de niño malo y payaso, terminé el curso con notas de aprobado, una tarjeta de reporte que me garantizaba sólo un castigo mínimo de parte de Dad.

Luego del fin de curso nos mudamos para un apartamento nuevo, una casa de dos plantas con tres dormitorios y una chimenea. Aunque extrañábamos no tener a los Colemans en el piso de arriba, resultaba una mejoría notable, lo que mami consideraba el mejor lugar en el que hubiéramos vivido. Y con la ayuda de Dios, me dediqué a ganar el privilegio de participar ese verano en dos agencias de salvamento: la Liga Infantil y los Boy Scouts.

El béisbol no era sólo un deporte que me gustaba jugar, era también algo en lo que me destacaba, lo cual me daba una sensación de orgullo que yo reverenciaba en cada aspecto del juego. Esto se hacía evidente, desde la manera en que aceitaba mi guante y la forma que le daba a la gorra hasta la manera impecable en que llevaba el uniforme. Antes de cada juego, planchaba mi pulóver y mis pantalones. Mis medias sanitarias tenían que ser de un blanco brillante y las medias de tubo tenían que ser altas y quedarme perfectamente ceñidas. Mi táctica secreta para lograr esto era coserle una pulgada de elástico al estribo de la media y luego fijar con cinta adhesiva el borde de la media sanitaria con la media exterior justo debajo de la rodilla. En uno de los equipos en los que más tarde jugué, los Colts, usábamos zapatos blancos como los Atléticos de Oakland. En ese tiempo era imposible encontrar zapatillas de béisbol blancas, así que una vez a la semana sin fallar pintaba meticulosamente de blanco, con un atomizador, mis zapatillas negras.

—Muchachón, Vic —el entrenador Leon Groshon me dijo después de una de nuestras primeras prácticas cuando había hecho un ajuste que a él le gustó. Nadie me había llamado Vic antes. Groshon, un hombre que había empezado a encalvecer, de sonrisa fácil y con una ligera inflexión del Sur al hablar, alentaba a cada uno de los trece jugadores de los orioles, incluido su hijo Jody, a sentirse alguien notable. Me gustaba oírle decir mi nuevo apodo, por el cual hasta los miembros de mi familia empezaban a llamarme. Oír «Muchachón, Vic» era todavía mejor.

Mi puesto en el campo ese verano fue en la primera base. Aunque yo era zurdo y lanzaba como un zurdo, bateaba con la derecha. Esto se lo debía al hecho de que Dad me había enseñado a sostener el tenedor con la mano derecha y me había enseñado todos los deportes como si yo fuese diestro. Boxeaba como un diestro y pateaba la pelota de fútbol con el pie derecho, lo cual hacía de mí casi un atleta ambidiestro. Siendo alto y corpulento, con mis inevitables muslos Rivas, tenía la ventaja de una fuerza y torsión añadidas con el bate. Al principio tenía la tendencia a abanicar en exceso y con frecuencia sacaba un *out,* pero cuando hacía contacto por lo general era un jonrón.

Una vez que aprendí a no inclinar la cabeza en la dirección del swing, como el entrenador Groshon me instaba de continuo, me convertí en un bateador con una potencia muy uniforme.

—Víctor —me dijo Dad luego de finalizar la primera temporada de verano, mientras asentía con aprobación al tiempo que sus ojos amarillentos me miraban casi con ilusión—, podrías llegar a ser un jugador de las grandes ligas algún día.

¿Se estaba burlando de mí? En modo alguno, insistió él. Con mi talento instintivo y ese cañón en que se estaba convirtiendo mi brazo, él me veía avanzando hasta el final. El cumplido me atontó por un momento. Aunque Tony era un atleta muy completo y también jugaba en la liga infantil, en un equipo diferente, por una vez yo no tenía que estar a la altura de su superioridad. Y por una vez Dad me ha hecho un cumplido que nunca me quitó.

Los Boy Scouts era otra bendición. Nuestra tropa estaba bien organizada, aunque no demasiado militarmente, gracias a nuestro jefe, el Sr. Casiano, un plomero que tenía muy buen carácter y un extraordinario sentido del humor. Algunos de nuestros compañeros exploradores se lo tomaban muy en serio, pero la mayoría de nosotros estábamos en eso para divertirnos y para disfrutar de la camaradería de las acampadas y las reuniones internacionales. En el otoño de 1966, poco después de que estaba de vuelta en la primaria de York para el sexto grado, nuestra tropa se preparaba para una convención en la que participarían cientos de niños exploradores para un fin de semana de deportes y otras actividades competitivas y festivas.

La semana antes, algo que yo dije o hice mal había causado que Dad desempolvara una antigua frase que a él le gustaba usar con nosotros. Poniendo el borde de la mano justo debajo de donde le empezaba el cabello, dijo:

—Estoy hasta aquí de tus sandeces. ¡No hay convención!

Eso significaba que tuve que presenciar, con el ánimo bastante sombrío, como Tony empacaba y se preparaba para ir. Mientras Dad se encaminaba hacia la puerta para hacerle una visita a un vecino, llevándose a Tony con él, lo alcanzó un impulso benévolo:

—Puedes ir, *Bíctor,* si estás listo a tiempo.

Supercontento me puse a empacar en el último minuto. Pero tenía tal prisa que después de quitarme el calzoncillo, en lugar de ponerme otro limpio, me puse los pantalones de mi uniforme de Boy Scout y trágicamente me trabé el pene en la cremallera.

—¡AAAYYYYYYYYY! —lancé un grito a todo pulmón en una nota de soprano que trajo a Eddie, ahora casi de seis años, corriendo escaleras arriba hasta el baño para ver lo que pasaba.

—Vic, ¿estás bien? —me preguntó desde atrás de la puerta.

—Anda, busca a papi —le dije a Eddie—. Dile que venga a casa. Es una emergencia.

Cuanto más yo trataba de descorrer la cremallera, más profundamente se trababa mi pene entre sus dientes.

—Papi dijo que acabará en un momentito —dijo Eddie a través de la puerta cuando regresó.

—¡Vuelve y dile que el rabo se me trabó!

Momentos después Dad arribó al baño de arriba. Se inclinó a inspeccionar y dijo:

—¡Oohhh! Te has metido en un lío, ¿verdad?

Yo asentí en medio de mi impotencia mientras mi padre tironeaba y halaba la cremallera, haciendo que mis gritos se hicieran cada vez más altos. La cremallera no cedía. Una luz se encendió en los ojos de Dad mientras se dirigía al botiquín y sacaba una cuchilla de afeitar de doble filo.

Debo haberlo mirado con los ojos a punto de salirse de las órbitas. ¿Me atrevía a confiar en él?

—Ahora quédate tranquilo y no te muevas, si quieres seguir siendo un hombre —me dijo en un tono de voz apaciguador, mientras cortaba cuidadosamente la costura externa de la cremallera hasta que pudo sacarla del mismo modo en que se pela una banana. Tenía el pene cortado y magullado, pero libre. En ese momento, él era mi mejor amigo en todo el mundo.

Mami, que se encontraba con un embarazo muy avanzado, acababa de llegar de la tienda y subió al baño a tiempo de asumir su papel tradicional de aplicar los remedios. Habiendo cumplido once años cinco días antes, yo había llegado a la edad en la cual no me sentía cómodo con que mi madre me viera desnudo. Pero antes de que yo pudiera hacer o decir algo al respecto, mami me había untado el pene de mercurocromo. Pasé los próximos días en la convención orinando discretamente para no tener que darle explicaciones a nadie de lo sucedido.

*　*　*

—Víctor, Tony —mami nos saludó al término del fin de semana, sonriendo sobre la cabeza de un nuevo bebé al que amamantaba—: ésta es su hermana, Olga Bárbara Rivas. Vengan a conocerla.

Eddie se quedó de pie en un gesto de protección y orgullo, familiarizado ya con la hermosa niñita y primera hermana, que había llegado la misma noche en que salimos para la convención.

Mami advirtió que yo tenía la cara magullada y un ojo hinchado. Ella había recibido una llamada del hospital Daniel Freeman después que me pisoteó otro niño explorador con sus botas de campaña durante un violento juego del rey de la loma. Mami dijo que casi se le había paralizado el corazón cuando la enfermera le preguntó: «¿Usted tiene un hijo llamado Víctor Rivas?». Ella acababa de dar a luz a su niñita y pensó en esos terribles instantes que había perdido a un hijo. Aunque mucho la sosegó saber que había sido tan sólo una lesión sin importancia resultado de un juego, no estaba tan encantada de verla ahora.

—Estoy bien, mami —dije casi orgulloso del ojo amoratado—. ¿Puedo cargarla? —me acerqué para conocer a Olguita, que fue como primero la llamamos antes de que cambiáramos a Barbie. Aunque pesaba más de nueve libras al nacer, parecía tan pequeña y vulnerable cuando mami me la puso en los brazos. Tony la cargó después. Sin la presencia de Dad, un sentimiento no explícito, pero no por eso menos cierto, de amor subyacía debajo de nuestras risas y sonrisas a esa preciosa bendición que Dios había querido concederle a mami.

Por supuesto, un año después, en los cursos de educación sexual y educación y fisiología de séptimo grado descubrí que el proceso era un poco más complejo que eso. Mami intentó en un momento poner por escrito lo que había sido este período para ella —trabajando ocho horas al día en una fábrica, cuidando de tres varones activos, sufriendo por su cuarto hijo discapacitado a quien no le dejaban ver, y sufriendo a manos de mi padre— y ella describió como su quinto bebé vino al mundo. Decía que ella nunca supo si Dad estaba «malo de la cabeza, era un sádico o simplemente un hijo de puta», por las «golpizas, castigos y torturas que de manera azarosa sufrimos los niños y yo». Mami decía que si ella fuera a escribir todos y cada uno de los incidentes, de seguro no le alcanzaría el papel. Pero luego seguía diciendo:

> Él públicamente avergonzaba a Tony y a Víctor, e incluso los golpeaba en presencia de otras personas. En lo íntimo de nuestra casa era mucho peor, y a Víctor le tocaba la peor parte de la violencia. Golpeaba a este niño como si golpeara a otro adulto, y él era un hombre fuerte. A mí me golpeaba en el pecho y en el estómago, lo cual me sacaba el aire. También me golpearía en la espalda, en las costillas. También me golpearía la cara y los brazos, y así fue que comencé a usar espejuelos oscuros y blusas de manga larga. Le decía a mis compañeros de trabajo que había tropezado y me había caído. Quedé de nuevo embarazada, esta vez de Barbie. Me obligaba a seguir teniendo relaciones sexuales con él porque era un pervertido y no le importaba si yo quería o no. Pasé todo el embarazo temiendo por el bebé y por si habría de nacer saludable. Me puse en las manos de Dios y de Santa Bárbara, y gracias a ellos, me nació una niña sana en el hospital Harbor. Fue bautizada en la antigua misión de Santa Bárbara en California.

Lillian Coleman había estado tratando de convencer a mami durante algún tiempo de que fuera a la policía. No mucho después de que mi hermana nació, mi madre debe haber llamado a Lillian, que vino inmediatamente a recogerla para llevarla a la estación de policía. Lillian, que hablaba inglés con fluidez, le sirvió a mami de intérprete. Ambas querían que mi padre fuese arrestado. Los agentes de servicio les informaron que podían hacer una denuncia, pero más allá de eso no había nada más que ellos pudieran hacer. Lillian convenció a mami de que les mostrara algunas de las contusiones de su cuerpo que ella ocultaba debajo de la ropa; pero la policía siguió diciendo:

—Lamentamos que no haya nada que podamos hacer; tenemos que cogerlo en el acto.

La policía en realidad le dijo:

—Llámenos la próxima vez que él le pegue.

En un paisaje oscuro y sórdido de la preadolescencia, tenuemente ilu-
minado alguna vez por mis hermanos, el béisbol y los Boy Scouts, un
faro de luz con el nombre de Genie Hotez apareció en mi vida cuando
cursaba el sexto grado.

Mi maestra de ese año, la Srta. Brooks, una mujer de piel pálida
de pelo muy rojo al que la laca convertía en un casco perfecto, nunca
se cansaba de compararme con Tony, que había sido su alumno dos
años antes.

—Tu hermano era tan buen estudiante, tan tranquilo y aplicado
—solía comentar en repetidas ocasiones—. ¿Por qué no puedes pare-
certe más a él?

A veces me preguntaba si Dad la había adiestrado a decir esas cosas
de manera que pudieran deshacer completamente mi individualidad y
mi amor propio.

Gracias a Dios por Genie Hotez. Transplantada a California desde
algún sitio regio como Nueva York o Nueva Jersey, era una belleza deslumbrante, con pelo castaño, ojos pardos y tez bronceada. Tenía una
voz profunda y un tanto áspera y una espléndida sonrisa. Pero era su
cuerpo lo que más me aflojaba las rodillas en su presencia. Tenía senos
y caderas completamente desarrollados, con unas hermosísimas piernas que resaltaban sus minifaldas y sus botas go-go. Atlética y compe-
titiva, Genie jugaba incansables partidas de *tetherball*[3] conmigo en el
patio, y aunque yo le arrancaba muchas pelotas de su cuerda que iban
a dar a la avenida Prairie, sólo para impresionarla con mi fuerza, ella
ganaba también en los encuentros.

Debido a mis anteriores tropiezos con niñas y debido a que Dad
no era ciertamente un modelo masculino a seguir, yo no tenía idea de

3 Un deporte que se juega con una pelota suspendida por una cuerda de un poste vertical. El objectivo del
juego es enrollar la cuerda en el poste al golpear la pelota en la dirección en que se encuentra el contrincante.
También se llama así la pelota usada en este juego. (N. del T.)

cómo comunicarle a Genie mis sentimientos; en lugar de eso, me sentaba unas cuantas filas detrás de ella en el aula y me entretenía mirándole la nuca con un secreto enamoramiento.

Resultó ser que nuestro jefe de tropa en los exploradores, el Sr. Casiano, era tío de Genie. Esa fue la razón por la cual cuando Tony salió de paseo con los Casiano a la Feria del Condado de Los Ángeles —una aventura a la que no pude asistir porque estaba castigado— cuando miré hacia fuera, en el momento en que vinieron a buscar a Tony, allí estaba Genie Hotez sentada en el carro de Casiano.

—Bueno, ¿qué te dijo Genie de mí? —le pregunté a Tony en el instante en que llegó a casa, muy tarde esa noche.

—Nada —mi tranquilo, estudioso y apuesto hermano se encogió de hombros.

—¿Nada?

—Bueno, era, tú sabes, una cita conmigo. Casiano la arregló.

Nadie sabía aún que Genie me gustaba, pero yo estaba tan furioso con Tony y mi jefe de tropa y especialmente con ella que, a mis ojos, todos eran traidores. Fuera de mí, al día siguiente en la escuela le escribí y le pasé una nota grosera a Genie, quien no tardó en entregársela a Mrs. Brooks.

¡Traicionado otra vez! Mrs. Brooks desdobló la nota, la leyó, y me arrojó una mirada hosca mientras se apresuraba a tomar la puerta. Sin que constituyera ninguna sorpresa para mí, reapareció momentos después con el director Blake, quien se encaminó directamente hacia mí y me agarró por el cogote, me sacó de la clase a rastras y así me llevó por todo el pasillo hacia su oficina, donde finalmente se volvió y con una expresión agitada y dolorida exigió saber:

—¿Dónde diablos aprendiste esa palabra?

—¿A qué palabra se refiere? —le pregunté a mi vez.

—Kótex.

Con la intención de burlarme de ella por haber elegido a mi hermano en lugar de a mí y haber jugado conmigo como un tonto, en lugar de escribir Hotez, había usado una palabra que había visto en una caja de servilletas que mami guardaba debajo del lavabo del baño.

—Estaba buscando papel de inodoro y lo vi un día y pensé que rimaba con Hotez, eso es todo, —le dije a Mr. Blake.

—Eres un niñito sucio —dijo furioso y agarró la palmeta y me dio una zurra tan dura que regresé al aula llorando.

Genie ni siquiera me miró.

Descorazonado y confundido, no tenía ninguna idea de por qué todo el mundo se enojaba tanto por la sola mención de la palabra «Kótex». Ésta no era la primera vez que me metía en líos por usar una palabra cuya definición no conocía. A principios del curso, Mr. Blake se encontraba de pie detrás de mí cuando una pareja de niñas majaderas estaban persiguiéndome y yo quería que me dejaran tranquilo. Así que me volví y usé, en inglés, una palabra que papi decía todo el tiempo en español —puta—, que hasta donde yo entendía se refería tan sólo a una mujer poco respetable.

—¡Déjenme en paz, putas! —les dije de una manera muy enérgica. Antes de que pudiera calibrar sus reacciones, el director Blake me agarró por el cuello y me arrastró a su oficina.

Estás palabras finalmente se me aclararían en mis clases de educación sexual.

Por lo pronto, decidí olvidarme de las chicas hasta que encontrara algo que me hiciera tan excepcional e irresistible como Davy Jones, o algún otro de los Monkees. Sabiendo que Dad nunca me iba a dejar que tomara lecciones de música, porque, como él decía: «el béisbol es tu boleto para una mejor vida, *Bíctor*», la idea de procurar realmente un interés en la música era demasiado improbable. Pero de repente eso cambió cuando me encontré frente a un cartel que anunciaba un show de talentos auspiciado por un grupo de jóvenes en la iglesia católica de San José.

¿Qué podía hacer yo? ¿Qué talento tenía? La pregunta me atormentaba siempre que pasaba junto al cartel en la iglesia, donde asistía regularmente a las clases de catecismo y a misa en lo que me preparaba para la confirmación. La perspectiva de ser confirmado era importante para mí, principalmente porque me daría la oportunidad de honrar a mi nueva idealizada figura paterna, Gregory Peck. Durante uno de mis castigos, cuando Dad no estaba en casa, me había escurrido escaleras abajo y me las había arreglado para ver entera la película *Matar a un ruiseñor*, que me fascinó de principio a fin. Interesado en cualquier cosa que confrontara la injusticia, me sentí profundamente conmovido por la historia de un negro acusado de un crimen que no había cometido. La emoción y la veracidad de la actuación me sobrecogieron, y el retrato de Atticus Finch, hecho por Peck, me dejó una impresión indeleble. El heroísmo de Finch en defender la verdad y la justicia se equiparaba a la devoción que sentía por sus hijos, Jeb y Scout. En mis constantes pláticas con Dios, comenzaba rogando que hiciera a Dad un poquito parecido a Gregory Peck. Pero aún si eso no podía suceder, yo iba a tomar el nombre de Gregory como mi nombre de confirmación.

—¿Qué es lo que vas a hacer en el show de talentos? —me preguntó uno de lo muchachos de San José cuando me adelanté y firmé sin especificar talento alguno.

El espectáculo iba a tener lugar en un par de semanas y yo tenía que presentarme con algo. Recordando por un segundo que nuestro vecino tenía una gigantesca colección de discos de *rock and roll* y varias guitarras, tanto eléctricas como acústicas, se me escaparon estas palabras: «guitarra eléctrica».

—Tú no sabes tocar.

—Sí, yo sé.

Un grupo de otros niños me rodearon y empezaron a reírse de mis pretensiones. Una niña se mofó:

—Tú no tocas y no tienes guitarra.

—Yo sí tengo —dije con calma—, ya verán.

No tenía ni un indicio de cómo iba a pedirle prestada una guitarra a nuestro vecino, mucho menos cómo la iba a tocar.

Milagrosamente, él sí me prestó una de sus guitarras eléctricas y un pequeño amplificador. Y a la hora prevista, para el asombro de muchos de los chicos escépticos, llegué al salón parroquial con mi equipo de *rock*, luciendo y actuando de manera muy profesional. Todo el mundo pareció impresionarse, lo cual me produjo un pánico silencioso. Mientras esperaba tras bambalinas por mi turno, escuché a una variedad de jóvenes talentosos —principalmente cantantes y músicos— sin saber lo que iba a hacer cuando llegara mi turno.

—¡Un aplauso para Víctor Rivas! —el maestro de ceremonias anunció por el amplificador a un salón parroquial repleto mientras yo entraba en escena con la guitarra y el amplificador. Estaba a punto de conectar el pequeño amplificador cuando un miembro de la orquesta de rock que iba a actuar después del show me dijo desde el público:

—Oye, chico, usa nuestro amplificador.

Congelado e incapaz de responder, me quedé de pie frente a la multitud. Alguien gritó:

—¡Vamos, arriba!

Luego de conectar la guitarra a uno de los gigantescos amplificadores, probé el estridente sonido de la guitarra rasgueando una cuerda átona. Poniendo una cara de circunstancia, me detuve y pretendí afinar la guitarra. Los BUUUUUS y los silbidos comenzaron lentamente y luego subieron mientras yo repetía la operación varias veces.

—Uh, lo siento —dije finalmente inclinándome hacia un micrófono—, mi guitarra está desafinada —y escapé del escenario.

Incapaz de mirar a nadie a la cara, me fui corriendo a casa, llorando y maldiciéndome durante todo el trayecto. En general me hablaba en voz alta como un mecanismo reproductor, sólo para mantenerme acompañado durante los tramos de aislamiento. El problema, lo entendía ahora, era que yo era alguien notable tan sólo en mis vívidas fantasías, el mismo mundo imaginario en el cual mi padre me sacaba a pasear todos los fines de semana —a pesquerías, por ejemplo, durante las cuales teníamos memorables recuerdos de nuestra relación de padre e hijo. Estas fantasías eran tan reales que podía oler el aire del mar y oír las olas lamiendo el costado del bote. Y cuando esa posibilidad se hizo demasiado remota para poder soñar con ella, me engañé creyendo que podía convertir mi fantasía de tocar la guitarra en realidad. El desastre del show de talentos me costaría mucho tiempo llegar a olvidarlo.

Mi redención en la primavera de 1967 fue un descubrimiento que el entrenador Groshon hizo después de la práctica al comienzo de mi segunda temporada con los Orioles.

—Si algunos creen que podría gustarles lanzar —anunció—, quédense por aquí y no vayan al receso.

Yo fui el único jugador que lo hizo.

Aquí también había otra fantasía, la de lanzar como mi gran ídolo Sandy Koufax, el extraordinario zurdo de los Dodgers de Los Ángeles. Siempre que los Dodgers jugaban y Dad estaba fuera, yo encendía la radio y oía atentamente mientras el incomparable Vin Sculle narraba el juego. Cuando Koufax estaba en el montículo, yo estaba en pie en mi cuarto, imaginándome en sus zapatos, y emulándolo tiro a tiro. Mi escenario quedaba entre nuestras camas gemelas, con la mesa de dibujo de Tony como la goma y un par de medias transformadas en una bolsa de pez rubia y una pelota. Disparando la media enrollada al lado de la cómoda, lanzaba durante tantas entradas como Sandy lo hiciera, a menos que Dad regresara temprano a casa para preguntarme cómo había sido mi día.

Curiosamente, cuando me subí a un montículo verdadero por primera vez ese día a sugerencia del entrenador Groshon, tenía una sensación de familiaridad, casi de una experiencia conocida. Con cada lanzamiento, se acrecentaba mi confianza, a resultas de lo cual mi ritmo de lanzamiento se hizo más fluido y la mascota del receptor fue haciéndose cada vez más grande hasta que eso era todo lo que yo podía ver. Y con cada chasquido del guante cada «¡Jesús! ¡Muchachón, Vic!» fui cobrando conciencia de que podía haber encontrado al fin mi propio puesto.

Groshon le pidió permiso a Dad para que fuera a su casa —donde él había construido un montículo de pitcheo fiel a las reglas profesionales— de manera que pudiera practicar el lanzamiento con su hijo Jody. Entrenando juntos, Jody y yo podíamos estar realmente por la goma. Jody podía lanzar una curva junto con su deslumbrante recta. En toda mi carrera de pítcher nunca lancé una curva, aunque si cambiaba la manera de agarrar la pelota, me salían una resbaladiza natural y una recta ascendente. Pero mi línea era casi imbateable. Siempre que

Groshon o Dad me cacheaban insertaban una esponja dura dentro de la mascota para protegerse las manos.

Mi velocidad y fiereza ocasional tenían intimidados a la mayoría de los chicos de la Liga Infantil. O te ponchaba o te golpeaba con un tiro. Esto mantendría a la mayoría de los bateadores fuera de base. No era infrecuente que promediara de doce a quince ponches en un juego. Con Jody y yo alternándonos como lanzadores, los Orioles se convirtieron en un equipo muy difícil de derrotar.

Mis logros como deportista me rescataron lo que quedaba de mi amor propio luego de que a duras penas sólo alcanzaba notas de aprobado al final del curso. A esto siguió un momento de orgullo para mami ese verano cuando se convirtió en ciudadana norteamericana. El haber alcanzado esa meta pudo haberla envalentonado a comenzar a imaginar una escapatoria para ella y para nosotros. Pero en el ínterin, llenó las necesarias solicitudes de ciudadanía para Tony y para mí.

La Luchadora se las arregló para lograr esto pese al control que Dad ejercía sobre el dinero, los documentos y hasta el mínimo aspecto que afectaba nuestra situación familiar. Unos pocos meses antes de cumplir doce años, yo también pude decir con orgullo: «soy ciudadano americano» y tenía el documento oficial para probarlo.

Un verdadero chico americano con auténticas condiciones de pítcher, reavivé la llama de la esperanza en mi interior de que no sólo podría granjearme la admiración de mi padre, sino la determinación de que yo merecía algo más importante: su cariño. Tal vez ésta no era una meta consciente, sólo un sentimiento que surgió en mí después que sucedió algo que daba pie a creer que él sí me quería, después de todo.

Dad había estado inusualmente tranquilo en este atardecer del verano cuando, como él con frecuencia me hacía, yo le ayudaba a lavar y bruñir sus motocicletas.

Naturalmente, El Ciclón tenía que tener por lo menos una par de motos, y en este período tenía una Triumph y una BSA. Mi tarea consistía fundamentalmente en pulir las varillas de las ruedas con limpiador de cromo, estopa de acero y un paño suave. En lugar de su andanada normal de «idiota, dejaste una mancha» o «si vas a hacer algo, hazlo bien», él sólo había asentido con un «no está mal» mientras yo iba a guardar los productos de limpieza.

—¿Quieres ir a dar un paseo? —me preguntó de improviso cuando yo le daba la espalda.

Me volví para ver si hablaba conmigo.

—¿En la motocicleta?

—Claro.

—Seguro.

Me fui corriendo adentro para darme una ducha rápida, pasé por al lado de mami en la cocina y giré alegremente anunciándole:

—¡Papi me va a dar un paseo en moto!

Mami se encogió de hombros, comenzó a decir algo y luego de pensarlo mejor, tan sólo puso los ojos en blanco.

Después que me había puesto un par de vaqueros ajustados y un pulóver blanco, pensando que no lucía tan mal, oí a Dad que me llamaba a su cuarto:

—*Bíctor*, venga.

El miedo nervioso regresó. Él obviamente había cambiado de opinión. Yo había cometido algún error y me esperaba algún castigo. Obedientemente, entré en el dormitorio de mis padres. Dad sostenía en sus manos una chaqueta negra de motociclista.

—Ponte esto —me dijo.

Sorprendido, me deslicé dentro de la chaqueta, mirándome luego en el espejo del vestido. Súper, diría. Quizá incluso un poco como Elvis.

—Bueno —aseveró Dad a tiempo de ponerse una chaqueta de cuero marrón al tiempo que decía—: Vamos.

Pero antes de que pudiéramos salir por la puerta, me detuvo.

—¡*Bíctor*! —el miedo me recorrió de nuevo. Me volví hacia él y tenía en las manos un par de gafas de aviador con vidrios color ámbar.

—Póntelas —sonrió.

Dad me dio una breve lección sobre cómo andar de pasajero en una motocicleta. Lo más importante que tenía que recordar era inclinarme junto con él en las curvas; de lo contrario, podríamos volcarnos. Me entregó un casco, que me lo ajusté para el paseo mientras él se repantigaba en la BSA, tocaba el pedal de arranque y saltaba un par de veces antes de echarlo a andar. Luego de bajar los estribos traseros, me gritó para hacerse oír por encima del rugido del motor.

—¡Salta! Mantén los pies en los estribos —luego haló el embrague, manipuló los cambios, y lentamente liberó el embrague mientras giraba el acelerador. Al fin nos poníamos en movimiento.

Escrutando la calle, deseé desesperadamente que alguien que yo conociera pasara en ese instante y me viera montado en el asiento trasero del BSA con mi padre, quien, en el momento en que salíamos de la senda de la casa, me dijo:

—Échame los brazos por la cintura.

Hicimos un brusco giro a la derecha al salir de casa y yo, en mi emoción de esta experiencia sin precedentes, me olvidé de lo que me había dicho y me incliné hacia la izquierda.

—¡No, no, inclínate junto conmigo! —me gritó.

Le contesté con un gesto de asentimiento y ya no volví cometer el mismo error.

Atravesamos Hawthorne y pronto estábamos volando por el Harbor Freeway hacia el centro de Los Ángeles. La vibración del motor entre mis piernas, junto con el viento que me golpeaba la cara, me hacía experimentar una sensación que nunca antes había tenido. En una reacción retardada, miré y me di cuenta de que en efecto estaba firmemente abrasado a la cintura de mi padre. A pesar de la emoción de un contacto que nunca había tenido en mi vida, me sentía completamente seguro recostado sobre él, sabiendo que él me protegería. Cerré los ojos por un momento y me sentí libre.

Pasamos como un bólido el *downtown* y terminamos en Pasadena, donde nos pusimos a caminar, hablando poco pero disfrutando de las curiosas tiendas de la sección antigua del pueblo. Dad me compró un cono de helado y esperó pacientemente que lo saboreara antes de regresar a casa en la moto mientras caía la noche y las rutilantes luces de Los Ángeles titilaran como si fuera sólo para mí.

Más que cerrar los ojos y tratar de inducir el sueño, como era mi costumbre, me permití vagar a la deriva esa noche. En mis sueños de duermevela, veía que nuestra relación de padre e hijo había cambiado. Tenía por delante un futuro lleno de posibilidades y aventuras en el cual nosotros dos dejábamos el trabajo y la escuela para salir juntos, recorriendo diferentes pueblos, quizá incluso diferentes estados; él me enseñaría a manejar la moto, y confiaría lo bastante en mí para dejarme conducir, mientras él se sentaba detrás de mí sosteniéndome con sus brazos en torno a mi cintura,

Desperté a mi realidad. Era cierto que las cosas habían cambiado. Se habían puesto peores, mucho peores. Dad estaba cambiando sus tácticas, disponiéndose a introducir artillería pesada. Había un nuevo edicto, implícito y explícito: di algo y eres hombre muerto.

Hicimos otro cambio de vivienda, dejando atrás el agradable apartamento de tres dormitorios y mudándonos para la casita de al lado, pequeña, sucia, con el traspatio lleno de malezas de seis pies de alto. Antes de mudarnos, Tony y yo ayudamos a Dad a arrancar las yerbas y pintar el interior de la casa con colores que sólo alguien con una personalidad de Dr. Jekyll y Mr. Hyde, como nuestro padre, podría haber escogido. El cuarto que yo compartía con Tony tenía paredes color lavanda y cielo raso negro. Los otros cuartos o bien estaban en la brillante y alegre gama del púrpura o en los tonos oscuros y depresivos del negro y el térreo.

Cuando estábamos limpiando el traspatio, Tony y yo descubrimos un foso de mecánico, encofrado en cemento y cubierto por una tabla de madera prensada. Este pozo de poca profundidad, hecho para que un mecánico pudiera deslizarse debajo de un carro y trabajar en el motor desde ese ángulo, posiblemente era lo que quedaba de una gasolinera o un garaje, o tal vez pertenecía a alguien que trabajaba reconstruyendo carros. Puesto que Dad empezaba a interesarse en la reconstrucción de autos y botes, pareció entusiasmarse con nuestro descubrimiento, aunque él prefería usar la cochera abierta de al lado de la casa para sus proyectos automotrices. Tony y yo se suponía que fuésemos sus aprendices de mecánico, pero lo que hacíamos la mayoría de las veces era sostenerle el reflector para que él pudiera ver lo que estaba haciendo. También nos exigía aguantar que nos golpeara o que nos lanzara las herramientas si alguno de nosotros accidentalmente dejaba que la luz le diera en la cara y lo cegara momentáneamente, o sólo que se desviara del punto que él quería iluminar. Después de todo, carajo, si él estaba operando un paciente, un paso en falso de la llave podría ser letal.

Dad era sin duda un mecánico notable. No es de extrañar, que si bien yo sabía cómo identificar las partes del motor, aprendiera muy poco en lo tocante a arreglarlas debido a mi superconcentración en proyectar adecuadamente la luz, mientras me gritaban: «¡Coño, idiota, allí!». En el fondo, también me molestaba el hecho de que la luz tenía un gancho que la mayoría de la gente colgaba del capó abierto del carro. Durante varias semanas en nuestra choza recién pintada psicodélicamente, Dad no tuvo a bien usar el foso del mecánico hasta un fin de semana cuando decidió forzar la entrada. Pero no con el propósito para el que estaba hecho.

El problema con ser castigado con tanta frecuencia era que a menudo me olvidaba por qué me castigaban. A veces cuando me acusaban de hacer algo que no había hecho, lo admitía a sabiendas de que me apuñarían de todos modos. Lo único que yo no podía hacer era convenir en que algo era cierto cuando todo el mundo sabía que era falso. Cuanto más Dad señalaba al cielo e insistía en que era verde, tanto más yo argüía que era azul, y tanto más furioso él se ponía. Ese día en cuestión, porque no estuve de acuerdo con algún comentario enloquecido, decidió que yo debía ser castigado mientras él llevaba al resto de la familia a Clark Drugs para tomar helado. Cuando yo era más niño Dad me había dejado encerrado en armarios, pero según fui creciendo y no había nadie más en casa para informar si me escapaba de la celda que me habían asignado, tuvo que encontrar medios de encerrarme con llave. Una vez me amarró a un árbol del traspatio, donde también amarró a Young King, nuestro perro.

Este día, tuvo una idea mejor. Me llevó al traspatio, levantó la tapa de *plywood* del foso del mecánico y me hizo señas de que me metiera en él.

—Entra.

Rehusando mostrarle lo aterrado que estaba, obedecí su orden. Reemplazó la otra cubierta con un pedazo grande de madera prensada al que le habían hecho varios agujeros para que entrara el aire.

—No te muevas —me gritó, saliendo por unos pocos minutos mientras yo probaba la tapa. Una vez que él se hubiera ido, yo podía fácilmente levantarla y salir. Pero enseguida lo oí que echaba a andar un viejo auto que él estaba reparando y que el sonido se acercaba. Me di cuenta de que iba a estacionarlo encima del *plywood* que cubría la tapa del foso del mecánico.

Durante las próximas horas, permanecí en la oscuridad de aquel hueco negro, al principio hablando solo para dominar el terror e incluso teniendo una conversación imaginaria y gritándole a él, diciéndole la plasta de mierda que era y cuánto yo lo odiaba. Luego recé y pedí perdón por maldecir, antes de pedirle a Dios que me enviara su ayuda pronto.

El verano anterior habíamos tenido la visita de José Luis, el hermano mayor de mi padre, su mujer, toda su familia de seis niños y un primo mayor de España. Al tío José Luis, ingeniero de azúcar para la C&H Sugar, lo trasladaban a la isla de Kauai en Hawai y había decidido hacer escala en California y visitarnos antes de mudarse. Él y mi tía se quedaron en un hotel mientras todos nuestros primos vinieron a parar con nosotros. Todos eran simpáticos, inteligentes y atractivos, especialmente mis primas María y Carmen. Sabía que nada serio podría suceder entre primos hermanos, pero me enamoré de ellas, y sí intenté lograr en algunos abrazos que me dejaran apreciar sus opulentas anatomías. Ambas parecían creer que yo era bonito y me prestaron algo de la atención adicional que tanto anhelaba.

Dad se tomó una semana de vacaciones en el trabajo para atender a nuestros huéspedes, pagando la cuenta por todo y gastando dinero como yo nunca lo había visto. Era un anfitrión exquisito, encantador, divertido, bien dispuesto. Si yo hubiera esperado que nuestros parientes pudieran darse cuenta de lo que él nos hacía, la consumada actuación de Dad liquidó esas esperanzas. Por supuesto, me suspendieron de todos los castigos con la condición de que él estaría vigilándome de cerca. Visitamos todas las atracciones locales; Disneylandia, la granja de Knott's Berry, el zoológico de Los Ángeles y la playa. Sólo mami fue excluida de las festividades, debido a su trabajo y a tener que cuidar de Barbie.

Habría una subsecuente visita de un primo de mi padre, un apuesto sacerdote católico llamado Padre Ernesto, que era maestro en la escuela secundaria *Pace Catholic* de Miami. En ese tiempo, mi padre había estado contemplando la idea de mudarse a la Florida, y Ernesto, que probablemente percibió que las cosas no andaban muy bien en nuestra casa, sugirió que él podía llevarnos, a Tony y a mí, a Miami con él para matricularnos en su escuela. Para mi gran desilusión, Dad le dio las gracias, pero rehusó su oferta.

En mi asilamiento en el foso del mecánico, recordaba como intenté darle un indicio a tío José Luis que *lo que yo realmente quería era irme de la casa en algún* momento PRONTO y visitarlos en Hawai. Desafortunadamente, eso nunca iba a suceder, pero las imágenes mentales de escaparme a Hawai eran tan consoladoras que me ayudaron a acurrucarme y quedarme dormido hasta que Dad volviera a casa y me dejara salir de la mazmorra.

Él puede haberse disculpado. Él puede haber sacado el pañuelo y haberse enjugado la frente mientras me explicaba que sólo estaba tratando de enseñarme, de hacerme mejor y más fuerte a largo plazo. Mi problema, proseguía, no era sólo que yo fuera estúpido sino que era perezoso. En efecto, en lugar de pedirle dinero para pagar por el equipo deportivo, era tiempo de conseguir un jodío trabajo.

Una semana después, comencé a repartir periódicos para *Los Angeles Herald Examiner*. Todos los días, me levantaba temprano y rodaba en mi maciza bicicleta toda cromada unas pocas cuadras hasta el frente de una tienda. Varios otros muchachos con cara de sueño iban llegando en lo que doblábamos los periódicos. Luego los cargábamos en bolsas para nuestras respectivas rutas y arrancábamos. Al final de cada mes, dedicaba un fin de semana yendo de puerta en puerta para cobrarle a los clientes, la mayoría de los cuales me daban propinas.

—Víctor, es bueno verte tomar alguna iniciativa —me felicitó Dad y me regaló una alcancía de plástico transparente que había conseguido en su banco.

Mi alcancía de plástico transparente tenía columnas para varias monedas, desde centavos hasta piezas de medio dólar, y en la parte de atrás había una rendija para billetes. Yo podía ver mi dinero crecer en el sentido literal de este término. Después de que casi estaba llena, regresé de la escuela un día y encontré mi alcancía vacía. Había un pedazo de papel doblado en la ranura del papel moneda. Valiéndome de la llave que yo guardaba en un lugar secreto de la gaveta de mi cómoda, abrí la alcancía y retiré la nota que decía:

—Te debo $26,50, Dad.

¡Mierda! Hablándole en voz alta a la pared —no confiaba absolutamente en nadie: «él me cogió el dinero y se guardó una copia de la llave sin decírmelo». ¡Injusto! ¡Injusto! Ocurrió una y otra vez. Siempre que llenaba la alcancía, me la vaciaban y me dejaban un pagaré. Por el tiempo en que me debía cerca de cien dólares, dinero que yo seriamente dudaba que volvería a ver, decidí hacer algo al respecto.

Sin conocimiento de Dad, fué a ver a mi jefe y le pedí que me diera una segunda ruta de periódicos.

—Tienes que tener permiso de tus padres —me advirtió.

—Bueno —mentí—, eso, uhh, arruinaría la sorpresa. Porque se acerca el cumpleaños de mi padre y yo quería comprarle algo realmente bonito.

—Muy bien —dijo—, puedes tomar la segunda ruta a prueba. Estate seguro de que tus entregas se hagan a tiempo.

Cada mañana, tenía que trabajar dos veces más aprisa que antes. Le doblé la carga a mi bicicleta, colgando una bolsa de los manubrios y otra del portalibros trasero. Durante la semana podía manejar el peso adicional, pero era difícil equilibrar ambas bolsas los domingos. Rehusando darme por vencido, hice mis entregas a tiempo y mi jefe estuvo de acuerdo en que me quedara con la segunda ruta.

Para estar seguro de que Dad no sospechara nada, puse el dinero de mi primera ruta en la alcancía plástica, que se vaciaba periódicamente. El dinero de la ruta secreta lo mantenía escondido entre el colchón y el bastidor de mi cama. Las veces que me quedaba solo en casa, levantaba el colchón y contaba mi dinero. Cuando había reunido más de cien dólares, se me ocurrió que cualquier cosa que comprara tendría que explicársela a Dad. Pero eso no me inquietaba porque el dinero era mío, y puesto que era un secreto él no podría cogerlo sin permiso.

El recorrido con un periódico dominical muy pesado casi acaba conmigo. Tenía la costumbre de hacer una modesta acrobacia cuando llegaba a las curvas, de manera que ambas ruedas cayeran juntas en la calle, atenuando el impacto. Acababa de dejar la tienda con ambas bolsas repletas cuando llegué a la primera curva. Al levantar y echar hacia atrás la bicicleta, vi que la rueda delantera se soltaba y empezaba a rodar calle abajo. Por un segundo, como si estuviera en una foto estática, suspendido en el aire, mi cerebro registró la imagen de la rueda alejándose mientras yo seguía balanceándome perpendicularmente en la rueda trasera. Luego, el frente de la bicicleta se bamboleó hacia delante y la horquilla frontal se enterró en el asfalto y me lanzó fuera de la bicicleta. Fui a dar a la calle dando volteretas. Cuando me detuve, con un arañazo sangrante en un codo, miré y vi mis periódicos por todas partes. ¿Cómo iba a salir de este apuro? Moviendo el culo, decidí, mientras corría calle abajo, rescataba mi rueda frontal, reempacaba los periódicos, apretaba a mano las tuercas y los pernos flojos, y seguía pedaleando.

Hacia el fin del séptimo grado, llegué a casa una tarde de la escuela y encontré a Dad, que había vuelto a llegar temprano del trabajo, repintando nuestro cuarto. No había nadie más en casa. Excepto por los muebles que estaban apilados a un lado, el cuarto estaba cubierto de plástico. Nuestras camas gemelas se hallaban recostadas contra la pared. Con una sensación de hondura en la boca del estómago y el cosquilleo del miedo en la entrepierna, dije:

—Ey, Dad.

Él se volvió con un cigarro en la boca y el rodillo de pintar en la mano. Apenas me miró, con la ranura de sus ojos que se le achicaban por momentos y los labios contraídos en torno al cigarro. Dad bajó el rodillo, se metió la mano en el bolsillo y sacó un pequeño fajo de billetes.

—¿De dónde salió esto?

Yo traté de contarle el mismo cuento que le había hecho al administrador de la ruta del periódico de que quería sorprenderlo con un regalo especial. Pero antes de que hubiera terminado la frase me tiró al suelo de un puñetazo. Pasó una eternidad antes de que recobrara el aliento. Me levanté y comencé a tensar los músculos de mi cuerpo para el próximo golpe.

—Sígueme —dijo, con una voz carente de emoción.

Fuimos a la cocina. Haló una silla para mí de la mesa y me la señaló:

—Siéntate aquí y no te muevas.

Salió del cuarto mientas mis oídos seguían sus pasos dentro de su cuarto y lo oían abrir y cerrar la puerta de su armario. Cuando regresó, Dad traía un montón de corbatas. Usó dos de ellas para doblarme y atarme el brazo izquierdo a la espalda de la silla. Me tomó la mano derecha y me la amarró al tablero de la mesa por la muñeca.

Dentro de mí tenía lugar una batalla entre el terror que yo sentía en no saber lo que él estaba a punto de hacer y mi voluntad de hacerme insensible y de aguantar todo lo que él tuviera que infligirme. El estómago, los intestinos y hasta las mismas células se me contraían, como si pudiera imaginarme lo peor. Pero nada me preparó para verle regresar a la mesa blandiendo el mazo que mami usaba para machacar sus bisteques de falda.

Poniéndolo en la mesa, se sentó y encendió otro cigarro.

—De un modo u otro vamos a llegar al fondo de esto.

Totalmente dispuesto a contar la verdad, abrí la boca, pero antes de que pudiera decir una palabra, él alzó el mazo en el aire y lo aplastó contra los nudillos de mi mano derecha. El alarido que di por reflejo le llevó a taparme la boca con la mano.

—Quédate callado o esto se pondrá aún peor.

Me trague el dolor y me miré la mano, observando varios rasguños a lo largo de mis nudillos que habían comenzado a sangrar.

—Ahora dime de donde viene el dinero —preguntó, para agregar rápidamente su muletilla—: Antes que respondas, ten presente que ya sé la respuesta.

Le dije la verdad sobre la segunda ruta del periódico.

—Lo hice porque estaba cansado de que me cojas el dinero que gano.

Para reconocer que eso era lo que ya él sabía, mi padre me aplastó la mano un par de veces más y me dejó sollozando en silencio en la cocina.

Dad regresó en unos minutos con motas de algodón, gasa estéril, esparadrapo y una botella de alcohol de fricciones. Me echó el alcohol sobre la mano magullada, que me dolió casi tanto como los golpes que me habían causado las heridas que él ahora desinfectaba. Me desató y me vendó la mano con gasa y esparadrapo. Me advirtió que no le dijera a nadie lo que había pasado en la cocina o lo pagaría muy caro.

—Ve y siéntate en la sala. Tengo que acabar de pintar —masculló.

La televisión tenía un oeste en blanco y negro, el ritmo y el sonido de algún modo me consolaron como si me envolvieran en un abrazo trémulo. Poco después, Dad entró y anunció:

—Se acabó. Queda prohibido que vuelvas a repartir periódicos.

Él nunca me reembolsó nada de mi dinero.

De vez en cuando, recobraba mi sentido irónico de la supervivencia por bastante tiempo como para aliviarme de una contradicción que me divertía, incluso si no divertía a nadie más. Por ejemplo, en la escuela intermedia de Hawthorne, un colegio grande compuesto solamente de séptimos y octavos grados que combinaban la población de varias escuelas primarias de la zona, el homenaje a los Beach Boys era tan pronunciado que hacíamos patinetas en las clases de artes industriales y ganábamos créditos por ello. Nada malo. Había también un maestro ciego que, curiosamente, enseñaba mecanografía. Esto al principio me pareció cómico, pero mi propio adelanto en esa clase me demostró que había aprendido a escribir a máquina al tacto, sin que me hiciera falta ver.

Con mi reputación de peleador bien establecida desde York, la mayoría de los guapetones, que podían verme como una amenaza, me evitaban. Pero a principios de 1968, tuve un acalorado intercambio con un muchacho grande y ceñudo que solía mantenerse muy reservado y que se sentaba al fondo de la clase de mecanografía. Nos disponíamos a pelear cuando nuestro maestro ciego le puso fin a la disputa. Regresamos a nuestras máquinas de escribir. Al salir de clases, él se fue. Aún no había terminado conmigo y yo no iba a dar un paso atrás.

—Te veré a la salida —me aventuré a decirle. Eso fue una estupidez. Nadie me había dicho lo que este chico había hecho en el pasado, ni siquiera de qué escuela provenía. Como la mayoría de los peleadores pueden probar, resulta útil conocer al enemigo.

—Bien, allí estaré.

Sonó el timbre anunciando el fin de otro día de clases. Al salir de la escuela, pude oír un rumor de pisadas detrás de mí. De algún modo se había corrido la voz sobre la pelea, y una multitud de estudiantes había decidido seguirme al doblar de la esquina hasta el estacionamiento donde habríamos de encontrarnos. En el momento en que nos dispersábamos por el asfalto, pude ver a mi adversario que venía de la esquina opuesta con sus seguidores. Por un instante irónico, no pude dejar de pensar en *West Side Story* (como lo había vivido en Chicago con mi episodio del bebé de brea) y cómo las peleas callejeras entre los *Jets* y los *Sharks* siempre conllevaban entradas de puño entremezcladas con gráciles movimientos de ballet. Como esto no venía al caso para el cumplimiento de esta dura tarea, puse los libros en el suelo y eché a andar en medio del círculo de estudiantes. Mi rival entró en el círculo también.

A diferencia de las peleas que a veces no pasaban de ser una guerra de palabras, la nuestra comenzó al instante. Mientras él se abalanzaba salvajemente sobre mí, y yo daba un paso al frente para lanzarle un golpe con la izquierda, mi pie delantero resbalo en el asfalto. Además de haber dado un estirón que me había puesto a la altura de Tony y de Dad, mis pies se habían vuelto ridículamente grandes, hasta alcanzar la talla trece de hombre, lo cual significaba que tenía que usar zapatos de vestir con suela de cuero. Así que, mientras la pierna se me deslizaba y luego se combaba hacia atrás, él me agarró por la cintura y me tiró al suelo. Antes de que yo pudiera reaccionar o recobrarme, saltó sobre mí, me puso las rodillas sobre los hombros, y me clavó en el suelo, donde me propinó una andanada de puñetazos en la cabeza. Un par de golpes en la boca me la llenaron de sangre.

Algo me sucedió tan pronto trague la sangre y detecté el sabor del hierro. Todo mi cuerpo se encendió de furia que daría lugar a una explosión. Tomándolo con ambas manos, me lo quité de encima y lo tiré al suelo, y lo empecé a aporrear a toda velocidad, mientras la sangre que me goteaba del labio inferior iba cayendo sobre mi derrumbado contrincante que, fatigado, opuso muy poca resistencia.

Como un gladiador, o al menos así me imaginaba, levanté mi cabeza ante la multitud, a la espera de que el emperador hiciera la señal de vida o muerte con un movimiento del pulgar. Varios muchachos corrieron y me halaron, al tiempo de decirme:

—Basta, ganaste.

Después que llegué tambaleándome al estacionamiento de las bicicletas y me monté en la mía para volver a casa, me di cuenta de que mi labio inferior estaba tan hinchado que me llegaba a la nariz, y me estaban creciendo chichones por toda la cabeza. Medio desmayado, me fui rodando a casa lentamente.

Cuando la casa estuvo a la vista, adivinen a quién vi regando el césped por haber regresado temprano del trabajo, lo que llegó a convertirse casi en un hábito diario.

Me chupé el labio y lo sujeté con los dientes delanteros. Pero no pude engañar a Dad quien me miró inquisitivamente y me dijo:

—¿Qué te pasó?

Abrí la boca para responderle y el labio hinchado se me salió.

—Venía de regreso a casa en la bicicleta y unos niñitos que perseguían una pelota se me atravesaron. Tratando de no pasarles por encima, choqué con un carro parqueado.

Sin ninguna reacción, Dad entró en busca de sus llaves y su billetera y me llevó al salón de emergencia.

Me dieron veintidós puntos para repararme la herida del labio, y luego Dad me llevó a Clark Drugs para comer helados.

Cuando llegamos a casa, y él cerró la puerta detrás de nosotros, dio media vuelta y dijo:

—No me vengas con mentiras. Tu cuento del accidente de la bicicleta es mentira. ¿Crees que no sé que tuviste una pelea y que te patearon el culo?

—Bueno, el otro muchacho salió mucho peor que yo —intenté argüir.

Sin escucharme, él me apuñó las partes del cuerpo que aún no estaban magulladas y cuando terminó me dijo que, si volvía a perder otra pelea, me daría una golpiza peor. Me envió a mi cuarto y luego regresó con una bolsa de hielo.

Era irónico, tengo que admitirlo, jodido, pero irónico.

Y sin embargo mi ironía no podía mitigar la tortura que comencé a sentir al principio de la pubertad. Para el segundo semestre de séptimo grado, tenía un bozo y un par de pelos sueltos que me salían de la barbilla. En realidad, Tony me arrancaba los pelos de la barbilla.

Como era usual, él estaba muy por encima de mí en el proceso de maduración, y había comenzado a tener vellos en la cara y en el cuerpo a los nueve años. Ahora, cursando el noveno grado en la escuela secundaria de Hawthorne, Tony ya llevaba algún tiempo afeitándose y parecía que yo nunca podría estar a la par de él frente al espejo. A veces me exploraba el cuerpo con una lupa, y siempre que era lo bastante tonto para enseñarle a Tony los pelos que me salían de la barbilla, anunciándole que pronto tendría que afeitarme, él se hacía que los inspeccionaba y luego me agarraba el pelo suelto o los dos pelos y me los arrancaba, riéndose.

—¡Ya no tienes que afeitarte!

Los vellos tardaban una eternidad en volver a salir.

Luego estaba el nuevo fenómeno de tener un montón de erecciones. Las que eran realmente embarazosas eran las de la escuela o las que me occurrían en el bus en que yo iba algunas veces. En la guagua repleta, que iba moviéndose y cogiendo baches y hondonadas en la carretera, con los libros sobre las piernas, no había modo de poder evitar una erección producida por el rebote y el estímulo. Luego, bajarse del autobús en la escuela con una erección significaba mantener los libros sobre la ingle hasta que las cosas se calmaran un poco. Pero de nuevo la profusión de minifaldas no ayudaba. A pesar de los normas de vestido, algunas faldas apenas si tapaban los blúmers. Yo no era el único muchacho que dejaba caer el lápiz en el suelo con regularidad, pero probablemente era el único que tuvo tantos enamoramientos. Mi romanticismo y mi inseguridad hicieron mi pubertad aún más problemática, amén de la disfunción de nuestra vida familiar.

Para ayudarme a tener un poco de orientación en este aspecto, tuve la buena fortuna de contar con el entrenador Sweeney, que fue mi maestro de educación física en séptimo grado. Esta era el primer año que separaban a varones y hembras para la educación física. Nos poníamos las ropas del gimnasio de shorts y pulóveres en un pequeño cuarto con casetas que no tenía duchas, corriendo al gimnasio con el aliento entusiasta del entrenador Sweeney. Un tipo excéntrico, Sweeney parecía un sargento instructor de marines, con un corte de pelo estrictamente militar, y hablaba a gritos, siempre refiriéndose a nosotros por nuestros apellidos. Uno de sus objetivos para esta clase, como él no tardó en anunciar, era que todos sus estudiantes ganaran el Premio Presidencial a la Aptitud Física, instituido por el difunto presidente Kennedy. Usualmente yo era el primero de la clase en ejercicios tales como cuclillas, planchas, salto largo, lanzamiento de pelota y carreras, pero la musculatura de mis extremidades inferiores siempre me dio trabajo con la barras. No importaba cuán fuerte me pusiera ni cuán duro entrenara, los tipos flacos y nervudos siempre me aventajaban en esto.

Entre el entrenador Groshon animándome con «¡Muchachón, Vic!» en el diamante del béisbol y el vozarrón de Sweeney deciendo «¡puedes hacerlo, Rivas!», era capaz de hacerle frente a la probabilidad de que iba a coger una pésima hoja de notas al final del curso. Pero el segmento de dos semanas de «salud» con el entrenador Sweeney (un eufemismo para referirse a la educación sexual) fue lo que hizo que ese año escolar valiera la pena.

Sin ponernos nuestras ropas del gimnasio, nos condujeron al aula de Sweeney y nos dijeron que ocupáramos nuestros asientos. Lo que teníamos frente a nosotros en el pizarrón eran dos detalladas cartas anatómicas, una femenina y otra masculina, que incluía las partes pudendas. Antes de que muchos de nosotros incurriéramos en comentarios obscenos, Sweeney tomó un puntero y señaló a los genitales de la carta masculina y preguntó si alguno podía decir cómo se llamaba esa zona. Nadie respondió ni levantó la mano.

—Vamos, ustedes usan ciertos nombres. No se van a meter en ningún lío si me los dicen.

Se mencionaron una serie de típicos eufemismos en inglés —la polla, el gallo, la serpiente de un solo ojo, las bolas, las nueces, las joyas de familia, y así sucesivamente—, mientras el aula estallaba en risas y gritos. Sweeney luego comenzó a señalar zonas específicas y a decir el nombre de la zona y a describir en qué consistía su función. Un chico que se encontraba al fondo se mantuvo haciendo comentarios de sabihondo. Sweeney se volvió hacia él y le dijo:

—¿Cómo es su escroto?

El chico se frotó la barbilla y dijo: «Muy bien».

Sweeney luego apuntó al saco que contiene los testículos. Aullamos de risa, casi toda dirigida al sabelotodo del fondo.

Cuando el entrenador Sweeney pasó a explicar los genitales femeninos, el aula se tornó silenciosa, casi reverente. Describió todos los cambios que el cuerpo de una mujer experimenta durante la pubertad y el embarazo. Nos habló del ciclo de la menstruación y de que montones de niñas de nuestra escuela o bien menstruaban regularmente o estaban a punto de hacerlo. Siguió explicando en gran detalle las incomodidades y cambios emocionales por las que atraviesan las mujeres durante su ciclo. Con su estilo excéntrico y animado, nos explicó:

—Cuando las muchachas o las mujeres están con el «período» tienen que usar cintos con toallas sanitarias llamadas Kótex.

¡Ay, Dios mío! No por gusto todo el mundo en la primaria de York se sintió asqueado por que yo le cambiara a Gene Hotez su apellido por Kótex. Ahora entendía y me sentía peor por haber sido tan insensible. Sweeney realmente nos alentó a ser considerados. Cuando uno se hace mayor, nos dijo, les gustamos más a las muchachas si las escuchamos y reaccionamos con sensibilidad a sus cambios de humor. Puesto que los cintos y las toallas sanitarias se usaban debajo de la ropa, Sweeney nos advirtió que fuéramos amables si veíamos a una niña que tenía la zona genital más abultada que el día anterior.

Unos días después, una de las chicas que a mí más me gustaba tenía un par de vaqueros blancos ajustado, y con toda certeza noté que tenía un bulto allí abajo. Antes no habría sabido qué decirle, pero ahora sabía.

—¿Cómo te sientes? —le dije con genuino interés—. ¿Estás bien hoy?

—¿Qué quieres decir? —respondió.

—¿Sólo me preguntaba si tienes el período?

No tuve tiempo de evadir el terrible bofetón que me dio. Me quedé allí, aguantándome la cara, mientras un grupo de muchachos que se encontraba cerca comenzaron a reírse burlonamente. ¿Cómo podía explicar que estaba intentado demostrar un poco de simpatía por su posible malestar? Ella se fue llorando antes de que yo pudiera excusarme.

Mientras el flirteo se extendía por todo el recinto de la escuela y las parejas comenzaban a tomarse de las manos, intercambiando medallas de San Cristóbal o robándose besos en los pasillos, mi progreso con el sexo opuesto seguía siendo afectado por la ignorancia. En tanto otros

chicos presumían de que les gustaban a ciertas niñas y a quiénes logra-
ban tocar, yo seguía desconcertado. ¿Qué señal había de darme una
niña para mostrarme que ella estaba interesada?

Una chica con una diminuta minifalda que se sentaba en el asiento
delantero al mío en mi aula parecía estar flirteando. Rubia, delgada y
bonita, tenía la costumbre de recostarse hacia atrás y dejar caer el pelo
sobre mi pupitre, al tiempo que me dejaba ver la modesta hendidura
de sus senos. Sin duda, esa era la señal, me dijeron algunos muchachos
de mi clase; esa era la señal de que ella quería que le tocara las tetas.

—Naaah, no creo eso es lo que ella quiere decir —argüí.

—Eso es lo que significa —dijo uno de ellos. Otro chico añadió:

—Si no le tocas las tetas, es un insulto. Pensará que eres insensible.
Y un tercero me dijo:

—Atrévete, Rivas. No seas marica.

Sobreponiéndome a mis aprensiones, después que ella se recostó
hacia atrás y restregó el pelo sobre mi pupitre unas cuantas veces más,
yo estiré el brazo y agarré una de sus tetas. Con la rapidez de un gato,
se replegó y me clavó el lápiz en la mano. El grafito se rompió y se
me quedó permanentemente enterrado en la mano, un recordatorio de
que en los adolescentes no se puede confiar como autoridades sobre
lo que las chicas realmente quieren. Yo me deshice en excusas, pero ella
dejó de hablarme.

La obsesión con las niñas empeoró cuando el tiempo empezó a
calentar y muchos de nosotros comenzamos a reunirnos en la piscina
municipal de Hawthorne, donde pasaba la mayor parte del tiempo
mirando como un tonto los bikinis. Al final, descubrí que cuando jugábamos al caballito, debido a mi talla corporal, un montón de muchachas quería que yo fuese su compañero. Encantado, nadaba debajo
del agua entre sus piernas y las levantaba sobre mis hombros y comenzaban las batallas. No era sólo que yo disfrutara la sensación de la lisura
de sus piernas femeninas y de la tibieza y suavidad de sus cuerpos, sino
también que no estaba acostumbrado a ser tocado o a tocar a alguien
de otro modo que no fuera combativo.

Pero estaba consciente de ser respetuoso de todas las formas en que pudiera serlo. Para mi sorpresa, antes de cumplir los trece años tuve un encuentro sexual iniciado por una niña. Una muchacha mayor del vecindario que había pedido prestada una bicicleta y que, cuando vino a devolverla, me siguió hasta el garaje. Bajó el soporte de la bicicleta y se volvió para salir. En ese momento nos detuvimos y nos miramos. Acortó la distancia entre los dos y se inclinó sobre mí. Antes de darme cuenta, estábamos oprimiéndonos los cuerpos el uno contra el otro. La puerta seguía abierta, así que la empujé y la cerré con el pie. Por la pasión del momento no puedo recordar cómo nuestros pantalones y la ropa interior nos fueron a dar a las rodillas. Me oprimí contra ella y me vine al instante. Estaba tan avergonzado que agarré los pantalones y me los subí. Ella hizo lo mismo y se fue corriendo del garaje. Nunca llegamos a besarnos.

Puede que no hubiera habido ni siquiera una penetración. Pero sea lo que fuere, por los próximos dos años apenas podíamos mirarnos a los ojos sin desviar la mirada. Aunque esto no le puso fin a mi preocupación con el sexo opuesto, otras preocupaciones definitivamente adquirieron precedencia.

Antes de terminar el séptimo grado, nos mudamos de nuevo, esta vez a la casa de la calle Oxford que habría de ser nuestra última residencia en California. Situada a dos cuadras al este del aeropuerto municipal de Hawthorne, la casa quedaba directamente debajo de la senda que tomaban los avioncitos cuando iban a aterrizar. Unas pocas millas al norte en la avenida Prairie, estaban construyendo el Fabulous Forum. El Forum iba a ser la nueva sede de los Lakers de Los Ángeles. A veces, me escabullía en mi bicicleta y me iba a observar la construcción, menos fascinado por el proceso de la edificación que necesitado de escapar de la creciente locura que tenía lugar en mi casa.

Dad había comenzado a trabajar en el turno de la tarde, de 4 P.M. a 12 A.M. Eso significaba que usualmente dormía las mañanas cuando yo salía para la escuela, pero estaba aún en casa, esperando para interrogarme, al final de la jornada escolar. En la casa de Oxford, el hábito de Dad de pasar horas sentado en el inodoro se convirtió en un ritual hasta el punto de que nos referíamos al baño como la oficina. Sin que tuvieran que decírmelo, siempre que llegaba a casa de la escuela me presentaba al baño. Dad había comprado una extensión de cincuenta pies para el teléfono de manera que podía hacer llamadas desde su trono. Con los calzoncillos y los pantalones en torno a los tobillos, hablaba por teléfono, leía el periódico, miraba los anuncios clasificados en busca de botes y misceláneas de pacotilla que comprar, estudiaba pilas de libros de superación personal, hacía crucigramas y le impartía órdenes a mami, a Tony, a Eddie y a mí, ya fuera que le llevaran más café cubano, que le sirvieran su desayuno o que llevaran a cabo cualquier tarea que él deseara.

Tony y yo fuimos convocados a su presencia una tarde y nos presentó un libro de L. Ron Hubbard sobre el tema de «ciber-cibernética». Dad le pasó el pulgar, se detuvo al parecer al azar, y dijo:

—Quiero que cada uno de ustedes dos lea este capítulo y se prepare para un examen mañana.

Esa noche, después que Tony leyó el capítulo, yo hice mi tarea de lectura y me encontré leyendo los mismos pasajes una y otra vez. No tenía ni la más puta idea de lo que este libro trataba de enseñarme.

Como nos prometieron, fuimos llamados al baño al día siguiente. Dad parecía genuinamente interesado en nuestra sinopsis. Me miró a mi primero y preguntó.

—*Bíctor,* ¿qué sacaste de eso?

—Bueno, yo pensé que, hum, que, hum —volviéndome hacia Tony con entusiasmo, dije—: Oh, tu sabes, ¿qué fue eso de lo que estábamos hablando? —Dad desvió su atención hacia mi hermano.

Mi hermano de catorce años dijo en tono sombrío:

—Ambos encontramos el capítulo interesante y significativo —resultaba obvio para mí que Tony estaba totalmente desconcertado por el libro.

Dad nos despidió a ambos, nada impresionado por nuestras respuestas.

Cuando estaba de peor humor, luego que había estado sentado en el baño durante horas, se levantaba ocasionalmente para mostrarnos el círculo rojo que le había dejado en su blanco trasero el agujero del asiento del inodoro.

—¡Ven lo que me están haciendo! —gritaba, mientras nos quedábamos boquiabiertos mirándole sus feas posaderas—. ¡Ven adónde me han llevado!

Dad veía a otras mujeres, incluida una señora que recogió una vez en que Tony y yo fuimos con el a Yosemite. No le mencioné esa mujer a mami. También sabíamos que cuando él no estaba trabajando, se vestía y salía para el pueblo sin ninguna explicación. Cuando comenzó a parecer un poco de mediana edad, reaccionó imponiéndose una dieta estricta y un régimen de ejercicios, adaptando su apariencia para incluir pantalones acampanados y chaquetas estilo Nehru, con grandes y llamativos medallones falsos y, en una ocasión, una especie de favorecedora peluca estilo Beatles. Se compró una casetera de ocho pistas, que incluía discos de Cream, Jimi Hendrix, Brazil 66 y Nancy Wilson. Verlo bailar al son de esa música —como él bailaba con cualquier género musical— era un ejercicio de contención, especialmente cuando Dad echaba una pierna hacia adelante y empezaba a hacer una variación del giro. Luego de unos cuantos compases, comenzaba a sonar la lengua, se llevaba un brazo encima de la cabeza y trazaba pequeños círculos en el aire, como un vaquero que intentara enlazar a un ternero. Finalmente, la pierna delantera se soltaba del suelo y él se balanceaba en la otra. *Grooby¡ Grooby! Outasight! Sockitooomeeeeee!*

Dad estaba claramente dedicado a la autosuperación. Además de hacerle una o dos visitas al psiquiatra de la compañía en el trabajo —algo que yo vine a saber sólo después—, se ejercitaba en el gimnasio de North American Rockwell y, mucho antes del entusiasmo general por el yoga de tiempos posteriores, comenzó a practicar yoga en todas partes. En la arena de Manhattan Beach, se paraba de cabeza y doblaba las piernas en posición de loto. No se nos permitía que nos fuéramos de su lado durante estas demostraciones. Afortunadamente, ninguno de nuestros amigos se tropezó con Tony o conmigo sentados con aspecto sombrío mientras nuestro padre posaba durante horas.

Unas cuantas veces encontré a mi padre meditando en la bañera. A imitación de algún tipo de hipopótamo, llenaba la bañera y sumergía todo el cuerpo, dejando sólo la nariz fuera del agua. La vez que supe que él se había hundido, accidentalmente, y había tragado una buena cantidad de agua me produjo una risotada espontánea.

Cuanto más extraño se hacía a puertas cerradas o simplemente con la familia, tanto más expansivo y sociable se las arreglaba para ser fuera de nuestra casa, e incluso invitaba a algunos de sus compañeros del equipo de béisbol al que pertenecía. A veces también llevaba a Tony a jugar al equipo. Si alguien que no supiera lo que estaba sucediendo llegaba en esas ocasiones, seguramente lo habría creído incapaz de lastimar a nadie, mucho menos a su mujer y a sus hijos. Muchos de nuestros vecinos y sus hijos pensaban que Dad era lo máximo. Si estaba en ánimo de fiesta le gustaba rodearse de los niños de familias como los Pilar, los Abraham y los Guerrero, todos ellos amigos míos, montarlos a todos en el pisicorre Impala, y convidarlos a tomar helados.

No parecía preocuparle a ninguno de mis amigos que yo rara vez los acompañara. Cuando intenté decirle a alguien como Greg Guerrero quien era Dad en realidad, él y los demás me dirían que yo era un mentiroso de mierda. No tenían la menor idea, les suplicaba, en tanto mi antigua reputación como el niño que gritaba «ahí viene el lobo» o que se jactaba de que podía tocar la guitarra eléctrica, se tornaba en mi contra.

¿Pero cómo podía alguien realmente saber? Cuando otros no estaban presentes, la casa permanecía cerrada y las cortinas rara vez se descorrían. Habíamos sido programados y adiestrados a no gritar, a no hacer una escena. Dad aumentó sus asaltos contra mami y contra mí, tal vez porque yo me interpuse demasiadas veces en su camino e intenté detenerlo, o por otras razones. En varias ocasiones, la atacó cuando yo no estaba, y me venía encima cuando ella se había ido.

Si había un castigo que mami realmente detestaba, era el que metieran a alguien en agua fría. Eso fue lo que Dad hizo una tarde, no mucho antes de que llegáramos a casa de la escuela, inmediatamente después que mami puso a Barbie a dormir su siesta. Dad peleó con mami y la arrastró con ropa y zapatos y la metió debajo de la ducha, y mientas ella daba alaridos, el abrió la llave del agua helada. Por haber gritado, la bañó luego con el agua caliente. Alternando luego el agua helada con el agua hirviente, espero hasta que ella dejo de gritar y entonces cerró el agua. Cuando Dad la vio acurrucada en cuclillas y temblando violentamente, le dijo que regresaba enseguida y fue a la cocina a buscar hielo para llenar la bañera. La segunda vez que salió del baño, mami se precipitó a la puerta de la calle y salió corriendo calle abajo gritando a todo pulmón, con el pelo mojado y las ropas pegadas al cuerpo. En una hora del día en que muchos estaban en el trabajo o en la escuela, vio una puerta abierta y se metió en la casa de un señor mayor que se encontraba en su casa y quien llamó a la policía.

Por el tiempo en que la policía llegó a nuestra casa, ya mi padre se había afeitado, duchado y estaba impecablemente vestido, como era usual. Temblando aún de terror, con la apariencia de una rata mojada, mami entró cuando uno de los dos policías sacó a Dad hasta el portal.

—Lo siento, agente —mi distinguido y encantador padre le confío al policía—, como usted puede ver ella tiene algunos problemas mentales. No los molestaremos otra vez. Mantendré las cosas controladas.

Los dos policías intercambiaron miradas, como si no le creyeran del todo. Ésta era la tercera vez que los llamaban a la casa. El otro le advirtió.

—La próxima vez lo arrestaremos.

Tal fue la descripción de los hechos que mami me dio más tarde ese día cuando llegué de la escuela. Mi reacción fue física, un chorro de cólera dentro de mí que me recorría como la ducha con que él había atacado a mami, que iba de helada a hirviente. El por qué la había agredido de este modo rebasaba el límite de mi comprensión. Mami hacía todo lo que se esperaba de una esposa y de una madre y aún más, y traía un sueldo a casa. Hubo ocasiones en que yo pensaba que tal vez yo merecía el castigo que él me administraba, pero siempre supe, instintivamente, que estaba mal golpear a una mujer. No podía entender por qué la policía no lo arrestó. Si hubieran visto las marcas que él le había dejado en el pecho con el cepillo metálico para el cabello que había comenzado a usar para las golpizas, seguramente habrían tenido que arrestarlo.

Tal vez si yo fuera a la policía ellos harían algo para ayudarnos. Esta idea me vino a la mente en un momento en que me deslizaba hacia una nueva desesperación, especialmente frente a la realidad de que el curso estaba llegando a su fin y yo no estaba saliendo bien, debido sobre todo a las diversas tensiones que me impedían concentrarme. Para mayo, estaba nuevamente propenso a buscar camorra, y aunque me había cuidado de problemas que me hubieran enviado a la oficina del director, eso cambió el día en que estaba indudablemente buscando una confrontación con alguien, con cualquiera.

—¡Está bueno ya! —explotó finalmente uno de mis maestros—. Usted no va a interrumpir esta clase. Saque su pupitre y siéntese en el balcón.

Sin decir una palabra, cogí mi pupitre y salí violentamente. Una vez que estaba en el tramo de cemento del balcón del segundo piso, en lugar de poner el pupitre y sentarme, fui hasta la baranda y tiré el pupitre que fue a estrellarse contra el pavimento. Mi recompensa fue una visita a la oficina del director, una suspensión de tres días y la compañía de Dad en casa. Él avisó a su trabajo que estaba enfermo.

Las golpizas se prolongaron durante dos días. Él tomaba recesos, ordenándome que fuera a la cocina y le preparara algún café cubano, e incluso dormía siestas entre una y otra paliza, las cuales debían estar cansándole. A los doce años yo no sólo tenía su estatura, tenía también alrededor de 160 libras y podía flexionar cualquier parte de mi cuerpo que él me atacara, lo suficiente para que pudiera recibir la mayoría de los golpes sin siquiera pestañear. Mediaba el primer día cuando entró en mi cuarto llevando un guante negro, con la cadena que había pertenecido a nuestro pastor alemán, King Anthony de Van Auckland —también llamado King, como su predecesor— enrollada en la mano.

Obviamente, Dad había comenzado a lastimarse las manos de pegarme, de manera que ésta era su nueva técnica, un implemento que él también habría de usar con mami y mis hermanos. Dad era escrupulosamente cuidadoso de pegarme tan sólo en aquellas partes del cuerpo que usualmente van cubiertas por la ropa, y los golpes de la cadena me dejaron verdugones y cardenales dondequiera que me cayeron. Al final del segundo día, justo antes de la hora para el descanso de los miembros de mi familia que venían a casa, me ordenó que entrara en la cocina, sacó un cuchillo de carne de una gaveta, lo sostuvo en el hornillo de gas del fogón, y me colocó la hoja en el vientre, donde me hizo una quemadura y me dejó una marca en la carne.

Cuando regresé a la escuela, dos días después, cojeaba y sentía una enorme cantidad de dolores. Durante los primeros períodos sentí que las ondas del resentimiento y de la desesperanza pugnaban en mi interior. Al empezar el tiempo del almuerzo, sin que nadie me viera, me escabullí de los terrenos de la escuela y caminé tan rápido como podía, y sintiéndome aún en conflicto, hasta la estación de policía.

El primer detective que me entrevistó pareció interesarse, pero no veía lo que podía hacer por mí.

—¡No! —argüí cuando él empezaba a despedirme—, déjeme mostrarle. ¡Quiero mostrarle a todos aquí de lo que estoy hablando!

Él convino y me llevó a la oficina adyacente, donde varios agentes de policía permanecieron de pie mientras yo me quitaba toda la ropa. Parecieron darse cuenta de que yo los necesitaba como testigos. Mientras permanecía allí desnudo con gigantescas lágrimas de humillación que me corrían por la cara, los miré a la cara. Estaban genuinamente soprendidos de lo que veían. Todo estaba allí. Los hematomas, los verdugones, las heridas, las cicatrices y unas cuantas quemaduras. Sin decir nada, yo me apresuré a ponerme la ropa a la espera de ser rescatado.

—Eso es lo que mi padre me hace a mí, a mis otros hermanos y a mi madre —les recordé y, hablándoles rápidamente, les rogué—: ahora vayan a mi casa y arréstenlo, él está en casa ahora mismo, y sáquenlo de allí para siempre —de eso se trataba. En el momento en que hube pronunciado esas palabras, lo sentí claramente, por primera vez en mi vida quería que se fuera.

Los agentes me miraron con alguna desazón.

—No entiendes cómo funciona esto —me explicó uno de ellos—. Lo que pasa es que puedes hacer una denuncia e iremos y tendremos una conversación con él.

—Ustedes no entienden —les respondí desesperadamente—. ¡Si hago una denuncia y ustedes no lo arrestan, él me matará tan pronto como ustedes se hayan ido!

El detective con quien primero hablé se excusó, diciendo que no había realmente nada más que pudieran hacer. Después de todo, agregó:

—Eso es un asunto de familia.

Durante el resto del día en la escuela y de regreso a casa me hurgué el alma y hablé en alta voz conmigo mismo y con Dios. Se me había ocurrido un plan de último recurso. Puesto que había llegado a la conclusión de que no harían ningún arresto a menos que él matara a uno de nosotros o que nosotros lo matáramos a él, no me parecía que hubiera ninguna alternativa.

Esa noche, después que Dad se fue a trabajar, me senté a la mesa de la cocina con Mami y con Tony. El tartajoso tictac del reloj del fogón era todo lo que podía oírse por encima de mi voz queda. Mami, de alrededor de treinta y nueve años de edad, se encontraba más delgada y exhausta de lo que jamás la había visto, pero pareció aliviada y agradecida cuando le expliqué lo que iba a hacer. Tony mantuvo los ojos bajos, no dejándome ver lo que sentía. Pero cuando se los presenté a los dos, preguntándoles:

—Si consiguiera un arma y matara a Dad, ¿me respaldarían y dirían que fue en defensa propia? —sin vacilación, tanto Tony como mami hicieron un gesto de asentimiento.

En los días grises que siguieron, durante uno de esos trastornos típicos del clima del sur de California a finales de la primavera, cuando la neblina avanza hacia tierra desde el océano y dura todo el día, salí a buscar un arma. Repasé a todos mis amigos, preguntándoles quien, de sus padres, tenía un rifle de caza u otro tipo de arma de fuego. La idea era encontrar quién tuviera una y luego robársela. Ningún vástago de propietarios de armas de fuego me facilitó esa información. En épocas posteriores, podría haber salido a la calle hasta cualquier esquina y haber comprado cualquier cosa desde una pistola de gran calibre hasta un AK-47. Pero, afortunadamente, aunque había armas de sobra, yo no pude hacerme de ninguna. De haberlo logrado, no hay duda de que la habría usado independientemente de las consecuencias.

Mi idea de matar a Dad se hizo obsesiva, pero la imagen de asesinarlo a golpes o a puñaladas era demasiado violenta, demasiado personal; un arma de fuego era el único medio. Mami concibió un plan, sin decírmelo, de echarle gasolina en la cama y prenderle fuego. Pero cada vez que estuvo a punto de hacerlo, le faltó el coraje para consumar el hecho estando nosotros en la casa. Finalmente, luego de ver lo que me pasaba, mi madre decidió que ella habría de matarlo, como una forma de defensa propia, apuñalándolo mientras dormía. Esperaba ir a la cárcel, pero no veía ningún otro medio de proteger a sus hijos. Mami escogió el día y la hora, lavó y planchó toda nuestra ropa, cocinó para una semana y preparó su arma. En su más reciente compulsión de adquirir nuevos entretenimientos, Dad se había interesado en la caza submarina y tenía un monstruoso cuchillo de buzo que llevaba atado a la pantorrilla para enfrentarse a la fauna marina, o sólo para asemejarse a un auténtico cazador submarino. El cuchillo, de un pie de largo —que posteriormente desempeñaría un papel importante en un punto decisivo de mi vida—, pesaba cinco libras y tenía una cabeza de martillo para desprender a los abalones que se incrustaban en las formaciones rocosas.

En el momento previsto, mientras Barbie dormía en su cuna y Dad en su cuarto, y el resto de nosotros estaba en la escuela, mami fue en puntillas hasta el armario del pasillo, sacó el cuchillo, lo desenfundó, regresó en puntillas al lado de la cama y lo alzó con la punta en dirección al cuello a Anthony Rivas, su marido y atormentador por casi quince años y, en la fracción de segundo antes de clavárselo, sonó el timbre de la puerta.

—¡Mami! —llamó Barbie desde su cuarto—. ¡La puerta!

Al desconcentrarse, mi madre perdió la voluntad. Barbie había salvado la vida de Dad.

Unos pocos meses antes de que eso tuviera lugar, todos estábamos en casa cuando Barbie saltó o se cayó de la cuna y empezó a dar gritos. Dad se encaminó a su cuarto para pegarle, a una bebé de dos años. Sin embargo, antes de que tuviera la oportunidad, mami, Tony, Eddie y yo entramos en el cuarto y nos preparamos para atacar a Dad como una unidad. Él retrocedió, empujando a mami al pasar al tiempo de decir con un gruñido:

—Arregla esa jodía cuna, ¿por qué no lo haces?

Poco después de que nuestros varios complots para ponerle fin a nuestra pesadilla habían fracasado, llegamos a la conclusión de que las autoridades nunca nos ayudarían a menos que uno de nosotros muriera. Mi madre hizo un intento de quitarse la vida, el segundo luego de otro intento fallido en Chicago. Cuando Dad no pudo despertarla una mañana y encontró vacíos los frascos de pastillas que ella no se había tomado el trabajo de esconder, nos gritó, a Tony a mí, que viniéramos al baño inmediatamente. Mami simplemente parecía estar dormida.

—*Bíctor*, llena la bañera de agua tibia —me ordenó— y luego vuelve aquí.

Cuando regresé, Dad y Tony estaban empujando y halando a mami, llamándola como si se encontrara en un lugar remoto.

—¡Olga! ¡Despierta! —Dad la sacudía. Tony decía:

—¡Mami, despierta, despierta!

Ella no se movió.

Siguiendo las instrucciones de Dad, los tres la llevamos al baño y la metimos en la bañera, completamente vestida. Tenía el rostro tan apacible, casi sonriente. No sabiendo nada de las píldoras, estuve buscando marcas para ver si Dad la había dejado inconsciente de un golpe, pero no encontré nada, y llegué a la conclusión de que ella debía haberse desmayado de pura extenuación. Lentamente, muy lentamente, empezó a recobrar el sentido.

—¿Qué sucedió? —le pregunté días después.

Ella miró a la lejanía con añoranza, sin que aún se le hubieran desvanecido las ojeras oscuras.

—Sólo quería descansar, *mijo* —contestó. De algún modo ella me dijo que sólo había querido escapar de la locura, y se había tragado todas las pastillas que se alineaban en un extremo de la cómoda de su cuarto.

La tarjeta con el informe sellado que me entregaron el último día de clases no llegaría a casa conmigo. En el camino, rasgué el sobre para ver lo que yo me temía: dos «Des» y el resto «Ces». Ya en un estado de mente francamente suicida, volví a hacer algo que ya había hecho en Chicago: rompí la tarjeta del informe y la tiré en un latón de basura.

Sin ninguna estrategia, me encontré con mi padre a la mesa de la cocina. Vestido y listo para irse a trabajar con su pase de identificación con foto que tenía que usar en North American Rockwell, estaba bebiendo su café cubano y fumándose un cigarro. Por un segundo, recordé la gira que me había dado por su trabajo, y cuán impresionado me había quedado de saber que la compañía de Dad participaba en tecnología aeroespacial y militar. Las computadoras con que él trabajaba eran enormes y todas se alineaban en interminables hileras en un edificio gigantesco. Recordaba haber recorrido el edificio con él encontrándonos con otros hombres, y sintiéndome tan orgulloso de ser su hijo. Ya no más.

—¿Dónde está tu tarjeta de notas? —me preguntó Dad.

La mentira que había fabricado me brotó espontáneamente.

—La escuela va a enviarla por correo en un par de semanas —expliqué—. Se debe a mi participación —y alargué esta palabra que probablemente había acabado de aprender— en un programa especial de matemáticas. Oí decir que las notas no las habían tabulado aún, así que la escuela las enviará tan pronto como estén listas. Pronto.

Impasible. Dad llamó a mi hermano

—Tony, *venacá*.

Tony entró en la cocina y Dad me hizo repetir mi cuento acerca del programa especial de matemática para el que yo había sido seleccionado. Para mi angustia, Tony no pudo mantenerse serio. Cuando comenzó a reírse, Dad se rió junto con él. No se trataba de que se estuvieran riendo conmigo. Se estaban riendo de mí. Cuando mi padre se hartó, cogió sus llaves y se fue.

Tony esperó hasta que estuvo seguro que Dad había dejado la entrada de autos antes de volverse a mirarme con sus ojazos sentimentales. Se limitó a sacudir la cabeza.

—¡Vete al carajo! —le grité, y me metí en nuestro cuarto, y me senté en mi cama. Repasé todo los viejos archivos imaginarios en busca de fantasías que me sacaran de este lugar. Tuve una conversación con mi jurado imaginario, preguntándoles lo que ellos habrían hecho. Intenté el juego de representar diferentes formas dramáticas de morir, algo que me resultaría útil posteriormente. Nada funcionó. ¿Cómo iba a pasar las próximas horas, aislado, castigado, jodido?

Esa noche no resultó ser horas, sino sólo unos treinta minutos antes de que oyera el tintineo de las llaves que comencé a sentir pánico. Al igual que el perro de Pavlov, yo reaccionaba al tintineo de las llaves como si fuera un detonante que me anunciara una golpiza. La misma reacción ocurría cuando Dad se quitaba el reloj, lo cual era un aviso especial para hacerme saber que los interrogatorios y los golpes que seguían no serían espontáneos. Proseguían hasta que él escuchaba lo que pensaba que era la verdad, cualquiera que fuera la que había fabricado en su cabeza. En lugar de dejarle que me torturara extensamente para obtener la confesión que quería, cualquiera que esta fuera, con frecuencia yo inventaba rebuscadas historias de mi mala conducta. Pero en este caso, a su regreso, con pruebas de mis malas notas en la mano, ni hablar de derechos. Dad se ocupó de que yo recordara su participación en los largos días de palizas y castigos que siguieron. Comencé otro verano aislado en mi cuarto, sentado al borde de la cama.

El béisbol seguía siendo la única recreación que Dad no me había prohibido. Y este verano yo estaba en las mejores condiciones, a punto de resultar imbateable como pítcher zurdo, y de disparar varios jonrones bateando como diestro.

Pero una noche por ese tiempo, ni siquiera el saber que tenía que lanzar al día siguiente bastaron para cohibirme de intentar escapar permanentemente de nuestra zona de guerra. Este incidente había comenzado como un forcejeo entre Tony y yo que dio lugar a que él me pegara accidentalmente un puntapié en la nariz. En lugar de intentar detener la hemorragia, me metí en mi cuarto y me di varios golpes más en la nariz. Manando sangre, me acurruqué en la cama y me quedé dormido.

Desperté atontado y débil a los sacudones de mi padre. Él había llegado a casa de su trabajo después de la 1 A.M. y se había asomado a mirarnos. Viendo que mis sábanas estaban empapadas en sangre de la cintura para arriba, creyó, como después me dijo, que alguien me había apuñalado. Dad llamó a mami. Juntos me limpiaron mientras él me preguntaba lo que me había pasado. Aceptó mi mentira, de que había tropezado y me había golpeado la nariz con el marco de la puerta del baño, en su valor nominal. Mientras debatían si me llevaban al cuerpo de guardia, yo intervine:

—Estoy bien. Lo único que quiero es dormir.

Aunque me desperté débil y pálido a la mañana siguiente, Dad insistió en llevarme al juego. Resultaba bastante curioso, porque él sólo había asistido a un par de juegos míos; puesto que rara vez me felicitaba, pero tenía montones de críticas que hacerme, yo prefería que no asistiera. Este día, sin embargo, después de comer y de ponerme el uniforme, me aseguró, según nos dirigíamos a Stark Field, que él me ayudaría a orientarme en el juego.

En «la oficina», él había estado leyendo recientemente un libro sobre autohipnosis y había comenzado a practicar en la casa. Ése iba a ser el modo en que me iba a ayudar, poniéndome en alguna forma de trance hipnótico.

Me sentí algo aturdido en el montículo y tenía problemas para controlar mis lanzamientos. Los padres y otros fanáticos gritaban palabras de aliento, pero la única voz que yo podía distinguir provenía de Dad allá arriba en las gradas:

—Uno, dos tres. Respira. Relájate.

Le di base por bolas a los primeros tres bateadores y le hice un *hit* al cuarto. Al entrenador Groshon le bastó lo que había visto. Salió dis-

parado para el montículo, me sacó y me pasó para primera base, donde
comencé a tener problemas sólo de estar de pie. El sonido del bate me
alertó de que un tiro de rebote venía en mi dirección, pude doblarme
para cogerlo, pero cuando la pelota dio un pequeño salto frente a mí,
rebotó y me dio en la nariz. Salí del terreno echando sangre y con la
vista nublada, liquidado por ese día. Dad me llevó de vuelta a casa, sin
entender por qué sus sugestiones hipnóticas no me habían ayudado a
superar el esfuerzo.

Esta debacle no fue la última vez que intenté matarme. Para resaltar algo más positivo, regresé a mi próximo partido con un entusiasmo
que me sostuvo a lo largo de la mejor temporada que jamás hubiera tenido. Además de los trofeos y las cintas que había acumulado durante
las tres temporadas regulares que había jugado hasta el momento, ese
año fui seleccionado finalmente como suplente para el equipo inte-
grado por deportistas de primera. Como parte del equipo, me sentía
orgulloso de representar a la Liga Infantil de Hawthorne en su empeño
de alcanzar el gran sueño, un viaje a la Serie Mundial de las Ligas In-
fantiles en Williamsport, Pennsylvania. Aunque no logramos hacer
todo el trayecto, participamos en el encuentro regional de Los Ángeles
y viajamos hasta Lompoc, California, donde fuimos eliminados. Regresé a casa con otros tres trofeos y una hermosa chaqueta roja profesional de calentamiento, con mi nombre inscrito y distintivos que
recordaban los diferentes triunfos de la temporada. Nada que yo hubiera tenido había sido tan importante para mí; incluso llegué a usar la
chaqueta en el tibio clima del sur de California.

Luego de haber adquirido una reputación por razones menos que
admirables, estos premios me recordaban que había un modo de llegar
a adquirir una clase de fama diferente. Otros chicos que conocía me saludaban con gestos de aprobación y algún cumplido ocasional cuando
nos cruzábamos en la calle. Hubo adultos que hasta llegaron a bajar los
vidrios de sus carros para gritarme: «¡Estupendo el juego del otro día,
Vic!», antes de seguir su camino.

Y lo que más quería de la chaqueta y los trofeos, al igual que mi talento deportivo, era que yo creía que Dad nunca podría quitármelos. Pero también en eso me equivocaba.

—¿Víctor que te está pasando? —fue la pregunta que, a mediados del octavo grado, me hizo Mrs. Rice, mi maestra del aula oficial donde me presentaba al comienzo del día. Era una mujer alta, trigueña, de mediana edad y de carácter amable y discreto.

Yo estaba demasiado asustado para responder. Por primera vez en mis trece años de vida, alguien finalmente me había hecho la pregunta que por tanto tiempo ansiara oír y quería responder. Pero ahora no podía.

Dad había cubierto todas sus bases. Si alguno de nosotros intentaba escapar o contar algo acerca de él, nos encontraría, decía, y nos pegaría o algo peor; si eso fallaba, agrediría a otros miembros de la familia. Su maltrato a mami se hizo más degradante, y la violencia alcanzó niveles más intensos que nunca. Contra mí empleó una nueva táctica: la inanición.

A partir de mediados del curso tuve de repente un crecimiento substancial. Además de mis zapatos talla trece —y el chiste adjunto de que mis pies llegaban a una habitación mucho antes que yo—, estaba haciéndome más alto que Tony y que mi padre, en tanto mis piernas y glúteos seguían llenándose de músculos. Una tarde en que estaba podando el césped del traspatio con el pecho desnudo, me di un susto cuando Dad se acercó cautelosamente a mis espaldas y me sujetó por la cintura. Pellizcándome y torciéndome un trozo de piel, gritó:

—Te estás poniendo gordo. Te voy a poner a dieta.

Mi dieta consistía en una comida al día que sólo podía comérmela en pequeñas porciones cuando él llegaba a casa del trabajo a partir de la 1 a.m. Para despertarme de un profundo sopor a fin de que pudiera hacer mi comida, él usualmente lo hacía con una bofetada, lanzando mi soñolienta estampa a empujones hacia la cocina. Antes de que pudiera comer, debía someterme a su interrogatorio acerca de si me había metido en algún lío en la escuela. Si aceptaba mi respuesta, me daba el plato de comida; si no, me enviaba de vuelta a la cama sin nada. Al cabo de unas semanas, comencé a perder peso aceleradamente. En un curso en que yo había comenzado a mejorar como estudiante y como ciudadano, empezaba una vez más a tener problemas con prestar atención en las clases, e incluso con mantenerme despierto. En el patio, podía saltar a la menor provocación. Cuando estaba por finalizar el primer mes de la dieta impuesta por Dad, había perdido probablemente entre diez y quince libras.

Mami concibió una forma de alimentarme clandestinamente. En ese tiempo, por casualidad, ella trabajaba en Chef's Orchid, una compañía que servía comidas a aerolíneas. Puesto que Dad estaba a veces en casa cuando ella regresaba de trabajar, mami escondía ocasionalmente un pequeño sándwich en su redecilla cuando podía y me lo daba cuando ninguno de mis hermanos estaba presente. Ella no podía cocinarme nada, ya que Dad revisaba las provisiones de la cocina como si fuera un agente de la Gestapo. Hubo días en que yo no podía recordar si había comido la noche antes. Añadíase a mi débil estado un constante zumbido en los oídos a causa de los continuos bofetones que Dad les propinaba.

Justo antes del tiempo del almuerzo en la escuela, durante el segundo mes de mi dieta, me desmayé en clase. Cuando recobré el conocimiento, estaba en el suelo cerca de mi pupitre y Mrs. Rice inclinada sobre mí. El timbre del almuerzo sonó y ella le ordenó al resto de la clase que se fuera a almorzar.

Me llevó hasta el lavabo del aula y humedeció algunas toallas de papel de estraza. Mrs. Rice me hacía mirar al espejo que estaba encima del lavabo al tiempo que apuntaba a mi oreja izquierda, de la cual salía sangre que me empezaba a rodar por el cuello. Luego de enjugarme la frente y de limpiarme la sangre, me sentó en un pupitre y se sentó a mi lado. Fue entonces que me hizo la pregunta que no podía responder.

—¿Algo está pasando en casa, no es cierto? —repitió.

—¿Qué quiere usted decir?

Mrs. Rice repasó lo que ella había estado notando, la rápida pérdida de peso, la falta de concentración y ahora el colapso que acababa de presenciar. Ella sabía que yo no estaba almorzando y no sabía por qué.

Los ojos se me inundaron de lágrimas. Yo quería contarle todo. Pero si Dad se enteraba de algo, ¿quién sabía lo que pasaría después?

Mrs. Rice se levantó y tomó una silla de manera que pudiera sentarse frente a mí y, tomando mis manos entre las suyas, me miró entristecida con sus ojos castaños y me dejó que llorara. Luego me dijo:

—Voy a comprarte un ticket para el almuerzo por el resto del año. Necesitas comer.

—No, gracias, pero… mi padre no lo permitiría —tartamudeé.

—Tienes dos opciones —agregó—. Aceptar mi oferta, o tendré que llamar a tu padre para tener con él una entrevista.

Acepté su oferta.

Por el resto del año, la señora, tan apropiadamente apedillada «arroz», me alimentó real y figuradamente, devolviéndome muchas partes de mi erosionado amor propio. Ella nunca me obligó a conversar; simplemente me prestó atención y le ofreció sostén a un muchacho que estaba en camino de convertirse en una causa perdida. Mrs. Rice me dio un gran estímulo cuando más lo necesitaba. Su bondad y generosidad me hicieron sentir que valía la pena aplicarme, y al final del curso llevé a casa la mejor libreta de notas hasta la fecha, todas las calificaciones de notable.

En el ínterin, Dad me había permitido comenzar a cenar a una hora normal. Hasta donde yo sé, él nunca se imaginó cómo mami con sus sandwiches robados y mi maestra de octavo grado me mantuvieron el cuerpo y el espíritu vivos.

Ninguno de mis compañeros de clase jamás dijo nada que indicara que sabían algo de mi situación. Pero el último día de clases, durante nuestra fiesta de fin de curso con torta y helado, varios de mis condiscípulos me trajeron sus pedazos de pastel y pusieron sus platos sobre mi pupitre hasta que se llenó con más de lo que podía comer de una sentada.

* * *

En el verano de 1969 fue cuando Dad comenzó a dejar de ir al trabajo con más frecuencia, por dedicar más tiempo a su oficina del baño y a la lucha épica de sacarlo del sueño y que se alistara para el trabajo, ya fuese para su turno de la noche o para el turno regular del día, o cuando decidía que necesitaba quedarse en casa para administrar la ley y el orden. Él había estado haciendo esto durante años, pero ahora se había vuelto patológico. De dos a diez horas podrían dedicarse a levantarlo. Y todos nosotros éramos reclutados para esa tarea, a veces hasta Barbie.

La aprobación que Dad había hecho de mí y de la mejoría de mis notas no había durado mucho. Al principio se impresionó, desde luego. Ese mismo día cuando corrí a casa con mi libreta de calificaciones y se la llevé al baño, estaba sentado en el inodoro y asintió con satisfacción propia, como si fuera él al que se las hubieran dado. Amablemente, me hizo un ademán de que saliera diciéndome que me suspendía el castigo vigente. Quince minutos después, al volver a casa esa tarde, no tardaron en castigarme de nuevo.

Eso me dejaba mucho tiempo para participar en la tarea de equipo que se necesitaba para despertar a Dad cada día. Luego de preparar el café, nuestro primer paso era congregarnos en el dormitorio. Siempre parecía que nos tomábamos un momento para mirarnos unos a otros antes de comenzar, como atletas antes del gran encuentro, levantándonos el ánimo mutuamente.

—Papi, ¡levántate! —decían los chicos—. Tony, ¡levántate!, decía mi madre —Dad *get up!* y Dad, *wake up!* eran otras variaciones.

Esto regularmente seguía durante varios minutos sin ningún resultado. Pero sabiendo el estrago que se armaría si desistíamos, pasábamos a la segundo etapa de este ridículo ejercicio, que podría describirse mejor como la imposición de manos. Intentaríamos sacarlo físicamente de la cama, primero empujándolo precaria y muy ligeramente al tiempo de repetir el estribillo «levántate». Luego procedíamos a salmodiar y a imponerle las manos en una suerte de ritmo hawaiano: Un empujón «levántate»; otro empujón «levántate». A veces el resultado era un bofetón, un puñetazo o una patada al parecer inconsciente.

La próxima etapa consistía en intentar halarle sus robustas piernas hasta el borde de la cama. Hecho esto, pasaríamos a los brazos, tomándolo de las manos y halándolo hasta lograr sentarlo. Mientras dos de nosotros lo sostenían de las manos, los otros le ofrecerían el café, muchas veces sosteniéndole la taza debajo de la nariz con la remota esperanza de que su aroma tuviera algún efecto mágico que lo sacara de la cama y lo metiera en el baño. No teníamos tal suerte. La cama actuaba como un gigantesco imán, librándolo de nuestro control y devolviéndolo a la posición prona. Este ridículo forcejeo podría repetirse varias veces, mi padre siempre ganaba el torneo.

Cuando resultábamos demasiado exitosos, Dad inventaba nuevas estrategias para combatirnos. Empezaba agarrándose de la parte interior del colchón con manos y pies, asemejándose a una rana que se aferrara desesperadamente de la superficie de una roca musgosa. Esto lo hacía absolutamente inamovible. Finalmente, abría un ojo y lo cerraba mientas preguntaba: «¿qué hora es?». En la fracción de segundo que nos llevaba responderle, sonando como un coro perfectamente sincronizado, él volvía a quedarse dormido. Finalmente, él terminaría por despertarse y nosotros seríamos castigados por nuestro fracaso.

La parte más enloquecida era que si el teléfono sonaba se despabilaba milagrosamente, lo alcanzaba y lo respondía con un amistoso «¿haló?» y festiva o formalmente se identificaba. «Tony». Teníamos órdenes precisas de echarle agua si todo lo demás fallaba. Esto era una treta, puesto que él nos vapulearía por ello de todas maneras. A mí, no obstante, me produjo gran placer echarle un cubo de agua fría una tarde. La secuela fue brutal, pero no me pudo privar de recordar siempre la imagen de él saltando de la cama como un gato enloquecido.

La locura de esta ordalía era diferente del irónico hábito que Dad tenía de pedirme que le diera frotaciones de Bengay en sus músculos adoloridos de manera que estuviera en mejores condiciones para romperme el lomo. No era divertido cuando esto sucedía, pero estos eran indicios claros de que no andaba nada bien.

Las cosas pueden haber llegado a un punto ese verano en que el deterioro psicológico de Dad lo asustó incluso a él mismo, tal vez una de las razones por las que buscó ayuda psiquiátrica. Luego de una de esas visitas, vino a casa y le dijo a mami que él psiquiatra quería que ella fuese para una sesión. Cuando ella fue, el psiquiatra le advirtió enfáticamente que se fuera y sacara a sus hijos de la casa; le indicó que su marido mostraba tendencias homicidas. Pero cuando se llegó al punto de obtener los recursos para que ella pudiera irse y cómo sostener a cuatro hijos con el jornal que ganaba en la fábrica y su escaso inglés, el médico no pudo hacer nada.

Durante las próximas semanas, como si fuera telépata, la conducta amable y plácida de Dad fue una asombrosa muestra de normalidad. Aún así, me sentía feliz de estar fuera de la casa, pues Tony y yo nos habíamos matriculado en la escuela de verano de la secundaria de Hawthorne. Mi hermano estaba tomando algunas clases avanzadas en preparación para el onceno grado, mientras yo repasaba asignaturas que me ayudarían en el noveno grado el otoño siguiente.

Dad no tardó en volver a su recrudecida agresividad y no cupo duda de que para mediados del verano yo constituía su blanco principal. Mami una vez me explicó de que mi cabellera era parte del problema. Ella no podía creer que un hombre adulto pudiera estar tan celoso de la buena apariencia de su hijo, dijo; ni podía yo, sobre todo por lo completamente convencido que estaba de que nunca llegaría a ser un tipo apuesto. Pero el mejor análisis, que mis hermanos posteriormente me ayudaron a entender, era que yo era la viva imagen de Dad. Su incontrolable aversión contra sí mismo era tal que él no quería aniquilarme; realmente quería aniquilarse.

Sin embargo, el entender eso no habría logrado mitigar mi certidumbre de haber llegado a un punto con él donde no parecía que yo pudiera hacer nada bien ni complacerlo de ninguna manera. No importa lo que intentara hacer para persuadirle de verme bajo una luz distinta, siempre me hallaría en falta. Me pasé todo un día podando el césped, ribeteando el jardín y rastrillando el patio sin que nadie me lo pidiera, solo para complacerlo. Cuando Dad entró al patio más tarde ese día, supervisó mi esfuerzo, y luego entrecerrando los ojos, señaló a la pared del fondo:

—Se te olvidó esa área. Si vas a hacer un trabajo, no lo hagas a medias —y luego se volvió y se fue de regreso a la casa.

Me quedé en el traspatio con el rastrillo en la mano, queriendo metérselo por la mollera calva. En lugar de eso, me eché a llorar y tomé la decisión de no volver a hacer nada por él. Durante años, tuve la resistencia de un cachorro que muerde un zapato o ensucia la casa, sólo para mover la cola e intentar agradar a su amo.

Pero yo sabía incluso que si uno golpea lo bastante al mejor de los perros, el temor y la cólera lo volverán sumiso, no obediente. Esa tarde, dejé el rastrillo y me fui a acariciar a King Anthony de Van Auckland, identificándome con él.

King era de un linaje de campeones pastores alemanes, un animal con una formidable anatomía, con el pelaje negro y carmelita de los pastores clásicos y una principesca pechera blanca en V justo debajo del pescuezo. Dad y Tony lo habían llevado juntos a sus clases de entrenamiento, y aunque King era protector de nuestra propiedad con los extraños, era un animal amable y amoroso con los miembros de la familia. Dad a menudo ponía a Barbie en el lomo de King y éste le daba paseos por el traspatio, que era el sitio donde pasaba la mayor parte del tiempo, vigilando a través de las tablillas de la puerta que daba al frente. Era allí donde crecía el melocotonero que King fertilizaba para que produjera frutos tan gigantescos, a veces con los chorros de diarrea que le salían de su aterrorizado trasero cuando Dad lo llamaba por su nombre. Nuestro perro anterior, también llamado King, había hecho lo mismo; y así también nuestro collie, Duke. Era como el tintinear de las llaves o lo de quitarse el reloj. A veces a King lo dejaban entrar como un privilegio; o si necesitaba una paliza. Dad lo entraba hasta el pasillo entre mi cuarto y la cocina, donde los aullidos del pobre King resonaban a través de la casa.

Al igual que nuestro pastor alemán, tal vez, mi creciente peso y estatura constituían un desafío para mi padre. Para fines del verano, yo era más alto que él y que Tony. El semblante de Tony me decía que, aunque él no lo mencionara, se sentía orgulloso cuando sus amigos comentaban: «¿éste es tu *hermanito?*».

Mi padre utilizó mi creciente estatura para sacar las armas pesadas. Mi posición de bullente desafío era que yo podía soportar todo lo que él tuviera que ofrecerme. La amenaza a su control era tan enloquecedora, que él descendió a nuevas perversiones.

La noche en que me sorprendió masturbándome en el baño me haló por el pelo y me ordenó sentarme al borde de la bañera con las piernas abiertas. Luego tomó el estuche de su afeitadora Norelco y me la lanzó a los testículos, haciendo que casi perdiera la conciencia a causa del dolor.

En otra ocasión, estábamos trabajando en la cocina, poniendo un nuevo piso de linóleo, y mi trabajo no resultaba de su gusto. Su castigo creativo fue atarme las muñecas con una cuerda. Al tiempo que procedía a ponerme de espaldas sobre el piso sin terminar y a estirarme las manos por encima de la cabeza, mi pulóver sin mangas dejó ver los pequeños brotes de pelo que me iban saliendo debajo de los brazos. Él amarró el otro extremo de la cuerda al tubo que estaba debajo del lavadero de la cocina, cogió un pedazo de tabla que aún no estaba instalada, una tabla de dieciocho pulgadas con tres clavos en un extremo y los afiló con una lima. La punta de estos clavos afilados me la pasó por las axilas que en ese momento tenía expuestas, cuidándose de arrancarme tan sólo la capa externa de la piel de manera que el sangramiento fuera limitado. Para optimizar el impacto de su acto de terror, Dad obligó a mi hermano Tony a permanecer de pie y a observar lo que hacía, exigiéndole que ocultara su repulsión y su asco mientras yo me retorcía de dolor en el piso. Tony se quedó atónito mirando a Dad y luego a mí. Había una expresión de gran pena en sus sensibles ojos pardos.

El dolor de esa tarde me acompañó durante un par de semanas, porque cada vez que me rociaba el desodorante Right Guard debajo de los brazos, la irritación seguía conmigo por el resto del día.

En algún momento por esa época, Dad me llamó al pasillo entre mi cuarto y la cocina, la cual tenía acceso al traspatio. Ésta era también el área reservada para las palizas de King. Me dijo que me arrodillara en el suelo. Extrajo unas cuerdas y me amarró las manos y los pies a mis espaldas, como yo había visto hacer a la policía a los que protestaban contra la guerra en los noticieros nocturnos. Me ordenó bajar la cabeza y cerrar los ojos. Después que oí un sonido que descifré era la cremallera de su pantalón, sentí un chorro caliente en la cabeza que me rodaba por la cara y la espalda.

No había necesidad de abrir los ojos para saber que ésta era la degradación mayor, la declaración final de mi insignificancia y de mi falta de valor: merecía que me mearan.

Él cortó la cuerda y me liberó. Cualquier llamita que una vez ardiera del orgulloso muchacho que anhelaba tan desesperadamente amar y ser amado estaba a punto de desaparecer. Aturdido por la humillación, le oí decir con gran tranquilidad:

—Ve y date una ducha. Estás asqueroso.

Tony fue el único que se imaginó que yo había intentado suicidarme tragándome el contenido de un frasco de Vivarin que me había robado horas antes ese día. A él no le importó que probablemente lo estuviera haciendo por necesidad de llamar la atención, más bien que por un deseo de no vivir. Viéndome agitado y sudoroso, me hizo tomar una ducha y luego comer algo en la cocina, donde vino a hablar conmigo.

Oyó las razones que yo había tenido para intentar matarme, al tiempo que se cercioraba de que comenzaba a sentirme un poco mejor y que iba a sudar el tóxico sin tener que ir al hospital, aun si no dormía por las próximas dos noches. Tony me dijo:

—Vic, tienes casi quince, aguanta un poco más. Cuando tengamos dieciocho, podemos irnos legalmente de casa de Dad. No hay nada que él pueda hacer para impedirlo, ¿okay?

A mí se me ocurrió después que mi hermano mayor me había prestado la atención que yo andaba buscando, y una confirmación de que Dad no había tenido éxito en su política de dividirnos para vencer. En efecto, una de las mejores cosas que me sucedieron en el curso de mi primer año en la secundaria de Hawthorne fue ser el hermano menor de Tony Rivas.

Como miembro del equipo de lucha libre, Tony se había convertido en un joven muy apuesto con un físico espléndido y, en mi opinión, con un notable parecido a Sajid Kahn, protagonista de *Maya,* un popular programa de televisión. Sajid era un gigantesco ídolo de los adolescentes en esa época, cuya foto había adornado la portada de varias revistas juveniles. Tony tenía su propio cortejo de admiradoras. Era un estudiante ejemplar y el guardia regular de la ofensiva del equipo de fútbol americano. Era un gran equipo con algunos atletas notables, entre ellos Scott Laidlaw, campeón estatal de carreras con vallas y un corredor estelar, que iría a jugar con Stanford y los Cowboys de Dallas.

Dad no me dejaría jugar fútbol, para lo que aducía dos razones: primera, decía que yo no era lo bastante agresivo; segunda, que podría lastimarme mi brazo de lanzador de béisbol. Él sí me dejaba practicar lucha libre en el equipo secundario de la escuela. Al principio no me entusiasmaba ese deporte, pero me mantenía fuera de la casa por las tardes. La atmósfera se enrareció aún más después que Dad hizo que Barbie y Eddie cedieran su cuarto para que uno de sus compañeros del club de béisbol, John, pudiera instalarse en él, junto con su mujer, Elsa, y su bebé.

John y Elsa eran una bonita pareja con un niño muy enfermo. El bebé tenía algún tipo de enfermedad en el hígado que requería un transplante. Elsa y John discutían mucho y por lo general sobre el bebé, con quien tenían que correr continuamente al Centro Médico de la UCLA.

En el curso del primer mes de su estadía con nosotros, John se fue y nunca regresó. Dad comenzó a pasar mucho tiempo con Elsa, llevándola y trayéndola, a ella y a su bebé al hospital y sacándola a comer. Le dijo a mami que estaba consolándola. La relación de mi padre con Elsa era obvia para mí, y se hizo aún más evidente cuando obligó a mami a dormir en el sofá y finalmente la mudó para el garaje.

Mi padre, Antonio Arturo Rivas García Rubio, se enorgullecía de que sus padres adinerados hubieran podido darse el lujo de enviarlo a estudiar a los Estados Unidos, donde asistió a una escuela militar en Georgia.

Una foto de mami y papi —en la que falta la cabeza de él— en la limusina al comienzo de su luna de miel. La pesadilla de mi madre comenzaría esa misma noche.

El día de la boda de mis padres —lo que mi madre soñaba que sería como el cuento de la Cenicienta. Años después, mi padre cortaría su propia cara de cualquier foto que incluyera a mi madre.

Papi, de niño, mientras crecía en el seno de una familia privilegiada de Sancti Spíritus, Cuba. Él siempre fue un misterio para mí; incluso esta foto no revela su verdadero carácter.

En Cuba, en 1955, las familias Rivas y López celebraron el primer cumpleaños de mi hermano Tony (él se encuentra detrás del pastel). Conmigo en su vientre, mami apoya una mano sobre el hombro de Tony, mientras mi padre mira con el ceño fruncido detrás de sus gafas de sol.

Esta fotografía fue tomada en Cuba en 1955; Tony aparece sentado y yo estoy con mi faldellín en el regazo de mami. Este fue otro recuerdo del que mi padre quiso arrancarse.

En el verano de 1959, sólo meses después de que Castro se apoderó de Cuba, Tony y yo (el de la izquierda, con tres años) fuimos a visitar a mis abuelos y jugamos en las blancas arenas de Varadero: ése sería el último viaje a mi patria.

Yo (a la derecha) a los
cuatro años, con Tony y
mami; adaptándonos a
la Ciudad de los Vientos
y a un nuevo país.

Una salida familiar en Chicago
—ya el temor empezaba a
reflejársenos en el rostro.
De izquierda a derecha: Tony,
Eddie, mami y yo (de siete años).

Tomada durante un paseo en uno
de los muchos parques de
Chicago, donde pueden apreciarse
los notorios muslos Rivas. A los
seis años, ya estaba ejercitando la
Tensión Dinámica de Charles
Atlas. De izquierda a derecha:
yo, papi, Eddie (en los hombros
de papi) y Tony.

Las poses en las fotos ocultan la verdad. De izquierda a derecha: Tony, papi y yo (aproximadamente a los cinco años).

A los trece años, mi sonrisa esconde el hecho de que mi padre me había impuesto un plan de inanición: me dejaba comer solamente una comida al día, si determinaba que me había portado bien ese día.

El año 1968 fue turbulento en nuestro país y en nuestro hogar de la calle Oxford. De izquierda a derecha: yo, Eddie y Dad.

Frente a la casa de la calle Oxford, en Hawthorne, California: la zona de guerra.
A los trece años, yo tenía instintos homicidas y suicidas. De izquierda a derecha:
Tony, Dad, Barbie, Eddie y yo.

Todavía sombrío y caviloso. Yo, en mis días de luchador de peso pesado en la escuela superior de Coral Park, Miami, 1972.

Lillian Echevarría (ahora Lillian Bethea), que se convirtió en mi segunda madre y quien se arriesgó por mí, aun después de que le advirtieran de que era un chico pésimo, con malos antecedentes.

En mi última temporada en FSU, cuando el director deportivo Bobby Bowden, estuvo a punto de llevar a los Seminoles al triunfo. Tom Rushing, mi compañero en la línea ofensiva, y yo empezamos a darle una apariencia atrevida al equipo. Tom y yo éramos conocidos como «el Tubo y el Cubo».

La vergüenza y la cólera por lo que él estaba haciendo a mi madre, convirtiéndola en su criada permanente, era más dolorosa que las indignidades que él me hacía sufrir. Mami rehusó escapar, aunque yo estaba seguro de que los Coleman la habrían ayudado. La idea de que nosotros no tuviéramos nada que comer ni ropa limpia que ponernos la mantuvo luchando. Luego, el 3 de diciembre de 1969, después que salió a pie empujando un carrito lleno de ropa, no regresó a casa. Pasó un día, otro y otro, sin que recibiéramos ninguna señal ni mensaje de parte de ella. Sencillamente se había ido.

Durante las próximas dos semanas, mientras Dad se preocupaba de Elsa y su niño, y nos decía que mami regresaría y que simplemente se estaba tomando unas vacacioncitas, Tony y yo empezamos a pensar que Dad la había matado y que ella nunca volvería. Él y yo intentamos consolar a Eddie y a Barbie, aunque nuestro nerviosismo tenía que resultar obvio. Nada podía hacerme creer que ella nos hubiera abandonado.

Al final de la segunda semana, mi amigo de cuarto grado Carol Coleman y su amiga Gloria, una latina trigueña y sexy, se me acercaron cuando me dirigía a practicar lucha.

—Víctor, tengo que decirte algo —empezó Carol, para seguir contando que su madre lo había enviado a decirme que mami estaba gravemente enferma y recluida en el hospital. Olvidándome de mi práctica, salí inmediatamente para el hospital con Carol y Gloria a remolque.

Cuando entré en el cuarto del hospital, mami estaba sujeta a varias máquinas y cánulas intravenosas y se veía muy frágil e inflamada. Lilian Coleman, un verdadero ángel para mi madre, estaba a su lado y se levantó para dejar que mami y yo pudiéramos estar solos. Mi intento de sonreír resultó inútil y un momento después estaba sollozando.

Con voz vacilante me dijo que se había desplomado en la calle camino de la lavandería. «Un alma buena llamó a la ambulancia», me dijo, agregando que nunca sabría quién fue el buen samaritano, pero que cuando recobró la conciencia había dos policías junto a ella haciéndole preguntas. Momentos después llegó una ambulancia que la llevó a toda prisa al hospital, junto con la ropa sucia.

En la sala de urgencias, el médico de guardia le dijo a las enfermeras que le quitaran la ropa. Mami me contó que tuvieron que cortársela de lo inflamado que tenía el cuerpo. El cardiólogo que la examinó no fue tampoco demasiado alentador. Haría todo lo que pudiera para salvarla, pero su destino estaba en último término en manos de Dios. El médico dijo que nunca había visto un caso como el suyo. Parece que debido a los golpes que recibió en el cráneo y en el pecho con el cepillo de pelo metálico, había llegado a desarrollar una forma de pleuresía, o inflamación de la membrana que envuelve los pulmones. El médico le dijo que si no la hubieran llevado de emergencia al hospital después del colapso, se habría muerto.

Mami no llevaba consigo su cartera cuando se desmayó ni ninguna otra identificación consigo, de aquí que la ingresaron como «Jane Doe», el equivalente en inglés a «fulana de tal», el nombre que suele dársele a una desconocida. Cuando salió de terapia intensiva, decidió no revelar su identidad por temor de lo que Dad podría llegar a hacer si ella sobrevivía.

—Hoy el hospital lo llamó —me advirtió—. Sé, pues, cuidadoso. Vete ahora antes de que descubra que estuviste aquí.

En mi camino a casa desde el hospital, me detuve a usar el retrete del parque. Puesto que se suponía que yo estuviera en mi práctica de lucha, usé el lavabo para humedecerme la camiseta y las mallas y darme un remojón en el pelo.

Cuando Dad llegó a casa con Elsa, los dos estaban de un humor sombrío luego de regresar del hospital donde el bebé de ella se estaba muriendo. Mi padre contrastó la tragedia del niño con «el show que tu madre está montando en el hospital».

Haciéndome el tonto, le dije:

—¿Dónde está ella? ¿Qué le pasó?

Él me dijo qué hospital era, lo que le habían dicho, y que estaba bien. Luego me advirtió:

—Tienes prohibido visitarla, ¿me escuchas?

Por los próximos diez días, siempre que se suponía que estuviera en mis prácticas de lucha, iba a ver a mami. Luego de lo que sería la última de estas visitas, Dad estaba esperándome junto a la puerta de entrada. Me ordenó que entrara y me arrancó el bolso del gimnasio del hombro. La casa estaba vacía. Sacó mi humedecido uniforme de lucha y comenzó a olisquearlo.

—Esto no apesta mucho.

—Eso es bueno —dije con pretendida indiferencia—. Lo enjuago después de la práctica todos los días.

Él comenzó a quitarse el reloj.

—Prueba otra vez, *Bíctor,* y recuerda, ya yo sé la respuesta.

Terminó por sacarme la verdad. Me dijo que se acababa el equipo de lucha y que, en lo adelante, tenía que presentarme a casa inmediatamente después de la escuela.

Como si la pesadilla de mami no fuera lo bastante desgraciada, Dad y Elsa fueron a visitarla al hospital. Esta visita terminó en una pelea a gritos en la que Dad y Elsa terminaron siendo expulsados a la fuerza por los guardias del hospital. Les advirtieron que no volvieran.

Él sí volvió el día en que a mami le dieron de alta. Ella había estado en el hospital durante un mes exacto. Mi padre empezó a armar otro escándalo sobre el costo de la estadía de mami, insistiendo en que su seguro no debería tener que cubrir los costos. El administrador del hospital llamó a mi padre a su oficina y le hizo saber en términos muy precisos que tendría que pagar de una manera u otra.

Mami se fue a quedar en el apartamento de Lillian Coleman, mientras seguía recuperándose. Dad la llevó hasta allí y le cobró por el viaje, como si fuera un taxista.

Unos días después de que mami fuera dada de alta del hospital, el bebé de Elsa murió. Por supuesto, lo sentí por Elsa y especialmente por el bebé, pero rehusé ir al entierro. Durante la desaparición de mi madre y su estancia en el hospital, ni Dad ni Elsa mostraron mucha preocupación o compasión por ella. Inmediatamente después de que enterraran al bebé, los dos comenzaron lo que parecía una fiesta de un mes entero. Bebían todo el día, besuqueándose constantemente y retozando sexualmente delante de todos nosotros. Dad dejó de ser el hombre que nunca abrazaba o besaba a mi madre para convertirse en un perro en celo, que se abalanzaba sobre la atractivísima muchacha de veintidós años, de piel marfileña, pelo negro y ojos azules, y en minifalda. Papi llegó a ponerse en cuatro patas, al igual que ella, y a perseguirla enardecido por el pasillo.

Elsa no se ocupaba mucho de la casa ni cocinaba. O bien comprábamos comida hecha en algún restaurante o Tony y yo preparábamos algunos sandwiches, sopa o lo que hubiera en casa. Dad periódicamente se quejaba de que Mami nos había abandonado de manera egoísta. El único alivio de esta pieza del teatro del absurdo era que, mientras Elsa vivió en casa, Dad tenía poca energía para disciplinarnos. Él la abofeteó una tarde y ella le apuntó con el índice y le dijo:

—Viejo, esto no estoy dispuesta a tolerarlo.

Mientras ella se fue a empacar sus cosas, Dad hizo una escena de llanto y de retorcer el pañuelo para tratar de conseguir que lo perdonara. Pero sus encantos no funcionaron y ella se fue en el acto.

Mami se recuperó en el apartamento de Lilian durante unos pocos días y regresó a trabajar, sólo para ser despedida. Solicitó ayuda del gobierno y, finalmente, le concedieron alguna, la suficiente para poder alquilar un pequeño apartamento. Para sostenerse, se dedicó a lavar y a planchar, llevando cargas de ropa —ida y vuelta— a la lavandería del complejo de apartamentos donde vivía, que eran varias veces mayores que el carrito con toda la ropa de nuestra familia. La Luchadora hacia esto sin quejarse y sin autoconmiseración, dependiendo tan sólo de esa chispa dentro de ella que rehusaba rendirse. Siempre que podía, me escapaba para hacerle una breve visita, a veces acompañado por Carol y Gloria.

Daba la casualidad que yo estaba loco por Gloria, y cuando ella me invitó a una fiestecita que iba a tener mientras su madre estaba fuera de la ciudad, no tuvo que insistir para que me dispusiera a llevar alguna bebida. Con mi experiencia de ratero, no iba a tener ningún problema, o así pensaba yo, en pasar por Clark Drugs y deslizarme una pinta de güisqui en el forro de mi cazadora. Pero mis tiempos de niño de aspecto inocente al parecer estaban contados, y fui detenido por un gerente de la tienda que me dio la opción de que mi padre viniera a buscarme o de ir a la cárcel. Luego de muchas complicadas versiones de por qué no podían llamar a mi padre, debido a razones clasificadas de seguridad nacional, terminé por dar su número del trabajo. Pero eso fue demasiado tarde para evitar que la policía llegara y me sacara de la tienda llorando y esposado.

En la estación de policía de la ciudad, me llevaron a la oficina de un detective, que me dio un breve sermón de los peligros de las drogas y el alcohol. Traté de explicarle que yo no bebía y que me había robado el güisqui para una muchacha. Eso le hizo sonreír, pero no me libró de ser puesto en una celda de retención, donde me senté solo y aterrado, evitando incluso mirar al borracho de la celda de al lado, por más de una hora. Cuando vinieron a soltarme, me acompañaron hasta la parte principal de la estación. Otro detective estaba allí teniendo una amigable charla con mi padre. Dad giró el cuello en mi dirección y me taladró con sus ojos ambarinos, «No se presentarán cargos», dijo el detective, pero si me volvía a meter en problemas podrían añadir esta infracción a mis antecedentes.

Mi curtido sentido de la ironía sí tuvo en cuenta el hecho de que ésta era la misma estación de policía donde, un par de años antes, yo había pedido protección de mi padre y me la habían negado. Esta vez me ponían en sus manos.

Sin decir una palabra, tomamos el camino más corto de regreso y entramos en la casa. Los golpes comenzaron a llover tan pronto cerró la puerta detrás de nosotros.

Pero estas palizas y las otras morbosas golpeaduras físicas no me afectaron del modo en que lo hicieron sus palabras. La lección de supervivencia en este caso fue: los palos y las piedras pueden romperme los huesos, pero las palabras pueden ser aún más hirientes. Todo esto me vino a la mente una tarde de esta misma época, con mami ausente de la casa, cuando Dad pasó la mayor parte del día zahiriéndome por mi pobre rendimiento escolar, comparando mi mediocridad con el genio de Tony cuyas calificaciones todas eran sobresalientes. Mi nombre y el adjetivo «estúpido» parecían fundirse en un solo término.

Finalmente, no pude aguantar más y le contesté. Estábamos de pie en la sala cerca del anaquel que exhibía todos mis trofeos y las pelotas de béisbol, la única representación en nuestro hogar de los últimos vestigios de mi dignidad ante sus ojos. Apuntando hacia ellos, le dije:

—Si soy esa plasta de mierda, entonces, ¿a quién pertenecen todos esos trofeos?

Cualquiera que fuera a ser su reacción, creía que no me importaría. Ciertamente no esperaba un momento mágico de padre e hijo con la eventual disculpa y el abrazo. Tal vez me iba pegar con un garrote. ¿Qué importaba? O quizá sencillamente dejaría de fastidiarme. Nada podría haberme preparado para lo que sí hizo.

Primero, se volvió y simplemente me miró. Frío, sin revelar la menor emoción. Luego se fue de la sala y salió por la puerta trasera, regresando unos minutos después con una mandarria y una cuchilla.

Dad me dijo que los trofeos no significaban nada para él. Y para probarlo, los fue derribando, uno por uno, y allí mismo en la sala, trituró el metal y el mármol de cada trofeo reduciéndolos a pedacitos. Luego le tocó el turno a las pelotas, valiéndose de la afilada hoja de la cuchilla para abrirles las costuras y arrancarles el cuero. Cuando hubo terminado con todas las pelotas, le gritó a Tony que estaba en otra habitación, que fuera al clóset de nuestro dormitorio y le trajera mi chaqueta del partido de las estrellas. Con un par de tijeras de cocina, Dad cortó la chaqueta en trocitos diminutos frente a mí.

—Limpia eso —ordenó antes de salir de la sala.

Todo lo que quedaba de los recuerdos de mi orgullo era un montoncito de escombros en el suelo. Todo había sido triturado, rasgado y cortado hasta que nada era reconocible, al igual que los vestigios de mi creencia en que mi padre podría quererme y aprobarme, y los últimos residuos de mi amor propio: desechos en pedacitos que tuve que barrer y tirar a la basura.

Esa noche me corté las venas de una de las muñecas, pero una vez más sobreviví.

* * *

A fines de febrero de 1970, caminaba pesadamente rumbo a casa luego de salir de la escuela, como había hecho la mayor parte de mi vida, sintiendo que cada paso que me acercaba a nuestra casa se me hacía más cargante y difícil. A la espera de la usual recepción de Dad —la hora de su mayor concentración que le llevaba a dejar de ir al trabajo con creciente regularidad— me quedé sorprendido al doblar la esquina de la calle Oxford y percibir un tufo del aroma familiar de cebollas salteadas en aceite.

Y cuando repasé con la vista la cuadra entera y nuestra entrada de carros, no pude ver el pisicorre Impala dorado y mierda de mono en frente de la casa. Con un enfático suspiro de alivio y una sonrisa que no podía reprimir, me encaminé a la puerta del frente. De adentro salía el tenue sonido de un tambor de rumba. Olores aún más deliciosos se escapaban por el portal delantero. ¿Qué carajo estaba pasando?

Al entrar en la casa, los sonidos y los olores explotaron: música cubana, la risa de Barbie, y una sartén de hierro que raspaban junto al hornillo. Y allí, inclinada sobre el fogón, como si nada hubiera pasado, estaba mami, con mi sonriente hermanita sentada en la mesa de la cocina.

Más temprano ese día, Dad había ido a buscar a mami con la excusa de que Barbie estaba enferma con fiebre y la estaba cuidando un vecino que debía marcharse. Él dejó a mami en casa antes de irse a trabajar. Mami encontró que Barbie no estaba enferma en absoluto, pero ciertamente feliz de ver a su madre. Yo también lo estaba. Pero tanto como yo quería correr y abrazarla, ninguno de nosotros sabía cómo hacerlo. En lugar de eso ella sonrió con amor y aprobación, como maná del cielo, pese a la ausencia de sus dientes, que Dad anteriormente le había sacado a golpes.

Aunque delgada y débil, Mami tenía una expresión reposada que era muy alentadora de ver. Tenía un cierto distanciamiento, un mecanismo de supervivencia que yo entendí. Desvió la mirada y me dijo con esfuerzo:

—Tú viniste a verme todas esas veces, aunque sabías que te castigarían —ésa era su manera de darme las gracias.

Rehusando separarme de su lado, la acompañé mientras lavaba nuestra ropa, limpiaba la casa y nos servía la comida. Después de lavar los platos, cogió su cartera y se dirigió a la puerta de la calle. Eddie, Barbie, Tony y yo creíamos que ella había regresado, pero ella se despidió y se encaminó a su apartamento.

Este arreglo se mantuvo intermitentemente durante varias semanas más, hasta que Dad, arguyendo que sus hijos la necesitaban, la convenció de regresar. Ella podía dormir en el sofá y él le prometió que nunca volvería a tocarla en ninguna forma. Mami convino pero le dijo con toda claridad:

—Sólo hago esto por los niños, porque por mis hijos haría cualquier cosa.

Según me contó después, ella estuvo en casa unas cuantas semanas antes de que él hiciera alguna movida. El Caballero expresó sus sentimientos como nunca antes lo había hecho, llamándola a su cuarto, sollozando, diciéndole lo mucho que había echado de menos estar con ella, y que él quería resarcirla por todo. En un momento de debilidad y de temor esa tarde, ella tuvo relaciones sexuales con él por última vez. No tardó en quedar embarazada con su sexto hijo. El relato de mami de lo que sucedió después fue el siguiente:

> Cuando él lo supo me pidió que abortara y yo le dije que no. Me dijo que ése sería entonces mi problema. No me dejó contárselo a los niños, pero ellos pronto lo notaron, especialmente los mayores. Me preguntaron y les confirmé que en verdad estaba embarazada. Eddie me preguntó, puesto que él todavía era relativamente pequeño: «Mami, ¿estás embarazada?». Yo le dije que no, que sólo estaba aumentando de peso.

Cuando Dad comenzó a pegarle un día, Mami lo detuvo con una amenaza. Le dijo:

—Oye, hijo de puta, ya dañaste a uno de mis hijos sin remedio, no lo vuelvas a hacer.

Cuando él se mofó, ella le advirtió:

—Si me pones una mano encima, mejor me matas, porque si no, te mataré.

—No tienes las agallas —le dijo en un gruñido.

Mami se encogió de hombros y le dijo que sentía no coincidir con él, advirtiéndole que lo haría cuando estuviera dormido.

Hasta donde sé, eso lo impresionó tanto que la dejó tranquila hasta que todo terminó en una explosión colosal en uno de los últimos días de mi noveno grado. Y, desde luego, yo cargaría con la culpa.

Como era habitual, estaba castigado, lo cual significaba que mami tenía que hacer cumplir la norma y yo tenía que permanecer dentro de la casa; como era habitual, estaba preparado para evadir la regla, si no para romperla, y sufrir las consecuencias. Primero, fui al traspatio para estar en compañía de King. Nuestro traspatio estaba cerrado por tres lados por una tapia de concreto de seis pies de alto, siendo su única abertura la puerta de madera que comunicaba con el jardín del frente. Era a través de esas tablas que King vigilaba la pequeña porción de este jardín que le resultaba visible.

Después de un rato, me dirigí al frente, pensando que podía jugar al fútbol con algunos de mis vecinitos. Mami salió al portal delantero y me advirtió, pero le aseguré que podría ver el auto de Dad cuando viniera bajando la calle antes de que él pudiera verme. Con eso, mis amigos y yo empezamos a preparar un juego de *tackle football*[4] que usaba los límites norte y sur de nuestra casa como líneas de gol. King, sentado detrás de la puerta, observaba atentamente el juego siempre que entraba en su campo visual en la línea de gol norte.

Llevábamos quince minutos jugando, cuando un cargante niño vecino me agarró por detrás mientras yo corría para marcar un tanto, exactamente en la línea del norte.

4 Tipo de fútbol informal donde los contrincantes sólo se atajan y marcan posiciones, no anotan. (N. del T.)

Este chico vecino tenía el odioso hábito de subirse en la tapia de sus abuelos y lanzarle piedrecitas a King. En el instante en que me levanté después de que él me sujetara y comencé a alejarme, oí casi simultáneamente dos ruidos. El primero fue el *craccc* de una madera que se rompe, y el segundo fue el feroz rugido de King.

Con la rapidez del relámpago, King saltó hacia el cargante vecinito, y cuando yo me di vuelta, el pobre chico estaba pegado al suelo con King encima de él atacándolo y desgarrándolo con los dientes. Me lancé sobre King y le eché una llave por el pescuezo y halé hacia atrás con todas mis fuerzas. Fue inútil. «¡King! ¡Para!», grité, mientras el muchacho gritaba y King seguía mordiéndolo y rasgándolo. Como una medida desesperada, le di un puñetazo en los testículos. Pero no sirvió de nada, prosiguió en su ataque.

—¡KING!

De repente, King se detuvo y liberó al aterrorizado niño del vecino. Con el rabo entre las piernas se fue corriendo para el traspatio. Me volví hacia el porche y allí estaba mami de pie con su delantal. Era su voz la que había detenido el salvaje asalto de King al niño que lo había estado apedreando por más de un año.

En instantes, los abuelos del niño, que vivían cerca, corrieron a su lado. El ataque probablemente duró en total unos treinta segundos, pero para mi horror dejó al niño vecino con numerosos heridas: un agujero del diámetro de una bala en el brazo, una herida alrededor del cuello que exigió quince puntos, y otra en la ingle, justo al lado de los testículos, de cincuenta y cuatro puntos. Esas fueron las mordidas que pudieron coserle; las otras tenían que sanar de adentro hacia afuera, y un par de ellas necesitaron cirugía plástica. Varias mordidas estuvieron a punto de interesarle una arteria importante.

Luego de que los paramédicos se llevaron al chico en ambulancia, la multitud de niños y algunos de sus padres que se habían reunido regresaron a sus casas. Ansioso, fui hasta el traspatio para ver a King e inspeccionar el daño a nuestra cerca. La puerta estaba en medio de la senda, a unas cinco yardas de donde se conectaba con la cerca. No sabía si King, como Buck en *El llamado de la selva* de Jack London, comenzaría a transformarse de doméstico en salvaje. Lo hallé encogido y temblando debajo del melocotonero, con el hocico y el pelaje manchados de sangre. Sin quitarle la vista, recogí la puerta y traté de reinstalarla. King había arrancado los goznes de cuajo y había madera astillada y dispersa por el suelo. Lo mejor que podía hacer era atarla con una cuerda del garaje.

Entré y encontré a mami sentada a la mesa de la cocina, preocupada, sorbiendo un café cubano y fumando el cigarro que aún le tenían prohibido. Ambos sabíamos que era fútil hacer algo para evitar la inevitable carnicería que tendría lugar cuando Dad llegara a casa. Sin embargo, ella lo llamó al trabajo para decirle que King había atacado a un niño, sabiendo que podía ser peor si él se enteraba de otra manera.

El primer objectivo de su cólera cuando llegó a casa fue King. A través de la ventana de mi cuarto, podía ver el traspatio cuando Dad salió y gritó: «¡King, *get over here!*» Y a King Anthony de Van Auckland encogido y luego arrastrándose a toda velocidad hacia donde estaba mi padre. Él agarró a King por el cogote y lo lanzó a través de la puerta abierta del garaje. Cerró la puerta de un tirón y todos pudimos oír el castigo que le estaba administrando al perro por los lastimosos aullidos que daba. Con la apariencia de un loco total, Dad salió unos minutos después, el pelo que se peinaba con tanto esmero le caía ahora sobre la cara. Yo era el próximo.

Ésta fue una de ésas en que la evidencia contra mí era abrumadora. El niño del vecino era la evidencia física, y los otros chicos, que querían a mi padre, los testigos. Inicialmente, él llamó a mami, a Tony y a mí a la cocina. Tony fue el primero y le dijo rápidamente que él estaba en la escuela en el momento del incidente.

Mami y yo asentimos. Dad se concentró ahora en mi madre:

—Olga, ¿qué pasó?

Mami le dijo que ella estaba cocinando y que podía oír a los chicos del vecindario jugando en el frente, y que luego oyó gritos y a King atacando. Él le pidió más detalles. Mami le dijo que eso era todo lo que había visto.

Dad enderezó la cabeza en dirección a mí.

—Te dejé para último porque, de alguna manera, sé que estás implicado en esto.

Al igual que en el caso de la monja con la rodilla rota, yo me sentía responsable por las lesiones del cargante niño vecino. Cierto, King mordió al niño que antes lo había apedreado, pero yo estaba afuera jugando cuando no debía haber estado. Mami me había advertido de no salir sin permiso de Dad y yo la desobedecí y, lo más importante, lo desobedecí a él. Dando un paso al frente asumí la responsabilidad.

—Es mi culpa —me atreví a decir—. Estaba fuera jugando fútbol y el muchacho me agarró. Supongo que King quiso protegerme.

Adoptando mi postura para ser golpeado, las manos enlazadas a la espalda, el cuerpo erecto y los músculos rígidos —como el pesado saco de arena de un boxeador—, recibí la andanada de puñetazos en el estómago, las costillas, la espalda y los muslos, sin emitir ni un sonido. Varias veces tuve que levantarme del piso de la cocina mientras Mami le suplicaba:

—¡Ya, Tony!

En mi mente yo aguantaba todo esto debido a la culpa que sentía por las lesiones de nuestro vecino y, además, por la paliza excesiva que King había cogido. Él no sabía nada mejor que hacer y sólo había intentado protegerme. La necesidad de fumar de Dad debe haber estado apremiándolo porque se quedó sin aliento y dejó de pegarme para encender un cigarro.

Poco después cuando me enviaron a mi cuarto, vi a Dad y a Tony trabajando en la puerta rota. En la oscuridad, encadenado al melocotonero, podía ver a King, tiritando y temblando.

¡PAAH!

Abrí los ojos con el ardor en la mejilla y vi a Dad de pie frente a mí.

—¿Quién te dijo que fueras a dormir?

—Nadie —respondí mientras me frotaba la cara donde él me había abofeteado para despertarme. Aún estaba completamente vestido.

—No he terminado contigo. ¿Por qué dejaste salir a King?

—¿Qué? Yo no lo dejé salir. Él tumbó la puerta.

—Alguien lo dejó salir. Piensa en eso y te veré por la mañana.

Se fue del cuarto, pero no me había dado permiso para irme a dormir.

¿Qué quiso decir con eso de que «alguien lo dejó salir»? ¿No resultaba claro para él que King había destruido la puerta cuando se lanzó al ataque?

Entró de nuevo, me propinó otras dos bofetadas sin avisar, y gritó:

—¿No te dije que fueras a dormir?

—No, me dijiste que nos veríamos por la mañana.

—¿Es que eres tan estúpido? ¿Tengo que deletreártelo? Toma alguna *iniciativa*.

Apagó la luz y salió del cuarto por última vez esa noche.

A la mañana siguiente desperté y me apresuré a prepararme para la escuela. Antes de que pudiera terminar de palear en un tazón de cereal, Dad me detuvo. Fumándose un cigarro, se recostó del marco de la puerta y me informó que yo no iba a la escuela.

Una vez que todo el mundo se hubo ido, salvo nosotros, vino a mi cuarto, sosteniendo varias cuerdas y la cadena de estrangulación de King. Me ordenó que me pusiera boca arriba, me amarró las manos y los pies al marco de la cama y se me encimó con la cadena de estrangulación en una mano.

Me golpeó con la cadena intermitentemente, durante varias horas, tomando recesos para comer y fumar o para responder al teléfono. Dejó de ir a trabajar por los próximos dos días en los cuales nos interrogó y golpeó a todos, excepto a la pequeña Barbie de tres años y medio. Después de su anterior advertencia a Dad, mami puede haberse escapado sólo con una bofetada, pero no de la tortura mental.

Por debajo de la ferocidad del ataque en una de las batallas más sangrientas que tuvieron lugar en nuestra zona de guerra estaba su creencia casi religiosa de que *alguien* había dejado la puerta abierta cuando sacaron la basura. No sólo esto quedaba completamente desmentido por la puerta rota, sino que *ninguno* de nosotros jamás abría la puerta cuando sacaba la basura. Los latones de basura eran accesibles desde la casa por la puerta trasera. Encima de eso, ya yo había asumido la culpa y las subsecuentes palizas.

Cuando a Eddie le tocó el turno de ser interrogado, Dad comenzó de la manera casi amable de *Papá sabe más,* preguntándole:

—¿Sabes que sucedió, Eddie?

Mi hermanito de nueve años y medio comenzó a temblar, que era su respuesta programada cuando estaba en presencia de Dad. Eddie no se encontraba en la casa en el momento del incidente; estaba jugando en casa de un vecino.

—Tranquilo, tranquilo —le dijo mi padre—. Sencillamente dime la verdad. Eso es todo. Dime la verdad de lo que le pasó a la puerta y puedes volver a jugar afuera.

La voz de Eddie se estremeció mientras le confesaba:

—Sí, Papi, yo lo hice.

Dad cogió la cadena de estrangulación de King y empezó a envolvérsela en la mano. Le iba pegar a Eddie con ella, pese a saber perfectamente bien que mi hermano menor, al igual que Tony, no se encontraba, en el momento del incidente, en ninguna parte cerca de la casa.

Lívido de furia, me planté delante de Eddie y le grité a Dad:

—¡Él ni siquiera estaba en casa! ¡Yo dejé la puerta abierta, está bien!

Finalmente, con este estallido y confesión, le di a mi padre la única información que tenía sentido para él. Por esto, recibí la última de las palizas que Dad pudo distribuir en esta ordalía. Yo había sido convicto varias veces por este delito y ahora, al menos en lo que a él le tocaba, el asunto estaba terminado.

Pero no estaba terminado para mí. Con mis catorce años y medio yo era un polvorín que sólo precisaba de un fósforo para explotar, para convertirme en un muchacho peligroso.

Varios días después, mientras Tony paseaba a King en el jardín delantero, nuestro otrora orgulloso y galante pastor alemán divisó a un niño que corría hacia la casa. Sucedió que era Eddie, pero todo lo que King vio era que él venía corriendo hacia donde estaba Tony, y se abalanzó contra Eddie en un intento de morderlo. Felizmente, Tony lo tenía bien sujeto de la correa y King no pudo arrancarle un pedazo a Eddie de un mordisco. «Así era cómo los perros buenos se vuelven malos,» dijo Dad, «una vez que han probado la sangre».

Al día siguiente King desapareció. Dad nos dijo que se lo había vendido a un rancho como perro guardián.

Yo no creí esa historia, como no le creí la historia de que Mami nos había dejando y que no nos quería, cuando él nos alineó en la cocina esa mañana del 24 de julio de 1970, para anunciar que nos llevaba para la Florida.

Ninguno de nosotros usó jamás la palabra «secuestro» para referirse a lo que estaba sucediendo. Pero de eso exactamente se trataba.

4
miami
(1970–1971)

Tus acciones anteriores te seguirán en la vida como una plaga.
—Anthony Rivas, padre (consejo para no meterse en líos)

S IERRA BLANCA, TEXAS.

En las primeras horas de la mañana, ochenta millas al sudeste de El Paso, donde la intersección de la carretera interestatal 10, la US 80 y la Ranch Road 1111 se encuentran en el entronque de los ferrocarriles Southern Pacific y Missouri Pacific, mi relato casi llega a un catastrófico final.

Había una silenciosa quietud interrumpida solamente por la profunda respiración rítmica del sueño y el amortiguado sonido de las piedras que golpeaban el chasis del carro. En esta encrucijada real y metafórica, escudriñé un segundo más tarde la oscuridad mientras nos acercábamos a la caída de cuarenta pies por el barranco. Temeroso como estaba de las consecuencias de golpear a mi padre por primera vez en mi vida, fuerzas más poderosas que yo me ayudaron a tomar la única decisión posible. Sujetando el espaldar del asiento delantero con la mano izquierda, me incliné hacia delante y, a través del carro, tiré hacia atrás la mano derecha y abofeteé a Dad en plena cara. *¡PAAAH!*

Como un paciente que es devuelto bruscamente a la vida luego de un ataque cardíaco, Dad abrió los ojos y automáticamente cerró los codos mientras sus pulmones dejaban escapar un resuello audible. Los músculos y tendones de sus antebrazos se tensaron y se abultaron. Dad giró el volante abruptamente hacia la izquierda, haciendo que Eddie se deslizara hacía mí a través del asiento trasero, donde lo agarré y lo sostuve. Estábamos en el borde mismo de la línea de emergencia junto al barranco cuando comenzamos a deslizarnos a toda velocidad a través de las cuatro sendas en dirección este de la interestatal 10. El pisicorre se abalanzaba directamente hacia el muro divisor de esta carretera monumental. Detrás de nosotros, veía el trasero del carro coleteando mientras nuestro bote y camión de mudanzas se inclinaba violentamente hacia la derecha y las correas que aseguraban el bote al remolque robado se tensaban audible y visiblemente como las cuerdas de un piano que las hubiesen estirado en demasía.

Y luego sucedió lo previsible. Las correas se rompieron y el preciado yate de Dad salió disparado por los aires en desafío a la gravedad, antes de ir a estrellarse con estrépito en la interestatal, provocando al chocar una explosión de fragmentos de madera y fibra de vidrio. Estábamos a segundos de chocar contra el muro divisorio frente a nosotros cuando Dad se las arregló para girar el volante a la derecha y pisar el freno. El carro y el remolque, a los que ya no estorbaba el peso del bote, respondieron y, tartajeando, terminaron por detenerse. El olor de goma quemada llenaba el aire. Justo a mi derecha, el bote, caído de costado, parecía un pez muerto.

Con todo el mundo muy despierto. Dad comprobó que ninguno de nosotros estaba herido. Increíblemente, aunque habíamos usado nuestros cinturones de seguridad durante todo el viaje, tal como Dad nos había ordenado, ésta era la única vez en que no los llevábamos puestos. La carretera era una de las interestatales más concurridas del país, a una hora de la mañana cuando las rastras[1] de dieciocho ruedas suelen pasar en manadas. Sin embargo durante los cruciales segundos en que fuimos y vinimos dando bandazos en medio de las cuatro vías, no había un solo vehículo a la vista. Un milagro en cualquier idioma.

La frase de mami cobró un súbito sentido para mí. Debíamos haber muerto, pero, con la ayuda de Dios, estábamos sentados en el pisicorre Impala color mierda de mono en medio de la autopista, asustados, pero ilesos. En ese momento, tuve la certidumbre de que mi madre estaba sana y salva en alguna parte y que no se había separado voluntariamente de nosotros. Su presencia era casi real para mí, como si pudiera sentir que ella estaba usando su don de visión para seguirnos y cuidarnos, tal vez incluso para despertarme a tiempo de abofetear a mi padre. Por un brevísimo segundo pude percibirla —su perfume, su aliento, sus ojos tristes velando sobre nosotros—, pero luego desapareció.

De inmediato, el tránsito se nos aproximaba, de ambos lados de la interestatal. Varios conductores estacionaron a ambos lados de la carretera para prestar ayuda. Un camión de remolque se materializó súbitamente y comenzó a amarrar y a enganchar al bote y halarlo sobre la senda de emergencia. Pese a la tremenda torsión y el frenazo que el pisicorre había soportado, todavía era manejable.

Guiados por el chofer del remolcador, un corpulento vaquero con el vientre cervecero más grande que jamás hubiera visto y que se le pronunciaba por encima del cinturón, nos encaminamos a un motel del pueblo de Sierra Blanca, que tiene una población de un millar de habitantes. Una versión bastante más alicaída de mi padre se pasó las próximas veinticuatro horas consiguiendo el U-Haul que reemplazaría al bote para llevar nuestras pertenencias por lo que restaba para llegar a Miami. Otro milagro que presenciamos al ir hasta el terreno del conductor del remolcador —un pequeño cementerio de varios vehículos donde el yate había estado atracado durante la noche, en medio de un nido de serpientes de cascabel—, fue que todo lo que habíamos empacado dentro del bote estaba intacto. Dad pagó y le dio las gracias al va-

1 En Cuba, camiones de ocho ruedas o más. (N. del T.)

quero del camión de remolque y vientre cervecero y le aseguró que regresaría en busca del bote.

Hecho esto, nos pusimos de nuevo en marcha traqueteando de vuelta hasta el mismo punto de la interestatal donde nuestras vidas estuvieron a punto de acabarse, moviéndonos ahora a una velocidad que se sentía menos enloquecida que antes, pero que no por eso provocaba menos ansiedad.

Según atravesábamos la gran planicie de Texas y nos hundíamos en el húmedo invernadero de julio de la Luisiana y finalmente doblábamos hacia el sur en el estado de Florida, pensaba mucho en un viaje anterior, que se remontaba a 1960, cuando papi vino manejando con Tony y conmigo para ver algunos de nuestros parientes que acababan de llegar de Cuba.

En otra prueba de lo impecablemente oportuno que era Dad, resultó que cuando llegamos a Florida en aquel viaje nos salvamos por un pelo de volar por los aires por el huracán Donna. Íbamos pasando a través de la estela de destrucción que dejó a su paso desde la Florida hasta casi la costa de Maine. Había árboles arrancados por dondequiera que mirábamos y, para mis ojos de niño de apenas cinco años, se hacían aún más ominosos por las sombras que proyectaban cuando los enfocaban las luces de los carros.

Nuestro viaje de entonces, como el de ahora, me recordaba las escenas del tornado de *El mago de Oz,* con Dad como un brujo malvado volando medio loco en una escoba mientras de fondo sonaba esa música, siniestra y ágil al mismo tiempo, del tema del brujo.

La comparación no me divertía en lo más mínimo. Y no había manera de confundir la nueva actitud que me caracterizaba al llegar a Miami. Estaba furioso, cabronamente furioso.

A fines de enero de 1971, llegué a casa de la práctica de lucha juvenil y me encontré a mi padre enfurecido esperándome en el portal de nuestra maloliente casita de Red Road (la avenida 57 del Sudoeste) y Coral Way, en el sur de Miami.

Dad había acabado de regresar de un puesto de café donde solía ir a veces. Este puesto de café, sitio de chismes y camaradería al igual que otros muchos en Miami, era un punto donde los cubanos exilados podían reunirse a cualquier hora del día para darse un trago de café, jugar dominó, fumar tabacos y hablar boberías. Los hombres discutían apasionadamente de su patria y de las fincas y los negocios perdidos, y cómo, si les diesen una oportunidad, matarían a Castro. Al parecer Dad había entrado en conversación con un tipo cuyo hijo asistía a mi misma escuela y había descubierto, de esta manera oblicua, que yo había tomado una importante decisión sin consultarle.

En efecto, eso es lo que había hecho, en un acto de desafío para el que me había estado preparando desde el momento de llegar a Miami seis meses antes.

Para los principiantes, la aclimatación a Miami en agosto es como ser echado al infierno. Sientes como si te estuvieras derritiendo; tu cuerpo segrega humedad a mayor velocidad de lo que puedes ingerirla. Toda la gama de los insectos, reproducida por la humedad y el calor, resulta abrumadora. Hay mosquitos con jeringuillas hipodérmicas que te chupan la sangre y te dejan ronchas del tamaño de monedas de veinticinco centavos con una desesperante comezón; caballitos del diablo que zumban a tu alrededor en formaciones gangsteriles, y jejenes que se mueven en ejércitos camuflados como gigantescas nubes negras que se pegan al sudor de tu cuerpo y te dan el aspecto de que tienes un exceso de vellos. Pero las que me resultaban más repulsivas eran las cucarachas, de tamaños y en cantidades sorprendentes, especialmente la variedad Palmetto de cucarachas voladoras que pueden tener hasta tres pulgadas de largo y que hacen un sonido asqueroso y dejan un grueso revoltijo cuando inevitablemente las pisas.

No es que el hogar hubiera sido jamás un refugio, pero la casita de Red Road —con dos dormitorios y un baño y sólo un ruidoso aire acondicionado de pared en el cuarto de Dad— no era la buena vida que nuestro padre nos había hecho creer que encontraríamos. Sin que mami estuviera, Tony y yo éramos responsables de cocinar, limpiar y ocuparnos de nuestros hermanos más pequeños. Excepto para la comida que nos la traían en una cantina —una serie de platos cubanos que llegaban en un rimero de recipientes de acero inoxidable—, Tony y yo estábamos encargados del desayuno y del almuerzo así como del resto de las tareas domésticas.

Dad había encontrado un empleo nocturno en una funeraria de Miami Beach. Avergonzado sin duda por lo que entendimos que era un puesto de responder el teléfono en ese lugar, parecía haber perdido algo de su anterior jactancia que iba parejo con lo de ser un programador de computadoras con un pase de máxima seguridad. Dad siempre me había dicho que la razón por la que él había intentado impedir que yo la cagara era porque mis fechorías regresarían para obsesionarme; y sin embargo en California le había visto joder un buen trabajo debido a todos los días que se quedó en casa sin ir a trabajar para castigarme.

Sin una palabra de mi madre, yo tenía la esperanza de que algunos de nuestros parientes de Florida pudieran ayudarnos a localizarla, pero ése no fue el caso. La única vez que vimos a alguien fue en un parque de Coral Gables para la gran reunión anual de los espirituanos, que incluía a cualquier oriundo de Sancti Spíritus y a su familia, y que congregó a doscientos de mis compatriotas que llevaban comidas, así como tambores de conga, claves y otros instrumentos musicales. La mayoría de mis parientes de Miami estaba allí y se atrevieron a usar el nombre que me daban cuando yo era un bebito de piel muy blanca: Vicky.

Dad iba de unos a otros presentándonos, y cuando me señalaba, ya con seis pies dos pulgadas y doscientas libras de peso, el comentario general era:

—Oh, Vicky, ¡que grande estás!

Con la cara ceñuda, todas las veces yo respondía abruptamente:

—¡Es VIC!

—Vicky, dame un besito —era la respuesta de mis tías cuando ladeaban la cara para que les besara la mejilla. Para un muchacho que se sentía, en ese momento, en extremo incómodo de que lo tocaran de cualquier manera, este acostumbrado roce de respeto, que esperaban todas las mujeres que conocí en esa fiesta, resultaba traumático. Tenías que besar al llegar y al despedirte; sin hacer diferencia si eran bonitas y jóvenes o viejas y apestando a perfume y con dentaduras postizas marcadas por la halitosis. Si mostraba la menor duda, Dad me echaba una mirada y se le dilataban las fosas nasales.

Dad tuvo la oportunidad de lucirse en esta fiesta. Desempeñó el papel de padre orgulloso y encontró sobradas oportunidades para presumir de sus hijos y para echarnos el brazo por encima del hombro. Bailó su número con la pierna en alto y cantó desentonadamente las muchas canciones cubanas que se cantaron, llevando el ritmo con las congas.

El padre Ernesto estaba allí, junto con su hermana Carmen, una monja católica con sus seis pies de estatura en su hábito negro, y Jorge, hermano de ambos, que se rumoreaba que había sido un operativo de la CIA durante la invasión de Bahía de Cochinos. La hermana de mi padre, la linda y elegante María Rosa, había venido con su familia, mi tío José Posa y mis primos Margarita, Coqui y Pepe.

Cuando vinimos a la Florida diez años antes, nos quedamos con María Rosa y su familia, y nunca había olvidado lo cálidos y afectuosos que eran. Margarita y Coqui, dos lindas muchachas que me adoraron y me mimaron todo el tiempo y que me cubrían de besos. A los cinco años, me encantaban sus mimos. Pero a los quince ese recuerdo me avergonzaba.

En lugar de encontrar el momento preciso de contarle a un tío, una tía o a un primo el otro lado de El Ciclón y lograr que nos ayudaran a encontrar a mami, me volví un tímido y me quedé con la boca cerrada junto a Tony. Finalmente sí nos soltamos, terminando nuestro rato en la fiesta cuando cada uno se robó un flan entero y nos escondimos detrás de unos arbustos para devorarlos.

A Dad no le llevó mucho tiempo encontrarse una novia. Una atractiva soltera de mediana edad —latina de mirada salvaje— que alquilaba un apartamento detrás de nosotros. Sin embargo, por alguna razón Dad insistió en tener relaciones sexuales con ella en su cuarto de nuestra casa. Ya era bastante problema que sólo una cortina separara su cuarto del pasillo, pero habría sido igual si hubiera tenido una puerta, porque el volumen de los gritos e imprecaciones de la latina de ojos salvajes cuando estaban en su retozo podría oírse fuera de la casa. Siempre que Barbie los oía empezaba a llorar, y Tony o yo le decíamos:

—Papi y su amiga están en un juego un poco alborotado, pero todo anda bien.

Hubo otras ocasiones, después que Dad se quedaba dormido, en que la latina de ojos salvajes salía y nos echaba miradas sugestivas, lo cual se agregaba a mi general incomodidad y estrés. Pero luego, en una reacción irónica muy necesaria, después que Dad rompió con ella (lo cual hizo pese al «buen palo» que era, según le dijo a Tony), mi padre descubrió que en el infierno no había furia igual a una latina de ojos salvajes desdeñada. Lo empezaron a atormentar los mensajes adornados de palabrotas que ella le dejaba en el contestador automático y que todos podíamos oír. Tony y yo, y posiblemente hasta Eddie, estábamos sorprendidos por la mirada de temor que veíamos en los ojos de Dad mientras la escuchaba diciendo que le iba a cortar los huevos y se los iba a dar a comer al perro de la casa de al lado. Luego la latina de ojos salvajes empezó a presentarse y a exigir verlo. Teníamos que decirle que él no estaba en casa, lo cual ella nunca creía, y teníamos que oír los improperios que gritaba en nuestras ventanas: «¡Maricón!, ¡Hijo de puta!», que alborotaban al vecindario.

Luego de ser testigo y víctima del terror infligido a mami y a nosotros durante quince años, me daba algún placer verle tener que estacionar su carro al doblar de la cuadra para evadirla y luego verse obligado a entrar a hurtadillas en nuestra casa para evitar tropezarse con ella. O la latina de ojos salvajes lo había desenmascarado como un cobarde o él se había encontrado a alguien que lo igualaba en locura y estaba realmente asustado.

Este puede haber sido el momento en que le achacó con más énfasis la culpa de todos nuestros problemas a mami, por dejarnos, y buscó nuestros álbumes de fotos y se cercioró de que no quedaba ninguna foto en que aparecieran los dos juntos, ya sea porque le recortaba la cabeza a ella, o porque recortaba la de él. Para mí, eso sólo simbolizaba el hueco que su ausencia dejaba en nuestras vidas y lo maníaco que era.

Por supuesto, su reinado del terror seguía vigente, pero la frecuencia de sus asaltos físicos había disminuido. Esto era en parte porque no podía incapacitar a su fuerza de trabajo esclavo y también porque estaba trabajando el turno de medianoche en la morgue. A la hora en que él llegaba a casa, ya todos habíamos salido para nuestras diferentes escuelas.

La escuela para mí era una mezcolanza de cosas y habría necesitado algún ajuste. La secundaria de Coral Park era la séptima escuela a la que había asistido en mis diez años de escolar, y su enorme cuerpo estudiantil hacinado en instalaciones estrechas era muy diferente del amplio recinto de la secundaria de Hawthorne. En mi primera semana en la escuela, me mandaron a la dirección por decir «*oh, wow, bitchin*» en la clase de inglés.

Al parecer los miamenses del sur se sentían ofendidos por mi jerga de los Beach Boys. Aunque yo le expliqué al subdirector McNulty que en Los Ángeles «bitchin» (literalmente «joder») era comúnmente usado como «bárbaro» o «súper», él aún halló pertinente darme una reprimenda verbal. No es sorprendente que me convirtiera en un frecuente visitante de las oficinas de Mr. McNuty y de Mr. Farthing, el otro subdirector.

Si en un tiempo es cierto que me había fastidiado que Tony y yo fuéramos los únicos niños cubanos de nuestras escuelas en Illinois y California, en Coral Park me molestaba más que ya no éramos la novedad. Para mi desagrado, muchos de los adolescentes cubanos hablaban español en los pasillos o hablaban en un *spanglish* híbrido, diciendo frases como: «*¡la cosa estuvo supercool!* Con fama de ser algo solitario, no me asociaba con estos muchachos, y pocos sabían que yo era cubano, hasta que hacían algunos comentarios en español acerca de mí y me volvía para mirarlos.

Luego de un par de confrontaciones de pasillo —el empujón intencional que le di contra los armarios metálicos a unos buscapleitos que me rondaban, y mi reacción ante un bravucón que me pisó el talón del zapato— me establecí como alguien con quien no se podía joder. Aunque me hice de unos cuantos amigos, a la mayoría apenas le sonreía y andaba por ahí con una gran propensión a buscar camorra. Empecé a notar que cuando transitaba por los pasillos de la escuela, algunos estudiantes se apartaban de mi camino. O en otras ocasiones, me quedaba mirando a los que me miraban hasta que se sentían incómodos y cambiaban la vista, lo mismo que te lo puede hacer un gato.

Mis primeros esfuerzos para sacar notas por encima del promedio no habían impedido que Dad siguiera maltratándome, y en consecuencia había sucumbido a la apatía. Ciertamente, no había perdido mi sentido del humor, pero ya no era el payaso del aula, ni el cachorrito que quería complacer a alguien. Asistía a clases, prestaba atención, sacaba las notas que yo quería. Básicamente, yo era un estudiante de «C» y eso me bastaba.

Una de las pocas cosas notables de mi jornada escolar era el aula de asignaciones, durante el primer período de clases, donde se tomaba la asistencia y se hacían los anuncios por el sistema de altoparlantes. Mi maestra era una mujer joven y encantadora llamada Miss Susi Baldwin. A diferencia de los maestros que lidiaban conmigo con cautela o con rigidez, Miss Baldwin no me trataba, como hacían algunos, como un pavoroso muchacho grande. No obstante ella sí tuvo éxito, su bondad y su interés me hicieron creer que tal vez yo era inteligente, y acaso hasta buena persona.

La otra salvación que me trajo Coral Park, debido tal vez a un error o a una pifia de parte de Dad, fue el fútbol. Cuando Dad vino a la escuela a matricularnos al comienzo del año escolar, se encontró con Frank Downing, el principal entrenador del primer equipo de fútbol de la escuela. Downing nos echó un vistazo a Tony y a mí y le dijo a Dad que estaba impresionado con nuestra estatura.

—¿Y sus muchachos van a anotarse en el equipo? —le preguntó.

Para mi indescriptible sorpresa, Dad hizo un gesto afirmativo, diciendo que sí, que sus dos hijos era consumados atletas y que a ambos nos gustaría jugar fútbol.

En la primera práctica, el entrenador Downing nos presentó a Tony y a mí al equipo como campeones de la escuela secundaria en

California. Tony tenía la experiencia y la capacidad para respaldar esas palabras, pero yo nunca me había puesto un uniforme de fútbol, lo cual se hizo evidente durante la primera práctica. Cometí el error de ponerme mal la almohadilla protectora de los muslos y luego me caí de cabeza. Los bordes externos de las almohadillas se me metieron en los testículos. Una vez que recobré el aliento, me reinserté los protectores correctamente.

Situado en el equipo juvenil, que lo entrenaba Ron Balaz, compensé mi falta de experiencia con mi conocimiento como fanático —luego de numerosos partidos de los Rams de Los Ángeles y los juegos de la USC en California que había visto en la televisión— y mi determinación de hacer las cosas bien en un juego que mi padre decía que yo no era lo suficientemente fuerte para jugarlo. Las prácticas de verano, dos veces al día, eran largas, calientes y húmedas; la hierba recién cortada se pegaba a nuestros cuerpos sudorosos en tanto la humedad del sur de la Florida ascendía por encima del 90 por ciento. La pérdida de peso en agua durante la práctica promediaba entre diez y trece libras. Justo cuando nuestros protectores y uniformes terminaban de absorber la mayor parte del agua que expulsaba nuestro cuerpo, nos caía un aguacero torrencial y terminábamos cargando veinticinco libras adicionales cuando terminaba la práctica. Las carreras cortas, en esas condiciones resultaban opresivas.

La mejor parte de la práctica para mí era el asestar golpes. Ya fuera manejando el parachoques, en los ejercicios de uno en uno, o en las refriegas, me sentía en mi elemento embistiendo con mi cuerpo contra otra gente u objetos a todo vapor. En béisbol, me habrían echado del juego por hacer el menor contacto con otro jugador, pero en fútbol era legal. Al principio yo era tan agresivo que tenía problema en oír el silbato que le ponía fin a las partidas. A los entrenadores les gustaba mi agresividad en el campo deportivo siempre que no fuera a convertirse en una pelea fuera del terreno. Cuando estúpidamente decidí aceptar el reto de uno de los jugadores regulares del equipo principal, luego de que él me golpeara en la parte posterior del casco por aventajarlo durante una refriega, mi protector hermano mayor intervino. Habiendo oído decir que me iba a pelear con ese tipo más tarde, Tony me detuvo en el camino al camerino, y halándome a un lado me dijo:

—¿Qué te pasa, estás loco?

Le dije que su compañero me había golpeado en la cabeza cuando yo estaba de espalda.

—¿Y qué? Eso es el fútbol. Debes excusarte con él.

—¡Que se vaya al carajo!

Habiéndose ganado rápidamente el respeto de sus compañeros de equipo por su discreto liderazgo, Tony ya había hablado con el tipo y le había explicado que yo era un poco cabeza loca y también nuevo en el fútbol. El trato fue que si yo me excusaba, él lo dejaría pasar.

—De otro modo, Vic —me advirtió Tony—, te va a matar.

Le tomó un buen rato convencerme, pero finalmente entré en el vestidor y murmuré que lo sentía. El tipo parecía aún más grande sin el uniforme. Con un corpulento torso velludo y una permanente sombra de las cinco, tenía la apariencia de un hombre en su treintena, no de dieciocho. Nos dimos la mano y él se sonrió levemente al tiempo que decía.

—Te llenaste de cojones.

Eso puede haber sido cierto, pero lo que yo tenía también era un hermano que sacaba la cara por mí y me protegía. Por primera vez en mucho tiempo, ese día iba sonriendo en el largo trayecto de regreso a casa.

Tony yo estábamos preocupados por Barbie. Nosotros todos extrañábamos a mami, pero ella estaba especialmente necesitada de su madre. También había empezado a padecer de un flujo nasal crónico que nos exigía tener siempre a mano pañuelitos de papel para limpiarle la nariz. Dad nunca la llevó al médico para ver si tenía alguna infección o se trataba de una alergia. A la tercera semana, de la cara de Barbie emanaba un olor fétido y el moco era de un pestilente color verdiama rillento.

—Vamos, Barbie, sopla —se había convertido en nuestro mantra en torno a ella. Era difícil acercársele y no reaccionar al hedor que salía de su encantadora carita; cuando lo hacíamos, ella se echaba a llorar. Por fin, inmediatamente antes de que la temporada de fútbol se hiciera verdaderamente activa, una noche, cuando llegó la hora de que Eddie y Barbie se fueran a dormir, Tony se ocupó de la tarea de hacer que ella se soplara la nariz para que pudiera respirar con menos dificultad. Ella se sonó la nariz varias veces cuando le oí decir a Tony:

—¡Oh, Dios mío! Vic, ven acá.

Desde mi puesto en la cocina, donde estaba lavando los platos, caminé hacia el cuarto de ellos y miré lo que Tony sostenía en el papel. Eddie vino corriendo también. Mezclado con el moco de Barbie había un tornillo oxidado de pulgada y media de largo. Barbie lloriqueaba mientras mis hermanos y yo intentábamos consolarla.

—Todo estará bien —dijo uno de nosotros—. Tu nariz está mucho mejor ahora —agregó otro—. ¿Y cómo fue que ese tornillo se te metió en la nariz? —alguien tuvo que preguntarle.

—Yo no sé —contestó a gritos.

La fetidez desapareció inmediatamente y un par de días después, la nariz de Barbie paró de moquear. No le contamos a Dad lo del tornillo, haciendo lo que pensamos era lo mejor para evitar que Barbie fuese interrogada y castigada por ser una niñita de cuatro años necesitada de amor y de atención.

Aunque pasaban los meses sin que tuviéramos ninguna información acerca del paradero de mami, yo no quería y no podía perder la esperanza de que ella estaba a salvo y en camino de regreso a nosotros. A veces, tenía breves visiones de ella, como la que tuve en el carro durante nuestro viaje. En el ínterin, un mecanismo de ajuste debía ventilar todo lo que yo sentía en el campo de fútbol. Como seguía creciendo y aumentando de volumen, estaba a punto de convertirme en un formidable jugador joven, salvo que mi rápido crecimiento me hacía perder coordinación. Como un ala cerrada —básicamente un delantero— apto para coger pases, hice una cogida especial en uno de nuestros encuentros juveniles y comencé a avanzar estruendosamente hacia el lateral derecho sin que hubiera nadie en un radio de treinta yardas, cuando a diez yardas de anotarme el primer tanto, se me juntaron mis zapatos de talla trece y di un traspié. Fui a caer sobre la línea de tres yardas sin que el equipo contrario llegara a tocarme. Anotamos en el próximo juego, pero me sentí furioso conmigo y con mis pies por varios días. Lo verdaderamente desagradable es que este juego juvenil era la oportunidad que yo había tenido en toda mi vida de anotarme un tanto.

El gusanillo del fútbol no me picó realmente hasta el último juego del equipo principal del colegio en esa temporada, cundo varios miembros del equipo juvenil y yo fuimos invitados a vestirnos para el partido. Mientras los que estaban en los primeros años competían con uniformes blancos, los verdaderos colores de los Rams de Coral Park eran el azul y el dorado. Los uniformes de nuestro equipo superior eran, en efecto, una copia exacta de los uniformes usados por el equipo de los Fighting Irish de Notre Dame. Puesto que Tony estaba en el último año, ésta sería la única vez en que seríamos miembros del mismo equipo de fútbol. Nos cambiamos juntos en el camerino, fuimos juntos en el autobús del equipo y entramos juntos en el terreno.

Los Rams jugaban con los Cougars de la secundaria Killian en lo que llamaban «el tazón del inodoro» porque ambos equipos eran perennes perdedores. Aun así, nadie podía quitarme el entusiasmo que sentía al estar de pie en el túnel antes del partido, mirando al estadio lleno hasta los topes a través de los vapores que emanaban de mis compañeros de equipo. En una de las ilusiones más vivas de toda mi vida, estaba convencido de que había estado en este lugar antes, pero en alguna época remota.

Esto era diferente de mis ilusiones de ser un tigre, que estaban conectadas al sueño y a la fantasía. Mis visiones de ser un gladiador romano las sentía tan vívidas como los recuerdos y podían producirse en cualquier momento, como un relámpago, subconsciente o conscientemente. Estando de pie en este túnel mientras los fanáticos gritaban y pateaban en el estadio, supe que éste era mi juego, el deporte que me permitiría satisfacer la necesidad de tener contacto físico con otras personas, que me ofrecería un vehículo estructurado para liberar algo de la rabia que bullía dentro de mí, y que, acaso lo mejor de todo, cumplía mi deseo de ser reconocido como un luchador.

Nunca llegué a entrar en el juego esa noche. Pero una vez que resultó obvio que los Rams iban a ganar, uno de los estudiantes del último año se acercó y gritó:

—Ajústense los cascos —que era una manera de decir «Prepárense para el estruendo».

Como el líder delegado de los primeros años, ayudé a encabezar la carga luego de que los dos equipos se reunieron en el centro del terreno para los saludos y vi que estallaba la pelea. Incapaz de distinguir a Tony, me lancé en medio de la multitud sonando a cualquiera que llevara el uniforme verde y amarillo de Killian. Los entrenadores comenzaron a dar voces y los fanáticos inundaron el campo. El tumulto duró unos pocos minutos hasta que la policía entró a poner orden.

Abordamos los autobuses para el breve, pero glorioso viaje de regreso. Una vez que los entrenadores recorrieron los pasillos, confirmando que no había lesiones de consideración, comenzamos a celebrar nuestra victoria coreando y cantando por todo el camino de regreso a Coral Park.

Dad nunca había venido a verme jugar en encuentros juveniles; y hasta donde sé nunca fue a ver a Tony en sus juegos del equipo superior. Sin embargo seguía afirmando con certeza de que mi deporte era el béisbol y que nunca llegaría a nada en el campo de fútbol.

En casa reinaba otra clase de tenebrosidad ambiental. Dad seguía pegándonos, pero parecía concentrarse más en la guerra psicológica. Su voz podía hacer temblar a Eddie o llorar a Barbie. Se valía de amenazas a nuestros hermanos más pequeños para controlarnos a Tony y a mí, que para colmo ya estábamos abrumados por los quehaceres domésticos y por ejercer de padres con ellos dos. Lo que más comenzaba a asustarme no era lo que Dad pudiera hacernos. En ese momento, yo estaba más temeroso de lo que yo iba a hacer si me llevaban hasta el límite.

El estar fuera de la casa era una de las razones por las que, cuando se acabó la temporada de fútbol, me inscribí en el equipo juvenil de lucha, como un peso pesado. Además de eso, los entrenadores de fútbol lo recomendaban como un gran deporte acondicionador y mi objetivo era entrar a competir en el equipo principal de la escuela en el curso siguiente. La división de peso pesado comenzaba a partir de las 185 libras, pero no tenía límites del otro extremo de la escala, de manera que yo iba a enfrentarme a varios luchadores que pasaban de las trescientas libras. Para enero, aunque sólo había ganado el 50 por ciento de mis encuentros, adquiría una mejor figura de día en día, el pecho y los brazos se me expandían y se volvían duros como piedra. También resultaba valioso para mí, exaltado como era, las habilidades de paciencia y estrategias que se necesitaban para elegir qué jugadas y qué llaves usar para derrotar a un oponente.

La información que Dad había oído en el puesto de café —y que él me presentó a mi regreso a casa después de la práctica de lucha— era que ese tipo que él había conocido estaba jactándose de que su hijo en Coral Park había entrado en el equipo de béisbol juvenil luego de algunas abrumadoras pruebas de aptitud.

Dad se sentó en una silla en el portal, fumando y mirando hacia mí, sentado en una de las gradas.

—Le dije que no era posible —continuó mi padre—, porque mi hijo no me había mencionado nada sobre las pruebas de aptitud.

Impasiblemente, no hablé y no le di a mi padre ninguna información. Levanté la vista, y lo vi en su pulóver y en su pantalón del ejército recortado que él se enrollaba para mostrar sus gruesos muslos Rivas. A mitad del muslo derecho tenía una pronunciada cicatriz irregular que decía era de un accidente que había tenido de niño con una cerca de alambres de púas en Cuba.

—¿Qué sabes tú de eso? ¿Hay otra serie de pruebas, verdad?

Sin demasiado esfuerzo, cambiando a una posición defensiva —piernas y hombros distendidos, rodillas suaves, el estómago tirante como cuerda y los libros de la escuela protegiéndome los huevos—, le miré a los ojos y le dije:

—No, las pruebas de aptitud se acabaron. No juego béisbol este año.

La cara de Dad enrojeció y se le cayó la mandíbula, el resto de la cara adquirió una expresión inquisitiva e incrédula. Tiró el cigarro y se puso de pie, sin quitarme la vista. En el pantalón corto y el pulóver parecía de alguna manera fofo y rechoncho, algo que yo no había notado últimamente. Él no había estado ejercitándose o haciendo mucho yoga tampoco.

—Ve para dentro.

Me moví de soslayo, sin quitarle los ojos a sus manos y sus pies, hasta que entré, donde la vista se ajustaba a la oscuridad.

—Dime otra vez lo del béisbol.

—No quiero jugar este año. Quiero concentrarme en el fútbol.

—¿Quién coño eres tú para decidir sobre algo? Tú haces lo que yo te diga que hagas —Dad me tiró un par de puñetazos al abdomen. Yo cambié mi peso hacia ese lado, tensando mis músculos oblicuos y abdominales. Los golpes me alcanzaron, pero con muy poco efecto. Frotándose la muñeca que se había lastimado, siseó:

—Vas a hacer las pruebas para el béisbol.

—Las pruebas se acabaron.

Me alcanzaron otros dos puñetazos que yo di un paso al frente para recibirlos. Durante años, él había controlado estos momentos con confianza y terror, ordenándonos que nos acercáramos a él, a veces temblando. Yo acababa de acortar la distancia con él voluntariamente. Dad dio un paso atrás e irguió la cabeza, como un lagarto primitivo, intentando comprender lo que acababa de ocurrir.

—Mejor te consigues una prueba, porque si no juegas béisbol, no jugarás ningún otro deporte. Ah, y por cierto, se acabó la lucha libre.

Cogió sus llaves y su billetera y salió abruptamente, sin mirar hacia atrás.

Yo lo vi caminando hacia el carro y tuve la fantasía de lanzarle un cuchillo en medio de la espalda. ¿Cómo era posible que todos los hombres que yo había admirado mientras crecía, John y Robert Kennedy,

Martin Luther King Jr., habían sido asesinados, y algunos idiotas andaban indemnes por el mundo?

Al día siguiente en la escuela, lo primero que hice fue hablar con el entrenador Kirkpatrick, entrenador asistente de lucha y de fútbol juvenil. Un tipo estupendo, Kirkpatrick tenía un par de características: un horrible tartamudeo y el untarse una gruesa capa de óxido de zinc en los labios cuando estaba a la intemperie. Durante la temporada de fútbol, los jugadores detestaban que Kirkpatrick sujetara a cualquiera de ellos por la careta y se le encimara para tener una conversación cara a cara, porque comenzaría a tartamudear y pronto el infortunado jugador estaría salpicado de óxido de zinc.

Kirkpatrick no resultó alentador.

—V-v-vic, las pruebas de aptitud se acabaron. El entrenador Hertz tiene reglas muy estrictas y yo dudo que él haga una ex-ex-ex-cepción.

Rogué, supliqué, engatusé y finalmente convencí a Kirkpatrick de que viera lo que él podía hacer. Al final de un día cargado de penoso suspenso, volví para saber el veredicto.

—Oye, mira, V-v-vic, Hertz dijo... —Kirkpatrick hizo una pausa, trabado en la próxima palabra, mientras abría y cerraba los ojos, por lo que parecía una eternidad, antes de que dijera—: que-que él va a hacer una excepción debido a tu situación.

Mi prueba de aptitud no iba a ser al día siguiente, ni al otro. Iba a tener lugar inmediatamente.

Enfundado en un viejo uniforme de béisbol que apenas me servía, *spikes* y guante en mano, corrí al terreno que se encontraba detrás de la escuela. El entrenador Hertz era un ex jugador de béisbol profesional con la organización de los Astros de Houston. Tipo apuesto, bien vestido y sensato con una pizca de arrogancia, me dejó calentar el brazo con uno de los receptores de reserva antes de subir al montículo. Hertz se avivó después de mi primer tiro, y luego me observó lanzar otros cuatro. Me detuvo y le pidió a su lanzador de apertura que se pusiera detrás del plato. Varios miembros del equipo se reunieron detrás del receptor y miraban con curiosidad. Hice otros diez lanzamientos, echándome hacia atrás y soltando la pelota.

—Está bien, ¡basta con eso! Ven acá —el entrenador Hertz esperó hasta que yo estuviera más cerca antes de preguntar.

—¿Qué edad tienes?

—Quince.

Hertz me dijo que me presentara al otro día a las tres y treinta. Obviamente, me había seleccionado para el equipo. Actuando con serenidad, le pregunté quién era el entrenador juvenil. Hertz me informó que acababa de entrar en el equipo superior de la escuela.

Cambiando el paso, volé a casa en tiempo récord para poder darle la noticia a Dad. Cuando llegué él salía y su respuesta a mi entusiasta: «Oye, ¿adivina qué? Entré en el equipo superior», fue una sonrisa afectada. Dijo simplemente:

—Tienes suerte —y se fue, tirando la puerta de malla detrás de él.

Al cabo de dos semanas de práctica, me bajé del autobús que me traía diariamente a casa y que paraba en Red Road a unas pocas cuadras de nuestra casa. Las puertas del autobús se cerraron detrás de mí y el ruido del motor amortiguó cualquier otro sonido y dejó una estela de oleoso humo negro. Mientras el humo se disipaba estaba a punto de doblar para empezar la corta caminata hasta casa cuando alguien atrajo mi atención en la acera opuesta de Red Road.

Del otro lado de las cuatro vías del nutrido tránsito de Miami, vi a una mujer que empujaba el cochecito de un bebé. La mujer me recordó instantáneamente a mi madre. Pero eso me ocurría todo el tiempo. Obviamente, la alta señora latina sencillamente se parecía a mami, o era así por mi deseo de que fuese ella. Sin embargo, cuando la mujer me vio mirando en dirección suya, se le iluminó la cara con una brillante sonrisa. Luego me saludo. ¿Era un espejismo? ¿Una fantasía?

Mi primer impulso fue darme vuelta para ver si estaba saludando a alguien detrás de mí. No, aposté a que no. Volví a mirarla y vi que me hacía señas de que cruzara la calle hacia donde ella estaba. Zigzagueando entre las cuatro congestionadas vías de Red Road, nunca le quitaba los ojos de encima, y en el momento en que estaba de pie en la línea divisoria amarilla, sabía que era ella. ¡Era mami!

Una vez en la otra acera, corría hacia ella, temeroso de que fuera a desaparecer como una aparición de película. Maldita inexperiencia, la agarré y la abracé allí mismo, inclinándome torpemente para darle un besito en la mejilla. Con cuidado de no apretarla demasiado fuerte, yo sólo quería sujetarla y no dejarla ir nunca.

Mamí sabía que no podía retenerme mucho tiempo y se apresuró a llenar las lagunas de lo que había sucedido desde el día en que ella desapareció siete meses antes, una versión de lo cual llegaría a poner por escrito. Recordaba que el día en que mi padre la echó de la casa, en las primeras horas de la mañana, el 24 de julio de 1970, daba la casualidad que era su decimoséptimo aniversario de boda. Ella tenía cuatro meses de embarazo para entonces y Dad la amenazó a ella y a nosotros si se atrevía a hacer una escena, ordenándole que recogiera sus cosas.

> Me sacó por la puerta de atrás y yo me fui con una cajita con unas cuantas cosas y mi imagen de Santa Bárbara y unos pocos dólares en la cartera. El me montó en el carro y me dejó en un motelito… Fui a un mercado local y compré pan con jalea de fresas y eso es lo que tenía para el desayuno, el almuerzo y la comida. Cerca de mí había un puesto de hamburguesas y el olor me volvía loca. Además, estando embarazada, tenía más hambre de lo normal. Llamé a varios amigos pidiéndoles ayuda, pero todos me volvieron la espalda, diciendo que era cargar con demasiada responsabilidad. Me puse muy ansiosa en ese cuartico sin saber lo que iba a hacer después.

Mami luego llamó a una pareja de peruanos, que vinieron a recogerla y se la llevaron a su casa para que estuviera con ellos por unos días. Por gratitud, mi madre pasó ese tiempo cocinando, limpiando y ayudando a cuidar a sus cuatro hijos. Para el fin de la semana, pudo llegarse a nuestra casa, sólo para encontrar que todos nosotros y todas las cosas habían desaparecido sin dejar huellas. Los vecinos le informaron que su marido se había ido con sus cuatro hijos en el carro. Alguien le había oído decir que el destino era la Florida y le transmitió esa información. Ella le escribió inmediatamente a algunos miembros de la familia de Dad:

> Quería que ellos supieran ambas versiones de la historia y sabía que él había estado contando tan sólo su versión, la cual era mentira. Ciertamente yo tenía razón. Les dijo que yo tenía un colapso nervioso y que estaba ingresada en un hospital…
>
> Para qué decir que pasé muchos meses llorando por la pérdida de mis hijos. Sólo una madre puede entender este dolor. Nuevamente tuve que pedirle ayuda al gobierno ya que estaba recibiendo atención prenatal y la fecha del parto se aproximaba rápidamente.

A su manera inimitable, mami luchó e hizo malabarismos, encontrando trabajo y unos cuantos amigos y extraños bondadosos. Nunca se olvidó de un centavo que hubiera ganado en los muchos trabajos ocasionales de que se encargó, ni nunca se olvidó de un acto de generosidad. Una vieja amiga con quien se encontró se quedó asombrada de verla, diciendo que le habían dicho que estaba en una institución para enfermos mentales. Esa amiga organizó una venta de garaje entre vecinos para hacerle una fiesta de regalos para ella y para Carmencita.

Cuando vi por primera vez a la bebé en el cochecito con mami, yo me había olvidado completamente que ella estaba embarazada. De hecho, le pregunté si estaba trabajando como niñera para alguien.

Me madre se rió:

—No, ésta es tu hermanita Carmen.

Desde el momento en que vi a Carmen de cerca, me resultó claro que era una Rivas. Nacida a fines de noviembre, era una espléndida bebita de cara apacible que se parecía mucho a mami y a Tony, aunque también tenía algo de papi. Una vez nacida, mi madre había trabajado aún más para ahorrar el dinero para venir a la Florida a encontrarnos. Había llegado aproximadamente dos semanas antes de nuestro encuentro y se estaba quedando con una tía y un tío por algún tiempo.

Nunca me dijo exactamente cómo nos había localizado. Pero sí reconoció que durante los últimos días había estado parada en ese mismo lugar durante horas, esperando y mirando a todos los niños que se bajaban de los diferentes autobuses, sólo para poder echarme unos pocos vistazos.

Antes de que alguno de los dos pudiera echarse a llorar, ella me instó que regresara a casa y que no levantara sospechas de Dad. Dándome el número de teléfono de la casa de su tía, me prometió que nos veríamos de nuevo pronto. Me incliné y le di otro beso a mi hermanita en la mejilla y luego volví a besar ligeramente a mami. De nuevo, se me hizo un nudo en la garganta. Sus ojos estaban secos, no obstante, y sonriendo me dijo:

—Tú sabes que ya no puedo llorar más. Él me secó todas las lágrimas.

Mami dijo después que nuestro encuentro en la calle fue uno de los momentos más inolvidables de su vida.

Poco después de eso, a Dad le presentaron los documentos del divorcio, y luego de diecisiete años de pesadilla, ella tuvo su oportunidad ante un tribunal, donde pudo contar su historia, aunque Dad negó todo. Pero ella ganó y le concedieron el divorcio que buscaba, junto con diez dólares al mes para el sostén de la pequeña Carmen. Desafortunadamente, debido a que ella recibía ayuda del Estado, Dad retuvo la custodia de aquellos de nosotros que vivíamos con él. El tribunal le concedió a ella un solo día de visita al mes para ver al resto de nosotros y exigió que la reunión tuviera lugar en un lugar neutral.

Dad nos llevó en el auto a nuestra primera reunión, que se dispuso que fuera cerca de una fuente en un parque de Coral Gables, haciéndonos saber que él volvería en un par de horas.

Mami hizo lo que siempre había hecho y se cercioró de que comiéramos algo. Había hecho sandwiches y un flan, y nos había traído sodas. Comimos en una especie de embarazoso silencio, sin que nadie dijera nada que pudiera convertirse en una conversación. ¿Cómo podíamos? Esos intercambios normales de familia no habían ocurrido nunca antes; ¿por qué debían tener lugar ahora?

Después de comer, nos enracimamos en torno a mami y a Carmencita, no sabiendo qué decir o qué hacer, cada uno de nosotros la mayor parte del tiempo mirando al piso. Me recordaba los shows de la televisión en que los miembros de la familia iban a visitar a sus seres queridos que estaban en la cárcel. En nuestro caso, sólo mis hermanos y yo estábamos encerrados. Mami y mi hermanita ya habían salido en libertad bajo palabra.

Eddie y Barbie finalmente salieron corriendo para jugar en el parque infantil. Mami nos hizo algunas preguntas fundamentales acerca de nuestra nueva escuela secundaria y los diferentes deportes que jugábamos. Había tanto que yo quería decirle acerca de lo mucho que todos le habíamos echado de menos, y cuánto la queríamos; mis hermanos, sin duda, sentían lo mismo. Pero una vez más todos estábamos impedidos cuando se llegaba al punto de mostrar afecto.

Dad se apareció y estacionó el pisicorre Impala a unas cien yardas de distancia. Mientras Tony, Eddie y Barbie comenzaron a regresar lentamente a su tutela, yo esperé, no queriendo irme del lado de mami.

En el último minuto, cerciorándome de que Dad estaba observando, me incliné y le di a mami otro beso en la mejilla.

En mi mente podía oírle gritar:

—¿Quién coño eres tú para amar? ¡Tú tienes que hacer lo que te diga que hagas!

Eso habías sido cierto por quince años y medios. Pero estaba a punto de cambiar.

La mierda siempre había tenido un gran impacto en nuestra casa. Pero el día en que el infierno al fin estalló en mí, la culpa la tuvo la mierda, en su sentido más real. La pregunta de Dad: «¿quién dejó levantada la tapa del inodoro?», puso en marcha todo lo que dramática e irrevocablemente cambiaría mi vida.

Él se había puesto muy tenso desde el momento en que entré por la puerta, tarde, sin ninguna otra razón especial salvo que el autobús se había demorado en traerme.

—Por qué llegas tarde? —Dad me preguntó desafiante tan pronto abrí la puerta.

Me detuve y le respondí

—La guagua se demoró.

Repasando brevemente la escena, llegué a la conclusión de que Tony —que se había quedado en casa con un catarro terrible y fiebre alta— estaba durmiendo en el cuartico que él y yo compartíamos en el fondo. Eddie y Barbie estaban en la sala sentados en el piso frente a Dad, mirando tranquilamente la televisión. Me di cuenta de que probablemente estaban hambrientos.

Dad no había terminado conmigo.

—¿Por qué llegaste tarde? Quiero saber la verdad.

—Ya te la dije, la guagua se demoró.

Reaccionando como si mi tono no fuera de su agrado, asumiendo acaso una cierta pose, se levantó del sofá y se plantó frente a mí. Sin sentirme intimidado, dejé caer los libros y el equipo de béisbol, al tiempo que me preparaba para el asalto. Él se quedó de pie y me miró, entrecerrando sus ojos amarillos. Yo le devolví la mirada y esperé.

Dad levantó la barbilla e hizo un gesto señalando la cocina.

—Ve y hazme un café.

Se volvió y caminó por el corto pasillo hasta su cuarto.

Algo había acabado de ocurrir entre nosotros, pero yo no estaba seguro de lo que era. ¿Se había acobardado por la misma actitud provocadora con que yo acostumbraba a intimidar a otros muchachos en la escuela?

Para no tentar mi suerte, le hice el café a Dad y se lo llevé a su cuarto. Tomó un sorbo y antes de que hubiera transpuesto la cortina, me detuvo.

—Este café sabe a mierda. Ve y haz más.

De regreso a la cocina, después que mis hermanitos anunciaron que, ciertamente, estaban muriéndose de hambre, comencé a hacer otra colada de café cubano y a preparar algunos sandwiches con mantequilla de maní y jalea de fruta. Hice el café como antes, añadiéndole primero un par de gotas de café al azúcar, y batiéndolo para crear una especie de jarabe espumoso al que luego se le añadía el resto del exprés. Una vez que le di los sandwiches a Eddie y a Barbie, regresé al cuarto de Dad con la segunda taza de café.

Dad estaba sentado en su cama, a medio vestir, atándose los cordones de los zapatos. Cuando le di el café, en lugar de tomarlo, me miró durante unos instantes, obligándome a estar de pie, y esperar, sosteniéndole la tacita. Al final la tomó, ahora sin mirarme, y se la bebió de un solo trago largo.

—Ahora sí.

Regresé a la sala con mis hermanitos, me senté en una silla cerca de la puerta de la calle y ellos dos se sentaron en el sofá. Acababa de empezar mi tarea de la escuela cuando oí el sonido de los muelles de la cama que se distendían en su cuarto. El sonido me dijo que él se estaba levantando. Luego vino el ruido de sus pasos en dirección al baño y del agua corriendo en el lavabo. Casi inmediatamente, pude oírlo cerrar las llaves y su presencia fue aproximándose. Como una cobra enrollada, se paró a la entrada de la sala, mirándonos enfurecido a los tres, posando sus ojos en cada uno de nosotros. No había duda que cuando él preguntara de inmediato quién había dejado levantada la tapa del inodoro, esa persona iba a resultar víctima de su cólera más terrible.

Todos miramos a Dad, pero era Eddie, con el cuerpo que empezaba a temblarle y el rostro cripado, el último que había estado en el baño. Barbie sentado al lado de Eddie, se quedó congelada.

—Dije, ¿quién dejó levantada la tapa del inodoro? El lugar huele a mierda.

Él esperaba la respuesta que se hacía cada vez más clara con cada espasmo del cuerpecito de mi hermano. Dad dio un paso hacia Eddie y le volvió a preguntar, con la ira ya a flor de piel.

—¿Quién dejó levantada la jodía tapa?

Como un tiburón que se centra en su presa, Dad ya había concentrado sus ojos en Eddie al tiempo que se acercaba lentamente a él. Cuando estaba a punto de dar el último paso antes de golpear a Eddie, dejé caer los libros y me levanté.

El ruido de los libros al caer al suelo le hicieron volver la cabeza en dirección a mí. Mi voz salió como una explosión desde mis tuétanos.

—No bajé la jodía tapa del inodoro. ¡Y qué!

En el momento en que la palabrota salió de mi boca, algo que jamás había usado al dirigirme a él, sabía que la emprendería conmigo. Pero, ¿qué otra cosa podía hacer? Yo era ya la receta ambulante de un desastre debido a él. Además de mi temperamento explosivo, de que hablara solo en alta voz, de mis constantes ideas de matarme o matarlo, no podía olvidar nada de lo que él me había hecho. ¿Qué quedaba? Estaba preparado para cualquier cosa que él hubiera esperado. No iba a dejar que golpeara a mi hermanito de diez años por un olor a mierda. No iba a seguir enloqueciéndome como él.

Dad no dio un paso hacia mí. Pero me miró, ensanchando y contrayendo las ventanas de la nariz al respirar.

Haciendo acopio de todo mi coraje, pese al absoluto terror que sentía, yo también le devolví el gesto de ensanchar y contraer las ventanas de la nariz. Y con cada bocanada de aire, expandía mi corpachón de seis pies dos pulgadas con todas mis fuerzas.

Por un segundo, mi padre titubeo. Cambió la vista y vio el arma que buscaba, la aspiradora Kirby que estaba junto a él. Sin dudar un momento, la agarró y me lanzó la máquina de veinticinco libras. La aspiradora me dio en el pecho, pero antes de que tocara el suelo, yo pude sujetar la base con una mano y el mango con la otra, y la empujé contra él.

El tiempo y el espacio se movieron rápida y lentamente, y se expandieron y se contrajeron, todo ello al mismo tiempo. Desorientado, Dad echó la aspiradora a un lado, bajó la cabeza y me embistió. Me hice a un lado, le eché mi brazo izquierdo por debajo de los brazos suyos y alrededor de la espalda. Con el brazo derecho le sujeté el hombro, hice un giro con la cadera contra su cuerpo y lo tiré al suelo, echándole el peso de mi cuerpo en el pecho. Durante mi breve carrera de luchador, éste era mi mejor movimiento: un giro con un golpe de cadera.

La fuerza del empujón combinada con el peso de mi cuerpo le había sacado el aire. Todo el dolor, la furia y la humillación que yo había padecido y que había presenciado por los últimos quince años estalló en una ráfaga de puñetazos. En lugar de responder o defenderse, él se acurrucó en posición fetal y se cubrió la cara con las manos. Ninguno de mis golpes le afectó mucho la cara, pero su torso sí debe haber sentido la ferocidad de mi ataque.

Cuando lo solté, empapado en sudor y salivando, me levanté y vi a Eddie y a Barbie traumatizados, con la boca abierta y los ojos aterrados.

Luego volví la vista a papi. Este era el hombre que había aterrorizado a toda nuestra familia durante años, ahora acobardado y gritando debajo de mí. No sentí ninguna lástima por la patética imagen que veía a mis pies. Pero tampoco sentía ninguna satisfacción por el castigo bien merecido que le había infligido. Se fue gateando en dirección a su cuarto y se levantó cuando llegó al pasillo.

Lo podía oír llorar en su cuarto. Aún de pie en el mismo lugar, yo lloré en silencio. Eddie y Barbie no se movieron. Mi cerebro intentaba conciliarme con la realidad de mis opciones. ¿Debería salir corriendo y gritando a la calle, pidiendo la protección de un vecino?

Antes de que pudiera llegar a contemplar esta posibilidad. Dad reapareció, con los ojos extraviados, con mechones de su fino cabello rojizo que le cubrían un lado de la cara. Mis ojos captaron un destello metálico cerca de su mano derecha y luego, como un receptor interceptando a un corredor que intenta robar una segunda base, me lanzó el objeto a la cabeza. No tuve tiempo de reaccionar. A sólo unas pulgadas de oreja derecha, se estrelló en la pared. Miré al suelo y vi el cuchillo de caza submarina de Dad.

La gruesa hoja de acero inoxidable de un pie de largo me atrajo. Recogí el cuchillo del suelo y volvía mirar a mi padre.

—¡Mátame! ¡Mátame! —gritó.

Un profundo dolor gutural me recorrió todo el cuerpo y explotó en grandes sollozos. El cuchillo se me cayó de las manos mientras yo comencé a llorar.

Él suplicaba y bravuconeaba, gritándome:

—¡Vamos, mátame!

Pero yo no podía.

—Tú eres mi padre.

La cara de Dad dejó entrever como un destello de desilusión. Luego se dio vuelta y se fue caminando por el pasillo, emergiendo momentos después con las llaves, y dándonos una última mirada antes de abandonar la casa.

Convencido de que él regresaría con una pistola, comencé a empacar, metiendo unos cuantos artículos de ropa en una bolsa de papel de estraza. Recorrí la casa cogiendo cualquier moneda que viera y vaciando el contenido de las alcancías de mis hermanitos en mis bolsillos. En nuestro cuarto donde Tony se las había arreglado para dormir en medio de todo, cogí mi equipo de béisbol.

—Tony —comencé en alta voz, sin estar seguro de por qué quería despertarlo, tal vez para despedirme de él.

Abrió sus ojos enrojecidos y se quejó.

—Dad quiere que vaya a comprarle cigarros. Regreso enseguida.

—¿Podías traerme un jugo de naranja? —tenía la voz seca y áspera—. Hay algún menudo en la mesa de noche.

—Sí, claro —le mentí, cogiendo el menudo. Luego le dije que volvía pronto.

Eddie y Barbie oyeron el mismo cuento. Estaban demasiado asombrados para hacerme preguntas. Durante un momento dudé, cuestionándome si debía decir algo más, sin ninguna idea de lo que sucedería una vez que saliera por la puerta. Algo dentro de mí me decía que no me demorara.

Luego de comprobar cualquier señal del carro de mi padre, comencé a correr. Al principio mi paso fue moderado, girando la cabeza para cerciorarme de que Dad no estaba acechando en las sombras.

Cuanto más me alejaba de la casa, tanto más rápido corría, atravesando calles menos transitadas, escondiéndome detrás de vehículos. Corrí y corrí y corrí.

Sudando y sollozando mientras corría, huí de la zona de guerra, un refugiado que escapaba de un enemigo a quien, cuando tuve la oportunidad, no pude matar. Porque se trataba de mi padre. Porque yo lo quería. Y todo lo que quería de él era que me quisiera. Pero yo había aprendido una de las lecciones de supervivencia más auténticas de toda mi vida: el amor nunca debe hacer daño. No importa las razones que él diera para justificar su brutalidad al castigarnos, que él nos estaba haciendo fuertes o haciéndonos mejores, porque él nos quería, eso no era amor.

Corrí hasta que sentí que los pulmones estaban a punto de estallar, y luego corrí unas cuantas cuadras más, desplomándome contra una vieja tapia enmohecida de ladrillos de seis pies de alto. Allí me senté, jadeando, llorando todavía, pero empecé a reírme. Consciente de que estaba demasiado expuesto, me levanté y miré por encima de la tapia a lo que sería mi hogar por los próximos días: un viejo cementerio.

Saltando la tapia, fui a caer en la hierba y me encaminé hacia un árbol, cuidadoso de no pisar las tumbas. Cuando llegué al árbol me senté otra vez y recosté la espalda contra su húmedo tronco. Cualquier temor que pueda haber tenido respecto a dormir en un cementerio no tardaría en disiparse con un cansancio abrumador y la certeza de que mi dura tarea había terminado.

segunda parte

éxodo

5

rescate

(1972–1973)

Hace falta una aldea para criar a un niño.
Proverbio africano

APRINCIPIOS DE LA DÉCADA del setenta, un nuevo movimiento, encabezado principalmente por mujeres activistas, creó una nueva casta de militantes que terminaría por transformar radicalmente el panorama de familias como la mía. Este movimiento, que procuraba ponerle fin a la violencia contra las mujeres y sus hijos, ya había comenzado a establecer casas y albergues de seguridad en algunas ciudades, al tiempo que creaba conciencia de que el abuso ya no era un «asunto de familia». Alentados por el movimiento por la paz que estaba llevando a su fin la guerra de Vietnam, y por los valores de la no violencia del Dr. Martin Luther King Jr., los defensores de las mujeres y los niños habían comenzado a enviar el mensaje de que el derecho a estar seguro en el hogar era un derecho humano fundamental que debía pertenecer a todos los ciudadanos del mundo.

En años subsiguientes, con frecuencia me preguntaba cuán diferente habría sido la vida de mi familia si hubiéramos podido conseguir el tipo de ayuda que luego se fue haciendo factible en creciente número de comunidades en todo el país, o si al menos hubiéramos sabido de la existencia de personas que abogaban contra estos abusos. Al mismo tiempo, y para mi interminable sorpresa, una serie de defensores, campeones y verdaderos ángeles no oficiales, a veces bajo la más improbable apariencia, comenzaron a salir por todos lados y a ponerse de mi parte, casi desde el momento en que me fui de casa de mi padre.

El primero en venir a rescatarme, un chico pequeño y nervudo de la escuela a quien yo apenas conocía, me encontró no lejos del cementerio, cerca de la calle Ocho del Suroeste (conocida también como *Tamiami Trail*) y la avenida 42, a unas dos millas de mi casa. Sólo cuarenta y ocho horas después de la fuga, yo no estaba tan seguro de que podía soportar el dormir una tercera noche en el cementerio. La noche antes había sido bastante aterradora, no como la primera, cuando la victoria de mi huida podría haberme dado una falsa sensación de valor. O tal vez, creía yo, los espíritus de los muertos decidieron no molestarme la primera noche, pero volvieron a aterrorizarme a la siguiente. Cuando escalé la tapia e hice una carrera hasta el árbol esa segunda vez, las señales y las lápidas de las tumbas parecían como si estuvieran más altas que la noche anterior, y me amenazaban enloquecidamente, cual minas terrestres, y parecían dispuestas a atraparme. Con la cabeza baja, anduve aprisa zigzagueando por encima de los inquietos muertos, hasta que llegué sin aliento al árbol que me servía de refugio. Aunque era una noche amable y tibia de Miami, temblaba como si me azotaran los vientos invernales de Chicago. El sueñito que pude coger estaba lleno de pesadillas, de imágenes de manos que emergían del suelo y que trababan de llevarme consigo.

Cuando mi compañero de clase dio conmigo en las últimas horas de la tarde siguiente, los dos días fuera de casa me habían dejado hambriento y empezaba a apestar. Avergonzado, no estaba seguro qué decir o hacer cuando él me llamó por mi nombre.

El chico nervudo tenía una manera enérgica de hablar. Se abalanzó y comenzó a hacerme preguntas a un ritmo vertiginoso. Que dónde yo había estado, que qué me había pasado, que si yo sabía que todo el mundo me andaba buscando.

—¿Quiénes? —le pregunté, con cautela.

—Todo el mundo, viejo, quiero decir, la escuela, tu sabes. Oh, sí, la policía también. Y tu padre.

Dudé, no estaba seguro de si podía o debía confiar en él. No estaba preparado para eso. Mi propio hermano se había visto obligado a revelar información que yo le había dado en confianza. Todas las veces que le hablé a mis amigos y vecinos de California, incluso a la policía, nadie jamás me creyó ni fue capaz de hacer algo para ayudarme. Pero mi nuevo amigo estaba dispuesto a escuchar, y yo, aliviado de poder hablarle a otro que no fuera yo mismo, estaba más que dispuesto, con los ojos inundados de lágrimas, a contarle lo que había sucedido, en una versión tan condensada de mi vida como me era posible. Siendo no sólo cubano, sino habiendo pasado mis años formativos en la Ciudad de los Vientos, no podía dejar de sucumbir a la tendencia, en alguna medida, de ventilar mi pensamiento sin respiro, además del hecho de que contaba por primera vez en mi vida con una audiencia cautiva, así que mientras caminábamos hablé y hablé y hablé. Para el tiempo en que terminé ya anochecía.

El chico nervudo me había escuchado todo el tiempo con una mirada de asombro e incredulidad en la cara, pero lo primero que dijo, cuando le permití interponer una palabra, indicaba que él no tenía ninguna razón para no creerme. No sólo me creía; quería, e incluso *insistió*, que fuera con él a su casa y le contara mi historia a su padre.

Hubo muchos ángeles, como yo no podría dejar de llamarlos, que me fueron enviados, estoy seguro, para ayudarme a salir de la larga y tenebrosa noche de mi niñez. Ese chico nervudo fue definitivamente un ángel. Y también lo fue su padre, que también dio la casualidad que era abogado.

Con su talante calmo, reflexivo, él podía haber sido un doble de Ward Cleaver mientras escuchaba mi relato. Esta vez, lo conté con muchos más detalles de los que le había dado a su hijo. Él no sólo me creyó, sino que me dijo que lo que Dad hacía a puertas cerradas no era un asunto de familia, que de hecho era un delito. Aturdido, oí como levantaba el teléfono y comenzaba a hacer llamadas para indagar cuánto antes podía obtenerse una vista con un juez.

Aunque yo estaba de algún modo nervioso de enterar a mi madre, a sabiendas de que Dad fácilmente podía aparecerse allí y amenazarme a mí y a ella, el padre de mi compañero de escuela me aseguró que una vez que el juez dictaminara sobre mi caso, eso no constituiría un problema. Indeciso de cómo él podía estar tan seguro con el loco que yo tenía por padre, llamé a mami enseguida y ella llegó poco después con una tía y un tío, y la pequeña Carmen. Irónicamente, resultó que su casa estaba a menos de dos cuadras del cementerio.

La vista en el tribunal tuvo lugar al cabo de unos días, gracias al padre del chico nervudo. Pero desde el momento en que llegué al juzgado, con mami a mi lado, mi optimismo de que todo se volvería a mi favor me abandonó por completo. Como Dios era testigo, las capacidades histriónicas de Dad podían embaucar a cualquiera. ¿Con que disfraz él iba a presentarse esta mañana? ¿Cómo El Caballero, o como El Ciclón? Cuando un alguacil armado y uniformado vino para escoltarnos a mami y mí hasta el despacho privado del juez donde iba a celebrarse la vista, intenté disimular mi creciente nerviosismo. Nos sentamos en un lado del salón y nos informaron que el juez estaría con nosotros dentro de un momento. Antes de que a mi padre lo dejaran entrar, me iban a dar la oportunidad de contar mi parte de la historia.

En el escritorio del juez había unas cuantas fotos enmarcadas de una mujer rubia de mediana edad rodeada de lo que al parecer eran sus hijos. Mientras miraba las fotos, entró en el salón la misma mujer de las fotos. Viendo que el juez que iba a decidir mi destino era una mujer, y que ella tenía hijos, me convencí al instante de que estaría a salvo. Ella escuchó atentamente mi más concisa versión de los acontecimientos que habían precipitado mi desaparición a principios de la semana.

Luego le hizo señas al alguacil de que hiciera entrar a mi padre. Luciendo más actor de cine que nunca, Dad entre en el salón elegantemente vestido con uno de sus trajes caros, con una impecable camisa blanca y una corbata sobria. Con un porte respetable, casi propio de un estadista, se dirigió a su asiento en el otro extremo del salón donde nos encontrábamos mami y yo, mientras le sonreía cálidamente a la jueza. Antes de sentarse, Dad se volvió y me sonrió amorosamente. Por supuesto, ese brillo de su mirada podría haber parecido tierno y amistoso para el ojo del lego; pero yo conocía muy bien ese destello, y era peligroso.

La jueza me hizo repetir las acusaciones con él sentado directamente frente a mí en el otro extremo del salón. Casi al final del relato, inmediatamente después que describí como me había lanzado el cuchillo de caza submarina a la cabeza, ella se detuvo y se volvió a Dad.

—Sr. Rivas, ¿le lanzó usted un cuchillo a su hijo?

Dad se enderezó en su silla, se ajustó la corbata y sonriéndole amablemente a la jueza

—Bueno, Señoría…

—¿Le lanzó usted un cuchillo a su hijo?

—Bueno, vea usted, Señoría, hum…

—¿Responda la pregunta? ¿Le lanzó usted un cuchillo a su hijo?

Dad se mantuvo intentando explicar su comportamiento con el tono más cordial, pero no pudo responder directamente y negar que me lo había lanzado.

Eso es todo lo que ella tenía que oír.

—Me basta —comenzó la jueza y cuando Dad intentó argüir por última vez «Señoría, él es», ella lo mandó a callar.

—Le dije que me basta. Si lo encuentran a cien yardas de Víctor, lo haré arrestar y lo meteré en la cárcel. ¿Está claro?

Él se resistió, aún arguyendo, hasta que finalmente hizo un gesto de asentimiento. Ella se lo había hecho claro.

Y ahí se acabó. Todo el poder y el control de mi padre sobre mí habían sido disueltos. Nada menos que por una mujer. Moviendo los ojos, se levantó y salió del salón seguido por el alguacil. La jueza nos retuvo a mami y a mí, conversando con nosotros por unos minutos, para cerciorarse de que le dábamos al Sr. Rivas la ventaja de que abandonara el tribunal y el vecindario. Ella había emitido una orden de restricción en su contra (lo que entonces se llamaba fianza de paz); si él la violaba, se metería en un problema mucho mayor. De alguna manera yo no creía que él lo haría; para mi gran vergüenza, me había dado cuenta en mi propia confrontación con él de que, al igual que la mayoría de los bravucones, era un cobarde que sólo oprimía a los que no podían ripostarle. Me percaté entonces de que nunca lo había visto pelearse con nadie de su tamaño. Pero aunque yo probablemente estaba a salvo de él, no podía dejar de preocuparme por mis hermanos. Como una racionalización, intente convencerme de que, puesto que ellos tres se portaban mucho mejor que yo, les iría bien. Tal vez estaba sintiendo la culpa del sobreviviente.

El alguacil regresó y bordeó el costado del escritorio de la jueza antes de inclinarse y susurrarle algo en el oído. La jueza asintió. Me miró con una expresión seria, como si estuviera cerciorándose de que había tomado la decisión correcta, y luego dijo.

—Ya pueden irse. Buena suerte.

Mami y yo salimos andando, uno al lado del otro, madre e hijo, refugiados ambos. Era libre. Era libre. ¡Estados Unidos, qué país! La justicia me había sonreído.

Lo que más ha perdurado en mi memoria es salir del tribunal a la atmósfera tibia y húmeda de Miami y mirar a las ondulantes nubes blancas y respirar.

Novato en la nueva tierra de la libertad, estaba mal preparado para las pruebas y las tentaciones que me saldrían al paso al mismo tiempo que mis rescatadores.

¿Cuáles eran mis mayores problemas? Yo mismo, mi falta de amor propio y el gorila colérico de quinientas libras que se agitaba en mi interior, sacudiendo la jaula sólo a la espera de este día. Cualquier sociólogo podría haber explicado lo que significaba ser un joven en riesgo.

En mi caso, significó que antes de dos semanas yo estaba en el camino de fumar drogas y de incorporarme a una pandilla. Sin embargo, en honor a la verdad y a la justa información, déjenme señalar que cogía mejor nota del café con leche que de la marihuana de Miami en 1971, y que en esos años de pandillas, o de lo que cariñosamente llamábamos nuestro «club», peleamos con los puños, pero no con cuchillos o pistolas.

Después de una semana fuera de la escuela, cuando regresé había un cambio notable en la manera en que los demás parecían percibirme. Al andar por los pasillos, me saludaban con respetuosos gestos de reconocimiento muchos de los chicos y con sonrisas tímidas montones de muchachas. En mi aula, un puñado de estudiantes me rodearon para hacerme preguntas sobre mi desaparición. ¿Cómo ocurrió? ¿Cuán lejos te fuiste? ¿Qué pasó cuando te capturaron? Sintiéndome incómodo con tanta atención y no seguro de cómo me sentía acerca de mi encumbrada condición de chico malo, yo rehusaba hablar, diciéndoles: «No quiero hablar de eso». Lo cual reforzaba los rumores y mi mística.

El primer día de mi regreso a la escuela, me personé corriendo a la práctica de béisbol, preocupado de que mi ausencia pudiera poner en peligro mi posición. Mirado a distancia, aunque odiaba cómo Dad me había obligado a participar en las pruebas de aptitud, necesitaba el béisbol, tanto el desahogo físico como algo que me hiciera sentirme orgulloso de mí mismo. No quería decepcionar al entrenador Kirkpatrick —que había hecho valer su influencia para que me admitieran en las pruebas de aptitud— ni al entrenador Hertz, que había tenido la suficiente fe en mi talento para ponerme en el equipo superior. Nunca olvidaré cómo después de la prueba de admisión de ultima hora, cuando entré al camerino al día siguiente, una de las casillas tenía mi nombre. Y dentro había un uniforme de práctica nuevo con el nombre de «Coral Park» bordado en la pechera.

La realidad de que mi talento estaba siendo tomado en serio se hizo evidente alrededor de una semana después que entramos en la temporada cuando un buscador de talento de los Orioles de Miami, una sucursal de los Orioles de Baltimore, se me acercó después de la práctica. Puesto que Coral Park era conocida por su altísimo nivel de talento beisbolístico, había cantidad de *scouts* de equipos universitarios y profesionales que frecuentaban la práctica. Con sus cuadernos de notas, sus cronómetros y sus radares rudimentarios, eran bastante obvios. Luego que terminé mi ejercicio de lanzamiento y bajé del montículo, el *scout* que se me acercó me preguntó:

—¿Jim?

El que no le respondiera nada lo llevó a decir:

—¿Tú eres Jim Pacheco, verdad?

Él me había confundido con un lanzador del último año que tenía un brazo como un foete.

—No —le dije encogiéndome de hombros—, soy Vic Rivas.

Enseguida me preguntó en qué grado yo estaba. Cuando le dije que estaba en décimo, se mostró un poco decepcionado, pero luego me preguntó mi edad.

—Quince —dije, a sabiendas ya de que sobresalía por encima de la mayoría de los miembros de mi equipo.

—Vic, ¿tienes una idea de la velocidad con que tú lanzas?

—No —le dije volviendo a encogerme de hombros—, pero tengo una recta bastante buena.

—¿Bastante buena? —sacó la lectura del LCD para que yo lo viera. Su radar me había registrado a noventa millas por hora.

A partir de entonces, notaría que otros buscadores de talento me observaban en prácticas y en juegos. En el ínterin, me parecía que tenía que probarme a mí mismo con el entrenador Hertz. Como un sargento entrenador bastante rudo, él enfatizaba que había que tener una condición física inmejorable y yo había aprendido que los lanzadores tenían que ser los jugadores más aptos físicamente del equipo. Tenía que realizar un ejercicio tras otro con intervalos de carrera. Aunque terminaba empapado en sudor, me esforzaba en trabajar duro y en demostrar que podía enfrentar los desafíos del terreno de pelota.

Para mi gran alivio, no tuve que explicarle a Hertz adónde había estado la semana anterior. En general, él tendía a mostrar un poco más de paciencia conmigo ya que yo era el único alumno de segundo año en el equipo. Pero probablemente supo que me había ido huyendo de mi casa y que estaba atravesando por una difícil transición.

Vivir de nuevo bajo el mismo techo que mami era maravilloso. Pero debido a que ella y Carmen ya eran huéspedes en casa de su tía, ser una boca más que alimentar lo sentía como una imposición. Tía Gloria y tío Tata eran generosos, cerciorándose de que yo no pasara hambre y comprándome alguna ropa, y yo me empeñaba en ser amable ayudando con los deberes de la casa: la basura, los platos, el césped. Mami hacía todo lo demás, hasta donde yo me daba cuenta: cocinar, limpiar, lavar. A mí me molestaba ver que tía la trataba como a una criada. Tuve que aguantarme la lengua la tarde en que tía Gloria, echada en su sillón reclinable y mirando una de sus novelas, prácticamente le ordenó a mami que le trajera algo de comer y beber, y cuando mi madre pacientemente le trajo un refresco y un bocadito, mi tía abuela simplemente señaló con la larga uña arreglada del dedo índice a la bandeja del televisor. Tía Gloria ni siquiera se dignó darle las gracias a mami o incluso mirarla.

En lugar de decir nada, tendía a pasar menos tiempo en la casa evitando regresar a ella después de la escuela: un hábito de toda la vida. Mi nueva amistad con Gil, un socio del fútbol, me permitía ir a otros sitios.

Gil, un año mayor que yo, tipo de apariencia despreocupada y no obstante atento a lo que hacía, daba la casualidad que era el presidente de los Deucalions, una pandilla que funcionaba como una fraternidad. Él empezó por observarme, sin ejercer ninguna presión, tan sólo cerciorándose de que todo marchaba bien. Muy pronto comenzó a caminar conmigo por los pasillos y a comprarme almuerzo en la cafetería, más o menos tomándome bajo su protección. Apuesto, con un largo pelo castaño partido al medio, un par de bíceps estupendos y una sonrisa cautivadora, él no tenía que conocer mi historia para saber que yo estaba sediento por tener ese sentido de pertenencia que él y el club podían ofrecer; pero cuando me invitó a pasar ratos a su casa, luego de un par de visitas y alguna marihuana ligera para soltar la lengua, me vacié

el corazón. Gil escuchaba atentamente y estuve seguro que se le humedecieron los ojos un par de veces.

Cuando sacó a relucir los Deucalions, si yo no hubiera mostrado
tanto interés, probablemente él no habría propuesto la idea. Pero yo
estaba totalmente dispuesto para ello. Para ingresar, tenía que ser nominado, y estaba ansioso de formar parte de una fraternidad. Por lo
que podría decir, el énfasis no estaba en la violencia o la ilegalidad;
tenía más que ver con el mantenimiento de un código con honor, con
proteger a tus compañeros, tu terreno, incluso tu escuela.

Mi iniciación tuvo lugar detrás del edificio municipal en Coral Es-
tates Park, un centro de recreación cercano a la escuela secundaria, la
noche de un viernes. Fumando marihuana y bebiendo, estaban quince
miembros presentes, así como unas cuantas chicas que habían venido
para la fiesta. Pero cuando llegó mi momento, la atmósfera de repente
se tornó muy grave al tiempo que Gil se levantaba para comenzar el
proceso que era una rara combinación de procedimiento parlamenta-
rio con un antiguo rito de iniciación tribal. Luego de pasar la primera
prueba, me habían zurrado con un bate, previamente serruchado por
la mitad para darle una superficie plana. Cada miembro me dio tres
golpes en el trasero y pasé tres rondas, soportando 135 bandazos en el
culo que hubieran hecho retroceder a la hermana Ernie Banks y a
todos los directores que alguna vez alzaron la palmeta contra mí. Nadie
en la historia de los Deucalions había resistido esa cantidad de golpes.
Los otros miembros estaban estupefactos, no tanto por lo que yo había
resistido, sino por haberlo soportado apenas sin titubear. Aunque estaba sangrando e hinchado, era casi nada en comparación a lo que Dad
podía hacerme.

La segunda prueba, conocida como la carrera del toro, me dio la
oportunidad de redimirme de la humillación del Red Rover de la escuela católica. Sosteniendo tapas de tanques de basura y algunas latas,
los miembros formaron un pequeño círculo amenazante en torno a
mí. El objeto era impedir que saliera, usando todos los medios necesarios. El único consejo que me dieron era que no terminara en el suelo.
Bajé la cabeza, oscilando salvajemente, en busca de un camino para es-

caparme. Me tomó varios intentos darme cuenta de que era un alarde. Nadie me pegó. Era una prueba de nervios. De inmediato me vi envuelto por un gigantesco abrazo comunal de la turba. Riéndose, Gil gritó: «¡ya perteneces!, ¡ya perteneces!», al tiempo que varios otros me felicitaban.

Medianamente consciente, me desplomé y me llevaron a casa de alguien para pasar la noche antes de volver dando tumbos a casa de la tía Gloria. Cuando le dije a mami que me había caído de espaldas en las escaleras de la escuela, ella me creyó, pero el médico cubano que me examinó en la clínica local probablemente no. Al curarme y enviarme de vuelta con un par de muletas prestadas, me advirtió que fuera cuidadoso.

Pese a cualquier insignia de orgullo que mi trasero hinchado y sangrante y mis muletas representaran para mí, al subdirector McNulty le habían llegado rumores de lo que había ocurrido y estaba esperándome a primera hora de la mañana del lunes, y me llevó hasta su despacho para interrogarme. Mirándome por encima de sus lentes, mientras sus pobladas cejas se movían acompasadamente de arriba abajo, escuchó que le contara mi historia fabricada sobre mis lesiones y luego se lanzó en un sermón sobre los peligros de la vida pandilleril. «Es un callejón sin salida», insistió, casi en el mismo tono que en las películas de los Chicos del Bowery que había visto en la televisión. Dejando en claro que no tenía gran opinión sobre mí, también añadió que la vida de la pandilla arruinaría ciertamente cualquier oportunidad «limitada» que yo tuviera de salir adelante en el futuro.

Esto me hizo sentir como si Dad estuviera otra vez encima de mí y meándome. ¿Quién era él para sermonearme? Yo no sabía de lo que él me hablaba, dije, repitiéndole mi mentira:

—Me caí por las escaleras.

—Espere aquí —me dijo y salió de la oficina. Minutos después, se abrió la puerta y McNulty regresó con Tony. Mi hermano y yo no habíamos vuelto a hablar desde la noche en que me había ido de la casa. Siempre que nos cruzábamos en los pasillos, nos mirábamos con alguna incomodidad, como si ahora viviéramos en mundos tan diferentes que ni siquiera habláramos el mismo idioma. Así fue como nos saludamos en la oficina de McNulty.

El subdirector me hizo poner de pie y le mostró a Tony mis lesiones. Con los mismos conmovedores y tristes ojos castaños que tenía mami, mi hermano me observaba mientras me zafaba el cinto y me bajaba el pantalón. Un espectáculo desagradable, estaba seguro. Los ojos se le humedecieron, pero no lloró. Lo miré y él sólo sacudió la cabeza con pena.

Por supuesto, Tony nunca se metería en una pandilla. Él era el primogénito, no el eterno jodido como yo.

El Sr. McNulty nos despidió. Tony se fue primero, luego me fui renqueando con mis muletas prestadas. En las horas que siguieron, me convencí que no importaba lo que él pensara, pero sí me importaba. Yo le echaba de menos. Echaba de menos la paciencia con que él me escuchaba. Era mi hermano y yo lo amaba, tan extraño como pudiera sonar ese concepto. Mi impulso fue intentar encontrar a Tony después y decirle algo, pero la idea de que pudiera rechazarme me detuvo.

Una semana después tuvimos una conversación muy distinta de la que yo tenía en mente.

Ese lunes en particular mis lesiones ya habían sanado lo suficiente como para reanudar la práctica de béisbol. Después de que sonara el último timbre, salí aprisa, como era mi rutina, por la puerta trasera de la escuela hacia el corredor de cemento que conduce a los vestidores atléticos. Luego de entrar en el oscuro y mohoso camerino, lo bastante temprano para que no hubiera muchos otros jugadores allí aún, puse mis libros en el banco para tener las manos libres para el cerrojo de combinación.

Mi armario estaba vacio. Todo mi equipo de béisbol había desaparecido. Uniforme, zapatos, guantes gorra, incluso mi suspensorio y mi jarrito. Tal vez el entrenador Hertz no estaba dispuesto a pasar por alto las prácticas que había perdido debido a una lesión cuestionable; tal vez él había oído comentarios de que yo había caído en una pandilla.

—¿*Coach* Hertz? —llamé, tocando a la puerta de su oficina.

Hertz apareció segundos después en pantalones cortos y una larga camiseta de béisbol.

—¿Qué pasó con mis cosas?

—Tu hermano vino y se las llevó —dijo esto como si yo debiera haberlo sabido.

—¿Qué quiere usted decir, que él vino y se las llevó?

Hertz describió la nota escrita por Dad en que le indicaba a mis entrenadores que le entregaran mi equipo a Tony. La nota le informaba a los entrenadores que mi béisbol se acababa por la temporada porque necesitaba mejorar mis notas y comportarme mejor.

Sentí que me bullía la sangre en las orejas. Tenía los puños tan contraídos que las uñas se me clavaban en la palma de las manos.

—¡Yo no vivo con mi padre! ¡Él no tiene ningún derecho a cogerme mis cosas! ¿Por qué usted no me llamó a clases?

—Mira, Vic, creo que debes tomarte algún tiempo de receso y poner tu vida en orden. Vuelve el año que viene.

—Yo no necesito tomarme ningún jodío tiempo libre. ¡Voy a recuperar mi equipo!

Me di vuelta y salí disparado del vestidor, dejando mis libros detrás. Tenía que llegar a la parada de autobuses de la escuela antes de que Tony montara en la guagua. A cada paso hacia allí iba crujiendo los dientes, llorando y maldiciendo. Varios estudiantes se apartaron de mi camino.

—¡Ey! —grité en el mismo instante que divisé a mi hermano. No, «¡Ey, Tony!» Simplemente «¡Ey!», el mismo ladrido gutural que nuestro padre usaba para llamarnos. Tony se volvió y nos miramos a los ojos. Yo estaba a unas cincuenta yardas, pero acercándome a prisa, casi corriendo.

—¿Dónde están mis jodías cosas?

—No las tengo —dijo esto inmutable y sin titubear.

—Mentira, tú las cogiste, me lo dijo el entrenador Hertz.

—No las tengo. Dad vino por ellas y se las di.

Hubo una fracción de segundo en que pude haberle ido arriba. Aún no estoy seguro qué me previno de intentar aporrearlo en frente de una multitud de estudiantes. Pero no importa cuánto yo lo odiara en ese momento, tenía muy claro el control que Dad había ejercido sobre todos nosotros. La mirada de vergüenza y tristeza de la cara de Tony nunca la olvidaré.

—¡Saca tus jodías manos de mis cosas y aléjate de mí! —fue lo mejor que pude hacer. Me di media vuelta para irme, y entonces el gorila se soltó, y me obligó a añadir—: Dile a ese pendejo que si tiene algo que decirme, que me lo diga en la cara.

Pasé el resto de la tarde solo en el último rincón del campo de atletismo detrás de Coral Park, llorando a moco tendido. A Tony y a mí nos quedaban muy pocos días por compartir en la misma escuela y nuestra confrontación en la parada de autobuses ese día iba a ser el último contacto que tuvimos por el resto del curso. Un mes después, Anthony Rivas Jr., se graduó con honores de la Escuela Secundaria de Coral Park a los dieciséis años. Por razones que tenían que ver menos con Tony que con Dad, ni mami ni yo fuimos invitados a asistir a la ceremonia de graduación.

Entretanto yo pasé gran parte del verano nadando en la YMHA.[1] Seguía flirteando con el callejón sin salida de la vida de la pandilla, con las funciones ocasionales, como llamábamos a nuestras peleas callejeras, que me daban licencia para armar camorra. Mi sentido de la ironía sí disfrutó de la ruda función que tuvimos afuera del Hospital Infantil. Decir que podíamos sacar a pasear nuestras lesiones no era una exageración.

Pero entonces, en modo alguno conectado con los Deucalions, comencé a incurrir en una forma de conducta criminal mucho más seria. Lo que resultaba pavoroso, para un muchacho como yo que nunca había contado con dinero suyo, era cuán rentable podía resultar. Nada de lo que hiciera en toda mi vida me ha dejado con una mayor sensación de vergüenza.

---

1 Sigla en inglés de la Asociación de Jovenes Hebreos (Young Men's Hebrew Association). (N. del T.)

Comenzó a pasar luego de un par de veces en que yo estaba haciendo señas para que alguien me llevara a casa desde la YMHA. Dos hombres de mediana edad, pulcramente vestidos con aspecto de padres de familia, que me recogieron comenzaron sus conversaciones casi con el mismo diálogo:

—¿Qué edad tienes? ¡Quince! Eres un muchacho grande.

El primer hombre que me recogió me preguntó si yo había hecho algún modelaje.

—¿Cómo para el catálogo de Sears, Roebuck?

—No —dijo él, y detuvo el auto. Me condujo a la parte trasera y abrió el baúl. Dentro había numerosas revistas con fotos de portada de hombres jóvenes apenas vestidos con ropa interior o taparrabos de cuero. Sin mayor problema, me fui, metiéndome en la primera tienda que vi.

El otro hombre, de traje y corbata, realmente parecía como que podría haber sido uno de mis tíos cubanos. Sus cumplidos eran halagadores; me preguntó si tenía muchas novias. Le mentí y le dijo:

—Sí, montones.

—Debes ser realmente grande —sonrío.

—Peso más de doscientas libras —admití.

Él movió la cabeza y dijo:

—No, allá abajo —sin previó aviso, tendió la mano y me la puso en la entrepierna mientras seguía conduciendo el auto.

Me llevó un par de segundos sobreponerme a la impresión y luego reaccioné. Le di un puñetazo en la cara, que le tiró la cabeza contra la ventanilla del conductor al tiempo que le gritaba que parara. Él lloraba y me pedía perdón.

En un rapto de furia, casi le pego otra vez. En lugar de eso, le dije abruptamente:

—¡Dame la billetera!

Cuando rehusó, lo amenacé con llamar a la policía, y él cedió. Saqué un puñado de dinero, y le lancé la billetera a la cara y salí de su auto, sintiéndome sucio de este encuentro. Pero me iba con noventa dólares.

Las otras veces que el mismo tipo de hombre paternal intentaba recogerme, ya fuera porque yo estaba buscando quien me llevara o porque estaba en la calle, me quedaba también con sus tarjetas de crédito. Y peor para ellos si sucedía que me recordaban a mi padre. Lo que realmente me asustaba era pensar que podía convertirme en alguien como él, sin conciencia.

Cada vez, incluso luego que compraba cosas para mí, o para mami y Carmen, no podía dejar de escuchar la voz de papi dentro de mi: *Singao ladrón.* Pero había otra voz que se mantenía preguntándome: *¿Qué estas haciendo? Esto no es lo que tú eres. Tú eres mejor que esto.* No estaba tan seguro de que yo creyera eso tampoco.

La única cosa de la que estaba seguro, según el verano llegaba a su fin, era de que necesitaba hacer lo correcto y conseguir un trabajo para ganar algún dinero, no sólo para extras y para ahorrar para un carro, sino porque así no sería una carga para mami. Siempre ingeniosa, siempre haciendo malabarismos, se las había arreglado para mudarnos a un pequeño apartamento de la sección noroeste de Miami. Era pequeño, básicamente un garaje adaptado, con la cuna de Carmen contra la pared próxima al mostrador de la cocina y dos camitas gemelas que se alineaban contra la otra pared, donde mami y yo dormíamos cabeza con cabeza. En el baño, la ducha miniatura, el inodoro y el lavabo estaban tan cerca que podía sentarme en el trono, inclinarme hacia delante y afeitarme al mismo tiempo.

Mi madre llenaba mágicamente el humilde habitáculo con su calor humano y los deliciosos olores de su cocina. Nunca se quejaba, pero yo sabía que apenas si nos alcanzaba para el alquiler y la comida. Y estaba conciente de que mami a veces se quedaba con hambre para alimentarnos, encima del hecho de que yo tenía quince en camino de los dieciséis, seis pies dos pulgadas de estatura y más de doscientas libras y era una verdadera máquina de comer. Si no conseguía un trabajo para suplementar el ingreso de mami, podía fácilmente quedarme sin casa y sin hogar. Desde luego, una vez que empezara la escuela, un empleo de media jornada me exigiría abandonar los deportes, algo que yo temía.

Existía aún otro problema. Nuestro apartamento estaba directamente enfrente del Miami High School y a siete millas del Coral Park High School. Si alguien de la administración de esta última lo descubría, me obligarían a hacer el traslado y, por toda clase de razones, no quería. Eso significaba mantener mi domicilio secreto de casi todo el mundo.

En agosto, por el tiempo en que comenzaron las prácticas de fútbol americano, dos veces por día, si bien me presentaba temprano luego de tomar el autobús de la ciudad y regresaba a Miami en él al final de la tarde, no había tomado ninguna decisión todavía. Cuanto más practicaba y adquiría sentido del equipo que habíamos formado, tanto más me deprimía la idea de tener que abandonarlo. El equipo superior tenía un nuevo entrenador, llamado Carl Mosso, un italiano rudo de mediana edad y pequeña estatura a quien le faltaban el dedo del medio y el anular de la mano izquierda. Había varios rumores espurios sobre la pérdida de esos dedos. Uno era que Mosso era veterano de la guerra de Corea y que una granada le había volado los dedos; el otro era que se trataba de un mafioso que se había interpuesto en el camino del tipo equivocado. A mí me tenían sin cuidado estos rumores. Lo que me importaba era que Mosso era un gran entrenador y que yo le caía bien. Al comienzo de la segunda semana de las dos prácticas diarias, me anunció que yo era el ala cerrada titular en la ofensiva.

En nuestra alineación de apertura, jugaba junto a Randy Clark, a quien llamaban afectuosamente la Ballena Blanca. Era un gigantón de trescientas libras con una piel tan blanca que algunos muchachos pensaban que podría ser albino, aunque nadie nunca se lo preguntó. Era lacónico —apenas si podías extraerle una palabra—, pero en el terreno era veloz, fuerte y agresivo. La Ballena Blanca y yo teníamos la pasmosa posibilidad de constituir el dúo interceptor dominante con nuestras quinientas libras de masa y fuerza.

También prometíamos tener una temporada mejor, creía yo, debido a nuestro mariscal, Marvin Wheeler. Estudiante del último año, Marvin era un mariscal de talla promedio con un brazo aceptable y un buen juego de pies. Pero lo que parecía distinguirlo era esa especial cualidad que pocos mariscales tienen: su serenidad bajo presión.

—Entrenador Mosso —me oí diciéndole el último día de la segunda semana de práctica—, necesito hablar con usted más tarde.

Él hizo un gesto de asentimiento, y me dijo que pasara por la oficina después de terminada la práctica de ese día.

Tenía un nudo en el estómago cuando llegó la hora. No bien me senté, le dije a él y a los entrenadores asistentes, para empezar, que tenía que ser honesto con ellos respecto a donde yo vivía. Ellos sabían, tanto como yo, que podía meter al equipo en un montón de problemas si una secundaria rival o la oficina del distrito llegaba a descubrirlo. Pero había más, proseguí y, mostrando claramente mi contrariedad, les confesé que todo era una discusión trivial porque probablemente iba a tener que dejar la escuela y buscar un empleo para ayudar económicamente a mi madre.

Este pequeño y rudo italiano entrenador de fútbol, con la misteriosa ausencia de sus dos dedos, y sus asistentes estaban inconscientemente a punto de ganarse unas alas. Mosso convino en que mi situación podía ser un problema, pero me pidió que le diera un par de días para ocuparse de ella.

—Entretanto —agregó—, sigue viniendo a la práctica. Te haré saber lo que se me ocurre.

A Mosso le tomó sólo un día el traerme una respuesta. Su propuesta era la siguiente: durante el curso escolar viviría, más o menos, como un niño adoptado con una familia de Coral Park. El club de apoyo de la secundaria contribuiría con una mesada para cubrir mis gastos adicionales. Él me advirtió:

—Tienes que ajustarte a las reglas de la familia, no meterte en problemas y mantener tu trabajo académico. ¿Me entiendes?

Yo entendí. En mi fuero interno, no podía imaginar por qué o cómo había merecido su voto de confianza. Dentro de mí se confundían la gratitud y el temor de que pudiera echar a perder este increíble regalo. De alguna manera no llegué a decir la palabra «gracias», pero acaso él me vio retratado en el rostro lo que yo sentía.

—Hay otra cosa, Vic —me recordó—. Tienes que obtener un permiso de tu madre.

Mi primer trabajo de actuación fue en la película *Semi-Tough*. Soy el número 60, arrodillado detrás de Burt Reynolds, otro alumno de la FSU.

Una visita de Navidad a mami a principio de los años ochenta. A pesar de todo lo que habíamos pasado juntos, mi madre y yo siempre podíamos compartir una sonrisa.

En el Partido del Pabellón de la Fama de 1978 en Canton, Ohio —los Dolphins de Miami contra las Eagles de Filadelfia— fui «el más improbable de los improbables» y cumplí una meta de toda la vida, no sólo de jugar en el deporte profesional, sino de llevar el uniforme del equipo de mis sueños.

Mi padre,
Tony Rivas,
cerca del
final, 1979.

Julio de 1987. Mi trayectoria
para sobreponerme a los
demonios de mi niñez dio
muchas vueltas, incluida
esta recaída en uno de mis
momentos más críticos.

Mi boda en abril de 1991. Sobre un risco de Malibú que domina el Pacífico, se cele-
bró formalmente mi transformación de muchacho herido a amante esposo.

Una celebración de supervivencia: Navidad de 1991. Luego de todo lo que habíamos soportado, mami estaba ahora rodeada de sus hijos, los cónyuges de éstos y sus numerosos nietos. (Olga Rivas sentada entre Barbie, a la izquierda, y Carmen, a la derecha; yo estoy franqueado por mis hermanos Ed, a la izquierda y Tony, a la derecha).

Julio de 1994. En el momento en que tuve a Eli en mis brazos, supe que nunca podría herirlo de la manera en que mi padre me hirió a mí.

Comienza mi trayectoria de amor incondicional. Elias Kennedy Rivas y yo.

Disfrutamos de la felicidad familiar en Hermosa Beach, California. De izquierda a derecha, Mim, Eli y yo.

A la edad de cinco años, Eli me pidió acompañarme a hablar en contra de la violencia doméstica y el abuso infantil. Aquí, a los nueve años, habla en una conferencia sobre las víctimas de crímenes, en Sonoma, California.

En el Día de las Madres de 2004. Un poco más viejo y más canoso, nunca me sentí más feliz. (Sentados, de izquierda a derecha: Tony, Carmen y mami; de pie, de izquierda a derecha, yo, Barbie y Ed).

Esa noche, mami escuchaba mientras le contaba no sólo la oferta que me habían hecho, sino cómo se había producido y por qué era injusto que yo siguiera siendo una carga para ella. Antes de decir nada, me miró detenidamente por largo rato con sus tristes ojos castaños de siempre. Habíamos pasado una guerra juntos que se había terminado para los dos, aunque nuestras heridas apenas si estaban curadas. Nunca nos habían dejado expresar afecto, pero nuestro mutuo amor nunca estuvo en duda. Mami habría hecho cualquier cosa por mí, y esa noche ella hizo el mayor sacrificio imaginable: me dejó ir, y me dio su bendición.

Mami lo puso de este modo, hablando lentamente en español: «haz lo que tienes que hacer para tu propio beneficio. Yo no tengo mucho ahora y tu mereces más de lo que yo te doy. Ya has sufrido bastante». Por un segundo, parecía como si ella estuviera a punto de llorar, mientras yo sofocaba el llanto y parpadeaba, tratando de no desmoronarme. Luego, poniéndose a la altura de las circunstancias, La Luchadora, siempre práctica, me preguntó:

—¿Necesitas que te escriba una nota?

—No, mami —le dije—. No creo —y luego le tomé la mano y le dije—: Gracias.

Cuando me fui a la mañana siguiente, con mis ropas y mis artículos de aseo empaquetados en una funda vieja, mami sostenía a la bebé Carmen en la cintura mientras se asomaba para verme partir. Imaginamos el futuro, cuando ella tuviera un buen trabajo y pudiera mudarse al distrito de Coral Park y otra vez pudiéramos vivir juntos. Pronto, pronto. Probablemente ambos sabíamos que dentro de dos años yo habría terminado la escuela secundaria, que eso nunca sucedería, y que nunca más volveríamos a vivir juntos. Aún así, yo le prometía a mami que vendría a verla constantemente; ella aún no podía pagar un teléfono.

Con la funda colgándome de un hombro, le di a ella y a Carmencita los últimos besos y abrazos y luego corrí las diez cuadras para tomar el autobús, sin mirar hacia atrás ni una vez, imaginándome tan sólo su cara de tristeza mientras me veía desaparecer de su vista.

*   *   *

El hogar, dicen, es un lugar donde, cuando uno llega, tienen que recibirlo.

En el curso de los próximos dos años, fui recibido por lo menos en siete hogares. Siete familias diferentes, amén de las noches que pasé aquí y allí con un puñado de otras, me convencieron de que, pese a la violencia de mi crianza, estaban dispuestas a darme una oportunidad.

Aprendí que las familias amorosas vienen de todas formas y tamaños y antecedentes. De los siete hogares pseudoadoptivos donde viví —los Echevarría, los Varona, los Wahrburgh, los Gableman, los Dibernardo, los Roberts y los Wheeler—, dos familias eran cubanoamericanas; dos, judías; una era ítaloamericana; una, bautista del Sur y otra era básicamente una típica familia norteamericana de clase media. Algunas tenían montones de niños; otras tenían sólo un par de hijos. Había matrimonios felices, padres solteros y matrimonios con problemas. Todas las familias, llegué a saber, tenían sus propias dificultades que resolver, aunque era posible, también vi, hacerlo sin violencia.

Luego de casi dieciséis años de que me quitaran todo lo bueno que alguna vez había recibido, como los trofeos que Dad había destrozado, era casi imposible para mí poder confiar en mi extraordinaria fortuna. A cada paso del camino, estaba seguro que alguien diría que habían cambiado de idea o, más acertadamente, que yo la había jodido. Pero eso nunca sucedió. Yo me mantenía pellizcándome para cerciorarme de que no despertaría y descubriría que todo había sido un sueño. Cuán afortunado era de que la primera familia que me recibió no fuera otra que la de Marvin Wheeler, nuestro mariscal estrella. Lo más notable es que él era mayor, un año más adelantado que yo en la escuela y que no éramos amigos íntimos.

Milagrosamente, sin embargo, sus padres, Jay y Joyce Ann Wheeler, convinieron en ser la primera familia que me dejaría estar con ellos, junto con sus tres hijos, Marvin, Brian y Steven. Las normas de los Wheeler eran razonables e incluso de alguna manera laxas. Ajustarse a esta atmósfera relajada resultó fácil, especialmente cuando la temporada de fútbol ocupaba todas mis horas libres.

Si yo estaba sufriendo una transformación positiva, así también los

Rams de Coral Park. Para el fin de la temporada, pasamos de ser un equipo despreciable con una sola victoria el año anterior a un contendiente por el título estatal. Contábamos con varios jugadores que ganaron los honores de toda la ciudad, entre ellos Marvin y su receptor preferido, Rick Zeller. A través de toda mi carrera de fútbol me tocó jugar con muchos receptores increíbles, pero nunca jugué con uno tan bueno como Rick Zeller. Los equipos contrarios le duplicaban y triplicaban la guardia, y él aún se las arreglaba para coger la pelota. Una secundaria rival le temía tanto a su destreza que enviaron a algunos matones a nuestra cafetería para lesionarlo antes del juego. Grave error. No le llegaron a poner un dedo encima a Rick y salieron pateados y luego arrestados. El día del partido, Rick desbarató a su secundaria y ganamos fácilmente la competencia.

Pero no nos sentíamos tan confiados cuando nos enfrentamos a la South Dade High School en un juego en la sede y nos encontramos veinte puntos por debajo cuando sólo faltaba 1:48 para que se acabara el juego, para no mencionar el aguacero torrencial bajo el que estábamos jugando y que había obligado a la mayoría de los fanáticos a evacuar las tribunas. Con el carácter de un verdadero gladiador, Marvin entró en el pelotón ofensivo, nos inspiró a no cejar, y orientó hacer un pase largo a Zeller. Tal como se esperaba, Marvin hizo un misil a fondo a Zeller para lograr la anotación y el impulso cambió a nuestro favor; pero el tiempo se acababa. Para la entrega siguiente, hicimos un pase corto, logramos recuperarlo ¡y anotamos! Y luego, mientras el South Dade se aturdía de sorpresa, lo volvimos a hacer.

Aunque hubo pocos testigos de nuestra increíble recuperación, poco podía disminuir nuestro entusiasmo por acabar de anotarnos veintiún puntos a dos minutos de que el juego terminara y ganar el partido. Una lección monumental de fútbol y de vida: siempre hay esperanza.

Mis días de pandillero estaban contados. No que yo hubiera abrazado al Víctor que llevaba dentro, sino que había dejado de sentirme desesperanzado. Al final de la temporada, estaba consciente de que me había establecido como un jugador por encima del promedio, pero yo no esperaba que el entrenador Mosso me llamara a su oficina para mostrarme, días después de nuestro último juego, la primera carta de una universidad que quería incluirme en su equipo.

Y luego llegaron más. Llegaron como aves migratorias, primero una a una, luego en pequeños grupos, y antes de mucho tiempo en bandadas. Abrumado, sintiendo aún que no las merecía, las fui guardando en una caja de zapatos, temeroso de que pudieran irse volando, y esperé para tomar mis decisiones.

El 1971 tocaba a su fin, el año más tumultuoso de mi vida, y me había mudado para el hogar de Richard Wahrburg, uno de los principales pateadores del equipo de fútbol y uno de los tipos más divertidos de nuestra secundaria. Un montón de nosotros suponía que Richard, un chico judío ligeramente pasado de peso, con pelo castaño encrespado y aritos en los dientes [2], era rico. Después de todo, parecía tener una cantidad ilimitada de efectivo y con frecuencia pagaba las cuentas en los restaurantes, quisiera o no. Él sí era —como pude descubrir cuando me mudé con él, su madre y su hermanito, James— un laborioso empresario nato.

La Sra. Wahrburg era la propietaria de un restaurante chino llamado Won Ton, que estaba contiguo a un cine en el centro comercial de Westchester. Era una atractiva y glamorosa mujer de mediana edad, siempre vestida a la moda, que conducía un Cadillac. Como dio la casualidad de que acaba de convertir su garaje en un cuarto de visitas con su propio baño, fui lo bastante afortunado para quedarme en ese cómodo ambiente. Incluso tenía mi propia línea de teléfono. Aunque rara vez la usaba, me sentía consentido.

Puesto que Richard trabajaba media jornada en el Won Ton, yo iba con él para ser útil siempre que pudiera, empacando pedidos o sirviendo té. Antes de mucho tiempo, Richard me tomó como su aprendiz en una brillante y lucrativa empresa que él concibió. Generalmente, el negocio en Won Ton era una locura siempre que se acababan las funciones del cine. Pero desde el instante que estrenaron *El*

---

2 Tensores ortodóncicos. (N. del T.)

Padrino de Francis Ford Coppola, todos presenciamos un fenómeno que nunca había ocurrido antes. Los espectadores estaban dispuestos a esperar durante horas, y las colas se extendían por la acera frente a las tiendas hasta doblar la esquina. Richard vio estas colas y encontró su oportunidad. Convenció a su madre que el Won Ton podía sacar una buena ganancia vendiendo enrolladitos de huevo y gaseosas a la gente que estaba a la espera de ver la próxima función. La Sra. Wahrburg nos vendió los enrolladitos al costo y las ventas de la soda nos la podíamos quedar. La concurrencia del fin de semana resultó multitudinaria durante casi un mes, y nosotros recorríamos la cola con nuestras bandejas de enrolladitos y gaseosas frías. Hicimos un gran negocio y pude ahorrar un poco de dinero, que más tarde usaría para alguna ropa nueva y mi primer corte de pelo estilo *shag* en un elegante salón de belleza de Miami.

Puesto que Richard estaba en un grado superior y tenía su propia serie de amigos, cuando él no se encontraba, yo dedicaba el tiempo a amistarme con James, su hermano más pequeño. James, un auténtico genio, tenía un cuarto lleno de complicados proyectos electrónicos y científicos diseñados y construidos por él mismo, entre ellos un excelente sistema de luces que había armado para su estéreo y que titilaban al compás de la música. Siempre que andaba con James o me detenía en su cuarto a escuchar música psicodélica y mirar el espectáculo de las luces, esperaba una oportunidad para hablar con él sobre el vendaje de gasa y esparadrapo que usaba para cubrirse la mano izquierda. Hasta donde sabía, él había perdido todos los dedos y gran parte del pulgar en un grave accidente el cuatro de julio último, luego que un explosivo que estaba construyendo estalló antes de tiempo. La Sra. Wahrburg había insistido en que su hijo se quitara el vendaje, pero James era aún demasiado tímido para atreverse a mostrar su mano mutilada.

Me relacioné mucho con James, y llegué a entender lo que era mantener una lesión oculta. Hubo personas a través de mi vida que no querían ver mis lesiones; pero estaba aprendiendo que también había otras que me aceptarían a pesar de todo. En lugar de intentar decirle eso a James Wahrburg, me las arreglé para llegar a conseguirle una prueba de aptitud con el equipo de fútbol.

—Pero, James, hay una sola cosa —le dije de manera natural antes de la prueba—, tienes que quitarte la venda. Eso no importa. Tú vas a mostrarle quien tú eres de corazón —entonces, podría haberle mencionado que al entrenador Mosso también le faltaban algunos dedos.

James Wahrburg se quitó la venda, hizo las pruebas de aptitud e ingresó en el equipo.

La misma lección: siempre hay esperanzas. Me sentía feliz de poder retribuir a otros.

A principios de enero de 1972, esperé para hablar con Miss Baldwin después que el timbre del aula había sonado y el último de mis compañeros de clase había salido por la puerta.

Por un gran golpe de suerte, Susi Baldwin, uno de los miembros más importantes de la aldea que me criaba, era mi maestra por segundo año consecutivo. Joven, enérgica y siempre accesible si necesitaba hablar con ella, tenía la ventaja añadida de que era realmente bonita, con una abundante cabellera rubia, altas botas, faldas cortas ocasionales y una sonrisa vivaz que revelaba unos dientes ligeramente pronunciados que yo encontraba irresistiblemente atractivos. Esa sonrisa disipó en muchas ocasiones la furia que llevaba por dentro como un barril de pólvora.

Durante las fiestas navideñas, Miss Baldwin me había ayudado a conseguir un empleo trabajando en los preparativos del desfile del Orange Bowl, lo cual me permitió ganarme un dinerito para comprarle regalos de Navidad a mami y a Carmen. Ahora ella tenía otra «oportunidad» que quería discutir conmigo antes de intentar hacer valer su influencia a mi favor.

Me explicó que se trataba de un nuevo programa, llamado *Close Up,* que estaba en su primer año. El programa llevaba a estudiantes de secundaria de todo el país a Washington, D.C. para permitirles experimentar una inmersión total en el funcionamiento del gobierno. ¿Era algo en que yo estaba interesado?

A mi mente acudieron imágenes de JFK.

—¡Claro!

Ella mostró su sonrisa con la ligera prominencia de sus dientes. El próximo paso de Miss Baldwin fue resolver cómo meterme en el programa. Sólo había una beca disponible, y había una gran competencia por ese puesto entre chicos mucho más estudiosos que yo.

Esta no era la primera ni la última vez que Susi Baldwin salía en mi defensa. Al parecer, en un informe que recibí mucho después, la oposición a que me otorgaran la beca fue tenaz. Pese a mi superación escolar y las altas notas de mis entrenadores deportivos, mi reputación como grandulón problemático con malos antecedentes me convertía en un indeseable —dijeron muchos— para formar parte de la delegación de los mejores y más brillantes alumnos de la secundaria de Coral Park que iría a Washington, D.C. Pero sea lo que fuere lo que ella dijo o hizo para cambiar algunas mentes, dos semanas después hice un alto para verificar cualquier actualización por enésima vez y todo lo que ella me dijo fue:

—Mejor es que pongas alguna ropa de invierno en tu maleta. Vas a Washington, D.C., la semana que viene.

—¡Oh, Dios mío! ¿Me la dieron? Gracias, ¡gracias! —yo quería levantarla en peso y abrazarla. Pero luego me di cuenta de algo.

Ella me lo vio retratado en el rostro. Entendiéndolo muy bien, Miss Baldwin me preguntó:

—¿Tienes una maleta? ¿Tienes ropa de invierno?

—Desde luego —le mentí. Luego no queriendo ser mentiroso, le dije que no se preocupara, que pediría prestadas alguna ropa y una maleta.

Estados Unidos de América, ¡qué país! Regresé de mi semana en Washington, D.C., convencido de que si más niños y adultos norteamericanos tuvieran una oportunidad de experimentar algo del estilo de *Close Up,* podríamos resolver muchos problemas nacionales. Sobraban razones para el cinismo, por supuesto, especialmente en esos últimos tiempos de la guerra de Vietnam y de la víspera de Watergate. Pero *Close Up* también me hizo apreciar el honor que acompaña al servicio público, y la verdadera grandeza de nuestra democracia y nuestras instituciones. Como un muchacho que nunca había tenido voz, me sentí inspirado por el ideal norteamericano de que todos los individuos pueden sentar una pauta, independientemente de sus antecedentes. La historia se hizo algo vivo para mí mientras recorríamos los monumentos nacionales y nos daban acceso a zonas restringidas en la capital y sus alrededores. Nos reunimos con varios de nuestros líderes en el Congreso, entre ellos los senadores Claude Pepper y Lawton Chiles de la Florida, junto con muchos otros representantes de la Cámara Baja. El encuentro de los jóvenes con el apuesto senador Ted Kennedy de Massachussets fue un hito para mí, como para muchos de nuestro grupo. Yo sinceramente quería acercármele y hacerle saber lo que sus hermanos habían significado para mí, cuanto los había querido y los había admirado; pero me quedé ahí de pie, en silencio, respetuoso y asombrado.

Mi experiencia en *Close Up* alentó mi deseo de ser un miembro más activo de mi comunidad, y no tan sólo en los deportes, y comenzar a romper mi timidez externa. No había tenido ninguna novia aún, pero tenía una amistad maravillosa con una chica, una vivaz animadora deportiva llamada Roberta. Bert tenía un magnífico sentido del humor y parecía apreciar también mi singular comicidad. Para realmente desternillarme e impresionarme, insistía en llevarme a cochino por los pasillos de la escuela. Ella podía haber sido una cosa chiquita, pero era increíblemente fuerte. A través de Bert, tuve acceso a su grupo de amigos que se llamaban Los Pegadores.

Compuesto en su mayoría por deportistas y sus animadores, era un grupo de chicos y chicas entusiastas, atildados y llenos de vida, y a veces insoportablemente amables hasta el punto del empalagamiento. Había todavía una parte de mí que no podía relacionarse con los demás, y me encontraba más a mis anchas con muchachos problemáticos como yo. En pro del bipartidismo y la igualdad, decidí ser amistoso con todo el mundo y aprender a vivir con mi falta de sentido de pertenencia.

El provocativo incidente que me llevó a abandonar oficialmente la pandilla ocurrió cuando uno de los miembros de mayor edad sacó una pistola durante una disputa con otro. Varios miembros pudieron arrebatarle el arma antes de que sonara algún disparo, pero al día siguiente me reuní con Gil y le presenté mi renuncia formal.

—Me voy fuera, chico.

Él quiso saber lo que me había hecho cambiar de idea. Normalmente, salir de una pandilla no es tan fácil como renunciar a un club.

—Porque yo me fajo con cualquiera, y usualmente le pateo el culo —le confesé—. Pero una bala ganará siempre.

Gil aceptó mi renuncia sin mucha discusión. Me dijo que mi futuro estaba en los deportes y que si me mantenía al margen de los problemas, recibiría muchas ofertas de becas. Ninguno de los otros miembros jamás me hostigó y, en efecto, algunos de ellos fueron mis mayores fanáticos.

Tal como resultó, mi desempeño como pandillero fue rápido e intenso. Entretanto, descubrí que había otros clubes a los que pertenecer, al tiempo que iba participando cada vez más en las actividades escolares. Había fútbol, béisbol, lucha y competí en el lanzamiento de peso. Pertenecía al club animador, era miembro de la Fraternidad de Atletas Cristianos y fue electo al consejo estudiantil. La gente empezó a buscarme no sólo por mi capacidad atlética o mis destrezas para pelear, sino por mi amistad y mis opiniones.

Mi amor propio se reconstruía lentamente, paso a paso. En mi vida, yo había sido un tigre, varios tipos de cachorritos y perros, y un gladiador. En esta época, me acordaba de un episodio que había visto una vez en *el Reino Animal* de *Mutal of Omaha* en el cual Marlin Perkins y Big Jim Fowler salvaban a un águila calva lesionada y alicaída que estaba al borde de la muerte. Gracias al amor y bondad de estos señores, no sólo las alas y el cuerpo del águila se recuperaron, sino algo aún más importante, el pájaro recobró su espíritu; y luego, al final, ya estaba lista nuevamente para ocupar el lugar que le correspondía en su propia sociedad.

Eso me fue sucediendo a mí poco a poco. Tenía mis detractores, especialmente nuestros subdirectores. Para ellos yo era una mala semilla sin remedio. Pero había también varios tipos de Marlin Perkins y Big Jim Fowler que, mediante el cariño y la bondad, me fueron ayudando a remendar mis alas.

Hacia el fin de mi tercer año, le confié a Miss Baldwin que quería participar como candidato en las próximas elecciones para presidente de la clase del último año. «Pero estoy nervioso», admití. «Quiero decir, ¿cree usted que alguien vaya a votar por mí?».

Ella me aseguró de que era mucho más popular en la escuela de lo que yo mismo suponía.

Y así, con su aliento y apoyo, lancé mi candidatura. Para mi gran sorpresa, un montón de amigos de grupos muy diversos, entre ellos algunas de las muchachas más populares, me ayudaron con una campaña masiva, que constaba de todo un abanico publicitario: carteles, prendedores distintivos y volantes que decían simplemente: VOTE POR VIC.

Lo que resultó aún más sorprendente fue que gané por una abrumadora mayoría.

Mami convertía cada una de mis visitas para verla, que eran una o dos veces al mes, en una ocasión especial. Un sábado por la noche, tenía una amiga de visita y mami cordialmente la invitó a que se quedara a comer. Mujer joven y atractiva, la amiga de mami era una cubana de veinticortos años y obviamente sentía un gran respeto por mi madre. «Conversa y conversa», mi madre nos dio ánimos, sacando unas sillas plegables y trayéndonos cervezas («Víctor, puedes tomarte *una*»), mientras iba y venía del pequeño apartamento, el aroma del arroz con pollo y de los plátanos fritos se esparcía por el aire nocturno de Miami. Comimos fuera en platos de cartón mientras anochecía. Mami parecía contenta. Tenía un nuevo empleo en una fábrica con mejor salario, un hijo a quien le gustaba su cocina y una nueva amiga que resultaba muy interesante.

Cuando llegó la hora de ir a coger la guagua para regresar al barrio donde me estaba quedando en ese tiempo, la atractiva joven se ofreció a llevarme. Sin sospechar nada, acepté, les di un abrazo de despedida a mami y a Carmen, y entré de un salto en su Impala sedán de cuatro puertas con imágenes de varios santos que me miraban desde el tablero de instrumentos. En el Miami de esos años, al Chevy Impala le llamaban el Cadillac cubano, así como el Ford Falcón era el Vette cubano. La atractiva mujer y yo hablamos brevemente en español hasta que llegamos a mi parada. Al darme vuelta para darle las gracias, me cayó encima, besándome, lamiéndome y mordiéndome tan ferozmente que pude sentir el sabor de la sangre en mis labios.

Ella tendió la mano izquierda hacia la columna de dirección para estacionar el auto. Me había arrinconado contra la puerta del pasajero, mientras me besaba y me agarraba las manos y se las ponía sobre los senos. Aunque yo estaba muy excitado y jadeante, con una erección pulsátil que chocaba contra la cremallera del pantalón, tuve que parar y sin aliento explicarle que estaba de visita de la casa de esa familia y no podía hacer cosas como ésas allí.

—¡Llévame donde llevas a otras chicas! —gimió.

Bueno, no había otras chicas. Pero puesto que había oído de otros amigos que estacionaban detrás de la secundaria, le sugerí que fuéramos allí.

Detrás del volante de su Cadillac cubano, ella dijo con un tono acariciador:

—Vamos.

Tan pronto como estacionamos detrás de la escuela, saltamos al asiento trasero —después de poner su ropa doblada de la lavandería en el delantero— y cerramos las puertas. En silencio mientras les daba gracias a todos los santos que estaban en su tablero de instrumentos y a todas las entidades religiosas que me vinieron a la mente, disfruté de la relación sexual mejor y más ardiente que había tenido hasta ese momento en toda mi vida. Cierto, era la primera o la segunda vez que me acostaba con alguien, pero fue mejor que todas las fantasías juntas. Era el himno nacional —el rojo resplandor de los misiles y las bombas estallando en el aire— junto con fuegos artificiales.

Ambos sudábamos copiosamente cuando nos vestimos y pusimos de nuevo la ropa lavada en el asiento trasero y nos pasamos para el frente. Momentos después, el interior del carro se iluminó con una brillante luz blanca con un toque rojizo. Todas las ventanillas estaban empañadas, pero pude ver la silueta del bombillo rojo de un carro patrullero.

Me quedé alucinado. ¡Vaya, finalmente me acosté con alguien y me van a arrestar por eso!

El carro patrullero, que llevaba dos policías, se paró al lado nuestro y sonó el claxon. La atractiva muchacha bajó el vidrió de la ventanilla.

Mirando a través del carro hacia mí, el policía que iba en el asiento del pasajero, preguntó:

—¿Todo anda bien?

Al no entender, ella no respondió.

—Dile «ies,» le susurré entre dientes.

La atractiva joven dijo un suspirante: «oh, lles», al tiempo que le dejaba ver al policía una curva de sus torneados hombros. Lo cual respondió perfectamente a su pregunta.

Gracias a Dios por ese súbita introducción al sexo. Gracias a Dios que yo fui afortunado de hacerme hombre en la época bohemia y de amor libre de los años setenta.

El 9 de julio de 1972, mi hermano Tony cumplió dieciocho y, como había planeado desde hacía mucho, comenzó su odisea oficial para salir de la casa de Dad. En realidad se había ido antes de transcurridos seis meses de mi partida, luego de comenzar sus estudios subgraduados en la Universidad de la Florida, en Gainesville.

De regreso a la ciudad en el verano, Tony jugaba béisbol en una liga local de hombres y me llamó para preguntarme si estaba intere-

sado en venir a verlo jugar. Me había localizado en la casa de mi amiga
Mary DiBernardo, donde me estaba quedando ese verano.

Mary era una joya, una joven señora extremadamente atractiva e
increíblemente amable; con una perenne sonrisa angelical y sólo cosas
positivas que decir acerca de los demás. Ella también se destacaba
como gimnasta a nivel local y en la natación sincronizada. Había seis
muchachos y tres chicas en su extensa familia italiana, y todos ellos, así
como sus padres, eran individuos excepcionales. Para mí, los DiBernardo eran el epítome de la filosofía que no le pone límites al amor. Me
brindaron un asiento adicional a la hora de la comida, que se servía
sobre dos largas mesas de picnic juntas, y me encontraron una cama
vacía con tres de sus hijos mayores en un cuarto que tenía literas de
pared a pared. Dos de los hermanos DiBernardo, Bruce y Fluff, como
los llamábamos, hablaban en sueños. Y no sólo eso, conversaban dor-
midos entre sí. No era más que una jerigonza, pero la conversación
podía extenderse durante horas.

Tony, a qué dudar, había conseguido con mami el número de teléfono de los DiBernardo. Sin titubear, le dije que me encantaría verlo e
ir al partido. Vino a recogerme en un carro que no era otro que el viejo
pisicorre color mierda de mono.

En lugar de dirigirnos directamente al partido, él tenía que volver
a casa de Dad y Mecca en el norte de Miami para ponerse el uniforme.
Mami me había mantenido al tanto de la noticia de que en el año y
medio transcurrido desde que yo me fuera, Dad había vuelto a casarse.
Él, Eddie y Barbie estaban viviendo en casa de Mecca, junto con los
hijos de ella, Charlie y Elena. Yo me acordaba bien de ellos de los tiempos del club cubano de Chicago. Según mi madre, que tenía muy
buena opinión de su antigua amiga, Mecca no le iba a aguantar mier-
das al Caballero, como mami lo llamaba cada vez más sarcásticamente
según pasaba el tiempo.

—Puedes ver a Eddie y Barbie por unos minutos mientras me cambio —dijo Tony. Lo que realmente quería darme a entender era que
esto había sido planeado para que yo pudiera encontrarme con Dad.

Bien, pensé, puedo manejar la situación.

Eddie y Barbie estaban en el jardín del frente cuando llegamos. Ambos habían crecido mucho desde la última vez que los había visto. Barbie, que iba a cumplir seis, era alta y delgada para su edad, con pelo castaño ondeado y una hermosa tez olivácea. Corrió hacia el carro sonriendo, con la más dulce de las sonrisas y hoyuelos idénticos en cada mejilla, antes de que pudiera abrir la puerta. Saltando de alegría, empezó a gritar:

—¡Bic!, ¡Bic!

Eddie, de once años, también alto y delgado, se quedó de algún modo pasmado, como yo bien podía entender. Detrás de los espejuelos que había empezado a usar —con la armadura barata, gruesa y ridícula que seguramente Dad habría insistido que usara—, se estaba convirtiendo en un muchacho guapo. El ver a mis hermanos pequeños, de repente me hizo sentir nuevamente culpable por haberlos abandonado en las manos del loco. Una mirada a Eddie y me bastó para saber que él le temía al interior de la casa.

Mecca, una rubia vivaz de gruesos lentes, nos saludaba desde adentro. Era una casa espaciosa de tres niveles y bien amueblada, mucho más bonita de cualquiera en la que hubiéramos vivido cuando Dad era el proveedor de nuestra familia. Era obvio que Mecca estaba cuidando muy bien a Barbie, y esto me hizo sentir feliz. Tal vez ella había conseguido domar a la bestia, que aún debía hacer su entrada. Después de todo, siempre había esperanza.

—Mi casa es tu casa —me dijo Mecca antes de salir corriendo para atender a una clienta en su salón de belleza—. Los pelos azules —agregó con sorna—, me mantienen empleada.

Tony miró la hora y corrió a ponerse el uniforme. En el momento en que me quedé solo en la sala, entró El Caballero. Dad era apenas una sombra del hombre atildado que había entrado en el salón de la jueza para tratar de inducirla a que creyera su historia y no la mía. Había dejado de teñirse el pelo y la barba y había aumentado entre quince y veinte libras. Llevaba puesto un viejo pulóver blanco y unos pantalones caqui del ejército. Parecía un viejo desaliñado y regordete, no el hombre con aspecto de estrella de cine que yo recordaba.

Cualquiera fuera la aprensión que sentía se disipó a la vista de la persona que estaba frente a mí. Él sonrió mientras se aproximaba —yo me había olvidado la apertura entre sus dos dientes frontales— y me extendió la mano.

Dudé por un momento, recordando las muchas veces que él me había pedido que le halara el dedo para poder tirarse un pedo, un chiste estúpido del que todos estábamos obligados a reírnos, y si nuestra risa no era considerada de su gusto, terminábamos abofeteados. Le tendí la mano y él la tomó.

En el momento en que nos dábamos nuestro apretón de manos de reconciliación —o lo que fuera—, Tony reapareció en su uniforme de béisbol, excusándose.

—Lo siento, Vic, tenemos que irnos.

Dad no miró a Tony. Manteniendo sus ojos fijos en mí, dijo:

—Quiero hablar con Vic por unos minutos.

Tony sabía el juego de poder que Dad estaba poniendo en práctica y, como un sobreviviente él mismo, no iba a caer en esa trampa.

—Dad, no tenemos tiempo ahora. Tengo que llegar a mi juego.

En el tono más amistoso y conciliador, Dad se ofreció a llevarme, prometiendo que me dejaría allí antes de que empezara el partido.

—Dad, de veras. Tenemos que irnos ahora.

—Quiero hablar con mi hijo. Yo lo voy a llevar. ¿Te viene bien, Vic?

Ahora la cosa era conmigo. Los ojos de Dad me imploraban. Tony, obviamente frustrado, me echó una mirada de advertencia. Era el antiguo ejercicio del poder. Yo allané la situación diciendo que Dad podría llevarme después que conversáramos.

Dad me invitó a sentarme en el sofá con él, mientras prendió un cigarro.

—¿Cómo va todo?

—Bien.

—Te ves bien. Has ganado en músculos. ¿Cómo estás pitcheando?

Aunque yo había dejado el béisbol cuando el entrenador Hertz me dijo que tomara algún receso, había jugado bien mi temporada de tercer año y también jugaría la del cuarto. Pero no iba a darle a él esa satisfacción.

—Ahora mismo me estoy concentrando en el fútbol.

—Sí, pero, tú sabes, el béisbol es lo tuyo.

—¿De veras? Bueno, hay mucha gente que piensa que es el fútbol.

—El fútbol es un deporte rudo. El béisbol cuadra más contigo.

Caímos en la vieja discusión. Él había encontrado su oportunidad. Provocándolo, le pregunté qué era exactamente lo que trataba de decirme.

—Simplemente estoy diciendo que el fútbol es un deporte rudo y que tú no eres lo suficientemente rudo para jugarlo.

Se me erizaron los pelos del cuello. La apariencia de Dad había cambiado, pero nada más. Yo le devolví la sonrisa y le dije:

—Tú ni siquiera me conoces.

—Sé que has estado andando con una pandilla, probablemente usando drogas y viviendo como un vagabundo en casas de otra gente.

Siguió hablando por un rato, pero yo había dejado de oírlo, mientras la cólera me iba subiendo por dentro y calentándome el cuerpo. Pero al mismo tiempo no iba a dejar que me viera sudar. No fue sino hasta que él encontró mi punto flaco, el lado vulnerable del amor donde podía clavarme su cuchillo.

—Todo esto es culpa de tu madre. Ella nunca pudo controlarte y ahora te ha acabado de echar a perder. ¡Puta de mierda!

Me levanté del sofá y me quedé mirándolo. Él retrocedió contra el brazo del sofá, y me devolvió la mirada con cautela.

—¡Tú no vas a hablar de mami de ese modo!

Me había engañado en esperar durante un par de horas que pudiéramos establecer una relación diferente o redefinirla de algún modo. Perdón. Yo quería perdonarlo y quererlo. Pero ahora todo lo que quería hacer era matarlo a golpes. Cualquier esperanza que yo hubiera acariciado se pulverizaba como las cenizas de su cigarro.

En esta conversación, una de las últimas que sostuvimos, le dije que era un idiota y que me excusara con Tony por el juego. Cuando salí de la casa, le dije adiós con la mano a mi hermanita y a mi hermano, y me fui aprisa.

Furioso, hablando solo, llorando, comencé a caminar en dirección de la casa de los DiBernardo, a veinte millas de distancia. Cuando llevaba andadas unas dos millas, me detuve en un teléfono público y llamé a Bruce DiBernardo y le pedí que viniera a recogerme. A Bruce no le hizo mucha gracia la idea, pero me dijo que se ponía de inmediato en camino.

Regresamos a la zona de Coral Park sin decirnos una palabra.

Mi vida de vagabundo llegó a su fin en agosto de 1972. Fue dos días antes de que empezara la práctica de verano de fútbol y cuando se me habían acabado los lugares donde quedarme.

Al regreso de una semana en las Montañas Azules, a las afueras de Asheville, Carolina del Norte, en un campamento auspiciado por la Fraternidad de Atletas Cristianos, hice un alto para visitar a mis entrenadores y ver si tenían algunas ideas. Mientras hablábamos, un estudiante de tercer año llamado Rocky Echevarría escuchó nuestra conversación y, para mi sorpresa, fue corriendo a su casa para ver si yo podía quedarme con su familia.

Un mes antes, como vicepresidente del capítulo escolar de la FCA, yo había tenido la responsabilidad de cubrir seis becas disponibles para el viaje al campamento de Asheville y sólo había podido cubrir cinco. Brian Wheeler, en cuya casa fue donde primero me quedé, sugirió: «¿Qué te parece Rocky Echevarría?». Conocía a Rocky como uno de los mariscales suplentes del equipo de fútbol, pero no sabía mucho más acerca de él. Nos íbamos al día siguiente y no quería que se perdiera una beca, así que le dije a Brian que le diera una llamada. Rocky aceptó inmediatamente.

Rocky, un adolescente cubanoamericano alto, apuesto y de carácter dulce, estaba esperándonos a la puerta de su casa cuando el Sr.

Wheeler pasó a recogerlo al día siguiente para llevarlo con nosotros en la guagua a Carolina del Norte. Dos miembros de su familia lo acompañaban para despedirlo, un atractivo hermano menor y quien yo suponía era una bellísima hermana.

Rocky dijo sus adioses y saltó al carro. Estaba tan entusiasmado con ir, decía, que no podía agradecerme lo bastante por haberle conseguido el puesto.

—Oye, no hay problema —le dije, imaginando que valía la pena probar—, te diré algo. Si de verdad quieres darme las gracias, cuando volvamos, ponme una piedra con tu hermana.

Pasmado, Rocky rápidamente me sacó de mi error.

—¡Ésa es mi mamá!

Ayy. Él aceptó mis excusas y admitió que su madre, Lillian Echevarria, parecía mucho más joven que una mujer que fuera la madre de dos adolescentes.

Cuando Rocky —o Steven, que era su verdadero nombre— fue a su casa a conversar con su madre de que me quedara allá, ella no le puso ninguna objeción, excepto preguntarle:

—Bien, ¿dónde va a dormir?

Rocky se encogió de hombros:

—En el suelo —era donde dormían otros amigos cuando se quedaban a pasar la noche, le recordó él.

Lillian estaba acostumbrada a que tanto su hijo Steven, de quince años, como Ernesto, trajesen a casa toda clase de animales extraviados. Pero no estaba preparada, admitió después, para el increíble mastodonte que iba a entrar por su puerta, un muchacho bien intencionado, pero bombeando testosterona a sus dieciséis años y con la furia a flor de piel.

Rocky me dio a entender que todo estaba resuelto. Con un saco con mis pertenencias y una veintena de perchas con ropa, llegué a casa de los Echevarría a la mañana siguiente y entré en ella detrás de Rocky. A la entrada, sin hacerme ninguna seña de si debía seguirlo o no, él hizo un rápido giro a la derecha y desapareció por el pasillo. Sintiéndome en una situación embarazosa, me quedé parado en el vestíbulo, mirando a las puertas corredizas al fondo del comedor a través de las cuales se derramaba la luz que bañaba todo el interior de la casa de un resplandor dorado. Afuera, el patio tenía una piscina con una palma gigante y un mango, y un poco más allá un laguito resplandeciente con casas a su alrededor. Parecía como un sueño del traspatio perfecto. La casa no era una mansión, pero me pareció un hogar de nobleza.

El ruido de un periódico me hizo cambiar la vista del lago a la mesa.

Sentado detrás del periódico, con un par de espejuelos que le colgaban de la punta de la nariz, había un hombre apuesto en pulóver y calzoncillos. Me miró allí, de pie, congelado, con mi veintena de percheros colgándome de un hombro y mi bolsa en la otra mano.

—¿*Hello?* —dijo en una voz con un marcado acento, pero perfectamente articulada.

—*Hello* —me aventuré a decir.

Él comenzaba a levantar el periódico, se detuvo, lo bajó otra vez, mientras me examinaba por encima de los espejuelos.

—¿Quién es usted?

—Yo soy Vic.

—Ah… —hizo una pausa, no seguro de si esa información se suponía que le dijese algo. Él me probó presentándose.

—Soy Bebo.

Este hombre corpulento sólo me había dicho su apodo, que en español significa bebé grande. Cuando eso no me provocó a decirme nada más, me hizo la pregunta que tenía en mente.

—¿Qué haces aquí?

—Me mudo.

Bebo registró su obvia falta de conocimiento antes de que gritara a voz en cuello:

—¡LILLIAN! ¡LILLIAN! ¿Pero qué coño está pasando aquí?

No sabiendo que hacer después, me volví y me encaminé en dirección adonde Rocky había desaparecido. Lo encontré en el cuarto que él compartía con su hermano. Su mamá asomó la cabeza en la puerta por un momento, sonriéndome y diciendo en un susurro:

—*¡Hello!*

Luego se desvaneció, dirigiéndose obviamente a la sala donde Bebo desataba una andanada de preguntas en español sobre este extraño grandulón que acababa de entrar en su casa. ¿Quién es? ¿De dónde viene? ¿A quién pertenece? ¿Qué está haciendo aquí? Con su melodiosa voz, ella le respondió pacientemente a todas sus preguntas, con un tono ligeramente indulgente. Sentía como si hubiera entrado en una escena de *I Love Lucy*, y Bebo fuese un Ricky Ricardo de 250 libras.

Cuando le pregunté a Rocky si se había olvidado de consultarle a su padre acerca de mi mudada, me reveló que lo había hecho a propósito.

—Confía en mí, es mejor no hacer preguntas de antemano —me explicó Rocky—. De esta manera él no tiene tiempo de pensar en ello y de decir que no.

La disputa del otro cuarto dio paso a un debate y finalmente a una conversación, en la que Bebo decía, de vez en cuando; «¡Pero, Lillian!». Ella se mantenía calmándolo con su voz melodiosa.

Oí que sus pasos venían por el pasillo hasta que se detuvieron a la puerta de la habitación donde estábamos. Bebo cubrió todo el marco de la puerta con su figura.

De pie, cómodamente vestido con su calzoncillo, me preguntó:

—¿Estás en el equipo de fútbol?

—Sí.

—¿Eres bueno?

Sí, Dad. ¡Es una de las estrellas! —interrumpió Rocky.

—¿Tú eres cubano?

—Sí, como no.

—Muy bien —se volvió y salió del cuarto.

Luego Lillian hizo su aparición para hacer una introducción formal. Ella era menuda, con una melena negra y ondeada. Tenía puesto poco o ningún maquillaje y era pasmosamente bella. Ella me hizo la pregunta universalmente importante.

—¿Tienes hambre?

Rocky y yo la seguimos hasta la cocina, donde, como una maga, preparó el más delicioso sándwich de huevo que yo jamás había probado, con queso derretido y jamón dulce. No tardé en conocer a Ernie, el hermano más pequeño, que cursaba el séptimo grado en la escuela primaria superior de la localidad, cuando se unió a nosotros. Era un chico muy guapo y bien formado con una sonrisa encantadora, y con un aire que me resultaba muy familiar. Él me reconoció inmediatamente de un trabajo que había hecho como entrenador invitado con el equipo de fútbol juvenil de los Kiwanis.

Ernie me dio la bienvenida a su casa, diciéndome:

—Ey, *Coach* Vic.

La familia Echevarría estaba integrada no sólo por Esteban (Bebo), Lillian, Rocky (Esteban Jr.) y Ernesto (Ernie), sino también por un verdadero zoológico. Había perros, gatos, un loro medialuna que hablaba español, y finalmente un mono capuchino que se llamaba, en homenaje a la Pantera Rosa, Minkey. Casi todos eran animales que se habían encontrado extraviados y a los que les habían dado el mismo amor y atención que a los miembros de la familia.

En mi segundo día en su casa, caí seriamente enfermo con un virus estomacal de veinticuatro horas por haber bebido agua fría contaminada durante una práctica. Vaya, yo estaba resultando ser tremendo huésped. De camino al baño, terminé vomitando en el pasillo. La pobre Lillian iba detrás de mi limpiando el desastre. Me sentía avergonzadísimo, pero no queriendo hacerme sentir mal, ella lo hizo sonriendo.

Antes de que empezara el curso, Lillian, a quien yo ahora llamaba Mom, nos llevó a comprarnos ropas para la escuela. Ella no discriminó entre sus hijos biológicos y su nuevo pupilo. Si a Rocky y a Ernie les compraron vaqueros nuevos, a mí también. Mi instinto era no confiar en esta bondad y generosidad, pero con cada compra y cada bolsa que me entregaban, no había amarras, ni advertencias de que si me portaba mal me las iban a quitar. En los otros hogares donde me habían recibido, me habían tratado muy bien como un huésped. De repente, por razones que no sabía si me las merecía, me trataban como a un miembro de la familia. Muy pronto Rocky y Ernie comenzaron a presentarme como su hermano; yo me sentía muy orgulloso de hacer lo mismo.

Posteriormente supe que varias personas de la comunidad le habían advertido a Mom que no me recibiera. Para ellos, yo era peligroso, en gran medida un riesgo que no valía la pena correr. Pero ella estuvo dispuesta a correr ese riesgo para intentar hacer un cambio significativo en mi vida. Ella fue la encarnación de la creencia de que siempre hay esperanza, y sus hijos tenían su misma personalidad optimista y contagiosamente cálida. Los miembros de mi nueva familia no sólo hicieron de su casa mi hogar, también me dieron la oportunidad de contar mi historia: de hablar y hablar y hablar. Hubo momentos en que me di cuenta de que ellos no siempre me creían algunas de las atrocidades por las que había pasado. Pero con el tiempo, llegaron a comparar los diferentes relatos y reconocieron que nunca habían sido adaptados o embellecidos. Ellos también compartieron sus relatos y su rica historia familiar conmigo.

Mom enseñaba en un kindergarten del barrio de La Pequeña Habana de Miami, donde muchos de sus alumnos eran niños de habla hispana, de familias de bajos ingresos. Yo la visité varias veces en su escuela y vi de primera mano por qué, tiempo después, el condado de Dade le concedería el Premio a la Maestra del Año.

La comunicación íntima entre Bebo y yo estaba reducida al mínimo, pero sí conversábamos, de un modo totalmente diferente del que yo conocía, en que él se mostraba respetuoso de mi opinión y de mi inteligencia. Él podía opinar de deportes y realmente podía hablar de política, especialmente de la política apasionada que ardía en el corazón de todo cubano exiliado. Era un piloto comercial con un gran deseo de vivir y de aprender, que leía continuamente periódicos y libros, sobre todo de temas militares y de espionaje, plantado en la mesa del comedor, como él primer día en que llegué a su casa, con sus calzoncillos y sus espejuelos.

Una de las cosas que Rocky también había olvidado decirme era que estaría en su casa sólo hasta que se pudiera localizar a otra familia que me recibiera. Mom sí le preguntó a Rocky en una ocasión si yo aún estaba buscando.

—¿Por qué? —le contestó Rocky—. Él no va a meterse en líos —y Ernie agregó—: Y a Dad parece caerle bien.

—¿Adivinen quien viene a comer y a quedarse? —se convirtió en el chiste de la familia, y ahora que yo era parte de la familia, no me importaba que el chiste fuera sobre mí.

En los dos años que habían pasado desde que salí del despacho de la jueza, liberado de la tutela de Dad, pero un crío emocional en lo que respecta al amor, el prospecto de tener una novia se había ido haciendo cada vez más remoto. Para el otoño de mi último año de secundaria, había salido con varias chicas, pero sin que hubiera nada serio. Nunca había andado de manos cogidas con ninguna de ellas ni nos habíamos besado en los pasillos. Y entonces, la providencia me sonrió y escogí a Kim Smith, la muchacha más dulce, bonita y sensible, para que fuese mi primer amor.

Kim, una rubia impresionante de ojos pardos y elegantísima figura, era brillante, simpática, sexy y en extremo talentosa como artista. Vivía, para mi conveniencia, a tres cuadras de los Echevarría, lo cual facilitaba que estuviéramos juntos. En el transcurso de nuestra relación, ella me ayudó a orientarme a través de aguas muy turbulentas, en primer lugar convenciéndome de que yo era atractivo y digno de ser amado, luego induciéndome a expresar afecto tanto verbal como físicamente, y finalmente insistiendo en lograr que encarara un serio problema de celos que resultó que yo tenía.

A principio de nuestra relación en Coral Park, vi a dos tipos mirándole su falda corta mientras pasaba junto a ellos en la cafetería. Les fui encima, los agarré por el pelo y les aplasté las caras en las bandejas de comida. Mis acciones les hicieron ver con toda claridad, a ellos y la mayoría de los otros estudiantes que estaban en la cafetería, que Kim era mi novia. Kim estaba avergonzada por mi demostración de fuerza y me dijo que ella podía cuidarse sola. Como el tiempo se encargaría de decirlo en nuestra relación, yo tenía mucho que aprender en el departamento del amor.

Ese primero de octubre, cuando cumplí diecisiete años, fue sin duda el cumpleaños más feliz de mi vida. Estaba a salvó en un hogar amoroso, era co-capitán del equipo de fútbol, presidente de la clase de cuarto año, con buenos resultados académicos y tenía una novia. ¿Quién habría pensado jamás que todo eso era posible? Y luego, como un regalo para mí mismo, con quince dólares de mis ahorros, me compré un carro. No exactamente un carro. Era un Ford Anglia de 1947 de fabricación británica que tenía el color y la forma de un limón. Tenía rotos los montajes del motor, no tenía radio y la palanca de cambio tenía un hueco en la funda que dejaba que el humo del tubo de escape se metiera en el carro, pero su arranque era impresionantemente brioso.

Por los próximos seis meses, mi Anglia me sirvió como un corcel leal, mientras yo mantuviera las ventanillas abiertas todo el tiempo, de manera que el humo del escape no me hiciera perder el sentido, y que me cerciorara de desacelerar en las curvas. La primera vez que hice un giro rápido y violento al salir del parqueo de la escuela, el carro se volcó. Pero no inmediatamente, Se volcó y se bamboleó —como el personaje de Arte Johnson en *Laugh-In,* empequeñecido en su destartalado triciclo— en cámara lenta a lo largo de otra cuadra hasta que finalmente cayó de lado. Un grupo de muchachos que jugaba en la calle rodeaba al Anglia caído al tiempo que yo saltaba por la ventanilla abierta, ileso. El carro era tan ligero que pude agarrarlo por la puerta y enderezarlo sobre las cuatro ruedas. Los muchachos de pie en la calle se quedaron boquiabiertos: «¡Vaya! ¡Batman!», exclamó uno de ellos en el momento en que me iba. Puesto que no tenía claxon ni bocina, saqué el brazo por la ventanilla y agité el puño para celebrar el poder del Anglia.

Inevitablemente, mi corcel cogió con demasiada brusquedad una hondonada del terreno en mi camino a la escuela; eso, junto con las montaduras rotas del motor, ocasionó que éste se cayera y se incrustara ardiendo en el asfalto. Me bajé, le agradecí los servicios prestados y recorrí el resto del trayecto a la escuela a pie. Más tarde, cuando pasé de regreso por el lugar, no vi ni rastros del carro, e incluso el asfalto había sido repavimentado. Después de esa experiencia, comencé a ahorrar mis pesitos para una motocicleta. Todavía desafortunadamente, me quedaban varios rasgos heredados del Ciclón que cosecharía de muchas maneras en los años venideros.

De no haber sido por Bebo, que me mostró un lado muy diferente de lo que significaba ser un padre, nunca habría podido superar varios desafíos. Irónicamente, durante mucho tiempo no supe cuál era mi situación con él, pese a que él había asumido de inmediato un papel paternal conmigo, en particular como caja de resonancia en mi difícil decisión de elegir un *college* donde comenzar mis estudios universitarios. Él tomaba en serio todos los deportes que yo hacía, concurriendo y animándome, y nunca me criticaba sin también darme alientos.

El equipo de fútbol de mi cuarto año tenía un mariscal que no era del calibre de Marvin Wheeler, y con frecuencia no alcanzaba a lanzar el balón a la distancia necesaria con un brazo dudoso. En un tiro deficiente, tuve que saltar en un ángulo que le permitió a un defensa agarrarme por las piernas y tumbarme, ocasionando que diera una voltereta y fuera a dar al suelo de cabeza quedándome inconsciente. Desperté en la casa de campo del estadio, frente a la cara de Fluff DiBernardo que me preguntaba si me sentía bien. Justo por encima de su hombro, un Bebo muy preocupado estaba a la espera de que llegara la ambulancia.

En el salón de emergencia, me hicieron varias pruebas y no me encontraron ninguna lesión aparente, me pusieron un braguero cervical de espuma de goma y me dieron de alta, y Bebo me llevo a su carro y me condujo a casa. Me puse en manos de Lillian, quien se cercioró de que comiera algo —naturalmente— y me mandó a que me echara en la cama de Rocky por el resto de la noche. Antes de quedarme dormido sentí un golpecito en la ventana que resultó ser Mary DiBernardo y algunos de sus amigos, y luego la lenta aparición de más de otros treinta compañeros de escuela, muchos de ellos llorando. Se había corrido el rumor de que yo estaba muerto o impedido, y ellos habían venido a presentar sus respetos. Abrumado por la atención, muy pronto les pedí a todos que se fueran porque no quería que me vieran llorando. Cuando se fueron dejé que el dique se desbordara y me quedé dormido en la cama de mi nuevo hermano. Esa noche, y en la semana que siguió, cuando vi que la noticia de mi muerte inoportuna hizo que tantos estudiantes y muchos maestros corrieran a verme con grandes y espléndidas sonrisas, muchas de mis viejas heridas se curaron. Ya no era el mismo muchacho que deseaba morirse para que la gente le prestara atención y lo quisiera.

A mami la dejaron ignorante de los detalles de que había recibido un golpe que me dejó inconsciente. Anteriormente ella había venido a verme jugar y detestó el juego. Después de eso, me dijo que se escalofriaba cada vez que yo le daba a alguien o alguien me daba a mí. Por favor, *mijo,* me dijo, invítame a otros sitios, pero no a juegos de fútbol. Kim y mi madre la pasaban juntas estupendamente bien, pese a la barrera del idioma. El que mami aprobara a mi novia era importante para mí. Con su don de visión, me daba cuenta, ella seguía conociendo muy bien a los demás y sus intenciones. Mami también se sentía feliz de que yo hubiera encontrado el abrigo de una segunda familia que me apoyara. Era verdad que una parte de ella se lamentaba de no haber podido criarnos a todos bajo el mismo techo, pero eso nunca impidió que deseara lo mejor para cada uno de nosotros. Era maravilloso que yo estuviera viviendo en una casa donde podía nadar en una piscina y hacer esquí acuático en un lago cuantas veces quisiera y comer tres abundantes comidas al día, por lo menos. Pero lo que a ella le gustaba más de los Echevarria, escribiría después, era que entendieron mis complejidades y fueron capaces de formarme.

Aunque Bebo parecía genuinamente orgulloso de mis logros, él no era abiertamente afectivo conmigo de la manera que lo eran Lillian, Rocky y Ernie. A su manera áspera, a él sí lo incomodaba una familia que recogía tantos extraviados. Pero aunque peleara por eso, no resultaba amenazante de una manera física o lesiva. Por lo general, canalizaba su cólera en largos, apasionados y a veces divertidos arranques sobre los comunistas y Fidel. Su mayor fantasía era que todos nosotros creciéramos y nos incorporáramos a la fuerza aérea para que pudiéramos lanzar bombas a la cabeza de Castro.

La noche en que reveló cómo él realmente se sentía acerca de mí vino después de que yo había vivido en su casa durante varios meses. La víspera de una jornada escolar, en que se suponía que él iba a estar fuera del pueblo por el resto de la semana —en alguno de los muchos vuelos fletados y de carga que solía pilotear por esa época—, alguien tuvo la brillante idea de visitar un cementerio y una antigua casa abandonada donde salían fantasmas, y tomamos en préstamo algunas de las preciadas armas antiguas de Bebo, tales como espadas, escudos, hachas y mazas de guerra, de manera que pudiéramos defendernos. En un empeño colectivo, Rocky, Ernie y yo no las arreglamos para tomar silenciosamente los valiosos objetos que Bebo había coleccionado a lo largo de sus muchos viajes a Europa y otras partes del mundo, sin que Mom se diera cuenta, y salimos en un carro conducido por Jimmy Miranda, el campeón estatal de lucha de la escuela secundaria en la categoría de las cien libras (que luego se convirtió en un famoso jinete de carreras).

Nos habíamos divertido asustándonos de lo lindo. Comenzábamos a calmarnos, poco después de media noche, cuando Jimmy parqueó en la entrada de carros de la casa de los Echevarría y empezamos a descargar todos nuestros instrumentos de batalla. De repente, la puerta principal se abrió y allí estaba Bebo de pie en su calzoncillo y su pulóver.

¡Ah, carajo! Obviamente él había regresado temprano. Mirando hacia toda aquella armería medieval que tenía a mis pies, le dije a Jimmy en un murmullo:

—Llévate toda esta mierda a tu casa. La buscaré mañana.

—¡Coño! ¿Qué pasa aquí? —la voz de Bebo era dos octavas más alta, lo cual quería decir que él estaba REALMENTE FURIOSO. Era pasada la medianoche, con escuela al día siguiente, y nos habíamos llevado a Ernie que sólo estaba en primaria superior.

Mientras Bebo le cantaba las cuarenta a Rocky y a Ernie, yo me fui a nuestro cuarto y me senté en la cama con un humor sombrío, pensando que debía regresar y asumir la responsabilidad por los eventos de la noche. Pero no creía que tenía el derecho a intervenir. Momentos después el Bebo en calzoncillos se aparecía a la puerta, llenándola con su presencia como había hecho mi primer día en esa casa. Esto se acabó, pensé, él finalmente me va a dar mi carta de despido.

Inmediatamente me señaló con el dedo, como si prosiguiera el discurso que había estado dando en la sala.

—¿Y tú? ¡Tú eres el mayor! Deberías ser más responsable. ¡Se suponía que estuvieras encargado de mantener el orden!

Él me había hecho el mayor elogio que jamás había recibido. Me estaba tratando como si yo fuera su propio hijo. Yo mantuve la cabeza baja, mirando al piso, fingiendo vergüenza, intentando disimular el hecho que me estaba sonriendo. Ahora era un verdadero miembro de la familia.

Bebo, Mom, Rocky y Ernie parecían enorgullecerse del volumen y la intensidad de las ofertas de matrícula que estaba recibiendo con vistas a captar mi interés. Por el tiempo en que la temporada de fútbol llegaba a su fin, yo le había añadido a mi calidad de deseable varios honores atléticos, entre ellos el reconocimiento municipal de que era uno de los primeros delanteros ofensivos y ala cerrada de Miami. Siempre que los reclutadores universitarios me hacían visitas personales para entusiasmarme con sus programas, a Bebo le gustaba participar de esas reuniones, en las cuales presumía sin cortapisas con ellos acerca de mi talento, resistencia y determinación. Pero cuando llegó la hora de tomar una decisión, aunque estuvo encantado de ofrecer una opinión, él respetó que fuera yo solo quien tenía que hacerla.

De las 150 cartas de los reclutadores, las escuelas y los programas de fútbol que más me interesaron fueron Memphis State, Iowa State, La Universidad de Miami, la Universidad del Estado de la Florida, Princeton, la Universidad de Pensilvania, la Citadel y unas cuantas academias militares menos conocidas. Estas últimas me atraían porque podía verme haciendo una carrera militar después del fútbol. Los programas de las grandes universidades del Nordeste también me hacían ilusión. Aunque sus equipos no fueran los mejores, la sola idea de que Dad tuviera que tragarse esa píldora me hacía querer aceptarlos de inmediato. Sin embargo, asumiendo una postura más reflexiva, decidí aplazar mi elección hasta después de haber hecho los viajes de recluta- miento que ya me habían programado. A principios de diciembre ya había visitado Pensilvania, la Universidad del Estado de Memphis, la Universidad de Miami y la del Estado de la Florida cuando me di cuenta de que ya había tomado una determinación y decidí cancelar el resto de los viajes. Había muchos factores a considerar, incluidos la dis- ponibilidad de becas, la atmósfera del recinto universitario, el costo de los viajes y, por supuesto, el personal del fútbol. Pero el factor más in- fluyente en mi decisión final para asistir a la FSU, además de la proba- bilidad de que me otorgaran allí una beca completa de cuatro años, fue la amable recepción que me dieron los que entonces se conocían como las *Seminole Seekers*.

El pintoresco *campus* de Talahassee, la capital del estado de la Flo- rida, era en extremo atractivo, salpicado de edificios de ladrillos rojos y rodeado de hermosas colinas verdes, de lagos y de bosques de pinos. También me entusiasmaba el hecho de que el director técnico Larry Jones estaba allí y que el programa de la FSU estaba entre los primeros veinte del país. Otro atractivo era Cash Hall, el dormitorio privado fuera del recinto universitario donde estaba la sede de los equipos de fútbol y de béisbol, así como la cafetería y la piscina. Cuando asistí a un juego, llevando el pulóver oro y granate de los Seminoles, en el es- tadio de Doak Campbell, lleno hasta el tope con más de cincuenta mil fanáticos, supe que era allí donde quería jugar. Viendo al FSU ganar fá- cilmente me hizo sentir asimismo que quería asociarme a un programa triunfador.

Pero el argumento decisivo fue la asombrosa cantidad de mucha- chas hermosas que vi y, sobre todo, el encanto especial de las *Seminole Seekers,* un batallón de extraordinarias damitas entusiastas del fútbol que me hicieron sentir, muy pero muy querido. Convertido a la causa, supe que quería ser un seminole.

Así pues, el 9 de diciembre de 1972, con mami y la familia Eche- varría presente, firmé mi carta nacional de intención de asistir a la Uni- versidad del Estado de la Florida con una beca deportiva completa, junto con aproximadamente otros quince jugadores de Miami quienes también se comprometieron temprano. De este acontecimiento se hizo eco el *Miami Herald* y varias estaciones locales de televisión. La imagen de Dad viéndome desafiar todas sus peores predicciones me dio alguna satisfacción. ¿Quién dijo que yo no era lo bastante fuerte?

Pero al día siguiente cuando Bebo me dijo: «Tu padre llamó. Quiere tener una reunión con nosotros», eso no me sonó bien.

—¿Para qué? —respondí con pánico—. ¿Qué quiere hablar con ustedes?

—Yo no sé.

Dad llegó a la noche siguiente absolutamente transformado en relación con seis meses atrás. Ya no estaba viejo ni desaliñado, de nuevo volvía a hacer el hombre bien peinado y vestido a la moda que entró portando un maletín.

—Hola, Vic —me dedicó su más encantadora sonrisa cuando me vio sentado en el sofá de la sala. Sin decir una palabra le devolví la mirada, inexpresiva.

Inquieto, y seguro de que Dad había venido a sabotearlo todo, observé a Bebo, a Mom y a Dad tomar asiento en las sillas del patio. Dad puso el maletín frente a él y procedió a abrirlo mientras hablaba. Sacó unas planillas a las que insistía en referirse. ¿Qué eran esos papeles? ¿Qué quería él? ¿Se las había arreglado para lograr que el tribunal le devolviera la custodia?

La conversación duró tan sólo unos minutos. Desde la sala pude oír el «no» de Bebo, calmo pero firme. Dad guardó sus papeles, le dio la mano a Bebo y a Mom y entraron de nuevo en la casa. Dad nunca me miró mientras atravesaba la casa para dirigirse a la puerta.

—¿Qué quería?

—No fue nada, Ya se acabó —me dijo Bebo. Luego viendo mi cara, me tranquilizó—. Estás bien, no tienes de qué preocuparte.

No importa cuánto yo preguntara, ni Bebo ni Mom me responderían el por qué Dad había estado allí. Mucho más tarde, luego de que ocurrieran otros muchos eventos catastróficos, Mom admitió que mi padre quería que ellos firmaran unos documentos que declararían formalmente que ya él no tenía ninguna responsabilidad económica o legal conmigo.

Los Echevarria no tenían que firmar nada para demostrar lo que ellos me habían dado incondicionalmente. Ellos recordarían durante mucho tiempo cómo yo retrocedía si alguien me tocaba de cualquier modo cuando llegué por primera vez a su casa. Pero poco a poco, con abrazos, besos y bondad, eso fue cambiando definitivamente.

Sin embargo, durante los días que antecedieron a la Navidad, como vi que varios regalos destinados a mí se empezaban a acumular debajo del árbol comencé a sentir, por una razón que no entendía, un miedo irracional a que todo lo bueno que me estaba ocurriendo se evaporaría una vez que se acabaran las fiestas navideñas. Esta idea no me afectó en Noche Buena, durante los festejos tradicionales de la víspera de Navidad que disfrutamos en casa de los Echevarría con un jolgorio sin paralelo en que montones de amigos y parientes atestaron la casa con música, comida, bebida, conversación y relatos.

Pero en la mañana de Navidad, cuando todos los demás se habían levantado y esperaban por mí en la sala, listos para abrir los regalos, yo no tenía ninguna prisa. Todos los fantasmas de todas las navidades anteriores habían aterrado mis sueños, con imágenes escogidas de los años en que sólo recibía ropa interior o calcetines como castigo. Después que Ernie me llamó de nuevo para decirme que aún estaban esperando por mí, corrí al baño, donde vi mi aterradora imagen en el espejo. Tenía lo ojos hinchados que apenas si los podía abrir.

Mom lo notó inmediatamente, al igual que Kim cuando llegó poco después trayendo aun más presentes para mí. Finalmente, se me ocurrió pensar que me había estado fingiendo enfermo en todas las navidades de mi vida para evitar la decepción y el sentimiento de inferioridad. Ahora, en lugar de sentirme decepcionado, no sabía qué había hecho bien para merecer todos esos regalos que llevaban mi nombre.

Con cada regalo que abría, mis ojos se irritaban y se hinchaban más. La expresión de sorpresa del grupo e incluso de Sally, la pastora alemana, me hizo correr al baño para mirarme. ¡Parecía una mutación entre el Hombre Increíble y una rana! Bebo me prestó un par de gafas de sol para que pudiera regresar a mi montón de regalos. Las lágrimas me empezaron a correr incontrolablemente por el rostro hasta llegar a la camisa.

Rocky me preguntó:

—Vic, ¿estás llorando?

—No, hombre —le dije con firmeza—. Son mis ojos.

Durante seis meses, me había sentado sobre una represa de emociones que querían romperse, pero no había pasado hasta ahora. Yo no quería presentarme como el Scrooge de Dickens, cuando en realidad me sentía como Tiny Tim. Era feliz, estaba a salvo y era querido. Dios nos bendiga a todos.

Pese a la transformación genuinamente milagrosa que había sufrido desde el momento en que llegué a Coral Park en el verano de 1970 como un muchacho ensimismado, impetuoso, destinado a buscarse problemas, para el día de Año Nuevo de 1973 aún existían para mí algunos grandes obstáculos que vencer a fin de alcanzar la graduación. No era sólo que los subdirectores parecían estar a la espera de la primera oportunidad para expulsarme, sino también el hecho de que, con mis tendencias a perder los estribos, mi intolerancia con los bravucones y el espectro latente de la violencia que continuamente me acechaba, estaba en el camino de convertirme en el hacedor de mi propia destrucción.

Había habido una bronca frente al lugar donde solíamos reunirnos, el restaurante Lum's en la calle Ocho del Sudoeste, cuando una pandilla del Miami High le cayó encima a algunos de mis socios. Esa maldita banda, compuesta fundamentalmente por cubanos, muchos de los cuales se distinguían por sus altos peinados afros, tenía la reputación de salirse de sus zonas y atacar a estudiantes de otras escuelas. Se movían en grupos grandes y casi siempre superaban en número a sus víctimas. Después que se aparecieron en Lum's y provocaron a dos de mis amigos, a quienes golpearon con tubos de acero, mi sentido de la injusticia quedó tan afectado que estúpidamente intervine desafiándolos a todos.

—Vengan, pendejos, ¡atrévanse conmigo!

Las sirenas se acercaban y la pelea se interrumpió, pero mi desafío verbal llegó a Miami High, convirtiéndome en un blanco de represalias por el resto de mi último año.

Había otro grupo de cubanos en Coral Park, con una indumentaria derivada de la música disco, que la emprendieron con un chico tranquilo de mi clase de inglés cuando se dirigía un día a una asamblea de los alumnos de cuarto año. En el mismo momento en que lo rodearon, vestidos llamativamente de poliéster y zapatos de plataforma, subí y de manera nada agresiva, con mucha cortesía, les dije:

—Déjenlo.

El que al parecer era el líder de este grupo se volvió hacia mí y se puso en posición de kárate, que, por lo que yo sabía de las películas de kung fu, se llamaba la posición del caballo.

El resto de los chicos se quedó boquiabierto, como si yo me hubiera metido en un gran lío. A coro le rogaron a su líder:

—¡No!, ¡kárate no!

En el instante en que él levantaba las manos, lo derribé de un gancho corto, pero poderoso, con la izquierda. Él tocó el suelo y tuvo que cubrirse, para la gran desilusión de sus secuaces que repitieron el mismo estribillo, nuevamente al unísono, esta vez en un tono asustado y embarazoso:

—¡No!, ¡kárate, no!

Informes de estas confrontaciones le dieron municiones a los subdirectores McNulty y Farthing para discutir con mi defensora, Susi Baldwin, y con mis entrenadores que ellos me habían dado demasiado crédito por haber mejorado. El próximo incidente le daría a los subdirectores motivo para proceder con mi expulsión.

En este caso, la persona con quien querían ensañarse era una mujer. Carol, una de las muchachas más dulces y lindas de la escuela, tenía seis pies dos pulgadas de estatura, y con frecuencia ciertos idiotas

la tomaban con ella por cuenta de su talla. Un día después de terminadas las clases, cuando iba a salir del salón de pesas para coger un poco
de aire, vi a un tipo que la estaba arrinconando. Aunque ella intentaba
defenderse, él la apuntaba con el dedo, con un tono autoritario como
si la regañara y comenzaba a lanzarse contra ella, recordándome al instante la manera en que mi padre solía encimársele a mi madre.

Sin dudar ni un momento corrí en esa dirección. El tipo se quedó
helado, viéndome en camiseta, *shorts* y el cinturón de levantar pesas.
Con los músculos hinchados, probablemente tenía una apariencia en
que todo lo que necesitaba era una capa flotándome a la espalda. El
tipo salió corriendo mientras yo le daba caza. Carol vino detrás de mí
diciéndome:

—¡Vic, está bien!

Encolerizado, lo perseguí hasta el camerino de los varones y lo
arrinconé, empujándolo contra la pared al tiempo que lo levantaba en
peso hasta ponerlo a la altura de mis ojos y le gritaba en la cara:

—¡Nosotros no golpeamos a las hembras!

Con eso, lo solté. Después que él alcanzó a ponerse de pie casi mar-
cando el suelo con sus tenis al dirigirse hacia el exterior del camerino,
le aseguré a Carol, que estaba preocupada, que yo no lo había lesio-
nado, que me había limitado a darle una advertencia. Por su reacción
era evidente que el tipo la había estado mortificando durante largo
tiempo.

Mi acto heroico no fue visto como tal por el subdirector McNulty,
quien me llamó de la clase de Miss Baldwin para informarme que
cuando tiré al chico contra la pared, le había roto un hueso del ante-
brazo. Ni una más, dijo el subdirector; hay suficientes motivos de expulsión. Esto sería la cancelación de todo lo que yo había logrado y de
mis sueños para el futuro. Graduación, la beca de la FSU, acaso mi posición con mi nueva familia. Me jodía ver a McNulty tan complacido.
Me despidió, diciéndome que él y Farthing tomarían su decisión al
final del día.

Cuando Miss Baldwin oyó la noticia, por primera vez parecía muy
preocupada por mí. Prometió hacer lo que pudiera, pero yo tenía la

impresión de que ella podría haber gastado hasta su último capital sobre mí en incidentes anteriores.

Las noticias se propagan pronto en el recinto de una escuela secundaria. En el transcurso del día, en la medida en que me iba enojando cada vez más, varios alumnos se me acercaron y me dijeron que el tipo a quien le rompí el brazo era una amenaza. Kim había estado en la clase de arte con él y había cortado con una cuchilla los lienzos de varios estudiantes. Hacia el fin del día, algunos maestros fueron a la oficina a protestar por la decisión de expulsarme, informándole a los señores McNuly y Farthing respecto al comportamiento de ese estudiante. Los subdirectores admitieron que sabían muy bien que él era un auténtico buscapleitos, sin embargo, dijeron que eso no me daba el derecho a resolver los problemas por mis propias manos. Finalmente, se llegó a un arreglo cuando los padres del muchacho decidieron que no iban a presentar cargos. Tendría quedarme de castigo después de terminadas las clases, pero no me iban a expulsar. Miss Baldwin mi informó que varios maestros convinieron con el comentario que uno de ellos le había hecho a los subdirectores:

—Si hubiera más estudiantes como Vic Rivas en la escuela, tendríamos menos bravatas y menos niños lesionados.

A sólo dos meses de la graduación, me prometí que evitaría cualquier confrontación y que intentaría encontrar un camino más diplomático para resolver las diferencias. Bien, al menos me proponía intentarlo. El problema era que en el instante en que oía decir que alguien más débil o más pequeño era amenazado por alguien más fuerte o mayor, me convertía de nuevo en un muchachito colérico, pero con el cuerpo de un delantero de diecisiete años.

Eso sucedió hacia el final del año escolar cuando un amigo de Ernie de la primaria superior comenzó a verse acosado por un muchacho de secundaria. Los amigos que yo había hecho a través de Rocky y de Ernie valían mucho para mí. Como un muchacho carismático y extrovertido, Rocky era un imán tanto para los varones como para las chicas, todos los cuales se convirtieron en otro círculo de amigos míos. Ernie, que estaba por terminar el octavo grado, también tenía montones de socios con quienes él orgullosamente me compartía como su otro hermano mayor. Uno de sus mejores amigos era un chico llamado Adolfo, que había sido amenazado por un muchacho mayor, el campeón estatal de judo. No se preocupen por él, le aseguré a Ernie y a su amigo, tendré una conversacioncita con el bravucón.

Lo que comenzó como un esfuerzo diplomático de mi parte no tardó en convertirse en combativo luego que seguí al campeón de judo hasta la cafetería, y le hice saber que si persistía en amenazar a Adolfo, se las tendría que ver conmigo.

El tipo puede haber sido el campeón estatal de judo, pero tenía la mitad de mi tamaño. Me miró muy tranquilamente y me dijo:

—¡Si me tocas, tendrás por lo menos tres pandillas detrás de ti!

Lejos de intimidarme le repliqué:

—Adelante, trae a tus pandillas pendejas si quieres, pero deja tranquilo al muchacho —¿Valiente de mi parte? Tal vez, pero no inteligente.

Dentro de unos días, las pandillas comenzaron a dejarse ver, entre ellas la pandilla de cubanos con peinados afro que yo había desafiado en el estacionamiento del Lum's. Siempre que se aparecían llamaban a la policía, pero cuando éstos llegaban los pandilleros ya se habían ido. En un momento, el Sr. McNulty sugirió que reclutara a unos cuantos jugadores de fútbol como guardaespaldas. Para mi sorpresa, cuando le pregunté si me permitiría traer un bate a la escuela me dijo que sí.

Ahora, arruinando mi fanfarronada, tenía que andar por la escuela con mi propia cuadrillas de amigos y compañeros deportistas con mi bate en la mano. Me revestí de una máscara de tipo duro, pero por dentro estaba asustado; además de eso, Kim corría peligro.

Aunque yo parecía arreglármelas hasta el momento, mi retrasado desarrollo emocional con frecuencia me dejaba desarmado para enfrentar la confrontación y la desilusión. Esto se me hizo evidente luego de que ocurrió algo en casa con Mom el día de la excursión de la clase de graduandos, un acontecimiento que yo esperaba ansiosamente. Como presidente de los alumnos de cuarto año, había ayudado a organizar el viaje de nuestra clase a Disney World, donde iban a cerrar el parque al público para recibir solamente a los alumnos salientes de secundaria de todo el estado quienes dominarían la noche.

Aunque Mom me había prometido despertarme poco después de mediodía de la siesta que iba a tomar —antes de que fuera la hora de abordar una de las guaguas que harían el trayecto de cuatro horas de Miami a Orlando hacia el fin de la tarde—, cuando desperté, el cuarto estaba a oscuras. El corazón me empezó a latir apresuradamente y el pulso se me aceleró. El reloj marcaba las 7:30 P.M.

Cuando irrumpí en la cocina, sintiéndome más enojado a cada paso, confronté a Mom:

—¡Se suponía que me despertaras! ¿Qué paso?

Mom me miró un poco molesta también:

—Lo intenté, pero cuando te toqué, comenzaste a manotear y a gritarme y casi me pegas.

No era la primera vez que ocurría algo así en su casa. Durante la temporada de fútbol, cuando tomaba una siesta, puesto que los despertadores eran inútiles, Rocky o Ernie eran los encargados de despertarme. Luego de mi primer violento exabrupto, ellos aprendieron a usar la punta de la escoba para aguijonearme con ella hasta que me despertara. Parecían comprender que me habían despertado violentamente tantas veces de niño que éste era un mecanismo de defensa que me había fabricado en el sueño. No era culpa de Mom, obviamente. Pero yo estaba tan enojado por haberme perdido la noche de graduandos, que no puede dejar de decirle:

—Maldita sea. ¿Por qué no usaste la escoba?

Mom no iba a discutir conmigo.

—Mira, Vic. Lo siento que no te desperté, pero tú no vas a pegarme.

Cambiando de tema, ella sugirió que me apurara y me vistiera, ofreciéndome incluso su Pontiac Trans Am nuevo para que me fuera conduciendo hasta Orlando.

Era demasiado tarde, lamenté trágicamente, y me tiré de nuevo en la cama, enfurruñado debajo de los cobertores. Tomó algunos días en que se me quitara el desencanto. Pero algo positivo salió de lo que había ocurrido entre Mom y yo y de lo que fue la primera y única vez en que tuve un arranque de cólera y frustración con ella que pudiera haber herido también sus sentimientos. En lugar de crear una desavenencia o un problema en el seno de la familia, no cambió nada. Ella me seguía queriendo, con defectos y arranques y todo. La gente que se amaba incondicionalmente podía enfurecerse el uno con el otro. Eso ocurría. Pero el amor podía resistir esas tormentas pasajeras.

Miss Baldwin ciertamente debe haber tenido ocasiones en que estuvo frustrada y molesta conmigo, pero en la noche antes de la ceremonia de graduación de la clase de 1973 de la escuela secundaria de Coral Park, cuando me invitó a cenar en 45th Air Squadron, un restaurante al estilo de la segunda guerra mundial que domina una de las pistas del Aeropuerto Internacional de Miami, ella sólo me expresó el gran orgullo que sentía por mí.

Como presidente de mi clase, tenía el honor y el reto de pronunciar el discurso de fin de curso la noche siguiente, y ella iba a ayudarme a trabajar en eso durante la cena. Pero primero Miss Baldwin quiso recordarme que mis logros trascendían los grados académicos, las calificaciones de los exámenes o las becas. Pese a ser un niño que una vez creía que nadie lo quería, había sido elegido recientemente como el Más Popular de la escuela —una hazaña increíble (aunque yo podría haber esperado por el Más Simpático o el Más Deportista). Como el muchacho cuyo padre le había dicho que no era lo suficientemente fuerte para el fútbol, me sentía orgulloso de mi título de capitán del equipo de fútbol y también de haber competido en el equipo de lucha que ganó el campeonato del estado. Tenía una sana relación amorosa con una maravillosa y talentosa muchacha y, sobre todo, había sido cálidamente recibido en siete diferentes hogares y ahora había sido extraoficialmente adoptado por una familia.

Gracias a Miss Baldwin, yo también había encontrado inspiración en mi experiencia con *Close Up* para servir a la comunidad de voluntario en la limpieza de parques públicos, acompañar a invitados por las escuelas de la zona y trabajar en un programa para adultos con discapacidades de desarrollo —lo cual me dio el impulso que revivió mi necesidad de encontrar a mi hermano Robert.

Más que ninguna otra, ella era la persona que yo sentía que tenía la mayor responsabilidad de que el *Miami Herald* me hubiera nominado para un *Silver Knight,* un premio prestigioso que se otorga «para reconocer a los alumnos notables de cuarto año de las escuelas secundarias del Condado de Dade por servicios altruistas prestados a sus escuelas, iglesias, comunidad y semejantes».

Ella y los demás miembros de mi familia extensa, mis ángeles y defensores, todo el mundo en la escuela secundaria de Coral Park, e incluso mis críticos, me habían ayudado a salir por sus puertas con la garantía de una educación universitaria durante los próximos cuatro años, en tanto yo cumpliera mi parte.

Había llegado a esta comunidad como un perfecto extraño, un muchacho herido y perdido, una bomba de tiempo a la espera de estallar. Con una oportunidad tras otra, esta aldea nunca me abandonó; aunque yo tropezara o me aprovechara de la bondad o generosidad de alguien, me enseñaron a aceptar el amor y dar amor a cambio.

Gran parte de esto lo recordábamos con risas y unas cuantas lágrimas durante la comida. El discurso que yo iba a pronunciar la noche siguiente era una combinación de metáforas asociadas al fútbol y un énfasis en el servicio a la comunidad al estilo de «no preguntes lo que los demás pueden hacer por ti, sino lo que tú puedes hacer por los demás», y un poquito de «¡Diablos, si yo puedo hacerlo, cualquiera puede!». Palabras no muy originales, pero auténticas, y salidas directamente del corazón.

Al final de nuestra cena, ella me hizo un regalo. Se trataba de mi primera maleta, para mi nueva aventura como estudiante y atleta en FSU. Salimos andando hacia el estacionamiento, en la tibia noche de Miami, las luces del aeropuerto y de los aviones que llegaban danzaban a nuestro alrededor. Nos abrazamos y me incliné para darle un beso en la mejilla. Ella se quedó mirándome con orgullo, con los largos mechones de pelo rubio que movidos por el aire le cruzaban el rostro. Se dio vuelta para irse, se montó en su carro, retrocedió, hizo un giro y se marchó. Yo sollocé como un niño cuando las luces traseras de su carro se perdieron de vista.

Los Echevarría me llevaron al auditorio de Miami Beach donde iba a celebrarse la ceremonia de graduación. Rocky determinó que no debía seguir respondiendo a mi sobrenombre de Vic. «Es Víctor, ¡por victoria!», entonó él, algo que se convertiría en una suerte de *leit motif* durante muchos años por venir. Era gratificante saber que ellos estarían entre la multitud, junto con Miss Baldwin y la mayoría de las familias que me habían recibido en sus casas. Pero esta noche pertenecía a mami, que asistió a mi graduación con su amiga, la joven mujer sexy, y con Carmen, entonces de dos años y medio. Ésta fue la victoria de mi madre. Nadie me vitoreó más alto ni aplaudió más mi discurso que mami cuando recibí mi diploma. Nunca se había sentido más orgullosa, me dijo, porque aunque yo había comenzado leyendo las notas que llevaba escritas en mis tarjetas de tres por cinco, había terminado por dejarlas a un lado y sencillamente había hablado con el corazón. Mi parte favorita fue el pedirle a toda la clase de graduandos que se pusiera de pie, tomaran sus birretes y se mudaran de un lado al otro, representando así nuestra transición a la adultez. Todo el auditorio irrumpió con aplausos, vítores y birretes que volaban por todas partes. ¡Un verdadero rapto de euforia!

Después de la ceremonia, Kim y yo nos encontramos fuera del auditorio con nuestras familias para tomarnos montones de fotografías. Nos apresuramos para llegar a la gran fiesta de los graduandos que se celebraría en un amplio y sucio terreno de estacionamiento que pertenecía a la familia de un estudiante. Ella y yo apenas si nos habíamos tomado nuestra primera cerveza cuando un compañero de clase vino corriendo hacia nosotros, sin aliento, y nos dijo:

—¡Vete ahora mismo! ¡Ya están aquí!

A la distancia podía verse una oleada ondulante de peinados afro que se encaminaba hacia nosotros, en busca de mi sangre.

—Kim, métete en tu carro —le gritó alguien—. Vic, escóndete en el asiento trasero! Kim se dirigió hacia la puerta de atrás y aceleró.

Escondido durante los próximos dos días, llamé a los entrenadores de la FSU para ver si aún podía aceptarles la oferta de llegar temprano y comenzar a entrenar para la próxima temporada. Tan pronto oí decir «venga», me monté en una Greyhound para Tallahassee, con mi maleta nueva y escondido en mi asiento hasta que estuve muy lejos de los límites de la ciudad.

Mi sentido de la ironía no me hizo dejar de observar que, tres años antes, me habían traído a Miami en secreto, y que ahora me iba de la misma manera.

6
el cubano loco
(1973–1979)

Todos nacemos locos. Algunos continúan así siempre.
—Samuel Beckett

EN EL VERANO DE 1978, morí y me fui al cielo. Cuando llegué allí me encontré sentado en el fondo de un aula del Biscayne College, donde los Dolphins de Miami tenía su campo de entrenamiento. El salón estaba erizado con la presencia de las leyendas del fútbol que yo había idolatrado como un adolescente en Miami. Junto a mí estaban los delanteros ofensivos, todos profesionales, Jim Langer, Larry Little y Bob Kuechenberg. Unas pocas filas adelante se sentaban Vern Den Herder, Tim Foley, Bob Matheson y Curtis Johnson, miembros de la Defensa Innombrable. En la primera fila estaban Garo Yepremian y Bob Griese. Y allá en el podio estaba el ilustre entrenador de mentón prominente Don Shula, verdadero dios del fútbol.

El *Miami News* había anunciado que mi ascensión a este cielo, que me convertía en el primer novato cubanoamericano que asistiera al campo de entrenamiento de los Dolphins de Miami, era la historia

del intento más improbable que nadie pudiera imaginar. Y no sabían
ni la mitad.

La verdad, tan absurda como a mí me costó reconocerla, era que
Dad puede haber tenido realmente razón tocante al hecho de que el
béisbol era el deporte que yo debía seguir. Él se equivocó, desde luego,
respecto a mi fuerza. El verdadero problema para mí como guardia
ofensivo —la posición que jugaba con los Seminoles— era mi tamaño.
Resultó ser, luego de tantos años de verme como este muchacho
grande y corpulento, que necesitaba aumentar de peso.

Esto fue lo primero que aprendí a mi llegada a Tallahassee en junio
de 1973, cuando el entrenador Frank Debord, el sureño grandote y jovial que era el director técnico del equipo, me miró de arriba abajo y
me mandó de inmediato al salón de pesas, diciéndome: «Parece que
debes ponerle alguna carne a tus huesos».

El único atleta en el salón de pesas ese día me dio una brusca lección del entrenamiento de pesas a nivel universitario. Se trataba de
Phil Arnold, apoyador del último curso que apenas llegaba a los seis
pies, pero esculpido y torneado como una estatua griega, con brazos
del tamaño de mis muslos. Observándole cargar discos de cuarenta y
cinco libras, uno tras otro, hasta la barra que estaba sobre el banco de
pesas, pensé que bromeaba cuando llegaron a diez, hasta que él procedió a levantar este peso diez veces con facilidad. Yo levantaba desde el
banco unas 225 libras en ese momento; y el acababa de levantar 450 libras. Resultaba que Phil Arnold estaba considerado el jugador de fútbol más fuerte de la nación. Entre tanto, pensaba que esto era lo que
debía esperarse de FSU.

Entre la sala de pesas, la cafetería en Cash Hall, y varios empleos de
verano, limpiando matorrales y cargando camiones con cabillas, au-
menté quince libras de volumen para el tiempo en que comenzaron las
prácticas dos veces al día en agosto. Con la temperatura de noventa
grados y el 90 por ciento de humedad responsable de crear un índice
de calor por encima de los 100°F, junto con la velocidad y el tamaño de
los otros atletas, lo cual hacía el encuentro de los jugadores mucho más

feroz, pensaba yo con nostalgia en aquellas prácticas de la escuela secundaria que parecían retozos en el parque. Las hormigas rojas son
siempre malvadas en la Florida. Pero aquí, en la práctica, había muchos días en que, si estaba acuclillado en mi posición y bajaba la mano,
la ponía encima de un nido de hormigas coloradas. Como delantero
ofensivo no me estaba permitido moverme, y tenía que soportar las pi-
caduras y los aguijonazos de las enfurecidas hormigas que me subían
por el brazo. Doug Dane, mi gran amigo y compañero de cuarto en la
universidad, y yo nos turnábamos en sacarnos de la cama por la mañana debido a la rigidez de los músculos, los calambres, las magulladu-
ras y las picadas de insectos.

Pero mi mayor problema de mi primer año no fueron las exigencias del entrenamiento. Mi Némesis fue el entrenador Mac, que supervisaba la línea ofensiva con toda la intensidad e intimidación de un
comandante militar. Un ex guardia del All-American por el estado de
la Florida, hablaba entre dientes mientras los rechinaba y nunca te quitaba la vista de encima mientras te hablaba. Estábamos destinados a
chocar. En su defensa puedo decir que él tenía una dura tarea: la primavera anterior, un montón de primeros jugadores había renunciado
debido a cambios de personal. Eso significaba que había plazas en el
equipo universitario que debían llenarse de nuestras filas de primer
año y había una gran competencia por la obtención de esos puestos. El
trabajo de Mac era obviamente separar los muchachos de los hombres.
Para hacer esto, su enfoque militante era privarnos de nuestra individualidad, y eso tocaba una zona sensible en la cual él me recordaba demasiado a papi. Tal como yo lo veía, no me cabía duda de que podría
jugar para el tipo, si bien él no tenía que caerme bien.

Nuestra primera confrontación ocurrió el 1 de octubre. Yo había
estado dividiendo el tiempo entre la práctica y el juego, con el equipo
juvenil y con el universitario. Durante un brutal encuentro de los delanteros en el que propiné un fuerte choque contra la defensa, me de-
rribaron de un golpe y terminé con la cara en el fango. La ofensiva
prosiguió en el pelotón, mientras un compañero de equipo corría a levantarme momentos antes de que volviera en mí. «¡Regrese al pelo-

tón!», gritó Mac acompañándose de un ademán, mientras mi compañero protestaba de que yo había estado inconsciente.

Él se ve bien ahora. ¡Vamos! —vociferó Mac con su voz de Kirk Douglas en el papel de Espartaco.

Me alineé para el juego y me abalancé contra la línea, golpeando a mi oponente con todo lo que tenía. El juego terminó, pero según el informe que oí después, seguí encima del jugador defensivo, golpeándolo con los puños y los antebrazos mientras el entrenador Mac hacía sonar furiosamente su silbato y le hacía señas a los otros jugadores de que me sacaran. Cuando lo hicieron, mis compañeros de equipo me dijeron que parecía psicótico y que la próxima cosa que supieron fue que puse los ojos en blanco y perdí el conocimiento. Llamaron a una ambulancia y me llevaron al hospital de la universidad.

El veredicto de que había sufrido una conmoción cerebral durante el juego inicial que se había complicado en el segundo juego, me lo contaron cuando desperté en la cama del hospital, cuatro horas después, vistiendo una bata de papel y cegado por un dolor de cabeza atroz. Cuando la enfermera entró a llenarme el papeleo con mis datos generales, hizo una pausa después de que le di mi fecha de nacimiento.

—Bien, Víctor —sonrió— ¡feliz cumpleaños!

Momentos después, Kim irrumpió llorosa y me ayudó a celebrar mis dieciocho años lo mejor que pudo. El dolor de cabeza y la nebulosa en que me encontraba desalentaban cualesquier planes de fiesta que pudiéramos haber tenido.

Después de someterme a toda una batería de pruebas que duraron todo el día siguiente, el resultado de las cuales fueron todas negativas, me dieron de alta por la tarde. Cuando llamé a los Echevarría para informarles de lo que había sucedido, Bebo dijo:

—¡Tú no suenas como tú! ¿Estás seguro de que estás bien?

En subsecuentes conversaciones, Bebo se llegó a preocupar mucho por mi estado mental y llamó para hablar con uno de mis entrenadores del equipo juvenil.

—Oh, Vic esta bien —le dijeron—. Le vamos a dar un par de días libres y viajará con nosotros al partido del equipo juvenil el sábado.

Bebo estalló.

—¿Están locos? Yo hablé con él anoche y ni siquiera sabe quién es. Él no está en sus cabales.

—Señor, le hicieron algunas pruebas y los médicos lo encontraron bien.

—¡A mí no me importa. ¡Él me suena desquiciado!

Bebo insistió en que la escuela me enviara a casa en avión para someterme a más pruebas. A la mañana siguiente, me recogió en el aeropuerto internacional de Miami y me llevó directamente al Hospital Bautista, donde había conseguido que me examinara uno de los principales neurólogos del país. Mis dolores de cabeza se habían hecho insoportables y apenas podía abrir los ojos debido al dolor y a la molestia de la luz.

El médico, con su melódico acento indio, explicó que había sufrido una concusión seria y que no podía jugar durante algún tiempo. Me recetó varias medicinas, entre ellas unos analgésicos para el dolor de cabeza, y espejuelos de sol Ray-Ban que debía usar día y noche por mi sensibilidad a la luz. Cuando Bebo me llevó de regreso al aeropuerto para volver a Tallahassee luego de unos cuantos días de reposo y de unas maravillosas comidas hechas por Mom, no pude encontrar las palabras para manifestarle mi gratitud y decirle cuanto lo quería. Ser protegido por él, como él habría protegido a cualquier de sus propios hijos, me dio una enorme sensación de seguridad. En lugar de decirle lo que sentía, me le acerqué, le di la mano y le dije simplemente «gracias».

El entrenador Mac nunca vino a verme. Ni siquiera preguntó cómo yo estaba. Mi conclusión era que mi lesión le servía de excusa para sacarme del programa. Luego de varias semanas de luchar con una niebla inducida por la droga y unos extenuantes dolores de cabeza que me hacía gritar en una almohada y no me ayudaban en mi trabajo académico, me obligué a volver a la práctica. Mi moral no era muy buena ni tampoco la del equipo universitario, que no había ganado un solo juego ese año. Con frecuencia, muchos de nosotros fortalecíamos nuestros decaídos espíritus en bares y discotecas locales quedándonos hasta bien pasadas las 11:00 P.M., hora en que los miembros del equipo de fútbol tenían que irse a dormir. La mayoría de los entrenadores se hacía de la vista gorda, probablemente con el deseo de poder compartir con nosotros, pero no Mac. Dispuesto a limpiar la casa, hizo una redada en nuestro dormitorio y nos sacó a rastras al terreno a la mañana siguiente, cuando todavía el alcohol nos circulaba por las venas, para hacernos correr estadios.

Un estadio es una medida de longitud en el léxico del fútbol que te exige subir corriendo las gradas desde la línea cero hasta el último piso del estadio y regresar. El entrenador Mac recorrió la alineación de jugadores, comenzando por los mayores, a quienes les impuso correr quince estadios cada uno. Al resto de los jugadores les impuso diez estadios. A mí me dejó para el final. Mientras todos los otros jugadores salían corriendo hasta lo alto del estadio Doak Campbell, Mac rugió:

—Rivas, ¡hágame cincuenta!

—¡Cincuenta! ¿Por qué cincuenta? ¡A todos los otros de primer año les puso diez!

—Muy bien, sesenta.

—Eso no es justo. Yo debo recibir el mismo castigo que los demás.

—Muy bien, cien. ¿Quieres que siga subiendo?

—No.

—No, ¿qué?

Yo sabía lo que él quería que yo dijera, pero rehusé darle el gusto de tener que dirigirme a él como «señor». Lo miré fijamente a los ojos con un odio que hasta entonces sólo había reservado para mi padre. Él estaba tratando de sacarme del equipo. La lesión en la cabeza no lo había hecho, así que ahora se disponía a quebrantar mi espíritu.

Mi espíritu se resistió, estúpida y enloquecidamente, mientras me repetía con otro insolente «No». Me di media vuelta y comencé a subir corriendo las empinadas gradas hasta el tope, ochenta y cinco veces en total.

Mi recompensa por ese comentario fue que por los próximos cuatro días tuve que correr diez estadios antes de ir a la escuela y diez estadios antes de la práctica. Hacia el fin del tercer día apenas podía caminar, mucho menos correr. Mis ya gruesos muslos parecían hinchados y ciertamente así me los sentía. El entrenador Mac personalmente supervisaba estas sanciones, disfrutando cada vez que tenía que doblarme para coger aire.

Al cuarto día, había corrido los estadios de la mañana, me duché y me fui a clases. Debido a que estaba sufriendo de serios calambres y espasmos musculares, salí de la segunda clase para volver a la casa de campo y a la sala de preparación, donde los entrenadores me dieron píldoras de sal y potasio para los calambres. Ya me iba cuando el entrenador Mac salía de las duchas con una toalla envuelta en la cintura. Nos miramos a los ojos.

—Rivas, vamos a correr algunos estadios.

—No. No es la hora.

—¿Qué dijiste? —salvó la distancia entre nosotros con unas rápidas zancadas, y se me encimó, nariz con nariz. Él podía oler mi cólera y sentir la involuntaria crispadura de mis puños.

—¿Quieres pegarme?

El calor me subió a las orejas. El corazón me empezó a golpear en el pecho. La bestia empezó a moverse en su jaula. Me mantuve firme.

—Anda, te voy a dejar que tires el prime golpe —dijo con calma, pero sus salvajes ojos azules estaban danzando en sus órbitas.

No sucumbí a su provocación, recordándole que si yo le pegaba, me quitarían la beca.

Él se rió, y luego, con los dientes apretados, me juró:

—Mientras yo esté aquí, Rivas, tú no vas a jugar fútbol.

Ahora era a mí quien le tocaba hacer una predicción.

—Sabe usted —le dije con pasión—, puede que yo esté por aquí mucho más tiempo que usted.

Al decirle eso, el entrenador Mac me agarró por la camisa y pude ver su otra mano con el puño cerrado.

—¿Qué se supone que quieres decir? —sus *pes*[1] me salpicaron la cara de saliva.

---

1 La doble «p» labial de la palabra inglesa «suppose». (N. del T.)

Yo estaba dispuesto a que me pegara, para que pudiera perder su empleo.

Estamos cero a siete; no hemos ganado un partido en todo el año. A los jugadores no los despiden —y le sonreí.

Él seguía sujetándome por la camisa, mientras le temblaba la cara, y luego me soltó, ordenándome que pasara por la oficina de Jones, el jefe de los entrenadores, después de la práctica.

Creí percibir sobre mi hombro una sonrisita diabólica que se parecía a la de papi y una voz semejante a la suya que me susurraba: «siempre te las arreglas para joder una cosa buena».

Dos horas después, el entrenador Mac me conducía al santuario del jefe de entrenadores. Larry Jones estaba sentado detrás de su escritorio, cabizbajo, escribiendo en un bloc de papel. Alzó la vista, se sonrió y me dijo:

—Hola, Vic Rivas. Oigo que tienes un problemita.

El entrenador Jones me pidió que le contara el incidente en el camerino. Le expliqué lo que había pasado y también le dije que yo creía que era injusto que recibiera un castigo tan severo por la misma infracción que otros habían cometido.

El entrenador Jones escuchó pacientemente y luego me dijo:

—Hijo, entiendo tu queja, pero eso no te da derecho a ponerle la mano encima a tu entrenador.

—¿Qué? ¡Yo no le he tocado! ¡Fue él quien me agarró a mí por la camisa!

—Tú sabes lo que hiciste, Rivas —rugió Mac a mi espalda—. Admítelo.

Me levanté de la silla y me recosté contra el escritorio respondiéndole a gritos

—¡Usted es un mentiroso! —las lágrimas me corrían por la cara mientras yo lo acusaba de ser exactamente igual que mi padre, a quien yo odiaba. Una vez más estuvimos a punto de entrarnos a golpes hasta que Jones intervino y le ordenó a Mac que saliera de su oficina.

—Creemos que es mejor si dejas el equipo —me dijo mientras

me sonreía de la manera más paternal, y continuó—. Ahora mismo te estás convirtiendo en una distracción para los otros jugadores.

—Yo no lo entiendo. He hecho todo lo que se esperaba de mí. He asumido el castigo como un hombre. Yo vine aquí a jugar fútbol.

Cuando le recordé de todas las otras escuelas que había rechazado por preferir la FSU, tuvo la desfachatez de ofrecerme que se pondría en contacto con ellas en mi nombre. No, le rogué, yo era un seminole.

Era cosa hecha. Si Mac no quería entrenarme, Jones no podía obligarlo. Pero yo estaba luchando ahora por mi existencia universitaria. No podían quitarme la beca si mis notas eran buenas y yo no había sido arrestado y no había golpeado al entrenador. El subterfugio era obvio. Para que ellos pudieran salir de mí, yo tenía que renunciar; tenía que renunciar voluntariamente a mi beca. Yo no me iba a mover.

El entrenador Jones lo resolvió a su modo sacándome del equipo y de Cash Hall. Mi beca había de conservarse intacta. La muerte de todos mis sueños me llevó al estadio, debajo de las tribunas para ventilar mi angustia solo. Pero como si Dad hubiera estado de algún modo orquestando estos eventos abisales, aún faltaban más cosas. Esa noche cuando regresé a mi cuarto de Cash Hall a recoger mis pertenencias, fue recibido por un escándalo y la vista de mis ropas que estaban siendo lanzadas de mi cuarto al piso del pasillo. Sin poder creerlo, levanté la vista de mis ropas y vi al entrenador Mac de pie sobre ellas con una sonrisa enloquecida en la cara.

—Fuera de aquí, Rivas. Usted ya no es bienvenido. No quiero que corrompa a sus compañero de cuarto —en su mano izquierda estaba uno de mis suéteres—. Esto ahora me pertenece.

Me vino a la mente hasta el último centavo que mi padre me robó de mis ahorros de mi ruta de periódicos, de todos los trofeos que me destrozó mientras me obligaba a presenciar la escena y luego a limpiar los destrozos, y cuando cortó en pedazos la chaqueta de calentamiento del juego de las estrellas. Mi suéter de fútbol de los Seminoles era la pieza material que yo más apreciaba y no iba a dejarle que me la volviera a robar. Quién sabe lo que le habría hecho al entrenador Mac si mis compañeros jugadores no me hubieran interceptado en mi estampida para matarlo. Quería matar a este hijo de puta. Y puesto que el no era mi padre, mi propia sangre y carne después de todo, yo podría haberlo hecho. El entrenador Mac se volvió y se fue. Conforme a mi predicción, él hacía mucho que se había ido cuando regresé al equipo la temporada siguiente.

Una vieja lección escolar: la historia se repite. Estaba comenzando a cobrar conciencia de que muchos de los escenarios de la infancia en los cuales me encontraba luchando contra las fuerzas de la injusticia se repetían en mi adultez. Pero cuando al año siguiente me encontré pasando otro cumpleaños en el hospital, y bajo circunstancias semejantes, me empavorecí.

Bien, la buena noticia era que después de sufrir una espantosa temporada 0-11, la FSU reemplazó a todo el cuadro de entrenadores, y para fines de mi primer año, yo estaba de regreso en Cash Hall y feliz de recibir a los nuevos entrenadores, que tenían que darse prisa en su trabajo para ponernos en forma para el otoño.

¿Cuán malos éramos? Cuando estalló una bronca entre un grupo de jugadores de fútbol, incluido yo, y los tipos de la fraternidad ATO, que nos superaban en número dos a uno, y les dimos una paliza, el hecho se convirtió en noticia principal en los medios de prensa desde Tallahassee a Miami y más allá, con titulares como este: ¡El equipo de fútbol de la FSU obtiene su primera victoria! ¡El fútbol Seminole ahora 1-11!

Éste era el lamentable estado de cosas que se encontró el Dr. Darrell Mudra, el nuevo director del cuerpo técnico, que se parecía y sonaba como el personaje de Columbo de Peter Falk. Tenía un doctorado en psicología, había sido campeón nacional de badminton y era un hombrecito simpático, intelectual, con una carrera estelar en rescatar programas de fútbol perdedores. El entrenador Mudra, con sus ropas ajadas y su raqueta de badminton en la mano, tenía el don de mezclar metáforas y de reunir retazos de ideas filosóficas de una ma-

nera singular. Tenía también la costumbre controversial y poco orto-
doxa de supervisar el juego desde el palco de los entrenadores y no
desde los laterales.

Contrató a un equipo técnico que incluía a Bob Harbison, mi
nuevo entrenador. A Harbison, que ya había entrenado a los Seminoles
les en el pasado, lo habían sacado de la jubilación. Con más de sesenta
años quizas, era un hombre tosco, avinagrado, a quien le encantaba
tener una mascada de tabaco entre el labio inferior y la encía. Tenía sus
propios dichos caseros y su voz tenía un tono suave y benévolo cuando
me instaba a hacer algo, como la ocasión en que estaba pegándole a Big
Bertha, la bolsa colgante de quinientas libras saturada de agua lluvia:

—¡Eso es, Rivas! ¡Ese es el modo de golpearla! ¡Debe sonar como
un gran peo del culo de una puerca vieja!

Estos fueron los tipos que me dieron la segunda oportunidad de
probarme a mí mismo. Un nuevo día, un nuevo amanecer. La sensación de liberación que sentía dentro de mí se resumía, por coincidencia, con una nueva locura que azotaba al país: ¡exhibicionismo! La
Universidad del Estado de la Florida tuvo el privilegio de ser el sitio de
uno de los actos de exhibicionismo masivo de la nación, en el que más
de diez mil estudiantes corrieron desnudos por los terrenos de la universidad. El acto fue organizado y anunciado en las noticias por un estudiante barbudo cuyo apodo era Rasputín. Cientos de residentes de
Tallahassee vinieron esa noche al recinto universitario con sillas de ti-
jera y refrescos mientras nuestra versión local de Buford Pusser llegó
dispuesto con su policía montada.

En Cash Hall, el equipo de fútbol entró en ambiente con un barri-
lito de cerveza, vestidos con nuestros shorts grises de practicar, medias
de tubo hasta las rodillas con los colores oro y granate del equipo, y
zapatos tenis. Cuando descendíamos hasta Landis Green, la gigantesca
área de césped en el medio de los terrenos de la universidad, no podía
creer lo que veían mis ojos. Gente desnuda que iba y venía corriendo
a toda velocidad, hombres en su mayoría, Pero unas cuantas mujeres
participaban del acto, y con cada mujer que yo veía quitándose la ropa,

también veía un montón de hombres que iban detrás de ella, adorándola y protegiéndola como si fuese la imagen de Venus.

De manera espontánea, al tiempo que llegaba la banda desnuda y rompía a tocar la canción de los Seminoles: «¡Paa, paa, paa, paaa. Paa, paa, paa. Paa, paa, paa! *F-L-O-R-I-D-A-S-T-A-T-E. ¡Florida State! ¡Florida State! ¡Florida State! ¡Viva!»*, el equipo de fútbol estaba en el centro de un masa humana que nos abría paso como a Moisés en el Mar Rojo. Cantándonos, la multitud exigió: «¡Encuérense! ¡Encuérense! ¡Encuérense!», y sin dudar ni un instante, me bajé los shorts, junto con mis compañeros de equipo, y comenzó lo que por definición era «el acto no sexual de correr libremente». Dondequiera que miraba o corría había una oleada de humanidad desnuda. No era la desnudez lo divertido, era la desnudez mientras se corría, porque en el momento en que uno se detenía, estaba, bueno, EN CUEROS. Y así es como me encontraba cuando uno de mis nuevos entrenadores estaba lo suficientemente relajado para decir hola y sugerir que regresáramos a Cash Hall. Buena cosa, puesto que algunos de mis compañeros fueron arrestados por el quisquilloso alguacil.

Con mucho entusiasmo y salud, comencé mi segundo año dispuesto a compensar el tiempo perdido fuera del terreno y a ser parte del nuevo y mejorado equipo de los Seminoles. Nuestro primer partido fue contra los Panthers de Pittsburg y su corredor estrella, Tony Dorsett, concertado como un partido nocturno en el estadio Doak Campbell.

Nos reunimos ansiosamente en el camerino en torno al director técnico Mudra para oír lo que prometía ser un inflamado discurso que nos motivara y prestamos la mayor atención cuando comenzó a preguntarnos:

—¿Han oído alguna vez hablar del factor de motivación exponencial en el perro de Pavlov?

Nos rascamos nuestras cabezas cubiertas por los cascos, intentando descifrar este enigma, pero resultó claro que nadie entendía de qué carajo él estaba hablando.

—¿Ustedes saben, el estimulo de la campana y la salivación?

De los jugadores no salió ninguna respuesta. Muchos de nosotros comenzamos a mirarnos unos a otros, por ver si alguien tenía la clave de ese extraño lenguaje.

—Bueno, ustedes saben, es como ese antiguo proverbio, uno puede llevar un caballo al agua, pero, oh, eso me hace acordarme de mi mujer...

En ese punto estallamos en una risotada y él farfulló:

—Bueno, está bien, ¡acabémoslos!

El equipo salió del camerino en un estado de confusión. Eso cambió rápidamente en el túnel, con el sonido de los redoblantes de la banda Florida State Marching Chiefs. Jugamos como el equipo de la FSU para el que habíamos firmado, y tuve el placer de jugar aproximadamente la mitad del partido. Aunque éramos fuertes, agarrando a Tony Dorsett a menos de cien yardas, perdimos el juego 9–6. Sin embargo, entre este juego y el próximo, que perdimos tan solo por una anotación, empezamos a jugar como ganadores. Ya era hora de que la pizarra de anotaciones reflejara ese espíritu.

Viajamos luego a un partido fuera, en Lawrence, Kansas, para enfrentarnos con los Jayhawks de la Universidad de Kansas. Los juegos fuera de la sede siempre me hacían sentir el gladiador que había en mí; disfrutaba el viajar hasta la arena de los enemigos para enfrentarme a sus gladiadores en medio de los gritos de sus fanáticos sedientos de sangre. Vinimos preparados, con zapatos especiales para jugar en su nuevo terreno de AstroTurf. Durante los ejercicios de calentamiento previo al juego, tuve el honor de estrecharle la mano al director atlético de los Jayhawks, Gayle Sayers, corredor de los Bears de Chicago ascendido al Pabellón de la Fama. Y eso es básicamente todo lo que recuerdo de un partido en que salimos derrotados 40–9, menos una miserable primera parte que estaba a punto de concluir cuando nuestro mariscal lanzó un tiro a un hombre que estaba rodeado por la defensa enemiga y el apoyador Steve Towle del Kansas interceptó el balón con mucho campo abierto por delante.

La única manera de cogerle era tomar un ángulo de persecución y esperar que hubiera estimado correctamente el punto de colisión. La geometría parecía predecible. Me lancé tras Towle, subiendo a campo traviesa, mientras él corría en línea recta hacia nuestra línea de gol. Nuestro punto de impacto —cuarenta yardas rectas para Towle y treinta yardas que yo había recorrido velozmente en ángulo— estuvo a punto de ser lateral. Un momento antes de la colisión, abrí los brazos, como un ave de presa que expandiera su envergadura, y comencé a bajar el casco, apuntándole a la mitad del pecho. Perfecto. Excepto por los malditos zapatos que, como supimos luego, eran experimentales. Las puntas de goma se adherían a la grama artificial, lo cual evitaba deslizamiento, pero provocaba tropezones. Me fui hacia adelante y en lugar de proyectar la cabeza contra el pecho de mi adversario, su rodilla se proyectó en mi casco y contra mi sien. El violento impacto nos lanzó a ambos al suelo.

En el hospital de Tallahassee, donde desperté al día siguiente, el informe era que después de haber quedado inconsciente y tirado de espaldas, con los brazos desplegados a ambos lados del cuerpo, yací inmóvil por uno o dos segundo y luego como un zombi de *La noche de los muertos vivientes,* mi cuerpo se sentó por un momento para volver a caer de espaldas sobre el terreno. Al parecer estuve sin conocimiento por veinte minutos, pero, afortunadamente, no sufrí ninguna lesión espinal. Sin embargo, estaba desorientado durante el viaje en avión de regreso a casa y molesto de pasar no ya una noche, sino una semana en el hospital sometiéndome a extensas pruebas neurológicas para determinar el daño a corto plazo y el posible daño a largo plazo de esta segunda concusión. Todas las pruebas arrojaron resultados negativos. El ángel de mi novia, Kim, vino a visitarme todos los días, incluido en el que cumplí diecinueve años. Llegó con un pastel y unos cuantos de mis compañeros de equipo y junto con los enfermeros me cantaron el «Happy Birthday».

Al darme de alta me fui derecho a la casa club del campo de fútbol, donde el entrenador Harbison me dio la mala noticia. Estaba nuevamente fuera del equipo. Pero esta vez no era porque ellos quisieran salir de mí. Era por mi propio bien.

—Hijo, he estado haciendo esto por veinticinco años —me dijo Harbison—. He visto montones de lesiones, pero nunca en mi vida había visto nada tan alarmante para un jugador. ¡Dios mío, pensé que estabas muerto! A mis ruegos, insistió en que él y Mudra habían hablado al respecto y habían estado de acuerdo en que, si me quedaba en la escuela, podría conservar la beca. Mascó su tabaco, viendo como me derrumbaba frente a él, antes de amonestarme:

—Atiende a tu educación, hijo. Olvídate del fútbol.

Nada que yo pude decir o hacer, quejarme o rabiar, lo hizo cambiar de opinión. Fui a ver a los entrenadores de defensa y les pedí si me podían cambiar para una posición del lado opuesto al balón. Estuvieron de acuerdo, pero me hicieron saber claramente que tendría que empezar en el último lugar del cuadro. Me sentía entusiasmado y nervioso de que me dieran la oportunidad de jugar otra vez.

Resultó ser que Larry Csonka, el corredor estrella de los Dolphins, también había sufrido una serie de concusiones y usaba un casco de reciente diseño llamado «casco de agua». El director del equipo de los Dolphins había enviado uno de sus cascos de agua a nuestro equipo para que lo probáramos, y afortunadamente me seleccionaron para esa prueba. El exterior del casco era idéntico al de cualquier otro, el interior estaba forrado con pequeñas almohadillas rellenas de una sustancia líquida. El casco era en extremo pesado y producía un sonido acuoso cuando uno hacia contacto con otra superficie. Durante la primera semana tuve que esforzarme por conservar la cabeza en mi puesto. Para la segunda semana ya lo estaba usando como un ariete.

La defensa me empleó bien convirtiéndome en parte del equipo explorador de la ofensiva, lo que significaba que mi trabajo consistía en simular los planes defensivos del adversario. Mi prioridad era demostrar que el entrenador Harbison estaba equivocado y conseguir regresar a la ofensiva. Pasé las primeras dos semanas propinando algunos de los golpes más fuertes de toda mi carrera de fútbol. No me preocupaba de mis responsabilidades defensivas. Básicamente, disparaba desde la línea de ataque y hacía retroceder al defensa. Luego de un golpe en extremo violento, me levanté del suelo y miré al entrenador Harbison. Sin duda capté su atención. A la tercera semana estaba de regreso en la línea ofensiva.

Desafortunadamente, nuestra temporada no había hecho gran cosa para cambiar las cifras de la FSU. Una lección deportiva reaprendida: perder es tan contagioso como ganar. El programa de fútbol había perdido su brillo y se estaba convirtiendo en el objeto de muchos chistes, tanto a nivel local como nacional. En los cambios que siguieron, Harbison se fue y vino un nuevo supervisor de la línea ofensiva. El entrenador Grouwinkle, un hombrón del Medio Oeste, tenía una voz que le venía bien a su nombre. Era todo un personaje, gruñía mucho, pero siempre tenía un guiño en sus ojos; me recordaba a Bebo y lo admiraba mucho.

Durante el entrenamiento de pretemporada de primavera, Arthur Jones, el creador de la máquina de ejercicio Nautilus, concibió y supervisó un programa de acondicionamiento para nuestro programa de fútbol. Nos llevaron hasta el límite del cansancio y del dolor, pero los resultados fueron fenomenales. Como un todo, el equipo alcanzó nuevos récords de fuerza, con más de treinta jugadores que levantaban más de trescientas libras y unos cuantos de nosotros que andábamos cerca de las cuatrocientas.

Justo cuando estaba a punto de terminar el año con una magnífica reputación, mi compañero de cuarto y yo nos vimos metidos en un lío por la posesión de una bolsita de marihuana. No importó cuanto protesté de que era mía, de que él era completamente inocente y que nada tenía que ver de que la hubieran encontrado en nuestro cuarto — donde yo había sido el anfitrión de una fiesta improvisada—, los entrenadores Mudra y Grounwinkle nos llevaron a una reunión con todos los otros entrenadores.

—Rivas, no comprendo —dijo uno de los entrenadores defensivos—, usted parece ser uno de los jugadores más dedicados, y ciertamente uno de los atletas con mejores condiciones de este equipo. ¿Cómo puede ser un adicto a la marihuana?

Sólo Dios sabe qué me poseyó para intentar explicar en ese mo-

mento que la hierba que fumaba era menos potente que un par de cóc-
teles y hacerles saber de que yo distaba de estar solo en este hábito. Ay.
Mi compañero de cuarto podría haberme matado con la mirada. Los
entrenadores quisieron hacer un trato, pidiéndonos que reveláramos
los nombres de los demás. Cuando rehusamos, se convocó una reunión del equipo en el que Mudra anunció: «Es de nuestro conocimiento que tenemos una epidemia de consumo de drogas en este
equipo». De ahí, prosiguió en una divagación de cinco minutos sobre
el consumo de drogas que era tan atinada como su exhortación pavlo-
viana de la pretemporada. No sólo yo era ahora el azote del equipo,
sino que al día siguiente, Mudra nos llamó a mi compañero de cuarto
y a mí para decimos que los entrenadores se inclinaban a botarnos del
equipo y a quitarnos las becas. Él en lugar de eso decidió que tendríamos que firmar un contrato en el cual renunciaríamos a nuestras becas
si nos metíamos en problemas otra vez. Ambos fuimos degradados
para el sótano de la línea ofensiva.

A tres semanas de terminar la práctica de primavera, yo era como la
sexta cuerda de la guitarra. Me esforcé en mi embestida, empujando y
encabezando la línea ofensiva de un ejercicio en otro. Al final, estaba
alternando con el primer equipo.

Aunque el fútbol consumía casi todas mis energías y mi tiempo, ciertamente había otras partes activas de mi vida en esos años. Como estudiante, había comenzado el lento, pero satisfactorio descubrimiento
de que Dad estaba completamente equivocado respecto a mi intelecto.
No era tan estúpido después de todo y posiblemente aún más inteligente que el promedio del hombre rudo. Además, había tomado a
pecho el consejo que me diera en mi primer año Chris Griffin, un defensa de cuarto año y uno de los primeros estudiantes de la FSU. Chris
había sido estudiante de «A» en todas las asignaturas durante su
tiempo en Florida State, funcionario electo de la escuela y atleta. Él
me dijo:

—No pierdas una clase, toma muchas notas y tendrás garantizada una «C».

Mi relación con Kim en algunos aspectos había seguido su curso. Ella sentía lo mismo y, con anterioridad, había sido la primera que intentara romperla. Yo me puse frenético y me comporté de un modo tan dramático —como si ya me hubiera abandonado— que ella reconsideró la situación y no tardó en cancelar la cancelación. Me había tolerado muchas cosas —entre ellas mis intermitentes infidelidades y un ridículo doble rasero que hacía intolerable la mera idea de que pudiera estar con cualquier otro. Cuando probamos a romper en un momento, mientras estábamos en la secundaria, lo que hice fue seguirla una noche en que salió con otro, y terminé asustándolos a ella y al tipo, al dejarme caer de un árbol mientras regresaban a casa.

Kim no me habló por varios días después de eso, y cuando lo hizo, me excusé, prometiéndole que no lo volvería a hacer. Resultó ser una valiosa lección acerca de cuán intolerable podía ser una comportamiento acechante como ése y me propuse no repetirlo más. En otra ocasión, durante una discusión muy acalorada, la sujeté inadvertidamente por los brazos y la empujé contra la pared. Al instante de hacerlo, la solté y retrocedí, seriamente temeroso de que pudiera llegar a hacer lo que me había prometido que nunca le haría a una mujer. Aunque yo no había golpeado a Kim, la había retenido físicamente contra su voluntad. «Eso nunca volverá a suceder», le prometí. Y nunca más sucedió, ni con ella ni con nadie más.

Una de las cosas que más me gustaban y más admiraba de Kim era su independencia. Si bien ella se sentía orgullosa de mis logros y de mi condición como un tipo importante en el recinto universitario, Kim hacía claro que ella tenía sus propios objetivos académicos y sus aspiraciones profesionales. Con el paso del tiempo, ésta fue una cualidad que fue adquiriendo mayor importancia para mí en el sexo opuesto. Por lo pronto, sin embargo, simplemente encontraba atractivas todas las cosas del sexo opuesto.

Siempre que ella me acusaba de traicionarla, yo le gritaba: «¡pruébamelo!». Ella nunca me sorprendió in fraganti, pero lo intentó. Mis reacciones indignadas eran vergonzosas, como eran mis arranques temperamentales en los que golpeé una o dos paredes para enfatizar un tema. El hecho de que ella me quisiera lo bastante para ser tolerante conmigo era una de las otras razones por las que yo no quería romper.

Estaba realmente indeciso respecto a qué hacer. ¿Romper, o seguir siendo deshonesto? Pasé el verano sopesando esa pregunta mientras me quedaba en Tallahassee y la seguía engañando.

Hubo unos pocos viajes a Miami ese verano en los cuales, como ya era usual en vacaciones y feriados, me quedaba en la casa de los Echevarría. La agenda incluía también rápidas visitas para ver a mami y a otros amigos. Además de la hospitalidad que Mom y Bebo me brindaban durante estos recesos, con frecuencia podía conseguir un empleo de fuera de temporada a través de Bebo y su hermana Yolanda, ya que ambos estaban en el negocio de aerolíneas. Trabajé en varios empleos en el aeropuerto internacional de Miami y en sus inmediaciones: en seguridad, en limpieza y mantenimiento de aeronaves, así como montando carga y equipaje.

Como vicepresidente de una compañía de carga, Bebo me había contratado, así como a Rocky, para cargar y descargar de todo, desde tulipanes holandeses hasta peces exóticos del Amazonas, ganado, animales salvajes y frutas de todas partes del mundo. Una vez incluso ayudé a llevar al delfín Flipper, desde el acuario marítimo de Miami hasta un avión que se dirigía a Sudamerica. Durante las vacaciones de Navidad de mi primer año en la universidad, estábamos Rocky y yo en la cabina de carga de un avión cuando el conductor del elevador no acertó con la entrada que tenía la tarima. Desde la entrada de la cabina, vimos como el huacal se caía desde una altura de quince pies para ir a despedazarse al chocar con la pista, liberando con ello a una docena de jóvenes monos capuchinos que salieron en todas direcciones en busca de libertad. Antes de que pudiéramos bajar al suelo, los monitos habían desaparecido en la noche miamense.

Tres días después, Rocky descubrió a uno de los monos detrás de una caja, tiritando, asustado y hambriento. Y al igual que todos los otros vagabundos, entre ellos yo, fue llevado a casa de los Echevarría, yendo a sumarse al zoológico que ya incluía a un perro, varios gatos y un loro media luna que hablaba español y se llamaba Cotica. Cotica aterrorizaba a los otros animales de la casa y en ocasiones a los miembros de la familia. Se movía libremente por la casa y le gustaba esconderse detrás del alto marco de un cuadro y desde allí lanzarse sobre los desprevenidos visitantes, especialmente una mujer amiga de la familia. Esta mujer siempre iba vestida para llamar la atención y emperifollada con excesivo maquillaje. Cotica aguardaba en silencio desde su escondite en lo alto hasta que esta mujer hacía su entrada, y luego se lanzaba en picada, gritando: «¡puta!, ¡puta!».

Pero en comparación con Minkey, como Rocky y Ernie llamaron al capuchino huérfano, la cotorra era mansa.

—Señor, ¿ustedes tienen un mono de mascota? —fue la pregunta que me hizo una mujer policía cuando llegué a casa en unas vacaciones y no me encontré a nadie.

—Sí tenemos un monito.

—Salga —y señaló al techo de la casa, donde estaba Minkey sosteniendo una piedra en cada mano, mientras saltaba y gritaba. Nuestra casa estaba en una curva donde los carros tenían que reducir la velocidad a cinco millas por hora. Minkey, que al parecer se había soltado de la larga cadena que lo sujetaba por la cintura, se había trepado al techo, y estaba lanzando las piedras que decoraban el tejado a los carros que pasaban. Ya había logrado alcanzar un par de ellos. La agente me ordenó bajarlo del techo y me dio una citación.

Minkey ya le había mordido una oreja a un gigantesco Doberman en la calle. Al llegar, me encontré al perro acobardado en un rincón con una herida sangrante y Minkey chillando desde un árbol. En otra ocasión, durante una de las tantas fugas de Minkey, se fue hasta la casa de un vecino, donde un grupo de adolescentes se divirtió en emborrachar al mono. Minkey, en estupor alcohólico, se subió al poste del teléfono y comenzó a balancearse en los alambres hasta tocar uno pelado. Los chicos llegaron a la casa llevando a Minkey inconsciente, envuelto en una toalla y con el pelaje chamuscado, y se lo entregaron a Bebo. En un gesto que imitaba un programa de resucitación cardiopulmonar, Bebo lo acostó en la mesa del comedor y comenzó a bombearle el pecho. Minkey recobró el conocimiento y de repente se puso de pie sobre la mesa y empezó a gritarle a los chicos, que se fueron huyendo despavoridos.

Posteriormente Minkey se fue por el Tamiami Trail hasta la ciudad de Sweetwater, donde pasó la tarde aterrorizando a toda la fueza policial hasta que Bebo pudo ir y recogerlo. Cuando Bebo llegó a la estación de policía, el sargento de carpeta le advirtió:

—Este mono es loco y violento. Es una amenaza.

Bebo, pese a su apariencia de hombre gigantesco y rudo, le respondió de inmediato:

—No, él es muy dulce —Minkey lanzó un chillido y procedió a morder a Bebo en el pulgar.

—¿Ve usted? —le mostró Bebo a los policías—. No duele.

Más tarde Bebo nos dijo que le dolió muchísimo:

—¡Me duele como carajo!

En otro ejemplo de sus travesuras, Minkey intentó saltar a una lancha de esquiar en el mismo momento en que el conductor aceleraba el motor. No cayó en el bote, sino que fue a dar a la cuerdas del esquí, sujetándose de ellas, que lo arrastraron por todo el lago, sumergiéndole y devolviéndole brutalmente a la superficie. Al fin pudimos captar la atención del conductor y logramos rescatar a Minkey antes de que se ahogara.

Finalmente, Minkey se volvió loco. Bebo estaba intentando darle de comer una banana cuando, sin aviso, Minkey atacó a Bebo y lo mordió en una muñeca. Bebo perdió muchísima sangre y tuvo una infección bastante molesta durante varias semanas. Se llamó a un psicólogo de animales para que evaluara la conducta cada vez más violenta y errática de Minkey, especialmente hacia Bebo. El médico explicó que los monos capuchinos tienden a volverse esquizofrénicos con el tiempo y que los machos toman una pareja para toda la vida. Obviamente, en nuestra casa esa pareja, en la mente de Minkey,

era Mom, y Bebo era su rival. El psicólogo les aconsejó que o bien cas-
traran a Minkey y le sacaran los colmillos o que lo liberaran en su
medio.

La familia deliberó. Se decidió que sería cruel privarlo de su virili-
dad. Poco después de eso, fue adoptado por un hombre que vivía en los
Everglades con su propio zoológico de mascotas exóticas, incluido un
cocodrilo.

De vez en cuando me preguntaba cómo estaría viviendo Minkey
más cerca de la naturaleza. ¿Estaría loco aún y dándole quehacer a los
saurios, o la libertad le habría devuelto la cordura?

En medio de la temporada de fútbol durante mi tercer año, casi me
llego a volver loco. Pero en lugar de soltarme en la selva, me gané el
apodo de «el Cubano Loco» *(the Madcuban)*, que me marcaría por el
resto de mi carrera futbolística.

El campo de entrenamiento comenzaba en el opresivo calor de
agosto. Yo estaba de vuelta en la alineación de apertura. Había convencido al equipo técnico de que estaba dedicado al deporte y que había
abandonado mi «adicción a la marihuana».

Una tarde de práctica, casi al final del entrenamiento, una impo-
nente nube negra preñada de relámpagos avanzaba hacia la universidad. El entrenador Grouwinkle no conocía el clima de la Florida.
En varias ocasiones anteriores, nos habían venido encima amenazantes tormentas eléctricas con relámpagos, pero cuando instábamos a
Grouwinkle que suspendiera la práctica, rezongaba: «vamos, señoras.
No es más que una lloviznita».

Nosotros teníamos otra experiencia. Los terrenos de práctica estaban a campo abierto, rodeados de postes altísimos, además de la torre
metálica del entrenador. La estructura más alta estaba a cien yardas detrás del terreno. Era una carpa de circo. Durante muchos años, la Universidad del Estado de la Florida fue la única escuela del país que
ofrecía un currículo circense, y el remate de la enorme tienda se destacaba detrás de nosotros con sus inmensos mástiles.

Cuando el cielo se oscureció por la inminente tormenta, Grouwinkle lo ignoró, manteniéndonos con los ejercicios que nos estaba repasando. El fragor de los truenos aumentaba de frecuencia y volumen;
los largos dedos esqueléticos de los relámpagos ahora viajaban en todas
direcciones por encima de nosotros.

Le dije con toca claridad: «*Coach,* debemos entrar, ¡ahora mismo!».

El contestó con una suerte de gruñido, pero todo lo que oímos fue
una explosión ensordecedora y nos quedamos ciegos por un estallido
de luz. Cuando se nos aclaró la vista, descubrimos que habíamos sido
levantados del suelo por el rayo que había caído sobre el palo mayor de
la carpa. Miramos a nuestro alrededor para cerciorarnos de que todo el
mundo estaba bien, y luego desviamos nuestra atención a Grouwinkle,
a la espera de su decisión; éste ya estaba a cien yardas de distancia, corriendo hacia la casa club. Lo seguimos, mientras muchos de nosotros
le gritaban:

—Venga, *Coach,* que no es más que una lloviznita.

Cuando arrancó la temporada, nuestro equipo estaba en muy buenas condiciones competitivas; pero, una vez más, nuestro récord no lo
reflejaría. La mayoría de nuestros juegos fueron muy reñidos, por una
o dos anotaciones.

A nivel personal, yo estaba teniendo un buen año. Estaba jugando
bien y mis lesiones de la cabeza parecían haberse quedado atrás, gracias
al casco de agua. Durante una práctica vespertina, luego de chocar
con alguien y que se me rompiera la cubierta del casco, sentí un líquido tibio que me corría por la frente y la cara. ¿Era la sangre de una
herida? En absoluto; por el sabor, que me provocó arqueadas, resultó
ser el líquido anticongelante del casco. Algo que tenía sentido para un
clima frío.

Académicamente, me había mudado al campo de la criminología.
Aunque mi primera opción había sido la de estudiar artes dramáticas
en el excelente programa de teatro de la FSU, el asesor académico del
equipo me convenció de que no tendría tiempo de participar en el
montaje de obras con mis asignaciones de fútbol. Puesto que yo con-
templaba hacer una carrera con el FBI después de terminar mis estu-

dios subgraduados, una especialidad en criminología no era una mala elección.

Al entrar en el cuarto juego de la temporada, contra Clemson —con permanentes heridas de guerra que había recibido en partidos jugados en Georgia Tech, en la Universidad de la Florida y en Auburn— finalmente Kim me propinó mi merecido. ¿Estaban mi ego y mi doble rasero preparados para una conmoción? Lo que comenzó como un rumor de que ella estaba viéndose con alguien —que vino a decírmelo un amigo leal que creía que yo debía saberlo— me fue confirmado por Kim. Ella no sólo estaba viéndose con alguien más. Estaba viéndose con Clyde Walker. ¡Me había engañado con Clyde Walker!

¿Clyde Walker? ¡Oh, tú, asesina de mi corazón, quería increpar con furia shakesperiana, vete a un convento! ¿Clyde Walker? No el rubio, ojiazul, mariscal titular del equipo de fútbol. No el jugador que comandaba el lado ofensivo del balón. No el líder que planeaba las jugadas en el pelotón y encabezaba nuestras arremetidas en el terreno. No el único jugador al que yo y mis compañeros de la ofensiva protegeríamos y defenderíamos a toda costa.

Rugí, hi-per-ven-ti-lé y lloré. Y luego salí dispuesto a matar al hijo de puta. Cuando llegué a la puerta de Clyde, fue su compañero de cuarto el que respondió, afortunadamente.

—Si lo ves, dile que estoy buscándolo —dije entre dientes.

De regreso a mi cuarto, eché a andar el tocadiscos para oír canciones acerca de amores traicionados, encendí un cigarro de marihuana y comencé a atragantarme de cervezas Old Milwaukee, luego arrastré una silla afuera de la puerta abierta para esperar el regreso de Clyde. Mis socios Doug, también un delantero de la ofensiva; Ed, nuestro ala cerrada, y Jeff, un corredor, regresaron de clases e intentaron consolarme, pero yo me encontraba más allá de cualquier ayuda. Jeff dijo:

—Ahí va nuestro mariscal.

A través de mi rabia y mi tristeza, escuché el comentario de Jeff. Si desataba mi cólera sobre Clyde, sus oportunidades de jugar los cuatro partidos restantes eran mínimas. Y además, ese significaría el fin del fútbol para mí, y el fin de mi beca.

Una hora antes de ir a la práctica, estaba borracho. Doug me aconsejo que me saltara esta práctica y me serenara. Los tres entendían mi decepción con Kim y la traición de un compañero del equipo, pero presentarme borracho sólo pondría las cosas peor. Además, existía el contrato que yo había firmado. Aún en medio de mi furiosa embriaguez, me di cuenta, en un atisbo de lucidez, de que si me quedaba en la universidad no sería capaz de contenerme de irle arriba a Clyde. Lo único que podía hacer era salir huyendo del pueblo.

A escondidas de mis amigos, eso fue lo que hice. Corriendo estruendosamente en mi motocicleta marrón Honda 500 cc, que con gran orgullo me la había comprado a principios de ese año, no tenía la menor idea adónde me dirigía ni que hacer cuando salí de allí. El letrero decía que estaba viajando hacia el sur por la carretera U.S. 27. Con el líquido pegajoso que soltaban los insectos y las lágrimas corriéndome por la cara, aceleré en medio de la noche, desesperado por alejarme de la FSU tan rápidamente como fuera posible.

Tres horas después, con mi suéter de práctica de los Seminoles, me encontraba —de todos los lugares posibles— en el territorio de los Gators, volando a través de los terrenos de la Universidad de la Florida, en Gainesville. Los Gators y los Seminoles eran rivales a muerte. Yo tenía que estar loco.

—¡Te has vuelto loco! —dijo Marvin Wheeler cuando me aparecí en su dormitorio, sabiendo que él estudiaba ahí. Su familia había sido la primera que me dio albergue. Ahora de nuevo, él me acogía en su cuarto.

Por las próximas veinticuatro horas, bebí, fumé marihuana, lloré, perdí el conocimiento y repetí el mismo ciclo. En un momento, hablé por teléfono con Doug, que estaba muy preocupado, y le dije dónde estaba.

Varias horas después, Doug, Jeff y Ed entraban por la puerta de Marvin.

—¡Regresas con nosotros! —anunció Ed.

—Está bien! —la verdad es que estaba demasiado cansado para discutir con ellos. Cargaron mi motocicleta en la parte trasera de la furgoneta Dodge blanca de Jeff, la levantaron a través de las puertas traseras y la amarraron para el viaje de tres horas rumbo norte hasta Tallahassee. Para mi sorpresa, los entrenadores de la ofensiva habían dicho «vayan a buscar a Vic» y les habían dado una tarjeta de crédito de gasolina y algún dinero en efectivo para comidas. Los entrenadores entendieron mi furia y la desilusión con mi novia, pero aún más con Clyde. Todo el mundo estaba enojado con Clyde, especialmente los entrenadores. Grouwinkle les dijo que fueran y me buscaran y que me hicieran saber que no me impondrían ninguna disciplina por mi ausencia. Lo que realmente me sorprendió fue la garantía de Grouwinkle de que sería titular en el partido de Clemson.

Pero Jeff estaba preocupado de lo que podría suceder en el terreno.

—¿Qué le vas a hacer a Clyde? —me preguntó con miedo.

—Yo no voy a hacer nada, ahora mismo. Nos quedan cuatro juegos. Puedo esperar, porque si lo agarro, voy a joderlo de verdad. Es por eso que lo voy a dejar. No hay ninguna necesidad que el resto del equipo sufra —dije esto como un poderoso guerrero que fuese rey de una isla, pensando más en su tribu que en su propia necesidad de venganza para salvar el honor. Durante cierto tiempo.

Doug se sintió aliviado. Me confesó que ellos habían traído un bate en caso de que hubieran tenido que someterme.

—Yo nunca me las querría ver contigo —dijo.

—¡Porque tú eres el Cubano Loco! —entonó Jeff.

Ed concluyó la definición:

—Ahora, ¡el Cubano Loco en el exilio!

Todos nos reímos mucho durante el resto del viaje de regreso.

Yo era el Cubano Loco, de seguro, y me quedé enfurecido por el resto de la temporada. En cada pelotón tenía que mirar a los ojos y leer los labios del carajo que me recordaba lo tonto que había sido con la mujer que fuera mi primer amor. Mis adversarios sufrieron los efectos de mi hostilidad de pelotón en pelotón, de jugada en jugada.

Pero yo también salí de la explosión de esta temporada con la convicción de que había encontrado una identidad y un sentido de pertenencia que siempre había querido tener. El equipo era una hermandad de más de un centenar de jóvenes de diferentes lugares, antecedentes, religiones y etnias. Esta hermandad cambiaba de temporada en temporada con graduaciones, lesiones o los que optaban por regresar a sus verdaderas familias. Con cada clase becada, adoptábamos a otros treinta muchachos y veíamos cómo se convertían en hombres en un breve período de tiempo. La mayoría de nosotros se aclimataba rápidamente a las exigencias de vivir por su cuenta, de cumplir con las tareas escolares y con el entrenamiento, cada uno con la dedicación y el deseo de ser un gran jugador de fútbol universitario.

Mi grupo de íntimos —que habíamos ingresado de adolescentes en 1973— llegamos al final de nuestro tercer año en la FSU en la primavera de 1976 sabiendo que habíamos sobrevivido muchas cosas. Muchos habían logrado evadir el servicio militar obligatorio cuando la guerra de Vietnam se acababa; el escándalo de Watergate había explotado y Richard Nixon había renunciado afrentosamente; un plantador de maní del vecino estado de Georgia estaba haciendo campaña en la universidad; el *rock and roll* había sido reemplazado por la música disco.

Éramos ciertamente un elenco de personajes: Rudy T., de Quincy, Florida, el negro corredor que hablaba en tercer persona tan rápidamente que a veces la única cosa que lográbamos entenderle era «Rudy T.». Bruce Harrison, «Cabeza de Bala», el guardia de la ofensiva que ceceaba, que por accidente se dio un balazo calibre .22 en la cabeza (aún tenía la bala alojada en el cráneo) y quien comía bombillos eléctricos. Ed Beckman, el voluble ala cerrada, a quien apodábamos «el Filo de la Noche». Joe Goldsmith, conocido afectuosamente como «Goldie», por los rizos rubios de su cabeza, siempre lanzando sureñismos («¿Te gustaría que hubiese aún más calor?»). Phil Jones, el «Caballo sin nombre», que una vez mantuvo secuestrado a todo el equipo con su arco y flecha porque lo enfureció una broma pesada. Willie Jones, el talentosísimo ala defensiva, que una vez se me atravesó en el camino en un ataque. Bobby Jackson, «BoJack», la segunda edición de Muhammad Ali y un defensa que más tarde jugó para los Jets de Nueva York. Randy Coffield, el «Coma», el rudo apoyador de ala con el bigote de morsa. Joe Camps, destinado a convertirse en el Dr. Joe Camps. Tom Rushing, o el «Tube», el corpulento *tackle* ofensivo de Blythe, California. Leon «Neon» Bright, corredor, que no tardó en convertirse en el novato del año en la Liga de Fútbol Canadiense. Larry Key, el corredor que era una estatua de David en negro y que siguió a Leon como novato del año, y quien inspiraba a los fanáticos a que agitaran sus llaves *(keys)* cada vez que arrancaba a correr para anotar más yardas victoriosas. Todos estábamos un poco locos. El fútbol es una locura.

Ésta era una familia bastante saludable. Y después de que yo me convertí en el Cubano Loco, me di cuenta de que cuando uno forma parte de una familia grande, va a haber miembros que a uno le gustan y otros que a uno no le gustan o que simplemente no puede tolerar. Pero cuando apremia la necesidad, uno intenta no herir a los miembros de su propia familia, y defenderá a esos mismos miembros siempre que se encuentren en problemas.

Luego de que los rumores se hicieron realidad al final de la temporada con el despido del entrenador Mudra y de todo su equipo, la administración y los más importantes ex alumnos salieron a buscar a ese hombre especial que podría aprovechar todo el talento y los recursos que teníamos y realmente cambiar nuestro programa.

En la primavera de 1976, el hombre llegó a la FSU sin mucha fanfarria ni atención de la prensa. Luego de que se pusieran avisos en nuestro complejo de apartamentos y en la casa del terreno del fútbol convocando a una reunión del equipo, nos congregamos para conocer al nuevo director técnico en el espacioso gimnasio que hacía las veces de cafetería a las horas de comidas durante el entrenamiento.

Sin muchos preámbulos, el director de deportes presentó al tipo de cuarenta y siete años, natural de Alabama, que llegaba luego de haber tenido éxito en Samford y West Virginia —no exactamente dos programas universitarios muy conocidos o respetados. Para entonces, luego de haber ganado solamente cuatro juegos en tres años, nosotros éramos tenidos por muchos como uno de los peores del país.

Él era un hombre bajito que se paraba derecho, con las manos en la cintura, y te miraba directamente a los ojos, pero con un guiño. Antes de que ni siquiera dijera las primeras palabras, tuve la premonición de que este hombre era el Mesías del fútbol. Mami me había dotado con su don de visión para este momento, y la vibración que percibí fue poderosa. Algo acerca de este hombre me hizo sentarme derecho, queriendo que reparara en mí. Llenaba con su presencia todo el salón cuando dijo:

—Hola, soy Bobby Bowden.

La historia del fútbol universitario estaba a punto de escribirse.

Uno de los primeros problemas que confrontó el director Bowden fue la situación en que vivíamos. Después del primer año, cuando ya prácticamente habíamos destrozado a Cash Hall, nos mudaron a Nob Hill, un gigantesco complejo que albergaba a estudiantes que no eran jugadores de fútbol… Sin pérdida de tiempo, Bowden convenció a la administración de la escuela que necesitábamos nuestro propio complejo de apartamentos, de modo que para el otoño estábamos en un albergue detrás del estadio que era sólo para el equipo. Con limitadas distracciones —incluidas otros estudiantes, fiestas y, por supuesto, muchachas—, estábamos listos para que él nos guiara en el proceso de recuperación de un equipo con poco amor propio y muy poca disciplina. Bowden instituyó un código de conducta y dirigió al equipo con mano firme, pero cuidadosa.

Abordó las varias diferencias raciales, culturales y socioeconómicas que nos causaron problemas en el pasado dejando bien claro que lo que más le importaba a él era «el tamaño de su corazón, no el color de su piel ni quién es su papá». El director Bowden que nunca hablaba en circunloquios, dijo, yendo derecho al grano:

—No me importa si usted es verde. Si cumple las normas y me da todo lo que pueda, jugará para mí».

Tuvimos una tremenda práctica de primavera. Perdimos algunos jugadores que o bien no pudieron seguir siendo elegibles académicamente o no pudieron ajustarse a las reglas. Algunos jugadores habían perdido el deseo de jugar y sólo querían ser estudiantes. El director

Bowden no los juzgó ni los trató mal. Él y su equipo hicieron todos los esfuerzos posibles para guiarnos a todos nosotros durante ese período de transición. Bowden nos hizo escucharle y creerle con un estilo oratorio casero que se apropiaba libremente de la Biblia y de los grandes pensadores y generales a lo largo de la historia. Hacia el fin de la práctica de primavera, su confianza en nosotros como individuos y como equipo era contagiosa, incluso si aún no podíamos verlo bastante claramente por nosotros mismo. Lo veríamos, prometió: «la crema siempre sube».

Ciertamente, para fines de la primavera yo había llegado al tope desde el último lugar de la nómina hasta la línea ofensiva. Era el guardia derecho titular de la próxima temporada, destinada a ser la última que pasaría en la Universidad del Estado de la Florida y la primera de Bobby Bowden. Luego de tres años en los cuales intenté aumentar de peso, Bowden me envió a casa para el verano con la instrucción de que regresara con 235 libras, quince libras más liviano que en la temporada anterior.

Inculcándome mi nueva misión, me explicó:

—Te necesito más rápido y ligero para conducir nuestros cuadros en las barridas.

Albergado nuevamente en casa de los Echevarría durante el verano, comencé de inmediato mi programa de riguroso entrenamiento. A veces Lillian y Bebo se preocupaban de que me estaba esforzando demasiado, especialmente cuando entrenaba en el calor del verano con mi pesado casco y las hombreras puestas. Una tarde, luego de una carrera agotadora, entré en la casa climatizada y me desmayé. Bebo estaba presente y no sabía qué hacer; corrió al tocador de Lillian y agarró un frasco del perfume caro que ella usaba. Al parecer en el intento de usarlo como una cápsula de amoníaco, cuando me lo puso en la nariz, se le corrió el dedo que mantenía en la boca del frasco y la mitad del contenido me entró por las fosas nasales. El perfume se me quedó en la nariz por más de una semana.

Además de entrenar, conseguí un empleo de verano en Flamingo Park, en Miami Beach, como líder de recreo. Los niños a mi cargo eran una mezcla de judíos, afroamericanos, indios, jamaicanos y cubanos. Todos eran buenos chicos en mi opinión, pero había un puñado de muchachos que diariamente me desafiaban con su actitud hosca y su falta de respeto por los demás. La parte más difícil era que yo me veía a mí mismo de más joven en cada uno de ellos. Afortunadamente, mi carta de triunfo era ser un gran jugador de fútbol universitario; que era algo que ellos respetaban. Y cuando conseguía que me atendieran, le contaba la historia de mi violenta crianza y de las buenas personas que influyeron positivamente en mí y que finalmente salvaron mi vida. Ellos me hacían preguntas difíciles. ¿Usted se metió en líos? ¿Hasta dónde llegó? ¿Cuándo dejó de meterse en líos?

Había tres muchachos en particular que me seguían todo el día, buscando desesperadamente orientación y protección, y también dándomela a mí. En lugar de irse de mi lado durante el almuerzo, se apiñaban a mi alrededor mientras me entrenaba para la próxima temporada, vitoreándome e incluso manejando el cronómetro mientras practicaba mis carreras y varios ejercicios de fútbol. A mi regreso cada mañana, se cercioraban de preguntarme si había hecho mi carrera vespertina y si había levantado pesas en casa. Estaba levantando más de cuatrocientas libras desde el banco y, en consecuencia, me había convertido en uno de los jugadores más fuertes del equipo. Mis tres jóvenes amigos comentaban este hecho con los otros chicos con un timbre de orgullo personal.

El último día de mi trabajo de verano, los muchachos del parque me dieron una fiestecita de despedida. Decirles adiós a todos ellos fue bastante emotivo, especialmente a mis tres tipos.

—No se metan en líos —les recordé—. ¡Vayan a la escuela!

Después de que todos se fueron, me fui andando al terreno, me amarré las zapatillas y comencé mi agotador entrenamiento. Había hecho unas cuantas carreras a toda velocidad cuando sentí un breve y punzante tirón en la ingle. Me distendí e intenté hacer otra carrera, pero el dolor en mi entrepierna estalló. Conducir mi motocicleta las veinte millas de regreso a casa de los Echevarría fue una tortura, especialmente en el cambio de velocidades. Mom llamó al médico de la familia y consiguió que me diera una cita de inmediato.

El médico era un cubano joven y guapo. Hablaba perfectamente bien inglés, pero insistía en hablar español. Le describía lo que me ocurría y la zona de la molestia.

—Vamos a pesarte.

Subí a la báscula con sólo unos shorts puestos; y se equilibró en las 235 libras. ¡Estaba justamente en mi peso de juego!

—Probablemente tienes una hernia —dijo en español—. Y no me sorprende, porque estás obeso.

—¿Obeso? —yo miré a Mom, que hizo un gesto de confusión.

El médico me metió la mano en los shorts y presionó a sólo unas pulgadas de los testículos. El dolor me hizo retroceder de un salto.

—Es una hernia, muy bien. Fijemos la cirugía para la semana que viene.

—Comienzo la práctica de fútbol en dos semanas. ¿Cuán pronto me voy a recuperar?

—Su juego de fútbol se acabó. Al menos por este año —el médico dictó su sentencia de una manera fría y malvada.

Gotas de sudor me empezaron a correr por la frente; el cuarto empezó a girar a mi alrededor. Estupefacto, fui hasta la mesa de reconocimiento y me tendí de espaldas en ella. Cuando Mom me llevó de regreso al carro, mi reacción estalló. Lloré como un niño chiquito durante todo el trayecto a casa. En el instante en que entré por la puerta, corrí a nuestro cuarto y me tiré en la cama que yo no había tendido y me tapé la cabeza con una almohada.

Después de un rato, Mom entró.

—Vic —me dijo amablemente—, tal vez debas llamar a Tallahassee.

Con aprensión, me animé e hice la llamada, sabiendo que no tenía otra opción. Mi llamada a la casa del terreno de fútbol se la pasaron a Don «Doc» Fauls, nuestro mundano y queridísimo jefe de entrenadores. Con pesar, empecé a hacerle mi historia del dolor y de la diagnosis y de mi inminente cirugía. Antes de que pudiera enterarse de la horrible noticia de que iba a estar fuera del fútbol por el resto del curso, me interrumpió a mitad de frase:

—¡Pon el culo en un avión y ven para acá!

Corte a: Tallahassee, al día siguiente, en la oficina del médico del equipo. Alto y amable, el Dr. Henderson entró en el cuarto de reconocimiento mientras yo contaba una vez más mi trágica saga de una carrera de fútbol tronchada.

—Bájese los shorts —dice inmediatamente el Dr. Henderson. Lo hago y me miro mis partes pudendas. Una protuberancia del tamaño de una pelota de golf se pronuncia amenazadoramente del lado derecho de la ingle.

—Oh, ya veo —dice el Dr. Henderson, arqueando las cejas y oprimiendo la zona con dos dedos.

—Ábrase de piernas.

Cuando me abro de piernas, él mete la mano por debajo de mis testículos, y va palpando el interior de la parte superior de los muslos.

—Aquí, toque aquí —me agarra la mano y me la coloca sobre la protuberancia—. Muy bien, ahora toque ésta… y ésta …y ésta —me guía la mano alrededor de toda la ingle. Tengo varios abultamientos alrededor y debajo de los testículos.

Dr. Henderson: Vic, no tienes ninguna hernia, sino una infección de los ganglios linfáticos y de ahí el dolor que tienes. Te voy a dar a tomar algunos antibióticos por una semana y te pondrás bien.

Yo: ¿No necesito cirugía?

Dr. Henderson: No. ¡Fuera de aquí! Te veré en un par de semanas para el examen físico del equipo.

Yo (con una gama de expresiones en el rostro que van de la sorpresa al alivio hasta el regocijo): ¡Oh, Dios mío, gracias, gracias!

De no haber tenido los shorts aún por los tobillos, lo habría abrazado. En lugar de eso, me los subí y salí, reiterándole mi gratitud al Dr. Henderson por todo el camino hasta la puerta y al entrar en la húmeda tarde de Tallahassee, donde le di gracias a Dios y a todos los santos y ángeles y deidades que podía nombrar. ¡Aleluya!

De fiesta, luego de unas pocas o unas muchas cervezas con mi buen amigo Tom Rushing, alias *the Tube,* llegamos a la idea de que debíamos hacer algo simbólico para conmemorar el haber sobrevivido a otro obstáculo y para mostrar nuestra dedicación a los Seminoles y a la temporada que se avecinaba. Como un dúo formidable y a veces inseparable, nos llamaban afectuosamente el Tubo y el Cubo (una versión abreviada de Cubano Loco).

¿Y cuál fue el acto simbólico que decidimos llevar a cabo? Nos afeitamos la cabeza. Pero no del todo. Cualquier *punk* podía afeitarse la cabeza. Queríamos hacer algo que reflejara la transformación del equipo y que viniera acorde con el nuevo diseño que tendrían nuestros uniformes de juego. Éste fue el año en que nuestros cascos los iban a decorar con lanzas, que los nativos americanos llamaban *coupsticks.* Para algunas tribus oriundas de Norteamérica, el *coupstick* era un modo de anunciarle al enemigo el número de hombres que ya uno había derrotado, cada pluma representaba un muerto. Así, pues, en lugar de afeitarnos la cabeza completamente, dejamos una lanza en el medio de la cabeza que apuntaba hacia la mollera. Con nuestros cráneos afeitados blancos como la leche, las caras tostadas por el sol y lanzas oscuras, nos veíamos intimidantes, y ciertamente feísimos.

Imagínese como se volvieron las cabezas esa noche cuando nosotros dos entramos en Stonehenge, un club nocturno de baile que estaba a la sombra del capitolio estatal, en el corazón de la ciudad. Una de esas cabezas que se volvieron era la de una diosa de ojos verdes llamada Christy Jerningan, aunque lo que yo creí oír fue «Jergens» cuando me lo dijo por encima del rugido de la multitud. Ella me había dado el nombre de pila de su padre y me dijo que ellos aparecían en la guía de teléfonos: «¿Cómo la loción?», le pregunté, gritando para cerciorarme de que había entendido bien. Ella no me oyó, pero me hizo un gesto de asentimiento. Por las próximas dos semanas emprendí una fantástica cacería y hablé de mi evasiva belleza a todos mis compañeros tanto que la bautizaron como Christy Love. Milagrosamente, nuestras sendas se cruzaron de nuevo y ella se convirtió en mi novia poco después, luego en un gran amor y, para el fin de curso, en la mujer con la que planeaba casarme.

La primera reacción de los compañeros del equipo a nuestra nueva imagen fue de horror. Nos llamaron extraterrestres. Pero luego, hacia el fin de la noche, uno de los jugadores se unió a nosotros con la cabeza rapada y con una lanza (de pelo) en el medio. Al día siguiente ya éramos cinco, y veinte para el fin de semana. Por el tiempo en que la temporada ya estaba en marcha éramos más de sesenta de nosotros.

Bowden no tenía ningún problema con la manera en que resaltamos nuestro compromiso con el equipo, o al menos nunca lo dijo. Ni dijo nada de haber llegado a enterarse del susto que le dimos a los jugadores que entraban de primer año.

En primer lugar, como miembros de la clase del último año, exigíamos que los estudiantes de primero se afeitaran la cabeza, quisieran o no. Estaban absolutamente intimidados por nosotros. Una pareja de delanteros ofensivos de primer año hasta me llamaban «señor». Tradicionalmente los alumnos de cuarto año esperan ser tratados con respeto y que se les conceda ciertos privilegios —como el ducharse primero después de la práctica— y en nuestro nuevo y bien disciplinado sentido del protocolo, esto se aplicaba todavía más.

Al final de la primera semana de práctica, había aproximadamente unos quince de nosotros, del último año, en las duchas cuando oímos el trotar y el golpe de los tacos en el piso del camerino que anunciaba el regreso de los novatos de la práctica.

Cuando un gran grupo de ellos pasó por la entrada abierta de las duchas, se quedaron congelados y boquiabiertos en masa. Con la parte frontal de nuestros cuerpos hacia fuera, no les prestamos atención a ellos, parloteando entre nosotros mientras nos enjabonábamos. Mostraron caras aterradas, confundidas y avergonzadas mientras todos nos miraban a nuestras partes íntimas. Habíamos recurrido al viejo truco de la vagina, metiéndonos nuestros genitales hacia atrás y cerrando luego las piernas. Ninguno de ellos dijo ni una palabra, pero por sus caras parecía que estuvieran pensando, ¡coño, primero nos afeitamos la cabeza y luego nos convertimos en eunucos! Todos retrocedieron y se fueron del área de las duchas. Nos estuvimos riendo hasta el cansancio.

El liderazgo de Bowden y su equipo de entrenadores —entusiastas, conocedores y justos— nos trajo un nivel de confianza sin precedentes. Se comentaba mucho al respecto. Cuando el campo de entrenamiento se cerró el día en que nos tiraban las fotografías anuales, por primera vez contó con una gran concurrencia tanto de los medios de prensa como de los fanáticos. Nuestras cabezas afeitadas y lanceoladas dominaron la cobertura.

Perdimos nuestro primer partido en Tennessee contra Memphis, pero sólo por dos puntos. Bowden no sólo repasó lo que no hicimos; sino que se centró también en lo que sí hicimos, acentuando lo positivo. Como una nueva política instituida en la era de Bowden, a los que hubieran hecho jugadas decisivas en el juego —un gran *hit,* un gran bloqueo, un pase de anotación o una carrera— les concedían una calcomanía del *tomahawk* (el hacha de guerra india), para que las lleváramos de manera permanente en sus cascos. Para el primer partido, el director Bowden me seleccionó como jugador ofensivo del juego, junto con Ed Beckman, nuestro ala cerrada. Un increíble honor para mí como para cualquier delantero ofensivo. Me dieron tres calcomanías de la tomahawk para que me las pusiera en el casco. En el próximo juego me volvieron a distinguir al nombrarme capitán del equipo.

Bowden siempre tenía tiempo para hablar con uno, aún si fuese un miembro de un equipo de Scouts. No me acuerdo de haber hablado con él respecto a mi niñez, pero de algún mundo sabía echarme el brazo por encima y reforzar mis contribuciones positivas dentro y fuera del terreno. Cuando me salía de la raya, me llamaba aparte y me expresaba su desencanto, y luego me palmeaba la espalda y me decía: «cuento contigo, Vic». o «ve y suénalos, Vic. Sé un líder». Bobby Bowden era padre de cinco hijos y no obstante siempre tenía tiempo para cualquiera de «sus muchachos».

Por primera vez en mi vida, comencé a comprender como sacarle partido a mi locura de una manera adecuada, con límites, con frecuencia la usaba para excitarme mentalmente antes de tocar el campo. Los atletas pueden incurrir en muchos rituales inusitados antes de jugar. El mío era ir completamente vestido y meterme dentro de mi armario, usando la claustrofobia que me producía el pequeño espacio para acrecentar mi locura, mientras pensaba en el equipo contrario y en mis tareas para ese día. Los jugadores contrarios reconocían que no había visión más amenazadora que la cara y la forma del Cubano Loco corriendo a toda velocidad por el terreno en su dirección.

Aunque fue lamentable que no llegara a estudiar teatro, el tener que jugar fútbol era a veces como actuar en un gran drama shakesperiano, o en una comedia burlesca, o en un culebrón como *Peyton Place*. En el campo, con cada movimiento del balón, había juegos dentro de juegos, maniobras dentro de maniobras. Las estrellas, desde luego, eran los mariscales y los tipos que anotaban. Había mucho menos gloria para los delanteros, que recibían la parte más dura de la golpiza en el campo y sin los cuales las estrellas no podrían hacer su tarea. Sin embargo, había también una libertad y una nobleza, en lo que me tocaba en ser un oficial, un experto en el arte y la ciencia del fútbol tal como el director Bowden lo enfocaba. No podía estar más orgulloso ni más feliz de haber llegado adonde estaba.

Pero había días, como siempre habrá días, en que todo lo que podía salir mal, salía mal. El partido en Miami contra los Hurricanes, otro de los rivales importantes, fue una de esas debacles. Los Seminoles éramos el mejor equipo, pero cuanto más nos esforzamos, tanto peor salimos. Estábamos envilecidos y demolidos, perdiendo con una notación de 47–0. De antemano me sentía muy emocionado al saber que mis dos familias estaban allí, incluidos mami, Eddie, Barbie, Carmen, Bebo, Lillian, Ernie y Rocky. Después del juego, me fui gateando hasta mi ropero y me eché caviloso y triste, el sonido de la risa despectiva de mi padre me ridiculizaba.

Pero tan pronto como salí del camerino, me di cuenta de que el entusiasmo y la aprobación de mi familia no tenía que ver con el hecho de haber ganado o no. Se reunieron a mi alrededor, aplaudiendo, sonriendo y mirándome enternecidos, su particular estrella de fútbol saliendo por las puertas del camerino del Orange Bowl. Una vez que estuve de regreso al autobús del equipo, todo lo que podía pensar cuando miré por la ventanilla a mis dos familias, de pie una al lado de la otra, fue cuán afortunado yo era.

Cuando viajamos a Norman, Oklahoma, para jugar con los Sooners de la Universidad de Oklahoma, los campeones nacionales reinantes, entrenados por Barry Switzer, presencié un brillante movimiento estratégico de parte del director Bowden mientas el equipo estaba de pie en el túnel de los visitantes. En lugar de dejarnos salir al campo antes que el equipo de la sede —como es tradicional—, Bowden nos retuvo. Yo estaba cerca del frente de la línea y todo el mundo detrás de mí estaba empujando hacia delante, queriendo entrar a la carga en el terreno. Para entonces, los Sooners estaban reunidos en su túnel del otro lado del campo y el director Switzer nos hacía ademanes para que saliéramos.

Bowden se volvió hacia nosotros y nos gritó:

—Miren para allá, muchachos. Hay más de setenta mil fanáticos del Oklahoma allí. Un mar de rojo. Pretendamos que son nuestros fans. Quietos.

Nos quedamos como soldados de madera viendo a través del terreno a los confundidos Sooners en el otro túnel, a la espera de que el nivel de frustración de Switzer aumentara. Era una situación de inmovilidad. Switzer fue el primero en rendirse y, con un movimiento del puño, le rogó a su equipo que tomara el campo. Su avance fue precedido por el Sooner Schooner, una carreta cubierta tirada por dos caballos. El estadio estalló en un rugido ensordecedor. Ahora el director Bowden levantó la mano y avanzamos. Entramos al campo con el Oklahoma, sus fanáticos parecía que nos estuvieran dando la bienvenida con una estruendosa ovación. Los equipos se entrecruzaron en medio del terreno, los codos en alto, los hombros en posición baja. Hacer tal cosa fue una acción en extremo temeraria de parte de Bowden, pero funcionó. Estábamos tan furiosos que resistimos al Oklahoma por los primeros tres períodos, hasta que la celeridad de su equipo se sobrepuso y ganaron el partido. Pero la lección para mí respecto a cómo hacer una entrada valió el precio de admisión: no hay que temerle nunca al ruido de los metales.

Viajamos al Boston College para jugar con los Eagles, que se encontraban en el décimo quinto lugar, como un equipo perdedor por cuarenta puntos. Nos sentíamos insultados y ofendidos de que los medios de prensa creyeran que cualquiera era cuarenta puntos mejor que nosotros. Los Eagles eran un equipo físicamente gigantesco, pero los derrotamos de un extremo al otro del campo. Para el último período, sus entrenadores estaban poniendo a los jugadores de segunda y tercera fila porque sus titulares no habían podido detenernos. Este juego había sido designado un partido de césped, lo cual quería decir que, si todo salía bien y ganábamos, podíamos cortar un pedazo de su terreno y traérnoslo a casa. Allá en Tallahassee había un pequeño cementerio en un rincón de nuestro terreno de prácticas, con marcadores de bronce para las tumbas con anotaciones de partidos en ellas, y enterrados debajo de la superficie yace el césped de nuestros derrotados oponentes. Tuvimos una formal ceremonia de entierro para el Boston College.

Mi último juego fuera de la sede como seminole fue con el North Texas en Denton. Llegamos a mediados de noviembre en un hermoso día de otoño, practicamos y nos fuimos a dormir. A la mañana siguiente, desperté y descorrí las cortinas de nuestro cuarto del hotel y me quedé sorprendido de ver que el suelo estaba cubierto con un pie o más de nieve. Varios jugadores ya estaban afuera jugando con ella. Para muchos de nuestros floridanos del sur, ésta era la primera vez que veían nevar. Cuando salí afuera con mi traje de entrenamiento, la temperatura era glacial. «¿Te gustaría que hubiese aun más frío?». ¡No! Esta caprichosa ventisca no la esperaba nadie, y nuestro equipo había viajado con la ropa equivocada. Teníamos suéteres de mallas y pulóveres de manga corta para el juego.

El mánager de nuestro equipo, Frank Debord, fue a varias tiendas en busca de ropas más gruesas. Regresó con un puñado de chaquetas, algunos calzoncillos largos, un montón de guantes blancos de jardine-

ría, una gigantesca caja de pantimedias elásticas de mujer y varios ro-
llos de celofán.

Durante el calentamiento antes del juego, rechacé los artículos que
Debord me ofreció. Regresé al camerino antes del juego, rogándole
que me diera cualquier cosa que tuviera. Lo único que quedaba eran
las medias de nylon y el celofán. Me tragué el orgullo y me metí en las
medias de nylon. El celofán se usaba para envolverse los pies y así evitar que penetrara la humedad.

La nieve no dejó de caer durante todo el partido, haciendo que los
postes fueran las únicas señales discernibles en el campo. Tuvimos que
desenterrar la línea de gol para ver cuando anotaba cada equipo. En los
laterales había una batalla constante de bolas de nieve con los pocos fanáticos que se presentaron al juego.

Ganamos el partido 21–20 con un pase anotador al final del
cuarto período que cubrió noventa y cinco yardas, desde Jimmy Black
a Kurt Unglaub. Vi el pase cruzar bien por encima de mi cabeza mientras lo protegía. Uno apenas podía detectar el balón con la espesa nevada. Miré campo arriba y vi que dos defensas que estaban cubriendo
a Kurt resbalaban y caían. No había nadie a treinta yardas de él mientras se dirigía veloz, pero cuidadosamente, a la zona de anotación,
tratando de no resbalar. Los jugadores de nuestro equipo lo seguían
gritándole: «¡No te caigas!».

Él anotó, y en nuestro júbilo, nos tiramos boca abajo y nos desliza-
mos las últimas diez yardas hasta la zona de anotación, para ir a chocar,
algunos de nosotros, con la barrera de cemento de seis pulgadas que
bordeaba el campo y que estaba enterrada en la nieve. De ahí en adelante, al juego se le llamo afectuosamente la Bola de Nieve. Fue indudablemente el más divertido, antes o después, que yo jamás haya jugado
en cualquier deporte. El director Bowden más tarde lo recordaba como
uno de sus partidos preferidos de su larga y anecdótica carrera.

Al final de la temporada habíamos ganado cinco de once partidos,
más victorias que durante las tres temporadas anteriores juntas. En
nuestros corazones y mentes nos habíamos transformado en vencedo-

res. El equipo había pasado a una nueva etapa. Florida State no tardó
en llegar a ser una dinastía del fútbol y Bobby Bowden en el director
más triunfador de la historia de la División 1-A.

Los *seniors* que jugamos en el primer equipo de Bowden en FSU
nos sentíamos muy orgullosos porque habíamos echado a rodar el
balón, no para malgastar la metáfora. Su influencia sobre mí, aun después de solamente una temporada, siguió siendo profunda en los años
venideros. Mucho después, me sentí honrado cuando él me nombró
para su equipo de All-Miami. No importaba cuánto tiempo había pasado, su puerta siempre estuvo abierta para mí o para cualquiera de sus
jugadores, siempre que necesitábamos de su consejo o de su orientación. En efecto, en agosto de 1977, no mucho después de mi graduación, lo llamé para pedirle un favor y me dijo que sí antes de que llegara
a decirle de que se trataba.

Aunque aún estaba de duelo por la muerte de Elvis Presley esa semana, y consternado por el hecho de que nunca más iba a volver a
jugar fútbol —había llorado como un amante abandonado cuando me
despedí del Tube y de alguno de mis otros compañeros de equipo—,
me encantó decirle a Bowden que me sentía muy optimista respecto a
mi vida y hacia dónde me encaminaba. Christy y yo ya estábamos hablando de planes de matrimonio. Ella y nuestra relación me habían enseñado mucho acerca de la fidelidad y la sensibilidad. Como el padre
de Christy era un oficial de alto rango de la Fuerza Aérea, mediante
su consejo y su apoyo había decidido buscar una plaza en la Escuela
de Entrenamiento de Oficiales de ese cuerpo. El padre de Christy
creía que yo podría adquirir una valiosa experiencia que luego me
serviría en mi búsqueda de trabajo con el FBI. Él estaba convencido
que me convertiría en un gran oficial y en un futuro haría carrera en la
inteligencia.

Ésa fue la razón por la que llamé al director Bowden. Tenía una
carta de recomendación muy positiva del padre de Christy (un teniente coronel jubilado), de un coronel con todos los honores, de un
general y del congresista Don Fuqua. Pero ninguno de ellos me conocía, creía yo, tan bien como el director del cuadro de entrenadores,

Bobby Bowden. Él se sentía muy feliz de hacerlo, me dijo, y no tardó en enviarme lo que sigue:

> Víctor M. Rivas fue un guardia titular del equipo de fútbol de la Universidad del Estado de la Florida. Creo que tiene excelente madera de oficial para nuestros servicios armados.
>
> La capacidad física de Vic es incuestionable —grande, fuerte y alerta. Es un luchador y hará lo que le pidan. Está adaptado a esta vida tan bien como cualquier joven que yo haya entrenado. Ha tenido una vida muy dura, y se las ha tenido que ver por sí mismo desde su más tierna infancia. El fútbol y la educación le han salvado de los peligros que acechan a la mayoría de los jóvenes con sus antecedentes. Él se esfuerza por ser el mejor en todo lo que hace.
>
> De nuevo, creo que él tendría excelente madera de oficial y yo no dudaría en luchar a su lado.

Los últimos meses de 1977 volaron rápidamente. Mi error fue suponer que mi aceptación en la OTS era cosa hecha y que estaría en la base de la Fuerza Aérea en Lackland, Texas, dentro de un mes o dos. Hubo varios exámenes, tanto escritos como orales, e incluso una prueba de aptitud de piloto. Después de eso, hubo una serie de entrevistas. A veces podía oír la voz de Dad diciéndome que me estaba comportando como un estúpido, que había puesto todos los huevos en una canasta. ¿Qué pasaba si yo no resultaba lo bastante fuerte o lo bastante bueno?

Esos sentimientos emergieron en mí cuando realmente vi a Dad en persona por primera vez en cinco años. La ocasión fue el velorio de mi abuelo Chucho. Como le dije a Christy: «debo presentar mis respetos a mi abuelo. Y a Dad».

Ella sabía que esto podría ser un campo minado, pero me alentó a ir.

En Miami, como era usual, me quedé con los Echevarría y pasé el tiempo departiendo con muchos miembros de la familia. Rocky, que no tardaría en ser conocido como Steven Bauer, había hecho una especialidad en dramaturgia en la Universidad de Miami y estaba convirtiéndose en una gran estrella en Miami con el éxito de *¿Qué Pasa, USA?*, una comedia bilingüe que se transmitía por PBS y que ayudaría a enviarlo a Hollywood. Verle brillar como Lenny en *Of Mice and Men* en la Universidad de Miami, junto a su compañero de clase Ray Liotta en el papel de George, fue una experiencia inolvidable. Las actuaciones de ambos echaron la casa abajo. Me sentía muy orgulloso de mi hermano, de ver cuán talentoso era y cómo desaparecía en escena para transformarse en un personaje totalmente diferente. Fuera del escenario, Rocky había desarrollado su extraordinario atractivo personal y ejercía un enorme *sex-appeal*. Ray, amigo de Rocky así como su colega de actuación, tenía otras cualidades que eran hechizantes tanto en la escena como fuera de ella. Tenía un manantial de emoción e intensidad que parecía estar ahí justo a flor de piel —algo con lo que yo podía identificarme— que resaltaba su energía y su porte. En verdad ellos me hicieron reflexionar acerca del camino que yo había escogido.

Mi hermano Ernesto iba para la universidad y había decidido asistir a FSU. Ernie era un tipo ávido de deportes y aficionado a las noticias, como Bebo, y había seguido de cerca mi trayectoria como seminole. Por el lado de la familia Rivas, mi hermano menor Ed también se encaminaba hacia FSU. Con seis dos de estatura y más de doscientas libras, en el último año de la escuela secundaria, Ed practicaba lucha y jugaba béisbol y fútbol (era un guardia ofensivo como sus hermanos mayores). Me había rendido tributo al elegir llevar el número 70, el que yo había llevado como seminole. Nunca hablamos de cómo habían sido esos años después que me fui de la casa, seguido luego por Tony. Sin embargo, a partir de unas cuantas conversaciones, estaba seguro de que Dad había seguido aterrorizando a Eddie y a Barbie, aunque no sabía aún en qué medida. A los catorce, Ed se había ido después de su propia confrontación con Dad. Además de los golpes y las humillaciones, de su trabajo esclavo en el negocio de pintura de Rivas & Sons, que requería que Eddie hiciera todo el trabajo y Dad se quedara con todo el dinero, mi hermano más pequeño se fue de la casa cuando supo la verdad acerca de nuestro hermano Robert. Aunque Ed confrontó a Dad sobre las mentiras que había dicho, nuestro padre las negó y fabricó nuevas historias acerca de la causa del daño cerebral de Robert y de los motivos de haberlo abandonado.

Ed se mudó con mami y con el hombre con quien ella se había casado algún tiempo antes, Antonio Maestegui, un cubano bajito, pulcro y de bigote fino. Él tenía bruscos cambios de humor, pero siempre trataba a mi madre con mucho respeto y adoptó a mi hermana Carmen, dándole su apellido. Mi hermanita, ahora de siete años, era linda, inteligente, simpática y fuerte. Se había librado de crecer en el hogar del Caballero, pero había tenido que enfrentarse con otras tensiones, de la cual su condición de extraña no era la menor. Tal vez porque mami quería que ella no creciera a la sombra de su ex marido, había decidido no decirle a Carmen quién era su verdadero padre. Eso implicaba que ella era hija de Maestegui, en tanto nosotros, a su entender, éramos sus medios hermanos.

Si bien yo pude ver a Barbie durante unas cuantas visitas, porque ella seguía viviendo con Dad y Mecca en el Norte de Miami, nuestro contacto era limitado. A los once años, era espléndidamente bella y dulce, pero si me hubiera asomado a sus ojos, podría haber visto mejor el maltrato y el miedo reflejados en ellos. Aun así, ella parecía haber creado también sus propios mecanismos de supervivencia. Todos los teníamos. De algún modo todos habíamos hecho un pacto implícito de conservar la salud y la razón a pesar de lo que nos habían infligido. Todos teníamos más de La Luchadora en nosotros que del Ciclón.

Tony tuvo que llevar tal vez la carga más complicada; por haber sido el primogénito, el excelente, se esperaba no sólo que viviera a la altura de los imposibles criterios de perfección que Dad le exigía, sino que también fuese tan bueno como para redimir el alma manchada de nuestro padre. Eso habría enloquecido a cualquiera. Pero en su estilo apacible y conciliador, mi hermano mayor rehusó cumplir con ese deber que le habían impuesto. Él tomó sus propias decisiones, se labró un camino para crear un hogar amoroso levantado sobre la fe y la alegría, luego de que se casara con el amor de su vida, una belleza cubana llamada Nieves por la nívea blancura de su tez. Ellos vivían ahora en Houston, Texas, donde Tony, ingeniero arquitecto, era el director de proyectos a cargo de construir varios importantes edificios de oficinas en la ciudad. Eso es lo que ocurre cuando eres un niño que lee las instrucciones de los Lincoln Logs.

El velorio de mi abuelo, en lo que irónicamente se llamaba la Funeraria Caballero, en la Pequeña Habana, fue una extraña reencarnación de El Club Cubano de Chicago, una reunión estridente y bullanguera de familia y amigos con el cadáver de mi abuelo, visible a través del humo del cigarro, en un ataúd descubierto. Aquí yace el padre de mi padre, un hombre que apenas conocí y que apenas vi en los años que habían pasado. Victoriano Rivas, un cubano caído en el exilio, alguna vez había sido un hombre alto y arrogante, magistrado provincial, prominente hacendado y terrateniente en Sancti Spíritus. Tendido en su ataúd, parecía tan pequeño. Su larga cabellera cana, era ahora corta y rala. A diferencia de los padres de mami, que nunca salieron de Cuba, los padres de mi padre habían escapado al régimen de Castro y lo habían hecho sin nada de su antigua riqueza. En camino a Miami, se dirigieron a la Ciudad de México. Allí, en 1969, días antes de que les llegaran sus visados para Estados Unidos, falleció mi elegante abuela María, dejando a abuelo Chucho entristecido por el resto de su vida.

Ésta era la única vez, desde la fiesta de los espirituanos en el parque siete años antes, en que había visto a mis parientes por parte de los Rivas. Unas pocas cosas habían cambiado cuando entré en el salón y vi a muchos que me miraban sorprendidos. Con 250 libras —treinta de las cuales tenía que perder para mi programa de la fuerza aérea en la OTS—, veintiuna pulgadas de cuello y treinta y dos de muslo, yo era el hombre más grande de los presentes, sobresaliendo por encima de la mayoría

Muchas de mis tías y primas repetían lo mismo de años antes, diciéndome con acento arrullador: «Oh, Vicky, ¡que grande estás!», pero ahora yo sólo me sonreía. Mi respuesta a «Vicky, dame un besito», mientras se ladeaban para que les besara la mejilla, también era diferente, y me sentía feliz de acceder.

Luego miré en torno mío y avisté a Dad, el encantador, rodeado por un grupo de hombres a quien yo no conocía. Levantó la vista y me vio con mi séquito de admiradores y se volvió a su grupo, jactándose en alta voz mientras señalaba en mi dirección:

—¿Tú ves ese animal? Es mi otro hijo.

Siguieron las reacciones de «oohs» y «ays» mientras él agregaba aún con mayor orgullo.

—Es un astro del fútbol de una gran universidad.

El reconocimiento, aunque no dicho directamente a mí, encendió mi corazón como un cometa en la oscuridad. Después de todos sus pronósticos de que yo nunca llegaría a nada, allí estaba él presumiendo de mis logros. En mi mente, el guión para un diálogo reconciliador entre nosotros se desenvolvió como un estandarte real. El pasado sería el pasado. Empezaríamos de nuevo. Pese a mi apariencia de perro de presa, yo volvía a ser de nuevo un cachorrito, feliz de complacer a mi viejo amo, presto a mover la cola y a bajar la cabeza para que me rascaran amorosamente el cuello.

—Oye, Vic —me dijo mi hermano Ed en una voz baja de volumen y tono, mientras caminaba desde el lado del salón donde estaba Dad de pie. Lo saludé con una sonrisa, reconociendo los mismos ojos pardos y tristes que tenían mami y Tony, mientras él exhalaba antes de decirme:

—Dad me pidió que te dijera que te mantuvieras lejos de él.

Sentí como si me hubieran pegado en el estómago:

—¡Ve y dile que se vaya al carajo! —Ed parpadeó al oír mi respuesta—. ¡Ve y díselo! —Le había disparado al mensajero.

Ese fue el único contacto que tuve con mis hermanos esa noche. Seguí con la mirada el trabajoso recorrido de Ed hasta llegar a Dad. Se inclinó y le susurró algo al oído. Dad se volvió y me miró furiosamente a la distancia. Pero esos ojos amarillos de reptil con sus escasas pestañas ya no tenían ningún poder sobre mí. Le devolví la mirada con los ojos verdes del Cubano Loco. Mi padre cambió la vista.

Por respeto a mi abuelo, me fui inmediatamente y no asistí al funeral. Nunca volví a ver a mi padre.

Una llamada telefónica de George Young, director del personal jugador de los Miami Dolphins, entró hacia fines de marzo de 1978. Fue tan repentina que la cogí como un tiro errante, creyendo que había habido un error.

La llamada que esperaba, desde luego, era la de la fuerza aérea. El largo y agotador proceso había sido más arduo de lo que había pensado. Para llenar los requisitos de los oficiales, me había puesto a dieta y estaba ejercitándome rigurosamente, en el intento de reducir mi peso a 220 libras. Me habían llegado las notas de los exámenes, y si bien tuve muy buenas calificaciones en las pruebas de piloto —gracias a la experiencia de vuelo de Bebo y a algunas lecciones que había tomado en una avioneta de la que él era co-dueño—, parecía que mis otras notas eran sólo promedio. Mis entrevistas, por otra parte, fueron muy buenas. Al parecer, el jurado estaba aún deliberando y todo lo que yo podía hacer era esperar.

En esa situación me encontraba cuando George Young me llamó. Luego de cerciorarme de que era yo al Vic Rivas que él buscaba, escuché e intenté no respirar aceleradamente mientras me preguntaba si estaba interesado a asistir a una prueba de aptitud para el equipo en un minicampo de tres días. «Esto sería estrictamente una situación experimental», recalcó «y no garantizaría que te invitaran al campo de entrenamiento en el verano».

Sin pensarlo, le dije que sí al minicampo y convine en presentarme en cinco semanas. Eso era exactamente el tiempo que tenía para intentar recuperar el peso que había perdido y sugestionarme para poder encarnar de nuevo la mentalidad del Cubano Loco. Cuando me subí a la báscula me quedé sorprendido de ver a un flacucho de 215 libras. La sola idea de que pudiera entrar a una prueba de aptitud con ese peso era un chiste.

Christy no entendía por qué diablos me estaba sometiendo a las cinco semanas de tortura e incluso haciendo el viaje a Miami. ¿No había terminado con el fútbol? ¿No quería emprender una nueva vida? ¿Qué había pasado con lo de la fuerza aérea? ¿Y con nuestros planes de boda?

—¡Pero ésta es una oportunidad que se da una vez en la vida! —era todo lo que le podía decir. Y sólo porque yo fuera a presentarme y a dar lo mejor de mí por tres días en mayo, no cambiaba mi aspiración de ser un oficial ni mi deseo de convertirme en su marido.

Era la oportunidad de la vida. Las dudas de Christy no me impidieron aumentar de peso hasta llegar a 238 libras, débil aún para cualquier carrera de un delantero de la NFL, para el momento en que llegué a las pruebas de aptitud. El minicampo tenía lugar en Biscayne College en el norte de Miami, un recinto universitario pequeño, insignificante y lejos de la civilización. Quedé en el segundo lugar en fuerza entre los candidatos que participaron en las pruebas. Compensé lo que me faltaba de talla por mi preparación y mi pasión. Lo que me faltaba de tremenda velocidad, lo compensaba con agilidad y destreza. «Se movió muy bien», fue el informe del entrenador de línea ofensiva John Sandusky, citado por periódicos locales. «Tenía un buen movimiento de pies… y mostró muy buena determinación en la carrera de doce minutos. Estaba algo ligero con 238, pero dijo que podía aumentar de peso».

Al final de los tres días de campo, me llamaron a la oficina de George Young. Me ofrecieron un contrato de agente libre para regresar en julio para el campo de entrenamiento. Esto significaba que me entrenaría todo el verano como un dolphin de Miami y jugaría en los partidos de la pretemporada. En dependencia de cómo lo hiciera, bien podía obtener un lugar en el equipo para el otoño o no ser invitado a seguir. ¡Esta oferta era superior a mis sueños más descabellados, que de por sí eran muy descabellados! Al mismo tiempo intentaba tener presente que seguía siendo un gran riesgo. Mi talla era mi peor impedimento.

Aunque le recordé a Christy que muy podía regresar en el otoño con todos nuestros planes encarrilados, ella no se sentía feliz. Éste era mi sueño, no el de ella. Cuando la prensa comenzó a llamar, su disgusto aumentó. Por mi parte, yo estaba más bien perplejo por toda la atención que despertaba. Como un delantero ofensivo, una posición que pasa virtualmente inadvertida por el público y los medios de prensa, no estaba acostumbrado a suscitar ese interés. Muchas veces en la FSU leía artículos en los periódicos que nombraban, por ejemplo «al corredor Larry Key», que se había lanzado de cabeza sobre «el guardia derecho» para anotar tres yardas, y yo tenía que gritarle al periódico: «¡El nombre del guardia derecho es Vic Rivas! ¿No pueden imprimir eso?».

Pero ahora, de repente, el hecho de que ésta era la primera vez en los trece años de historia de los Dolphins de Miami que un cubano estaría en el campo de entrenamiento era noticia en Miami, ya que había más de medio millón de cubanos viviendo en el Sur de la Florida. Aunque la prensa en inglés me había apodado «El más improbable de los improbables», los artículos y comentarios que se publicaban o transmitían en los medios en español sencillamente me llamaban uno de los suyos.

Éstos fueron días cargados de emoción. Mike Shuman, un compañero de los Seminoles y un extraordinario receptor que se había sobrepuesto a una lesión y a otros obstáculos, se dirigía también al campo de entrenamiento y volamos juntos desde Tallahassee. Nos sorprendió encontrarnos en el vuelo con Earl Morrall, ex mariscal de los Colts de Baltimore y de los Dolphins de Miami. Él trabajaba ahora para la organización de los Dolphins y nos hizo sentir como reyes al sentarse a conversar con nosotros durante el viaje al tiempo que firmaba autógrafos para muchos de los pasajeros. Ninguno de nosotros pasó por alto el trofeo que llevaba puesto, el anillo del Super Tazón de la «temporada perfecta» 1972–1973, cuando los Dolphins se convirtieron en el único equipo en la historia de la NFL que recorrió invicto toda una temporada. Eso ocurrió cuando yo cursaba el último año de la escuela secundaria y vivía con los Echevarría, y seguíamos fanáticamente todos los partidos. En el quinto juego de la temporada, el mariscal Bob Griese, que luego ingresaría en el Pabellón de la Fama, se rompió un tobillo, y

Earl Morrall, entonces de treinta y ocho años, dirigió la ofensiva por el resto de la temporada hasta llegar al campeonato de la AFC cuando Griese se incorporó de nuevo.

De regreso a Biscayne College para el campo de entrenamiento, apenas tuve la oportunidad de saludar a los otros novatos que se presentaron al mismo tiempo, así como a los veteranos recién adquiridos provenientes de otros equipos y de jugadores que ya estaban en el equipo desde la temporada anterior. Pisamos el terreno corriendo, en su sentido literal, haciendo la famosa carrera de doce minutos de Shula en medio del opresivo y sofocante verano del sur de la Florida. Yo había mejorado mi distancia desde el minicampo, y finalicé entre los líderes de todos los delanteros. Todas mis pruebas de fuerza dieron un salto de calidad, incluida el levantamiento de 405 libras de peso desde el banco. Y me había presentado magro y veloz con 245 libras.

Las reuniones comenzaban cada día a las 7:30 a.m., seguidas por la práctica matutina, que se concentraba en el juego terrestre, la ofensiva y la defensa. La práctica de la tarde se dedicaba al juego aéreo. El resto del día lo dedicaba a estudiar el manual del juego y a recibir tratamiento por las lesiones recibidas. La noche concluía con reuniones de 7 a 9 p.m., más estudio individual y finalmente se apagaban las luces. Un monasterio de la *futbología*.

Durante la primera semana me las arreglé solo, pero todo eso cambió con la llegada de los jugadores veteranos, que se aparecieron en una caravana de BMW y Mercedes hechos por encargo mientras nosotros practicábamos. El fútbol era un juego para muchachos grandes que, bien jugado, aportaba grandes juguetes. Yo no sabía el carro de quien envidiaba más. ¡Bienvenido a la NFL!

Durante nuestra primera práctica con los veteranos, estuve al tanto de la demografía. Había gigantones cuyo tamaño descomunal intimidaría a la persona promedio. Había varios defensas que eran del tamaño de los apoyadores. Pero era la velocidad y la destreza lo que claramente definía la diferencia entre el juego universitario y el fútbol profesional.

Shula ahora se había hecho más visible en la práctica, moviéndose de un ejercicio al otro. Yo estaba concentrado en sobresalir en general, pero también en encontrar el momento preciso para impresionarlo. Esa oportunidad se presentó al final de una práctica matutina durante un ataque con la defensa. Le tocaba a mi unidad hacer una jugada. El mariscal Don Strock ordenó una barrida, que era mi favorita. En la universidad, me valía de mi destreza para liderar a los corredores en una barrida y meter a los *safeties* y los esquineros contra la banda, alzarnos sobre sus cuerpos tirados boca abajo, sonreír y luego regresar al pelotón.

Al romperse el pelotón, miré por encima del hombro para ver donde estaba parado Shula. ¡Perfecto! Estaba exactamente detrás de la unidad ofensiva. Liberado de mi postura, giré mi cuerpo a la derecha, dando pasos cortos e inconexos mientras buscaba mi objetivo. Allí estaba, el número 41, Norris Thomas, justo donde yo lo necesitaba. Acorté rápidamente la distancia con el corredor sobre mi cadera derecha. Thomas se acuclilló para el impacto al tiempo que chocaba con él. Era un tipo de cinco pies once pulgadas y de 190 libras, y yo no conseguí moverlo. Fue un empate. ¡Bienvenido a la NFL!

El campo de entrenamiento se abrió con ochenta y cinco jugadores en el intento de hacer un equipo de cuarenta y cinco. La competencia era feroz. Desde el primer día resultó perfectamente claro que después de cada práctica, si el Turco te daba una palmadita en el hombro, quedabas fuera. Un gran tipo, pero con el deber de ser el Siniestro Destripador de los aspirantes, el entrenador asistente, Carl Taseff, era el Turco. Si se le veía al acecho por el camerino después de una práctica podía apostarse que un jugador estaba a punto de ser rescindido; a veces varios. Si un jugador se lesionaba en su posición, significaba que había un jugador menos de quien preocuparse. Los Dolphins mantenían ocho delanteros ofensivos en la nómina. Tenían sus cinco titulares: Wayne Moore, Bob Kuechenberg, Jim Langer, Larry Little y Mike Current, con Ed Newman como suplente. Seis de nosotros estábamos compitiendo para los otros dos puestos. Cada partido, cada ejercicio, cada carrera después de la práctica podría determinar tu supervivencia y extender tu estancia otro día.

La competencia dificultaba hacer amigos en tu posición, pero yo hice amistad con jugadores de otras posiciones. Allí estaba Witt Beckman, un receptor de la Universidad de Miami y hermano de Ed, nuestro ala cerrada en Florida State; Bruce, un ala cerrada de Arizona State y, por supuesto, Mike Shuman de la FSU. Mi amigo más íntimo y espíritu más afín era el también novato Doug Betters, un defensa de seis pies siete pulgadas de la Universidad de Nevada en Reno.

Doug se acercó a mí durante la primera semana de práctica porque necesitaba mis servicios como intérprete. «Se trata de las camareras», me explicó. Al parecer, las camareras siempre empezaban sus rondas por su dormitorio a primera hora de la mañana. Ahora bien, después que les gritó: «¡Fuera de aquí!» unas cuantas veces, rehusaron volver, y ni siquiera le cambiaban las sábanas y las toallas.

Puesto que yo había obtenido tanta cobertura de la prensa hispana y muchos de la comunidad de esta lengua seguían mi diario destino en el campo de entrenamiento, las camareras se pusieron muy contentas de los autógrafos que les di para sus hijos. Huelga decir que mi cuarto estaba impecable, con montones de toallas y jabones adicionales, y en ocasiones comida cubana. Después que conversé con ellas sobre el cuarto de Doug Betters, se comprometieron a dejar las toallas y las sábanas mientras él se encontrara ausente.

Un acontecimiento fundamental tuvo lugar durante una práctica vespertina sobre cómo proteger los pases contra la defensa. Vern Den Herder, el ala defensiva de seis pies seis pulgadas y miembro fundador de la Defensa sin Nombre, me venía encima. Mientras me dejaba caer de espaldas para proteger un pase, me agarró por la parte delantera de la camiseta, me levantó en peso y me tiró de espaldas, y luego me dejó los tacos marcados en el pecho mientras se dirigía hacia el mariscal. ¡Me tiró a un lado como si yo no existiera! Me levanté rápidamente intenté regresar y proteger al mariscal, pero fue demasiado tarde. Para que mi humillación fuera mayor, Shula estaba mirando. Mientras Den Herder regresaba a su pelotón me dio un golpetazo adicional en la parte posterior del casco. Exploté de rabia y empecé a tratar de golpearlo tirándole puñetazos desaforadamente. La pelea estalló de inmediato.

Echando humo, me disponía a romperle los huesos a cualquiera. Esto llamó la atención de algunos de los veteranos delanteros de la ofensiva.

—Ey, *Cuban Kid,* ven aca —el guardia ofensivo «All-Pro» Bob Kuechenberg, toda una gran personalidad con pelo y barba rubios y entrecanos, me hizo señas de que me le acercara. Con seis dos y 250 libras, él era el prototipo de los guardias y centros ofensivos de los Dolphins de esa época. De pie cerca de él estaban dos futuros miembros del Pabellón de la Fama: Jim Langer, nuestro bigotudo centro, con sus miembros macizos y sus manos gigantescas, y del otro lado, el guardia Larry Little, tan ancho como alto, con la piel de ébano oscuro. Buena gente.

—*Cuban Kid* —dijo Kuechenberg, repitiendo mi nuevo apodo—, eso le ocurre a tipos de nuestro tamaño. Aquí lo que tienes que hacer cuando sientas que te vas de espaldas es tirarte y agarrarlos de la camiseta. Aférrate bien —me explicó, sin embargo, que si extendía los brazos, me marcarían una falta por agarrar a mi contrario—. No lo dejes ir, pues, y llévatelo contigo al suelo. Ahora bien, él te va a romper el alma en el camino, pero no cogerá al mariscal.

—Gracias —le dije, aún encolerizado, preguntándome cuando podría intentar esa táctica. Sin embargo, como el *Cuban Kid,* logré captar la atención de los veteranos, y eso ya era un comienzo.

Más tarde ese mismo día, logré captar aún más atención. Estaba en la mesa de entrenamiento que se improvisaba en la cafetería de la escuela y Kuechenberg gritó:

—¡Oye, *Cuban Kid!* ¡Déjate oír!

Éste era uno de los rituales del campo de entrenamiento que tenía lugar en casi todas las comidas. La manera de funcionar era que un veterano podía llamar a cualquier novato y ponerlo en una situación precaria. Al novato se le exigía que se subiera en una silla y cantara el himno de combate de su universidad. Si rehusabas, los jugadores que tenías más cerca te agarraban de inmediato, te sacaban fuera y te arrojaban en un estanque musgoso y pestilente. (Un solo jugador, que yo viera, rehusó cantar.) Uno tenía que cantar en una voz clara y sonora, o lo obligaban a empezar de nuevo.

Me subí a la silla y de repente me llené de pánico. No tenía la menor idea de cuál era la letra del himno de combate de la FSU.

Un coro de veteranos gritó:

—Vamos, arriba. ¡Tienes tres segundos! —yo iba a ser el segundo novato lanzado al estanque podrido.

Por intervención divina, abrí la boca y canté. Y lo que salió fue una tonada campesina del oeste del repertorio de los *Outlaws*. En el momento en que me ahogué en el primer verso, al cantar «ponle otro leño al fuego», comenzó la risa, seguido por el palmoteo rítmico y de risas aún más estentóreas. Animado, le añadí un acento campesino.

Varios delanteros de la ofensiva no tardaron en ponerse de pie dando palmadas, mientras Kuechenberg hacía una torpe variación de un zapateado.

¡Aplausos, aplausos, aplausos! Luego —en el momento en que terminé—, ovación de pie.

Que ironía que yo hubiese escogido cantar esa canción entre todas las otras, dado el hecho de que a mí también me esperaba una carta de ruptura. Christy Jernigan, la mujer que mis compañeros en la FSU llamaban Christy Love porque la había buscado en cielo y tierra después de conocerla en el bar y creer que su nombre era Jergens, como la loción, me dejaba debido al «estúpido fútbol», cuando ella había querido casarse con «un oficial y un caballero». Esto lo escribió mucho antes de que saliera la película de ese nombre.

Devastado, lloré por las próximas dos horas hasta que tuve que salir a una reunión. Sandusky me echó un vistazo y me preguntó:

—¿Estás bien? No te ves tan dispuesto.

—Comí algo que no me cayó bien —le mentí.

Doug Betters intentó sosegarme y habló conmigo sobre la posibilidad de dejar el estúpido fútbol. Aun si yo me sentía como si estuviera entrenándome, él me recordó que jugar sin ganas daría pie al toque del Turco; peor aún, podría dar lugar a una lesión seria. Con la inminencia del primer juego de la pretemporada al fin de la semana, me quedaban tan sólo otras cuatro semanas de campo, si no me liberaban primero. Aunque mi corazón estaba roto, pensaba en los muchachitos cubanos que me esperaban en la cerca después de cada práctica y que querían mi autógrafo o algún pedazo húmedo y sucio de mi equipo como un recuerdo. Me dediqué nuevamente a hacer realidad mis sueños y tal vez los de ellos también.

Mi primer juego de la pretemporada fue en Canton, Ohio, en el Pro Pabellón de la Fama del Fútbol. Los Dolphins jugaban con los Eagles de Filadelfia en un partido del Pabellón de la Fama televisado para todo el país. ABC Sports, junto con Howard Cosell, Don Meredith y Frank Gifford estaban cubriendo el partido y la admisión de cinco nuevos miembros al Pabellón: Lance Alworth, Weeb Eubank, Tuffy Leemans, Larry Wilson y uno de mis jugadores preferidos de todos los tiempos, Ray Nitschke de los Green Bay Packers.

Hubo un momento mítico en Canton cuando al buscar mi casilla del camerino la encontré al distinguir colgando allí mi prístina camiseta de juego de los Dolphins, y justo encima del número 93 estaba mi nombre, RIVAS, bordado al relieve. Después de llevar muchas semanas usando las sudadas camisetas de la práctica, ésta era la primera vez que me pondría el uniforme del equipo. Mi fantasía a fuerza de años y años de desbordadas imaginaciones, se había convertido en realidad. Al igual que un sacerdote que se prepara para decir misa, me fui poniendo cuidadosa y meticulosamente cada una de las prendas de mi uniforme.

Luego me traicionaron los nervios, y me senté junto a mi casilla temblando como una hoja, algo que nunca antes me había pasado antes de jugar un partido. Langer y Kuechenberg se sentaron a conversar conmigo, uno a mi derecha y otro a mi izquierda.

—¿Estás nervioso, *Cuban Kid?* —preguntó Kooch, como le llamábamos.

—¡Sí! —la palabra me brotó de la garganta en un tono un poco alto.

Langer me puso la mano en el hombro.

—Todos nos ponemos nerviosos, muchacho. Si no llegara a ponerme un poco nervioso antes de un juego, me preocuparía —sacó un par de Marlboros.

—¿Quieres fumar?'

Tomé un cigarillo, un concepto que me era completamente ajeno, y lo encendí ahogándome con la primera bocanada. Kooch y Langer sacudieron la cabeza y me palmearon la espalda, y se fueron de regreso a sus casillas.

Para proseguir en el proceso de cribar el buen trigo, los entrenadores pusieron a los novatos a jugar durante gran parte del partido. Con el mismísimo primer saque que era mi tarea en el juego, el primero que hacía como un dolphin, Don Strock, el mariscal de reserva ordenó un pase del balón. Mientras me hundía en mi puesto, miré hacia arriba y vi la barba enmarañada de Bill Bergey, perenne apoyador todo estrella de los Eagles. Sacó el balón y di el primer paso para proteger el tiro. Bergey avanzaba como un cohete. Se abalanzó sobre mí y pude sentir que mis piernas se doblaban; ¡me estaba yendo de espaldas! El consejo de Kooch resonó en mis oídos. Tendí el brazo, agarré un puñado del número 66 y lo halé hacia mí según me caía. Bergey maldecía con toda suerte de improperios y me golpeaba en el casco, pero no capturó a Strock. ¡Bienvenido a la NFL!

Más tarde en el juego, a punto de lucirme de lo lindo, me marcaron falta por agarrar. Al salir corriendo del campo, Shula me salió al encuentro en el lateral y me lanzó una andanada de palabrotas que tenían que ver con *cuándo iba a avanzar las quince yardas y que [suprimidas las palabrotas] yo había acabado de costarle al equipo una falta* y terminó con: «¡Ponga ese culo gordo en el banco!». El dios del fútbol que reinaba con la apariencia estoica del Rey de la Calma durante la práctica, se convertía en un maníaco iracundo y maldiciente en el calor de un partido. Me sentí como un niñito que hubiera desencantado a su padre y a quien enviaban a su cuarto. Tuve que reprimir las lágrimas mientras asistía a un par de series sentado.

—Rivas, vuelva a incorporarse —rugió finalmente el entrenador Sandusky.

¡Otra oportunidad! Corrí de nuevo al campo. Avanzamos el balón campo abajo con varias corridas, y entonces se ordenó un pase que fue interceptado. Salí a la carrera, tratando de alcanzar al defensa que llevaba el balón. Cuando estuve cerca me lancé sobre él y en ese momento el resto del pelotón me chocó por la espalda, haciéndome dar una vuelta en el aire para ir a caer sobre mi cuello. Después el peso de todos ellos cayó sobre mí, aplastándome la máscara en el pecho. Me había doblado en dos con no menos de mil libras de jugadores de fútbol de la NFL encima. Pero la peor parte y la más pavorosa de todo ello era que no podía sentir nada. Completamente despierto y entumecido al mismo tiempo, estaba mirando al cielo, y luego vi la cara de Witt Beckman que me miraba.

—¿Estás bien? —me dijo mientras tendía el brazo para desabrocharme la correa del mentón, probablemente como un acto reflejo para ayudarme a respirar y a aligerar mi peso.

—*¡No lo toquen!* —una camisa verde aparecía en mi horizonte visual. La pila de hombres había aterrizado cerca del lateral del Filadelfia, donde uno de sus entrenadores le gritaba a Witt.

Me quedé inmóvil por unos larguísimos treinta segundos antes de sentir un hormigueo en los dedos de las manos y los pies; el resto de mi cuerpo volvió a la vida instantes después. Llegaron nuestros entrenadores y me mantuvieron de cúbito prono durante varios minutos, mientras me sometían a varias pruebas.

Allá en Miami, mi hermano Ed estaba en la sala, viendo la televisión mientras Mami cocinaba. «¡Ah, carajo!», se lamentó mi hermano, mientras la cámara se me acercaba para hacerme una toma allí tendido en el campo, rodeado de entrenadores y de especialistas médicos de emergencia.

—¿Qué paso? —preguntó mami preocupada, encaminándose de regreso a la sala.

—No vayas a entrar —le gritó Ed.

Howard Cosell, en su inimitable voz de cronista, estaba diciéndole a mi hermano y al resto de los espectadores que estaban viendo este juego de la pretemporada: «Es el número 93, el joven cubano de Miami». Cuando me levanté, Eddie llamó a mami con alivio.

—Él está bien, mami.

El diagnóstico fue un nervio pinchado en la espalda que me podía causar una parálisis momentánea. Librado de semejante destino, me mantuve vivo para luchar otro día. Ni la falta por sujetar al jugador ni la lesión me acarrearon la palmadita del Turco en la espalda.

Nos preparamos para el próximo partido de la pretemporada. Parte de este proceso conllevaba reuniones en las cuales nos dividíamos en grupos según nuestras diferentes posiciones. También nos reuníamos como equipo para estudiar segmentos fílmicos de nuestros adversarios en acción, concentrándonos en metrajes sobre equipos especiales y prácticas de patadas.

Como los obreros del equipo de fútbol, a los delanteros ofensivos con frecuencia nos llamaban «hongos» ¿Por qué? «Porque nos alimentaban con basura y nos mantenían en la oscuridad». Esto era verdad en esas sesiones fílmicas, donde la línea ofensiva siempre se sentaba al fondo del salón y cuando se apagaban las luces, comenzaba el pedorreo.

Sentado en la última fila, yo podía ver las enormes siluetas de los jugadores, a horcajadas sobre los pupitres de los estudiantes, a los cuales empequeñecíamos, y sus cuerpos que se inclinaban a derecha e izquierda, para levantar la nalga opuesta para liberar el gas. El movimiento zigzagueante que se producía delante de mí me recordaba el de los hipopótamos danzantes de la película *Fantasía* de Disney, y el sonido que emanaba de sus traseros era semejante a la sección de cornos franceses de una orquesta que estuviera afinándose. Al cabo de unos pocos minutos el salón olía como un establo.

Los veteranos delanteros, dirigidos por Kooch, se mantenían diciendo dos palabras después de cada apestosa explosión: «¿consecuente?» o «inconsecuente». Era como un cántico responsorial, como si preguntara: «¿Bueno?». Y respondiera: «Noo». Este ritual se había mantenido desde la llegada de los veteranos y yo no tenía la menor idea a qué se refería.

Durante algunas semanas había estado aguantando finamente mis gases, pero una tarde en que estaba muy aventado simplemente no pude aguantar más y se me escapó una típica bomba silenciosa, pero letal, que casi me deja sin sentido. Con el aire acondicionado que soplaba detrás de mí, la fetidez salida de mi interior viajó rápidamente por el salón. Los jugadores comenzaron a abanicarse y uno podía oír exclamaciones de: «¡Dios mío!», «¡Fo!» y «Chico, ¿quién se murió?».

Alcanzó a Howard Schellenberger, el coordinador de la ofensiva, que manejaba el proyector de la película. Schellenberger, que tenía una voz grave y que llevaba un gran bigote crespo, bramó: «¡Cristo!» y apagó el proyector.

Shula se levantó y gritó: «Cinco minutos».

Todo el mundo comenzó una estampida hacia las puertas. Podía oír a Kooch, Langer y Newman diciendo a voces; «¡Consecuente! ¡Consecuente!», mientras evacuaban el salón.

Ahora entendía al fin lo que significaba «consecuente». Era un peo que desalojaba el salón.

Cuando salí por cinco minutos para respirar un poco yo mismo, pude oír a Kooch preguntándole a otros jugadores para ver si eran responsables de la evacuación.

Como uno de los primeros jugadores en regresar al salón de reuniones, estaba sentado en mi pupitre cuando Kooch entró, se detuvo y se quedó mirándome. Se acercó caminando sospechosamente hasta mi puesto.

—¿Fuiste tú, *Cuban Kid?*

La máscara de seriedad de que me había revestido se me cayó y cedí. El olor era aún tan espantoso que sólo atinaba a reírme. Con una expresión seria, Kooch levantó la mano derecha. Por un momento, pensé que me iba a pegar, pero él sólo la estaba extendiendo para estrechar la mía. Yo extendía la mía y nos dimos un vigoroso estrechón de manos al tiempo que él decía:

«Carajo, hijo! ¡Te lo has ganado, eres un delantero de ofensiva! ¡Este es un momento inolvidable!».

Para entonces, el resto del equipo y los entrenadores estaban regresando al salón. Kooch le gritó a Sandusky.

—Oye, John, ¡fue el *Cuban Kid*!

El entrenador Sandusky, ex delantero ofensivo de la NFL, se acercó a grandes zancadas y descollando sobre mí, me tendió la mano. «Carajo, hijo! ¡Te lo has ganado, eres un delantero de ofensiva! ¡Este es un momento inolvidable!».

Cuando ya todo el mundo estaba sentado y antes de que las luces se apagaran y continuáramos el estudio de la película, Sandusky se levantó:

—Don —dijo, deteniendo al director técnico, Shula, antes de que éste se sentara—: espera un momento. Rivas, ponte de pie.

Me puse de pie, nuevamente nervioso, para enfrentar a Don Shula con el resto de los presentes mirándome.

—Fue Rivas quien hizo evacuar el salón. Sólo queríamos hacerlo saber.

Los ojos de Shula se empequeñecieron mientras proyectaba hacia mí su mandíbula.

—Rivas —advirtió—, si eso pasa otra vez, te irás en el próximo avión.

—Sí, señor.

Shula mantuvo su mirada amenazante por unos segundos más y luego, con un toque dramático, echó la cabeza hacia atrás y AULLÓ de risa. Yo casi me orino en los pantalones. Llegué a creer que era en serio.

Sentado allí en el salón, viendo la película, mientras los hipopótamos danzantes y el corno francés de las flatulencias comenzaba en medio del melodioso cántico responsorial de los delanteros de la ofensiva cantando: «¿consecuente?» e «inconsecuente», me di cuenta tan de repente como si me golpeara una ola que los partidos de fútbol eran juegos de niños. Mientras recorría con la vista el salón donde se encontraban muchos de los hombres que yo había reverenciado de adolescente, algunos con canas y rodillas artríticas, comprendí que no eran más que un montón de muchachos grandes, como yo. Estaba inclinado, poniéndome las medias frente a mi casilla, cuando el Turco me tocó en el hombro.

—El director Shula quiere verlo en su oficina. Traiga su cuaderno de jugadas —me dijo tranquilamente el instructor Taseff.

Mientras caminaba por el pasillo hacia la oficina de Shula, mantuve la cabeza en alto y ensanché el pecho. No tenía nada de qué avergonzarme. Había llegado al campo como el más improbable de los improbables, y había durado más que algunos de los elegidos, llegando hasta el penúltimo despido. Jugué en tres de los partidos de pretemporada de la NFL, llevando el uniforme de mi equipo preferido y jugando junto a varios futuros miembros del Pabellón de la Fama. Una vez más, había sido recibido por una familia y me habían dado amor y protección. Una gran familia de más de medio millón de cubanos del sur de la Florida, que me obligaron a concentrarme, aunque me sintiera descorazonado. Me había reconectado con mis raíces, mi gente y mi isla.

Shula estaba sentado detrás de su escritorio con la espalda recta como era su postura habitual. Se levantó para saludarme y me estrechó la mano. Me pidió que me sentara.

—Siento tener que hacer esto. Realmente he disfrutado teniéndote en el campo —sus ojos y su voz respaldaban la sinceridad de sus palabras, yo me había ganado su respeto.

—No lo lamente, *Coach*. Yo me sentí muy honrado de estar aquí. Gracias por la oportunidad.

Conversamos durante unos minutos acerca de mis planes para el futuro. Shula se levantó, me estrechó nuevamente la mano y me dijo:

—Buena suerte, Vic. Mantente en contacto. Haznos saber lo que estás haciendo —proféticamente, cuando salí, él dejó la puerta abierta.

Me monté en mi Kawasaki 1000 y le eché un último vistazo a los terrenos de práctica del Biscayne College. Oía dos voces que resonaban dentro de mi cabeza. Una de ellas decía: «No lo bastante fuerte, nunca lo fuiste». La otra decía: «Mantente en contacto».

Salí rodando aprisa por la larga carretera de entrada al *college*, y oí una tercera voz, la mía, que decía con certeza: «no estás acabado todavía».

Diez meses después estaba de vuelta. La primera vez se me habían acercado con la oportunidad que se da una vez en la vida. Esta vez yo regresé y solicité otra prueba de aptitud. Algunas oportunidades se presentan dos veces en la vida. Tenía veinte libras más, llegando a alcanzar 265 y levantando 480 libras en el banco, el segundo más fuerte de todo el equipo. Estaba inscrito como un veterano de un año; conocía el sistema y lo que se esperaba de mí.

Durante el minicampo, Sandusky me aconsejó que aprendiera otra posición o habilidad en el juego para ampliar mis oportunidades en una ya cargada línea ofensiva. Aprendí por mi cuenta a hacer la entrega a distancia para la devolución, aprendí a anotar goles de campo y tiros después del *touchdown,* y estaba aprendiendo la posición del centro. Mi saque largo era aceptable en el mejor de los casos, pero era el centro el que me daba la mayor dificultad. Yo había jugado toda mi carrera en una postura zurda, pero con un mariscal diestro tienes que sacar la bola con la derecha.

El segundo campo de entrenamiento así como la segunda pretemporada me trajeron al encuentro de viejas y nuevas amistades y aventuras. La prensa volvió a perseguirme ese año, pero por otra razón. Los Dolphins habían readquirido al corredor de fuerza—y futuro miembro del Pabellón de la Fama—Larry Csonka, proveniente de los Giants de Nueva York. Zonk había sido siempre mi jugador preferido desde los equipos del Súper Tazón de los Dolphins de principio de los años setenta. Aunque nunca me había dado cuenta, podía haber sido su hermano gemelo, excepto que yo conservaba la nariz recta y él se la había roto muchas veces debido al estilo de embestida con que corría.

Aunque yo era el Cubano Loco para unos cuantos compañeros de los viejos tiempos asociados a la FSU, seguía siendo el *Cuban Kid* para la mayoría de los jugadores; pero unos cuantos tipos comenzaron a llamarme Baby Zonk. La prensa se hizo eco de la historia e incluso publicaron fotos de los dos, uno al lado del otro. Siempre que salía de nuestro camerino en Biscayne College o dondequiera que jugamos durante la pretemporada, los fans me acosaban con gritos de: «¡Larry Csonka!» y me pedían autógrafos. Al principio intentaba explicarles que estaban equivocados, pero seguían metiéndome por los ojos una pluma y un papel o una foto de Csonka.

—Muy bien —cedía y firmaba mi propio nombre, sonreía y los veía irse, mirando al autógrafo y preguntándose: «¿quién carajo es Vic Rivas?».

Csonka se dio cuenta de ello y luego que jugamos con los Vikings en Minnesota, se sorprendió al verme rodeado por un centenar de fanáticos enloquecidos que me pedían su autógrafo. Una mujer incluso hizo que le firmara un seno.

Sobreviví hasta la última semana del campo de entrenamiento, llegando hasta la última depuración, antes de que el Turco me tocara en el hombro.

Cuando me senté con Shula en su oficina, él dejó bien en claro que yo era capaz de jugar en la NFL. «Desafortunadamente, tenemos cuatro jugadores «All-Pro» en tu posición. Estoy seguro que con otro equipo, tendrías más oportunidad». Se ofreció a recomendarme si hubiera algún lugar donde quisiera ir.

Una prueba de admisión con el equipo de los 49ers estaba aún en perspectiva. Sin embargo, la realidad era que los tiempos de los mastodontes delanteros de ofensiva de seis dies cinco pulgadas y de trescientas libras y más estaban a la vuelta de la esquina. Si yo quería aumentar otras cuarenta libras, tal vez mi talla no sería una desventaja. Al mismo tiempo, el día que estaba tirado boca arriba en Canton, Ohio, creyendo que me había roto el cuello, comencé a pensar si acaso no estaba arriesgándome innecesariamente.

Shula me preguntó si tenía algunos otros planes. Bien, le dije, tengo un hermano en Hollywood que está empezando en el mundo del espectáculo y he estado pensando en irme a probar fortuna en California. Él me dijo que esperaba tener buenas noticias de mí y que supiera que si todos los jugadores de su equipo pusieran la pasión que yo ponía en el juego, él nunca perdería un partido.

Dicho esto, le dije adiós a Shula y al fútbol, el deporte que me había dado tanto. Esta ruptura con lo que había sido uno de mis grandes amores me dejaba sin lesiones permanentes ni resentimientos. Es verdad que nunca volví a casa con el anillo del Súper Tazón, y que quedaba en mí algo del complejo del hijo segundo que creía que debía haber llegado más lejos. Sin embargo, había competido en el más alto nivel y lo mantuve. Me había ganado el respeto de los dos directores deportivos qué más campeonatos ganaban del fútbol universitario y profesional. Estos recuerdos eran mis trofeos que reemplazaban a los viejos que me habían despedazado.

En el momento de irme, podía oír al socio Kooch diciéndome:

—¡Carajo, hijo! ¡Te lo has ganado, eres un delantero de ofensiva!

Todos estos eran momentos involvidables.

7
hollywood
(1979–1989)

Dile a Víctor… mi más profundo cariño para él, él siempre fue #1 para mí… Bueno, uno lee de algunas personas que salen del clóset por esto o por aquello, pero yo tenía que ser diferente, voy a entrar en el clóset y adiós.

—Carta de Dad a Tony Rivas Jr.,
21 de febrero de 1980

La BUENA NUEVA DE VENIR a Hollywood, otra vez como el más improbable de los improbables, era que estaba en buena compañía. El mundo del espectáculo es en ese respecto como el del fútbol. Uno tenía que estar un poco loco para querer participar del juego, y aun más loco para quedarse en él.

Eran también los años ochenta. Época de excesos, tiempos de juergas y fiestas, con montones de distracciones y tentaciones para cualquiera sin una firme conciencia de sí mismo o un preciso sentido de dirección. Paradójicamente, mis antecedentes en vencer obstáculos me convertían en un buen candidato para introducirme, en tanto mis antecedentes como un muchacho herido me acondicionaban para sufrir la peor caída de mi vida.

Al principio, enfoqué mi búsqueda de una carrera de actuación como podría haber intentado conquistar a una mujer difícil, fingiendo que no estaba tan interesado. La verdad es que estaba arrebatado, pero no quería que me rechazaran. No obstante, la capacidad de asimilar el rechazo es un requisito previo para cualquier actor, una de las herramientas más importantes a tener en el equipo de supervivencia de Hollywood que no tardé en empezar a crear. Pero, en primer lugar, yo tenía negocios pendientes que resolver.

Eso estuvo en mi mente desde el momento en que terminé de despedirme de los varios miembros de mi familia y abordé un vuelo *charter* para Las Vegas. En la cabina de carga estaba mi reluciente corcel, la Kawasaki 1000. En la cabina del piloto estaba Bebo Echevarría que me acompañaría durante parte de mi trayecto hacia el Oeste. En Las Vegas, le di las gracias y me despedí de él antes de dirigirme a la cabina de carga y saltar en mi motocicleta. Para la sorpresa de los que trabajaban en el aeropuerto, salí rodando la moto desde la plataforma de carga a la pista, avanzado aceleradamente hacia la carretera y luego a través del Valle de la Muerte hacia Los Ángeles.

Los fantasmas salieron a mi encuentro tan pronto entré en los límites de la ciudad; rodando, quemado por el sol y mordido por el viento pasé las torres del *downtown* que había visto por última vez nueve años antes cuando mi padre nos robó con nocturnidad y alevosía. En Hawthorne, había presenciado y había sufrido los peores abusos y los más crueles actos de violencia de mi padre, al extremo de volverme, potencialmente, homicida y suicida. Y había sido allí también donde habían abandonado al pequeño Robert David Rivas, mi hermanito.

El día después de llegar al lugar de Rocky en East Hollywood, monté en la motocicleta y me dirigí al sur, como una paloma mensajera que regresara a su palomar, no tardé en estacionar frente a la casa de Oxford Street. La casa que se proyectaba amenazadoramente en mis recuerdos y en mis pesadillas parecía tan pequeña, tan ordinaria, tan inocente. Toqué a unas cuantas puertas, para encontrar que uno solo de mis antiguos vecinos seguía viviendo en la cuadra de mi infancia. Conversamos por un rato y luego volví de regreso a Hollywood, sin revelaciones novedosas y sin haber logrado exorcizar mis demonios del pasado. Fue entonces cuando me decidí a levantar el teléfono y discar el número del servicio de información, al tiempo que intentaba recobrar la memoria visual de ese sobre proveniente del Fairview State Hospital.

Luego de ser transferido de un departamento a otro, me conectaron con una archivera.

—Estoy intentando localizar a mi hermano —le expliqué y di mi nombre.

—Lo siento —replicó la empleada—, esa información sólo puede brindársele a un padre o a un tutor.

—Entiendo —mentí y probablemente no bien—, pero mis padres se mataron en un accidente automovilístico y yo soy su pariente más cercano.

Para mi gran sorpresa, ella me dijo que estaba bien, y me leyó la información que tenía en el expediente. Robert David Rivas había muerto el 12 de noviembre de 1971, poco más de un año después que nos fuéramos de Los Ángeles, como si hubiera abandonado su última esperanza de un rescate. Tenía sólo nueve años de edad.

En el momento de su muerte, causada por una neumonía y un estado físico que se deterioraba, Robert estaba de alta del hospital y vivía en un hogar de crianza para niños con graves discapacidades mentales. Eso me consoló, saber que mi hermano había estado viviendo en un barrio donde creía que había sido objeto de la bondad de personas extrañas, que durante su breve paso por la tierra, y particularmente en sus últimos días, Robert había estado al cuidado de ángeles, semejante a los de mi comunidad que me habían brindado abrigo, amor y protección.

No obstante, cuanto más agradecido estaba por esos promotores y esas agencias que atendían a niños como Robert, tanto más furioso y enojado me sentía con Dad. Ahora estaba más torturado que nunca por mi recuerdo de su asalto a mami y del terror que sentí como un niño de seis años al saltarle a la espalda e intentar inútilmente detenerlo. Una vez más, quería matar a mi padre, hacerle pagar por todas las crueldades que nos había infligido, y de las manera más violenta que se pudiera imaginar. Yo lo asesinaba en mis sueños noche y día, pero él sencillamente no se moría.

Luego, en febrero de 1980, unos meses después de mi llegada a Hollywood, recibí la noticia de que en efecto otro lo había matado en mi lugar.

Los fragmentos de la historia siguieron juntándose como las piezas de un rompecabezas con el transcurso de los años. La pieza principal finalmente la aportó Barbie, una niña que cursaba entonces el octavo grado. Durante los años en que estuvo casado con Mecca, al parecer Dad había mantenido su violencia muy controlada. Charli, el hijo de Mecca, un joven agradable, pero rudo, probablemente ayudaba a mantener la paz (*peace,* palabra que Dad nunca aprendió a pronunciar bien en inglés y que dicha por él más bien sonaba como una meada «*piss*»). Pero cuando Mecca estaba en el trabajo o Charlie no estaba presente, Barbie se quedaba sin protección. Una foto tomada en esa época de Dad con el brazo por encima de mi hermana, su hijita de trece años, daba un atisbo de lo que podría haber sido la situación. De pie en un jacuzzi frente a un follaje tropical, mi padre, con muy buena figura a sus cuarenta y nueve años, tendía el brazo posesivamente por encima del hombro de Barbie. Ella, la muñequita de pelo crespo que yo había visto la última vez, era ahora una bellísima latina, alta, delgada, de tez bronceada. Ambos enfrentaban la cámara, pero ninguno sonreía. Ella tenía una expresión mediosa; él, inescrutable.

Al igual que todos nosotros, Barbie, mentalmente, había planeado muchas veces su muerte. Dad había hallado los medios de aterrorizarla como había hecho con mi madre, con mis hermanos y conmigo; pero mediante la violencia, él había amenazado, controlado y poseído a Barbie de una manera de la que aún yo no lo creía capaz. Mi hermana había estado viviendo con lo que Dad llamaba «nuestro secretico» y la certeza, como él le había prometido, que si se lo contaba a alguien, se la llevaría del lado de Mecca y de todos los que ella quería, tan lejos que nadie pudiera encontrarlos. Esto no podría sonarle como amenaza hueca a una niña a quien ya alguna vez la habían secuestrado de su propia madre.

En su primaria superior católica, a mediodía del 21 de febrero, Barbie había sentido una súbita sacudida en el pecho mientras atravesaba el estacionamiento hacia la cafetería para almorzar. Al instante se acordó de un sueño que había tenido una semana antes en el cual se veía mirando a Dad en su ataúd. Después de clases, tomó su bicicleta y regresó a casa. Algo la hacía sentir distinta, extraña. A dos cuadras de la casa, podía oír el tocadiscos estereofónico de Dad en que sonaba a todo volumen la música de Brazil 66. Varias ideas le acudieron a su cerebro, entre ellas la imagen de Dad encargando el tocadiscos que se anunciaba en la revista *Selecciones*. En primer lugar, ¿cómo un amante de la música iba a tener un jodío equipo que se vendiera en *Selecciones?* Brazil 66 le decía algo más. Esto era lo que a Dad le gustaba oír, decía él, cuando andaba en busca de «paz mental». Y la música atronando al vecindario sonaba sin parar.

Barbie supo lo que pasaba aún antes de dejar la bicicleta y subir a grandes zancadas las gradas de la casa, con la música ensordecedora que la llevó a apurarse a entrar y cerrar la puerta tras ella. Lo supo aun antes de leer la nota que colgaba de la puerta del cuarto de Dad. Mi hermana se quedó en la sala, no muy segura aún de qué hacer. ¿Bajaría la música? Se metería en problemas por hacerlo porque era así como él la quería oír? Luego leyó la nota que respondía todo: *«Barbie, no me despiertes. Deja que Mecca lo haga. Dad».*

No hizo falta nada más para que ella entendiera que era libre. Barbie recuerda como se sintió invadida por una calma que no había conocido nunca, fue hasta el tocadiscos de *Selecciones* y lo apagó, luego entró en la cocina y sacó un paquete de helado de vainilla con cereza de Farm Stores. Dos actos de libre voluntad, que nunca se hubiera atrevido a realizar cuando Dad estaba vivo, seguido por un tercero, al sentarse a la mesa del comedor y consumir lenta y apaciblemente todo el paquete, a sabiendas de que él se había ido y ya nunca podría volver a agredirla.

Mecca regresó a casa varias horas después, encontró el lío que él había dejado y mandó a Barbie para casa del vecino. Durante las próximas horas, Barbie vio como la casa se convirtió en la escena de un crimen. En el último acto de autodestrucción que tan a menudo había proyectado sobre nosotros —tal vez haciendo que mi hermana y yo tuviéramos que soportar la peor parte porque teníamos la audacia de parecernos mucho a él—, Anthony Rivas Sr. echó una última mirada a la sentina de sí mismo y no pudo soportar lo que vio. Planeó su suicidio tan meticulosamente como las torturas que nos había infligido a nosotros, escribiendo cartas de despedida, fijando la nota en la puerta para que Barbie no entrara, poniendo Brazil 66 a todo volumen en el tocadiscos y programándolo para que sonara una y otra vez a fin de enmascarar el ruido de la escopeta de dos cañones que usó, luego que entró en el clóset, se la puso en el pecho y apretó el gatillo.

Cuando Ed, entonces de diecinueve años, se enteró de la noticia por una llamada telefónica de Tony, estudiaba para una prueba en Osceola Hall de la Universidad del Estado de la Florida. Ed colgó y se puso a llorar por la próxima media hora porque, suponía, que era lo que debía hacer. Pero luego se dio cuenta de que el supremo acto de cobardía de Dad lo había privado de la oportunidad de coger su diploma y «metérselo a Dad por el culo» después de la graduación. Últimamente, nuestro padre había estado jactándose, con los que aún lo veían como el tipo más encantador del mundo, de que Ed era ahora el tercero de sus hijos que asistía a la universidad, pese al hecho de que El Caballero nunca se gastó un centavo en contribuir a que sus hijos estudiaran. Yo tuve suerte con mi beca deportiva que cubrió enteramente mis estudios, pero Tony y Ed pagaron por los suyos en universidades de categoría.

En un pequeño apartamento de Hialeah, mami sentó a Carmen, de sólo nueve años y medio, a la mesa de la cocina, para dejarle caer una serie de bombazos, comenzando por este anuncio: «el padre de tus hermanos y de Barbie se mató».

Esto se produjo en un momento en que mami y su segundo esposo, Antonio Maestegui, se acaban de separar, un período difícil para Carmen, que lo tenía como su padre. Ella no sabía que tiempo atrás Antonio la había adoptado legalmente y le había dado su apellido luego que Dad firmara los papeles repudiándola como su hija. Car-

men, que era muy precoz, se sentía triste de que mami y a quien tenía
por su padre estuvieran divorciándose, pero entendía que la grave de-
presión maníaca que él padecía había llegado a afectar a toda la familia.
Ella lo quería y la consolaba saber que él también la quería y que segui-
ría siendo una figura paterna para ella, e incluso ayudándola en su ma-
nutención.

Pero luego mami le reveló el secreto que ella había estado guardando por tanto tiempo. Antonio Maestegui no era el verdadero padre
de Carmen. Aturdida, Carmen nunca pudo haber esperado la próxima
revelación. Su verdadero padre era el hombre que acababa de matarse,
a quien ella conocía como el padre de sus medios hermanos, Tony, yo,
Ed y Barbie. Ella había visitado su casa varias veces, pero sabía muy
poco, bueno o malo, sobre él, salvo por una ocasión en que estaban jugando cartas y él le había hecho trampas para ganarle. El *cabrón* tuvo
que hacer trampas para ganarle un juego a una niñita. Ahora ella tenía
que hacerle frente al hecho de que también le habían ocultado de que
era nuestra hermana y de que él se había ido antes de que ella supiera
que era su verdadero padre. Enloquecidamente, aunque ella no había
crecido sujeta a la locura de Dad, él se las arregló para atormentar y an-
gustiarle la vida durante muchos años. Pero al igual que todos nosotros, que también contábamos con elementos de La Luchadora, ella
emergió con su razón, su humor, su bondad y su amorosa naturaleza
intactos.

Cuando Tony me llamó a California para darme la noticia, estaba
sollozando al otro extremo de la línea. Sentado en el elegante apartamento de Hollywood Hills que compartía con Rocky (que había reto-
mado su verdadero primer nombre de Steven, y que usaba el apellido
Bauer, que corría en su familia por el lado de Lillian, porque nadie parecía capaz de pronunciar «Echevarría» en la industria del cine y la televisión), escuchaba a mi hermano mayor, al primogénito, contarme
entrecortadamente el descubrimiento hecho por Barbie y Mecca.

Luego de un largo silencio, le contesté:

—Vaya, ¿no me digas?

Esa no era la respuesta que mi devastado hermano esperaba de mí.

Mi callada reacción hasta me sorprendió a mí mismo. Tony, siempre en su papel del responsable, no se enfadó conmigo y prometió enviarme copias de la carta de despedida. Él hizo la misma sugerencia que ya le había hecho en sus llamadas a mami y a Ed, de que preparáramos algún tipo de memorial, tal vez para disponer de las cenizas de Dad, cuyos gastos compartiríamos, y obtuvo la misma respuesta de mí que de nuestra madre y de Ed:

—De ninguna manera.

Poco tiempo después, Steven llegó a casa y me encontró sentado solo en el oscuro pasillo ente los dos dormitorios de nuestro aparta-mento de Canyon Drive.

—¿Qué pasó? —preguntó enseguida y cuando le conté del suici-dio de Dad, él lenta y reflexivamente contestó:

—Ah, Vic. Lo siento.

—Lo que pasa realmente —confesé—, es que he estado sentado aquí un par de horas intentando llorar y no me sale nada.

Steven hizo un gesto de asentimiento y se sentó junto a mí, recos-tándose contra la pared. Él tenía una sensible compasión y con fre-cuencia me entendía mejor de lo que yo me conocía a mí mismo. Al explicarme lo que él creía que realmente me pasaba, me dijo:

—Ya no tienes más lágrimas. Él te las secó.

Estas palabras me recordaron lo que mami me había dicho hacía mucho en cuanto a que a ella también se le habían acabado las lágrimas.

Me tomó cinco años y medio y un concierto de Bruce Springsteen and the E Street Band durante su gira *«Nacido en EUA» (Born in the USA)* de 1985—al que asistí para celebrar mi trigésimo cumpleaños—para que las lágrimas volvieran a fluir. Nada en las largas y divagantes notas de despedida de Dad que yo había leído una y otra vez me habían logrado romper el dique. Eso quedaba para el Jefe.[1]

Desde el comienzo de su carrera, yo había sido una gran admirador de Springsteen e incluso llegué a conocerlo tras bastidores cuando an-

---

1 *The Boss,* apelativo con el que también se conoce al cantante Bruce Springsteen. (N. del T.)

daba a la zaga de Steven y Melanie Griffith, la bella, sexy y talentosa actriz con quien Steven se casó luego que ambos se conocieran mientras trabajaban en un programa experimental de la cadena de televisión CBS. Bruce era también un elemento permanente en el YMCA de Hollywood donde yo trabajaba, y donde siempre se aparecía para levantar pesas. Había algo en sus conciertos que los convertían en una experiencia casi religiosa, no solo por la fuerza magnética del *rock 'n' roll*, su apasionada capacidad de actuación y el tema y las letras de sus canciones, sino también por la poesía de sus monólogos hablados que se entretejían a través del concierto.

Allá arriba en los asientos del gallinero del Coliseo de Los Ángeles, estaba hipnotizado mientras Bruce se sentaba solo en el escenario y contaba una historia sobre la imposibilidad de conversar con su padre acerca de una muchacha que él amaba. Finalmente hice mi catarsis y fue muy pública. La E Street Band tocaba la introducción de «I am on Fire», luego Bruce comenzó, aún sin tomar aliento, a cantar «Hey Little Girl Is Your Daddy Home» y lo que yo oí fueron las palabras del último mensaje que mi padre me envió en su nota a Tony:

> Dile a Víctor que lo quiero y que simplemente yo no estaba equipado o que boté mi equipo de padre en alguna parte, pero sé que él me quiso y el sentimiento es mutuo, que por favor perdone nuestras diferencias y problemas, yo no puedo rescribir la historia, pero ojalá pudiera lavarla y enjuagarla, como hacemos con la ropa y refrescarla un poquito. Hazle llegar mi más hondo cariño, él siempre fue #1 para mí.

Irónicamente, mientras sollozaba sin poder controlarme, dejando que las lágrimas fluyeran libremente, todos los que estaban en los asientos contiguos a mí se volvieron y me sonrieron con asombro, como si yo estuviera en un antiguo culto de avivamiento y me hubiera poseído el Espíritu. Prendieron sus encendedores en la oscuridad para animarme, mientras cantaban sus alabanzas al predicador en escena, coreándole: «¡Bruce! ¡Bruce! ¡Bruce!».

Reprimí mis lágrimas, muy bien. Pero me iba a tomar más que esta catarsis para exorcizar completamente a los demonios.

Mi equipo de supervivencia en Hollywood no difería demasiado de la colección de lecciones para sobrevivir que me habían ayudado a escapar de la zona de guerra de mi infancia y a transitar por los años en que anduve de refugiado.

En el plano más amplio, estas herramientas podían verse bajo los epígrafes generales que yo llegué a identificar como *mantener la fe, decir la verdad, encontrar un sistema de apoyo, usar la imaginación y tener desahogos físicos y emocionales*. La fe en un poder supremo, sea cual fuere su nombre o denominación, ayuda a evitar la desesperanza; la fe en uno mismo como individuo o como artista con una vocación es un sostén absoluto para los tiempos de lucha hasta que llega el momento del regocijo. Para mí, el poder contar sinceramente mi historia y ser escuchado, pese a las muchas veces en que necesité contarla, fue el mayor acto de liberación que cualquiera jamás pudo darme; como actor intenté buscar esa verdad y autenticidad emocional en mi acercamiento a los personajes. Como siempre, los ángeles y los defensores que habían constituido mi sistema de apoyo en mis años de desarrollo fueron muy importantes para mí en mi viaje a Hollywood; el contar con el respaldo de una aldea, o comunidad, de compañeros artistas hizo que los golpes fuesen más fáciles de sobrellevar. También resultó útil tener amigos fuera del mundo del espectáculo para conservar la perspectiva. El poder de la imaginación que había empleado en entretenerme durante esos muchos años cuando me quedaba castigado y solo, ahora se convertía en una herramienta aún más importante, no sólo en ser un actor para otros, sino también en ser creativo para abrir las puertas que de otro modo estarían cerradas para mí. Finalmente, los requisitos diarios de ser capaz de reír y llorar y de contar con los desahogos físicos que los deportes siempre me habían dado, son vitales para todos los seres humanos; un cierto sentido del humor, un *pathos* y el uso de los instrumentos personales —cuerpo y voz— son los materiales con que se construye el oficio de un actor.

Por supuesto, en el plano más íntimo había otra serie de lecciones que aprender. Conllevó también una gran cantidad de experimentos y aún más de errores el llegar a sentir que entendía el juego y que podía proclamar algún tipo de victoria.

Muchos de los viejos clichés resultaron ser ciertos. Prueba instrumental A: *Haz lo que amas y ama lo que haces, y el éxito vendrá.* No estando Dad vivo, resultaba obvio que ya no tendría que probarle nada a él nunca más. Ahora tenía la dura tarea de definirme sin tenerlo a él como mi adversario. Sin embargo, antes de entrar seriamente en el juego, tuve que preguntarme si esto era realmente lo que quería hacer, lo bastante para enfrentarme con los inevitables altibajos que sobrevendrían. La respuesta fue sí.

Resultó que ya había tenido una muestra del proceso cuando trabajé en una película como un extra glorificado no mucho después de que mi última temporada de fútbol universitario se acabara. Burt Reynolds, un antiguo alumno de FSU ex jugador de fútbol, había estado en Miami haciendo una película llamada *Semi-Tough* y necesitaba unos cuantos jugadores para redondear su equipo en el filme. Junto con tres de mis amigos y ex compañeros, Danny Greene, Bob Jones y Bobby McKinnon, logré bloquear y golpear y correr todo el día para las cámaras. Danny, un graduado de la South Miami High School, había sido un fiero adversario en el terreno durante nuestros tiempos de la secundaria, pero posteriormente nos encontramos en el mismo lado del balón en la FSU. Y lo que es más interesante, a ambos nos mordió el gusanillo y desembarcamos en Hollywood para intentar una carrera de actuación.

Prueba instrumental B: *Suerte y conexiones son necesarias.* Al principio, siendo impaciente, di por sentado lo afortunado que yo era. En efecto, tenía una encantadora buena suerte en Rocky. Sólo el ser hermano de Steven Bauer abría puertas y conexiones que nunca habría tenido de otro modo. Él era asimismo generoso y semejante a Bebo con los consejos prácticos, dándome un curso acelerado de algunos cosas que hacer y que no hacer en Hollywood. Entre las cosas que había que hacer estaba la reunión de suministros básicos, como fotos de busto y hojas de vida. Puesto que yo tenía un lugar para vivir en su casa y un par de ruedas en mi motocicleta, las necesidades de casa y transporte estaban cubiertas.

Algunas de las otras cosas que él recomendaba hacer: *Estudia tu arte. Consigue un papel en una obra. Consigue un trabajito de día.* Una de sus advertencias en contra: *Por el amor de Dios, Vic, ¡no asustes al amable director de reparto!*

Steven me llevó a sus clases de actuación, impartidas por el extraordinario actor y maestro David Proval, que dirigía un excelente taller. Había una política de puertas abiertas que le permitía a los actores aparecerse sin anunciarse. Yo entré en más de una ocasión y me encontré a John Voight, Meg Tilly, Robert De Niro y otros nombres establecidos sentados en nuestra clase.

David trabajó conmigo en echar abajo la fachada de macho (que asustaba a los amables directores de reparto) y en sacar a relucir al muchacho herido que había debajo. La primera vez que me permití dejarlo salir, casi me desmayo. David tomó una silla y se sentó junto a mí en la escena, orientándome a través de una experiencia dolorosa, pero finalmente catártica. Su próximo consejo, dicho con su acento del tipo duro italiano, fue:

—Víctor, necesitas tomar clases de baile —mi mirada cautelosa lo llevó a agregar—: Te mueves por la escena con tanta gracia como un toro acorralado.

David Proval me envió a una clase de ballet que impartía la experimentada actriz Betty Garrett, invitada frecuente en ese entonces del programa *Laverne and Shirley*. En mis mallas, de pie en la barra del ballet junto a otros estudiantes, la mayoría de ellos actrices, parecía un roble rodeado de retoños. Pero, para la gran sorpresa de todos, no tardé en sacar a relucir la gracia felina que aún guardaba en mi interior desde la época en que me sentía un tigre y que ahora se convertía en un roble inusitadamente grácil.

En una clase de improvisación humorística, usé lo aprendido en el ballet para desarrollar uno de los diferentes personajes de comedia corta, tales como el de un ex matón convertido en perseguidor de delincuentes que utiliza pasos de danza en lugar de la violencia para vencer a sus antagonistas. Esta clase la impartía unos de mis admiradísimos campeones, Bill Hudnut, que fue un protegido del legendario maestro de improvisación y comediante Harvey Lembeck. Después de la muerte de Harvey, su hijo y su hija —el actor/director Michael y la actriz Helaine— asumieron su puesto al frente del taller, una clase a la que posteriormente asistí. Sin embargo, en los años ochenta, la clase de Bill Hudnut se convirtió en mi auténtico terreno de pruebas, donde también prosperó mi vida social. También fluían las conexiones a través de esta red y ello me ayudó a encontrar agentes, empresarios y trabajo en el cine y la televisión, incluido mi primer papel como estrella invitada en el exitoso programa *Benson*.

El consejo de Steven de conseguir un papel en una obra me ayudó a vencer el más difícil círculo vicioso de un aspirante a actor, obtener mi tarjeta del Gremio de Actores de Cine (SAG, sigla en inglés). Luego de un año de esporádicas clases de actuación, me dieron un papel en un grupo de treinta y un actores para la producción de *Marat/Sade* (escrita por Peter Weiss y Peter Brook, su título completo es *Persecución y asesinato de Jean-Paul Marat: representados por el grupo teatral de la Casa de Salud de Charenton bajo la dirección del señor de Sade*). Como actores, representábamos a los pacientes psiquiátricos que representaban papeles en las obras dentro de la obra. La producción recibió buenas reseñas y el público llenó la sala casi todas las noches. Por mi parte, en el papel de un guardia obseso sexual y sordomudo, encargado de vigilar a los otros reclusos, nunca abandonaba el escenario, ni siquiera durante los entreactos.

Después de la obra, se me acercó el jefe de reparto de los estudios de la MGM, quien fue lo bastante amable para decir:

—Sé que usted nunca dijo una palabra, pero tiene una increíble presencia escénica.

—Gracias —dije, al tiempo que vigilaba mi intimidante carácter macho y le sonreía cálidamente al gentil director de reparto.

— ¿Quién es su agente?

Diciéndole la verdad, reconocí que no tenía agente y que ésta era mi primera obra. Él me dio su tarjeta y me dijo que lo llamara el lunes. Para el fin de semana, estaba trabajando en una serie de Robert Blake de corta duración titulada *Joe Dancer*, un vendedor de drogas callejero. Para afiliarse al Gremio de Actores de Cine, uno tiene que hablar y estar visible en cámara. Fiel al guión, cuando llegó el momento de mi bocadillo de una sola palabra mientras el personaje de Robert Blake caminaba por la calle, me incliné hacia delante para ocupar la lente de la cámara tanto como fuera posible mientras decía: «¿*Speed?*».

Mi tarjeta del SAG no tardó en hacerme buscar un agente y yo sentía que mi carrera de actuación despegaba y corría. En realidad habrían de pasar otros diez años antes de que pudiera ganarme la vida, estrictamente hablando, como actor.

Durante ese tiempo, mientras realizaba diferentes deberes diurnos y nocturnos de jornada parcial, mi mayor golpe de suerte fue conectarme con un grupo de amigos que se convirtieron en la familia que más me ayudó a ingresar en la vida adulta. El pilar de esta comunidad de «huérfanos», como a veces nos llamábamos, era un amigo que yo había conocido al segundo día de llegar a Hollywood, cuando alguien tocó a la puerta del apartamento y al abrirla me encontré con un par de ojos azul eléctrico que me miraban mientras un penetrante olor a pachulí inundaba el aire.

—Oye, mira, yo soy Joe Cartwright —y antes que yo pudiera decirle «¿usted está bromeando, verdad?», me miró de arriba abajo, y al segundo me pidió que lo ayudara a entrar unos muebles que tenía en una furgoneta estacionada en la calle. Eso era atrevido, pero su apariencia era también bastante audaz: un par de medias verdes que le subían hasta la rodilla por encima de las pantorrillas más grandes que jamás había visto, unos shorts de práctica de los Dolphins color púrpura, que no podían haber sido más cortos, una camiseta rosada que le dejaba la mitad del torso descubierta y la cabeza envuelta en un pañolón de colores.

En el camión, conocí a David Plakos, un tipo alto y buen mozo y, podría añadir, vestido de un modo completamente normal. Él y Joe, un muchacho de Minnesota, se mudaban a Hollywood desde Dakota del Norte para intentar hacer carrera en los medios de información más que en el mundo del espectáculo. David era camarógrafo, en camino a convertirse en uno de los camarógrafos más solicitados para cubrir conciertos y premiaciones importantes en la televisión, con tantos Emmys ganados que los usaba de topes de puertas. A Joe lo acababa de contratar la estación KHJ de Los Ángeles para vender espacio publicitario. Individuo en extremo cautivador y pintoresco, Joe atraía las mujeres en bandadas, incluida Kathy Núñez, una latina deslumbrante. Joe la persiguió, como Kathy diría, hasta que ella lo atrapó, y los dos se casaron luego, convirtiéndose en los padres metafóricos de la camada de huérfanos. Joe tenía ese raro don del vendedor —al igual que los actores que hacen que actuar parezca fácil— que uno nunca sabía cuando estaba vendiendo. Él no tenía necesidad de vender, era su gusto por la vida y la confianza que emanaba de él. Su divisa, «no aplaces la alegría», fue algo que él compartió con todos aquellos de nosotros que fuimos lo bastante dichosos para habitar en la atmósfera enrarecida donde vivía.

En esos tiempos de aventura y conflicto, la alegría venía los domingos por la noche, cuando un grupito de íntimos, actores y músicos, nos reuníamos en nuestro apartamento para compartir la tortilla del pobre. Excepto por Steven, que estaba teniendo un éxito increíble, todos los demás nos encontrábamos batallando económicamente y hasta podíamos saltar una comida o dos de vez en cuando. Así pues, además de la camaradería, realmente velábamos por el bienestar de los muchachos pobres.

Nuestro apartamento suministraba una docena de huevos. Todos los demás traían el relleno: cebollas, vegetales, una lata de guisantes y zanahorias, atún enlatado, cualquier cosa que pudieran costear o que se encontraban en el gabinete de su cocina. Andy García —graduado de la escuela secundaria de Miami Beach, que empezaba a darse a conocer en la ciudad por sus actuaciones improvisadas en la *Comedy Store*— era el cocinero. En lugar de freír las tortillas en una sartén, él las cocía al horno, haciéndolas esponjosas y de varias pulgadas de espesor; lo que creaba la ilusión de que teníamos más comida.

Pasábamos el resto de la noche conversando y oyendo música. En Hollywood, estaba ahora Jim Petersen, el mejor amigo de Steven de la secundaria de Coral Park, quien también era amigo mío. Jimmy que, al igual que Steven, era un año más joven que yo, había sido un vigoroso apoyador del equipo de fútbol de nuestra escuela, había asistido a la FSU y ahora intentaba dedicarse a la música y a escribir guiones de cine. Con su corte de pelo a lo paje y su voz angelical, cantaba mientras Jim Youngs (una de las estrellas de *The Wanderers*) y Steven tocaban la guitarra. Andy, un consumado percusionista, traía sus tambores de conga y sus claves, mientas Ray Liotta se limitaba a escuchar de la manera atenta e intensa que le era peculiar, y yo, como un roble bailarín, entretenía a los demás con mis tontas interpretaciones danzarias.

Steven era tan afortunado que casi lo era en demasía. Era inaudito, especialmente sin contar con parientes en el mundo del espectáculo, que sólo tres días después de bajarse del proverbial autobús en Hollywood, uno de los estudios lo retuviera mediante contrato a la espera de darle participación en un proyecto. El hecho de que él no tuvo tiempo de desarrollar su estrellato con sacrificio y esfuerzo, sino que se encontró de pronto inmerso en él, significó que nunca tuvo que buscarse un trabajo de día y enfrentó poco rechazo al principio, algo que lo hacía mucho más difícil después. Al mismo tiempo, yo me beneficiaba de su ayuda y de observar su trayectoria, viendo como, con su increíble talento y magnetismo, iba pasando de una oportunidad a otra, incluido un papel regular en la breve serie de TV *De aquí a la eternidad* y luego, no mucho después, el papel que lanzaría su carrera, el de Manny, el compinche de Al Pacino en *Caracortada,* que le ganó a Steven una nominación al Globo de Oro.

Era atrozmente divertido ser una mosca en esas paredes, yendo los lunes por la noche a la discoteca de patinar en los eventos organizados por Helena Kallianiotes, la descontenta autostopista de la película *Mi vida es mi vida*. Patinábamos con personas como Joni Mitchell, Jack Nicholson, Anjelica Huston, Teri Garr, Harry Dean Stanton, Kareem Abdul-Jabbar y Jim Brown, así como con otras incontables estrellas de cine y leyendas del rock y los deportes, mezcladas con aspirantes, promesas y admiradores. Hicimos amistad con Joni Mitchell y terminamos invitándola a comer en nuestra humilde morada porque a ella le encantaba la comida cubana. Esa misma noche, ella cogió la guitarra de Steven y nos tocó algo que iba a salir en su próximo disco. ¡Irreal!

Las aventuras de algunas de mis diversas tareas diurnas eran igualmente memorables. Uno de los primeros de estos trabajos fue para una inexperta compañía de mudanzas, llamada *Starving Students* (estudiantes muertos de hambre) de la que Andy García había oído hablar. Cuando nos presentamos para solicitar trabajo, el supervisor nos dijo: «¿Quién de ustedes puede manejar un camión?». Yo levanté la mano y me tiraron rápidamente algunas llaves y una dirección, y Andy me siguió dubitativamente.

—¿Puedes manejar esto? —preguntó, mientras nos trepábamos al camión de mudanzas de treinta y cuatro pies con transmisión manual.

Yo había conducido antes una camioneta, no un monstruo como éste. Además, la primera mudanza era en Hollywood Hills, en una callecita serpenteante que no daba lugar a errores, y en una curva. Luego de quince minutos, con el cliente observando desde la ventana y el olor de un embrague a punto de quemarse en el aire, tocamos a la puerta principal. El cliente tuvo que preguntar:

—¿Saben lo que están haciendo, chicos?

—¡Seguro! —le respondimos con entusiasmo.

Era un trabajo increíblemente duro. Nuestros clientes por lo general nos cogían lástima y casi siempre nos preguntaban:

—¿Son *realmente* estudiantes que pasan hambre?

Con nuestras mejores caras de *Oliver Twist,* respondíamos «sí» con un acento triste, a lo cual solía seguir una generosa propina.

Otro empleo, que nos procuramos con la ayuda de Jim Youngs fue el de porteros y apagabroncas en el legendario Rainbow Bar & Grill en el Sunset Strip. Durante la entrevista, me robaron la Kawasaki y tuve que pedir botella[2] por el resto del año hasta que pude comprar un carro. La vida en Sunset Boulevard a principio y mediados de los años ochenta era una escena para terminar todas las escenas. Al lado del Rainbow estaba el teatro Roxy, con el club privado de Lou Adler, On the Rox, que quedaba encima, y el Whisky a Go Go estaba a dos cuadras hacia el este. Todas las noches en los dos pisos del Rainbow había un desfile de sexo, drogas y *rock and roll* con todos los círculos y niveles de la industria disquera y del entretenimiento. Y yo era el portero conocido como el Indio de Palo, debido a mi porte impasible. Una noche podía hacer entrar a Rod Stewart y su banda, Faces; a Ozzy y Sharon Osbourne, y a John «el Buey» Entwistle, el bajista de The Who, todos ellos habituales. Otra noche, podrían ser tipos como Robin Williams y John Belushi.

John, uno de los más grandes genios cómicos de nuestra época, era el ejemplo que me hizo agregar las drogas fuertes a mi lista de las cosas que no se debían hacer. Yo fiesté con la crema y nata, pero después de verle [a Belushi] en su espiral descendente, me prometí a mí mismo que nunca me desbordaría como él había hecho. Estuvo en nuestro club casi todas las noches en el último mes de su vida, incluido su último día, rebotando, en su sentido más literal, contra las paredes, y en un estado tan alterado que lo situaba completamente fuera de nuestro alcance, pensaba yo, determinado a quitarse de en medio. ¿Qué había hecho el estrellato de él? ¿Qué había salido mal? Uno se esfuerza para ser el mejor en lo que hace, lucha durante años por realizar su sueño, y cuando lo ha logrado, lo tira todo por la borda o se inocula veneno en los brazos. Su muerte llegó como una pérdida insensata que me afectó personalmente.

Pero no eran tan sólo los ejemplos extremos de artistas talentosos que se quemaban jóvenes. La parranda de los años ochenta estaba don-

2 Manera de llamar al *autostop* en Cuba. (N. del T.)

dequiera. La gente gastaba gigantescas sumas de dinero en autos, casas, acicalamiento personal y estilo. La avaricia corporativa e individual florecía, como la preponderancia del estimulante de esa década, la cocaína. Con cada saludo, un frasquito de coca pasaba de una mano a la otra. Por fortuna para mí, al menos por un tiempo, aún tenía demasiados problemas económicos para permitirme esos lujos.

Montones de otras lecciones surgieron en este período. Prueba instrumental C: *No cuentes con tus trabajos de actuación hasta que sean seguros.* Me escogieron en *Caracortada* como miembro de la banda de Tony Montana. Entusiasmado como para decir que iba a trabajar con Al Pacino, le conté a todo el mundo la gran nueva. Cuando el presupuesto de la película se sobregiró y se retrasó el calendario, mis escenas fueron omitidas antes de haber puesto un pie en el set. De ahí en adelante, seguí la regla del secreto y rara vez hablaba de algo en lo que iba a participar hasta que se me daba.

Pese a esta desilusión, me encantó poder visitar el set y pasar algún tiempo con Al Pacino y con Steven. En un momento Steven y yo organizamos un juego de fútbol en los terrenos de la Universidad de Pepperdine y conseguimos que Al viniera y jugara con nosotros. Como resultado del sorteo, él terminó en mi equipo y pude tirarle varios pases de anotaciones porque nadie quería acercarse mucho a él, por temor de chocar o lastimar a *Al Pacino.*

Cuando Steven y Melanie se casaron, yo la consideré parte de la extensa familia que era mi sistema de apoyo. Ella me apodó «Victoire» (*Victuar,* como en francés), que lo decía con su voz infantil, pero ligeramente ronca. Melanie me ayudó a conseguir un pequeño papel en mi primer largometraje, *Fear City,* dirigido por Abel Ferrara, en el cual ella hacía un papel estelar. Como su cuñado durante los años en que estuvo casada con Steven, me sentí muy honrado de conocer y visitar a su encantadora madre, la actriz Tippi Hedren (famosa por su perturbadora actuación en *Los pájaros* de Hitchcock) y también por visitar Shambala, el coto para leones, tigres y elefantes que poseía y administraba. Tippi notó de inmediato que yo tenía una conexión con los tigres y no se puso nerviosa, como le pasó a otros, cuando uno de ellos se me acercó y me puso sus patas en los hombros.

Melanie y Steven se convirtieron en la joven pareja de Hollywood y se ganaron todos los aderezos, buenos y malos, que vienen junto con la adulación y el escrutinio incesantes. Había ocasiones en que pasaba por su apartamento y me encontraba dentro una verdadera constelación: Un día me encontré en la cocina con Melanie, Madonna, Cher y Demi Moore. ¡Qué país, Hollywood!

Melanie me dio el inapreciable regalo de presentarme a Heidi von Beltz, su mejor amiga de mucho tiempo, campeona sobre esquíes acuáticos y ex acróbata para papeles peligrosos, quien resultó devastadoramente lesionada en una acrobacia que salio mal en la película *Cannonball Run*. A esta asombrosa belleza atlética de cinco pies once pulgadas de estatura le habían dicho que no volvería a hablar o a comer, pero, había desafiado las predicciones de todos los médicos, haciendo todas esas cosas y más. Como cuadriplégica con una fundación llamada Sigue a tu corazón *(Follow Your Heart)*, Heidi rehusó aceptar que nunca volvería a caminar y estaba determinada a buscar un tratamiento médico alternativo para las lesiones de la médula espinal, que más tarde le permitirían mantenerse de pie durante horas. Su indoblegable espíritu para vivir la vida a plenitud y su incomparable sentido del humor habrían de inspirarme siempre. Ella es una lección viviente de fe si es que ha habido una.

Algunos de los fieles chicos pobres de nuestro grupo de los domingos por la noche habían visto el despegue de sus carreras, incluido Andy García. Junto con su seco y reticente sentido del humor y su complejo trabajo de actuación de cuyo crecimiento fui testigo, Andy abandonaba sus asuntos una y otra vez para ayudar a los amigos y artistas que admiraba. En un acto que ciertamente consolidó nuestra amistad, me recomendó para un trabajo en *Ocho millones de maneras de morir*, dirigida por Hal Ashby, el mismo director de *Harold y Maude y Desde el jardín*.

Andy era el principal antagonista de Jeff Bridges en una historia acerca del bien y el mal, la decadencia y la sobriedad. Cuando él llamó para decir que Hal Ashby quería añadirle un miembro al cartel de la droga de la película, sólo por un día de trabajo, salté en mi VW 412 y partí raudo y veloz hacia el centro de la ciudad para ir a trabajar. Lo que se suponía fuera un día de trabajo se convirtió en cinco semanas. Jeff Bridges era un príncipe. Otro actor que logra que el increíble trabajo que hace parezca fácil, en persona era divertido, amable y encantador.

En un sitio de rodaje en Beverly Hills, donde habíamos estado filmando la escena de una fiesta en una casa de Rodeo Drive durante varias horas, nos dieron un receso de veinte minutos para un cambio de luces. Salí a caminar en busca de aire fresco con uno de mis compañeros de la banda, el difunto Fred Asparagus, un actor y comediante de trescientas libras. Salimos al callejón detrás de la casa; del otro lado del callejón estaba el fondo de una iglesia católica y un salón parroquial. Había un gran grupo que empezaba a congregarse en el salón. Divisé a una mujer atractiva que yo conocía y se la señalé a Fred.

—Vamos a hablar con ella, hermano —dijo con su acento típico del guate del Este de Los Ángeles.

Entramos en el salón y notamos que la gente nos evitaba. La mujer que yo conocía se me acercó cautelosamente y me preguntó:

—¿Qué hacen ustedes dos aquí?

Le expliqué acerca de la filmación de la escena de una enloquecida fiesta de cocaína en la casa de enfrente.

—¡Oh, gracias a Dios! —dijo—. No quería decir nada, pero ustedes dos tienen un anillo de coca alrededor de la nariz.

Fred y yo nos habíamos olvidado completamente de que habíamos estado oliendo vitamina B_{12} triturada del departamento de utilería como parte de la escena. Luego añadió:

—Las armas tampoco ayudan, chicos.

Ay, ay, ay. Me toqué la axila derecha y sentí la culata del mágnum Ruger Black Hawk .357 y su cañón de seis pulgadas, provisto también por el departamento de utilería que estaba metido en la funda de cuero que me colgaba del hombro. Fred llevaba una Uzi en la parte trasera de sus pantalones.

La gran ironía de este momento fue que nos habíamos metido en una reunión de Alcohólicos Anónimos. Fred y yo podíamos imaginar a nuestros personajes anunciando sus nombres: «Hola, somos Filete y Mundo, adictos y vendedores de drogas» y luego oír al grupo responder al unísono «*Hi,* Filete. *Hi,* Mundo».

Mi trabajo en comedias cinematográficas recibió un empujoncito de Zane Buzby, que asistió una tarde a la clase de improvisación de comedia de Bill Hudnut y me dio un papel en la película *Último resorte,* que ella estaba dirigiendo en ese momento. Era un filme de poco presupuesto que se rodó durante un mes en la hermosa isla Catalina, justo frente a la costa de Los Ángeles. Nos divertimos de lo lindo rodando esta película. Era como ir a un campamento de verano y que nos pagaran por ello. Además del inteligente y divertido Charles Grodin, el reparto consistía en un montón de jóvenes actores desconocidos en ese momento, entre los cuales estaban Jon Lovitz, el difunto Phil Hartman, Mario Van Peebles y Megan Mullally.

Con suerte, con amigos, con campeones, con mi propia tenacidad, justo cuando pensaba que entendía el campo de la actuación, aprendí otra lección. Prueba instrumental D: *el mundo del espectáculo es injusto.* Después de tantos años combatiendo la injusticia en casa y fuera de ella, rehusaba aceptar que no había ley ni orden en la manera en que se tomaban las decisiones en Hollywood. El talento era sólo uno de los muchos criterios con que juzgaban a los actores. Muchos de los otros eran tan superficiales como: «no me gusta su corte de pelo» o «él es bárbaro, pero disminuye al personaje principal» o «nos encanta Víctor, pero el papel se lo van a dar al sobrino del productor». ¡Injusto! ¡Injusto!

Steven, así como Joe Cartwright, hermanos y consejeros, intentaron explicarme que protestar de esas injusticias no iba ayudar a mi causa. Anteriormente, yo había estado contendiendo por un papel en *En busca del fuego* como uno de los simiescos hombres primitivos. El director Jean-Jacques Annaud me había seleccionado junto con un grupo de otros actores para trabajar con un entrenador durante tres semanas para desarrollar los movimientos de un primate. Pero cuando llegó la hora de que él hiciera su selección final, me llamó a la oficina y me dijo que lamentaba tener que decirme, «lo siento, realmente me gustas, pero no tienes ninguna experiencia de actuación».

—Oh, sí —no pude evitar el decirle—, ¿cuál de los otros actores ha tenido experiencia representando a un jodío mono antes?

En un breve interludio, me ausenté por un año del mundo del espectáculo y, junto con mi hermano Ernie Echevarría, me fui a Nueva York a trabajar para la compañía de vuelos chárter de Bebo, conocida como Arrow Air. Como mozo de avión, andaba por los pasillos más bien como un apagabroncas en un club de *rock and roll*, y me encontré a mí mismo en vuelos fletados entre Nueva York y Puerto Rico, así como en vuelos trasatlánticos a Europa, lo que me dio material para comedias que ha de durarme por el resto de mi vida. El tiempo vivido en Nueva York me dio una perspectiva sobre el mundo de la actuación de la otra costa y alimentó mi deseo de regresar al juego de Hollywood.

Pero de vuelta a L.A., me enfrenté con un nuevo obstáculo, la tendencia a estereotipar a los latinos, a los afroamericanos y a las mujeres, lo cual realmente me enfurecía. Una de las cosas interesantes que ocurrió en mi desarrollo como actor fue que, al aceptar todas las partes de mí mismo y de mi humanidad, había comenzado a ver que los verdaderos bravucones del mundo eran los intolerantes, los homófobos y los misóginos. Para trabajar en Hollywood, donde las minorías medran, los individuos con esas actitudes están de más. Pero uno no se enteraría de eso a partir de los muchos papeles estereotípicos que se escribían para las minorías, y que eran insultantes. Yo decidí convertirme en actor para representar a individuos de todas clases, incluidos los de orígenes distintos al mío. Sin embargo, en muchas ocasiones me rechazaban en una audición con la promesa de llamarme cuando hubiera un personaje latino en el reparto. En un esfuerzo por no ser estereotipado, cambié mi nombre por el de Víctor Rivers.

Veamos. En una carrera que realmente despegó hacia fines de los ochenta, desempeñé un montón de papeles de tipos malos en el cine. Convictos latinos, capos de la droga latinos, ladrones de banco latinos y pandilleros latinos. Y el hermano del Zorro (Melanie Griffith, que luego se casaría con Antonio Banderas, mi hermano el Zorro en la película, se entusiasmó mucho cuando descubrió que yo estaba haciendo el papel. ¡Arriba, Victoire!).

El desempeñar principalmente papeles de villanos latinos tenía la ventaja de que yo podía ganarme la vida y que podía valerme de Dad para sacar al personaje. También, debido a que el bien suele triunfar sobre el mal en el cine, pronto adquirí un fuerte: el morir frecuentemente en la pantalla de modos que fueran tan imaginativos como esas muertes dramáticas que solía representar en mi cuarto cuando me castigaban.

En años venideros podía presumir de haber sido volado en pedazos, muerto a tiros en *Fled* por Laurence Fishburne, y —como si no estuviera bien muerto— aplastado por una motocicleta guiada por Stephen Baldwin y atravesado muy lentamente con una espada por Djimon Hounsou (en *Amistad* de Steven Spielberg). Incluso me cortaron la cabeza y la metieron en un cántaro en *La máscara del Zorro*.

Sin embargo, nunca se me escapó que la belleza del cine era que todo esto era simulado, a diferencia de la violencia que yo había conocido mientras crecía. Para 1986, creía realmente que esas heridas, en su mayor parte, se habían sanado. Había tenido varias relaciones amorosas apasionadas con mujeres que me enseñaron tantas lecciones sobre mí mismo como las que había estado aprendiendo respecto a Hollywood. Usualmente era yo quien rompía. Después de todo, estos eran los años ochenta y yo estaba renuente a comprometerme. Pero por ahora, junto con cuarenta libras que había perdido desde mi época de jugador de fútbol, había comenzado a perder mi armadura y mis falsos conceptos respecto a quien yo era. Debajo había descubierto a un tipo apuesto y con iniciativa y con sentimientos profundos y una necesidad de compañía y aceptación. Estaba listo para confiar, creía yo, para

comprometerme amorosamente, e incluso para constituir un hogar y
una familia.

Dad se sentó dándome la espalda a los pies de mi cama, vestido sólo
con calzoncillos y camiseta de mangas.

Era a fines de 1988 y, de regreso en Miami, acababa de adorme-
cerme luego de volver a casa después de una larga noche como portero
en un club nocturno de Coconut Grove. Durante la mayor parte del
último año, había estado viviendo en el cuarto de arriba de la casa de
Mecca. Un piso más abajo, en el closet del cuarto principal, mi padre
se había puesto la escopeta en el pecho y había apretado el gatillo casi
nueve años antes.

La espiral descendente que me había traído a este sitio, pese a mis
votos de que nunca dejaría que las drogas afectaran lo mejor de mí, me
había llevado a castigarme con cocaína y alcohol por ser un fracaso en
el amor. Ahora Dad estaba acosándome otra vez, literalmente.

Mis amigos se habían quedado fascinados con la joven mujer, muy
atractiva y muy rica, con quien me había casado a los pocos meses de
conocernos, pero Steven no había compartido ese entusiasmo. Él se
preocupó aún más cuando empecé a dedicarle menos tiempo a mi carrera artística y más tiempo a arreglar la elegante casa con piscina que
los padres de ella le habían comprado en una zona cara de Hollywood Hills. Al igual que mami se fijó en la riqueza y la condición
social de Dad, yo corrí al matrimonio sin conocer para nada a esta
mujer. De alguna manera creía que podía reclamar ese glamour perdido del estilo de vida que mi madre nunca tuvo. En mi propia mito-
logía como el hijo del heredero arruinado del rancho de mis abuelos
en Cuba, me parecía justo el tipo de final dickensiano a mi trayectoria,
que me recompensaran de este modo por mis pruebas y tribulaciones,
no diferente de la manera en que mi digno abuelo Victoriano, mi ho-
mónimo, se había casado con mi abuela y había entrado en posesión
de Las Minas.

Esto era mi manera inconsciente de intentar representar el final de la historia que mi padre nunca había dejado de creer que resolvería su tortura interior. Él se había referido a ello en sus notas de despedida, como nunca había encontrado esa bolsa con 100.000 dólares que lo habría curado. Había aún una parte de mí que intentaba demostrarle a Dad que yo podía hacerlo, que había encontrado el oro donde él no había podido. La mujer con quien me casé tenía sus propias ilusiones, al parecer, de que mi familia de exitosos y talentosos amigos la elevaría de una manera en que el dinero no había podido hacerlo. Había también una parte rebelde de ella que parecía abrigar la idea de encarrilar al chico malo proveniente del lado pobre de la comunidad. Pero no le llevó mucho tiempo aburrirse de la novedad. De repente, el reloj marcó la medianoche y yo dejé de ser el príncipe encantado de un cuento de hadas para estar allí detenido con mi calabaza y mis ratones. Claramente, los cuentos de hadas no ocurren en la vida real. Con pocas advertencias o pistas, llamé del gimnasio para preguntarle qué quería que llevara para comer y ella me hizo su encargo al tiempo de decirme que me vería en casa. Pero cuando llegué encontré que se había ido. La nota aclaratoria decía tan sólo «tengo a los perros. Lo siento». Estaba despedido. Como un criado.

Todas las bofetadas, puntapiés, golpes, puñetazos, humillaciones y degradaciones que me infligiera mi padre reaparecieron en mis sentidos, y la única sensación de la que no me podía librar era la de ser un niño de dos años que, indefenso en su silla alta, se caía de espaldas una y otra vez sin llegar a tocar nunca el suelo. Nadie en mi vida después de Dad había estado tan cerca de quebrantarme como ella lo hizo. Al intentar anestesiar el dolor causado por dejarme agredir tan inesperadamente, recurrí a las drogas y al alcohol. Me mudé con un buen socio mío, Tom Miller, un auténtico personaje y trotamundos, con quien había trabajado en el Rainbow Bar & Grill. Tom intentó desesperadamente levantarme el ánimo y sacarme de la disolución de mi matrimonio. Pero yo era un desastre, convirtiéndome aceleradamente en un recluso abotagado y deprimido. Distanciándome de mis amigos y mi familia, hacía ocasionales apariciones, pero estaba endrogado o ebrio al hacerlas. Cuando llegué tarde y borracho a la boda de Joe y Kathy Cartwright fue un bochorno para todos.

Nadie podía hablarme, ni lo quería hacer después de un tiempo. Consumía alrededor de un gramo de cocaína al día y a veces un poco más, en dependencia del suministro. Luego necesitaba cortar el nerviosismo que me producía el alcohol. El vodka era mi trago preferido, pero podía beber cualquier cosa que hubiera a mano. Engordé de 220 a 260 libras. Luego de una noche entera consumiendo drogas, comenzaba cada mañana asomándome a través de las persianas para ver el sol levantarse en el oriente. Un vampiro con el paso del día.

Mi carrera de actuación dejó de existir. Cancelé tantas audiciones que mis agentes dejaron de llamarme. Algunos instintos de supervivencia me impidieron tener una reunión con un director o un productor mientras estaba endrogado. Hollywood es un mundo pequeño y rápidamente se corre la voz de que un actor tiene problemas.

Luego de nueve meses de decadencia, yo estaba a punto de rendirme. Nunca tomé la decisión consciente de matarme, pero no hay duda de que mi camino autodestructivo terminaría por llevarme a ese punto. Mis amigos de California y mi familia adoptiva que me había recibido durante tantos años, sacaron las señales de auxilio, pero esta vez fue mi primera familia quien vino en mi rescate.

Tony y Ed se preocuparon mucho de mi falta de comunicación y tomaron la decisión de llevarme a casa a la Florida. Yo no puse ninguna resistencia.

En diciembre de 1987, Ed y yo subimos al BMW 2002 que Steven Bauer me había dado y que apenas andaba, sin radio ni calefacción, e hicimos el largo y penoso recorrido a través del país. Quebrantado y avergonzado, soporté el viaje de tres días hasta la Florida, así como los síntomas de la abstinencia del alcohol y la cocaína, mientras mi hermanito mantenía el control de la situación. Ed tuvo que vérselas con un idiota huraño y cáustico, pero se mostró paciente conmigo.

Viajamos por la carretera interestatal 10 de oeste a este, la mismísima ruta que nuestro padre había tomado en el pisicorre Impala color mierda de mono con el bote y el remolque robado. Viajando a través de Sierra Blanca, en Texas, vi en retrospectiva escenas de los acontecimientos de ese día en que casi terminan nuestras vidas. En un momento capté una imagen en el espejo lateral y lo que vi me dejó helado. Era la cara de papi que me devolvía la mirada. A los treinta y dos años, mi parecido con él era sobrenatural, y en ese momento se confirmaba mi sospecha del por qué se había ensañado conmigo. El hombre definitivamente había querido sacarme violentamente lo que yo tenía de él. Temblando y sudando me preguntaba si había conseguido exactamente lo contrario y me había convertido en él.

A lo largo del camino, las fuerzas de la resistencia se sublevaron en mí para expulsarlo de mi vida. Comenzaron a prepararme para mi recuperación, no para un falso cuento de hadas, sino para el amor auténtico. Mis hermanos, sus esposas e hijos, mis hermanas y sus compañeros y niños, y mami me esperaban. Ellos se dolían de lo que estaba haciendo contra mí mismo y por verme sufrir; soportaron mi conducta autodestructiva que invadía su paz y que no terminaría de inmediato. Pero me dieron el hogar que, como lo describe Robert Frost, es el lugar adonde vamos sabiendo que nos esperan.

Al quedarme en Clearwater con Tony y Nieves y sus dos bellos hijos, Robert y Michael, y luego en Pembroke Pines, un suburbio del norte de Miami, con Ed y su encantadora esposa Miriam, y sus dos lindos niños, Alexander y David, descubrí que no era el rancho de Las Minas lo que yo quería recrear. Mis dos hermanos habían creado belleza y serenidad en su entorno, pero lo más importante para mí era levantar el tipo de hogar amoroso y seguro que cada uno de ellos había establecido, como más tarde lo hicieron mis hermanas —ambas estupendas empresarias y madres.

A diferencia de esas familias cuyos miembros se aman, pero pueden decirse y hacerse mutuamente cosas hirientes, había una regla implícita en la nuestra de que Dad ya nos había infligido bastante sufrimiento a cada uno de nosotros y que nunca nos lastimaríamos intencionalmente nuestros sentimientos. Sin embargo, resultaba muy difícil hablar acerca del pasado que nunca habíamos discutido. Con el paso del tiempo, tanto durante este período como en otros, comenzamos a explorar algunos de nuestros más punzantes recuerdos.

En un momento, Tony y yo estábamos sentados en el atracadero de su casa y él se sinceró conmigo, lamentando las veces que tuvo que darle informes de mí a Dad, recordando cuando yo intervenía y recibía el castigo por algo que no había hecho. Él me pidió perdón y yo le hice saber que no había nada que perdonar. Siempre supe cuánto él me quería. Lo que sí dije fue: «Debemos abrazarnos más».

Él me lanzó una mirada de desconcierto.

—Necesitamos abrazarnos —repetí, señalándole que era normal que yo abrazara y besara a mis hermanos Echevarría cuando los saludaba y cuando me despedía de ellos.

—Tony, tú y yo nunca nos hemos dado un abrazo.

La próxima vez en que me iba de su casa y era el momento de decir adiós, puse nerviosamente mis bultos junto a la puerta y vine hacia Tony con los brazos abiertos. En lugar de abrazarnos de frente, hicimos un rápido ajuste y terminamos poniendo un brazo alrededor de un hombro del otro y cruzando el otro brazo por el torso, con las caderas juntas. Duró un segundo o dos, cuando más, pero nos abrazamos. Siempre hay esperanza.

Finalmente, yo propuse otra iniciativa al sugerir que todos deberíamos decirnos «te quiero» con mayor frecuencia. Ed, una estrella en el negocio de los seguros y más tarde director de recursos humanos para un fabricante nacional, se había convertido en un entrenador alto y vigoroso de la Liga Pequeña y una figura paterna para montones de niños que no eran hijos suyos. Para ellos y para sus hijos y para Miriam, su elocuente y chispeante esposa, él era en extremo afectuoso, tanto verbal como físicamente. Pero al principio me decía «te quiero» de una manera muy tensa y con su voz más baja e inexpresiva. Tony al principio era peor, a menudo decía un tenue «te quiero» al final de una conversación telefónica, usualmente cuando ya casi había colgado.

Mami y yo pasamos por una situación aún más embarazosa al comienzo, al extremo que a veces no nos mirábamos cundo nos decíamos cosas cariñosas.

La verdad es que durante el tiempo que estuve de regreso en la
Florida intentando recobrarme, evité el ver a mami. Además de la vergüenza que yo sentía, ella no se merecía más lastimaduras y desilusio-
nes. En efecto, aunque no tardé en empezar a trabajar y en ver la luz al
final del túnel, tendía a sentir lo mismo en lo que respecta a quedarme
con mis hermanos, que ya habían lidiado bastante con mi desgracia.

Aunque Lillian me habría recibido nuevamente como un extra-
viado que regresa, yo hubiera sido una presencia perturbadora en su
casa. Ella y Bebo se habían divorciado en el ínterin y cada uno había
vuelto a casarse. Lillian y su nuevo marido, John Bethea, así como
Bebo y su nueva mujer, Suzelle, eran aún la familia, pero yo no podía
imponérmeles.

Mecca acudió al rescate. Ella tenía un cuarto disponible en su ca-
sona y me daba la bienvenida por el tiempo que yo quisiera. Mecca
siempre fue cariñosa y generosa, y su hijo, Charlie, y yo éramos espíritus afines. Ser un gran pez en un pequeño estanque significaba que
pude conseguir trabajo en cine y televisión en la Florida, lo cual era
magnífico. Pero cuando no estaba trabajando, había fiestas. La cultura
de la cocaína en el Miami de los ochenta todavía era pujante. Puesto
que era libre de ir y venir cuando quería, no tardé mucho en volver a
convertirme en un vampiro con un pase diurno. El segundo problema,
y una de las razones por las que me dedicaba a embotarme, era que estaba de vuelta a casa de mi padre, un fracaso, con sus pesadas vibracio-
nes en todas partes, como si se burlara de mis tropiezos y flaquezas.
Debe haber sido difícil para Mecca verme entrar y salir, una versión
más joven del hombre complicado con quien ella se había casado, a
quien había amado y había intentado domesticar.

Cuando ocurrió la primera visitación, en la oscuridad, en las primeras horas de la madrugada luego de regresar a casa de mi trabajo
como un apagabroncas en un club nocturno de Coconut Grove, pensé
que era una alucinación inducida por las drogas.

Más tarde supe que Dad se había estado apareciendo durante años.
Mecca se enteró de mis experiencias en el cuarto de los altos y me miró
con calma, a través de sus gruesos lentes, al tiempo que hacía un gesto

con la cabeza que le movía el pelo corto, cano y bien peinado y decía con un ligero acento cubano de Chicago:

—¿Estás bromeando? Desde luego, que está hechizada.

Ella tenía una amiga que necesitaba un lugar donde quedarse y Mecca le había dado ese cuarto. Su amiga estuvo menos de dos semanas y se fue dando gritos.

—Decía que alguien se movía por el cuarto y se le sentaba en la cama y cosas por el estilo.

La parapsicología no me era desconocida. En mi lógica, tenía sentido que los espíritus se sintieran atrapados en el plano astral, a la espera de que un ser querido o un miembro de su familia los liberara. Los espíritus de los que han muerto súbita o trágicamente, o sin oportunidad de resolver problemas terrestres, es comprensible que puedan rondar a la espera de tener una oportunidad de despedirse o de transmitir algún mensaje. Las dos noches que pasé durmiendo en un cementerio a la edad de quince años ciertamente me habían llevado a pensar en estos diferentes planos de la existencia.

Mami, con su don de visión, siempre podía sentir la presencia de los espíritus. Por muchos años después que murió, Dad se había aparecido regularmente en su casa móvil de tres dormitorios. Una vez ella se despertó y lo encontró en la cama con ella, en un abrazo amoroso, pero usualmente su espíritu estaba colérico y atrapado. Finalmente, ella le pidió a un sacerdote que le dijera una misa y a una espiritista que le hiciera una limpieza a ella y a su casa.

La vieja y ágil espiritista captó la energía de mi padre desde el momento que entró en la casa móvil. No habiendo conocido nunca a esta mujer, mami se quedó pasmada de cómo la espiritista se transformó inmediatamente y comenzó a canalizar a Anthony Rivas, a hablar con su voz, sus inflexiones y sus expresiones. Y luego la espiritista comenzó a llorar. Mientras lloraba, empezó a retorcerse las manos como si exprimiera un pañuelo y, enjugándose la frente, repetía: «*Perdóname. Perdóname*». Mi padre quería el perdón de mi madre. Él se lo estaba suplicando, recurriendo a su viejo truco, con pañuelo y todo. ¿Qué iba a hacer mami? ¿Perdonarlo? «Es mejor que lo liberes», le dijo la espiritista. Antes de irse, la vieja limpió la casa móvil y le dijo a mami que mantuviera un vaso de agua fresca en el punto más alto de la casa. De ahí en adelante, ella nunca ha dejado de hacerlo, lavando y rellenando ese vaso todas las semanas.

Las visitas de Tony se producían en el sueño, en épicas batallas con Dad. Aunque él había perdonado a papi tal vez más que ninguno de nosotros, no podía reconciliar su amor con el miedo que aún lo recorría al oír el tintinear de las llaves, aunque fueran las de uno de sus hijos que regresaba a casa de una cita. Todos recordábamos las llaves en la puerta como una señal de que íbamos a ser agredidos.

Aun a mi hermanita Carmen, que se había encontrado con Dad sólo unas cuantas veces, él se le acercó. Una vez durante una experiencia casi mortal, Carmen lo vio de pie en una entrada llena de luz, invitándola a unírsele.

El fantasma de papi tuvo la consideración de no visitar nunca a Ed o a Barbie, pero él obviamente tenía algunos asuntos pendientes conmigo, su hijo pródigo. En esa primera visita, me despertó el peso de alguien que se sentaba al pie de la cama y el peculiar sonido de su voz.

—¡Ey! —fue todo lo que dijo. De repente, me sentí mirando en dirección a la voz y a la sensación en mis pies. Nada. Excepto su olor, el perfume a limpio que siempre acompañaba a Dad con un tenue acento de tabaco. Era difícil volver a dormir después de eso —evocadora de la manera en que había aprendido a dormir de niño, listo a ser despertado de un bofetón en cualquier momento. Por las próximas dos semanas, dormí a la vieja usanza: en estado de alerta.

Luego volvió otra vez, mientras divagaba para dormirme al regreso del trabajo no mucho antes del amanecer. Su «¡ey!» vino primero, seguido por la presión a los pies de la cama, y una oleada de su perfume. En lugar de sentarme rápidamente como la vez anterior, abrí los ojos lentamente, probando para cerciorarme de que ésta no era una de esas pesadillas que revolotean en el limbo entre el pensamiento consciente e inconsciente. Entonces lo vi, de espaldas a mí, en calzoncillos y camiseta. El pelo perfectamente peinado, incluyendo los cabellos con que se cubría la calvicie de la parte trasera de la cabeza. Me quedé mirándolo durante varios segundos y me di cuenta de que era el Dad o el papi de mi infancia, no la versión hinchada de El Ciclón que, en el cuarto de abajo, se había fugado cobardemente de este mundo.

Por ahora yo estaba incorporándome, a la espera, con más curiosidad que temor, que él hiciera algo, que dijera algo. Pero él apenas se movía y no hablaba. Así que me sentí obligado a preguntarle con todo mi ser: «¿QUÉ QUIERES?».

Y dicho esto, él se fue. Pero no se fue en una nube de humo etéreo como el genio de Aladino, ni desapareció en un pestañazo. Se fue esfumando como la imagen de un antiguo tubo de televisión; parecía que sólo se quedaba fuera de foco. Lo único que perduró después de esta visita fue su perfume, aunque era ligeramente agrio.

Dad nunca volvió a visitarme en la casa del norte de Miami. Eso no significaba que yo hubiera matado al dragón, aunque parecía que lo había alcanzado por un punto sensible y lo había puesto en fuga.

De alguna manera la capacidad de levantarme del suelo, luego de haber sido derribado por una mujer con la que me había casado, pero que apenas conocía, acudió a mí en el momento en que confronté a mi padre y lo envié a que siguiera su camino. Mi fuerza regresó, incluso más vigorosa que antes. Diferente. Resultó que mi espíritu no estaba tan quebrantado, después de todo, tan sólo magullado. Pero podía manejar la situación.

Yo era el Cubano Loco, ¡carajo! Un delantero ofensivo en mi interior, y aún contaba con un equipo que me amaba, creía en mí y esperaba que yo volviera y me levantara allí donde me había dejado caer —algo que uno no puede hacer en la vida real, pero que a veces puede hacer en el cine.

Dentro de un par de semanas, estaba de regreso en la carretera, cruzando estruendosamente la frontera estatal de California en Blythe con mi Buick Riviera 1970 con el motor 454, recobrando fuerzas con cada milla recorrida.

8

repatriación
(1989–1994)

La vida en el mejor de los casos es una síntesis creativa de opuestos en fructífera armonía.

—Martin Luther King Jr.

Q UIÉN DIJO QUE LOS CUENTOS de hadas no pueden ocurrir en la vida real? «Estamos sentando encantadoras trigueñitas en esta sección», anuncié mientras invitaba a Mim Eichler a seguirme y acompañarme a mi mesa. Ella acababa de entrar en el maloliente restaurante japonés y bar karaoke en el centro comercial de Gower Gulch, en Gower y Sunset en Hollywood, un lugar donde ir a pasar un rato después de clases.

Mim, forma abreviada de Miriam, era una antigua compañera de clase del taller de comedia de Bill Hudnut. Tenía cinco pies de estatura con una cabellera castaño-rojiza ensortijada que enmarcaba un lindo rostro, de rasgos casi pícaros. Habíamos trabajado juntos en comedias improvisadas a lo largo de los años. Ella era rápida e ingeniosa, buena con las jergas y frases dialectales y tenía una expresión cautivadora. La improvisación es como una danza interpretativa y ella era una gran compañera. Éramos tan opuestos, tanto visual como estilísticamente.

Yo era un tigre enjaulado en busca de una presa; ella, un ave canora. Yo era un latino de sangre caliente, un cañón a punto de estallar; ella, una intelectual con un encanto y un alma sureña, como un personaje de una obra de Tennessee Williams.

Nuestros compañeros de clase estaban desperdigados en los diferentes pullmans, con Bill presidiendo su corte en uno de ellos, con el sonido de su retumbante ¡ja!, ¡ja! en *stacatto* imponiéndose por encima del ruido. En nuestra mesa, había comenzado espontáneamente a entretener a Mim con mis muchas historias. No se trataba tan sólo de contar historias, sino de representarlas, lo que exigía que me pusiera de pie y actuara las diferentes escenas, algo que había hecho desde mi infancia. Mim era una audiencia cautiva, escuchando y riéndose por una hora.

El bar comenzó a vaciarse. Varios compañeros de clase se detuvieron para dar las buenas noches. Unos pocos de ellos no pudieron ocultar su asombro. Éramos la pareja improbable, supongo, si eso es lo que estaban pensando. A través de los años, yo había salido con muchas de las mujeres de la clase, y Mim había tenido relaciones con algunos de los tipos. Pero habíamos flirteado mutuamente dentro y fuera del aula. Ella me había dicho algunos años antes que ella sentía una cierta atracción por los cubanos. Irónicamente, aunque muchas de mis novias habían sido altas y rubias, yo me sentía atraído por las trigueñas bajitas.

—Estaba pensando en ir a comer algo. ¿Qué te parece? —le pregunté, no queriendo que nuestra noche terminara.

Ella debió de haber pensado que yo le preguntaba si tenía hambre y respondió enseguida: «Realmente no». Pero cuando advirtió el desencanto en mi cara, cambió de opinión:

—Seguro, eso suena estupendo.

Manejamos individualmente hasta el Denny's de Sunset Boulevard, a sólo una milla al oeste de Gower Gulch. Nos sentamos en un amplio pullman de cuero rojo, mirándonos a los ojos, entrecerrándolos en verdad por el intenso resplandor amarillo de las luces, y comenzamos a conversar libremente acerca de nuestras aspiraciones en la vida. A Mim la entusiasmaba su floreciente carrera de escritora. Se había

entrenado como actriz, con una especialidad en artes dramáticas del
Sarah Lawrence College en Bronxville, Nueva York, pero había estudiado literatura; uno de sus profesores había sido E.L. Doctorow, el
autor de *Ragtime*. Ella se había criado en Oak Ridge, Tennessee, un
oasis creado por el gobierno en medio del campo que lo había comenzado el Proyecto Manhattan. Su difunto padre, el Dr. Eugene Eichler,
había sido un notable físico nuclear, y su madre era una pianista clásica
y una cultora de las artes visuales. Mim hablaba de su familia con
mucho amor, y se le humedecían los ojos cuando mencionaba a su querido padre, que había muerto a los cuarenta y seis de un tumor cerebral.

Me preguntó acerca de mi pasado y le respondí sinceramente. La
había conocido durante diez años y sólo había intercambiado unas
cuantas palabras con ella, aquí y allí, pero en menos de una hora, me
sentí en confianza en su compañía. Ella no estaba al tanto del tiempo
que yo había estado en Miami, ni de que llevaba menos de un mes en
la ciudad. Por diferentes razones, ambos nos encontrábamos en situación semejante, concentrados en una carrera y no en busca de pareja. A
mí todavía me quedaba un residuo del aguijón del divorcio que había
finalizado meses antes. Ella también estaba harta de dramas y, en consecuencia, sin ningún apuro de complicarse emocionalmente. Bueno,
eso era lo último que se me hubiera ocurrido, y no obstante me vi con-
tándole a Mim de mis sueños de una casa de cerca blanca y de niños jugando en el patio.

Llegó mi club sándwich y se quedó en la mesa sin que ninguno de
los dos lo tocara. Pagué la cuenta y seguí a Mim hasta su apartamento
que quedaba a unas cuantas cuadras. Rompimos todas las reglas de una
primera cita esa noche. Nunca me fui.

La fecha de mi mudanza oficial fue una semana después, a mediados de marzo de 1989. Como lo dispuso el destino, Jane Ford, la escritora y músico que compartía el apartamento con Mim, regresaba al
Canadá, y Mim necesitaba a alguien para compartir el alquiler. Su
lugar en Hollywood era mucho más conveniente para mi que el apartamento que yo había tomado en la playa. Katie Ford, la hermana
gemela de Jane, que había sido escritora y productora de la serie de

televisión *Family Ties* de Michael J. Fox, le había regalado a Jane y a Mim una cachorrita terrier Jack Russell llamada Pokey. Katie se había enamorado de la perrita cuando ésta apareció en un episodio como «cachorro en un cesto» y se la había llevado a casa, sólo para descubrir que el dueño de su apartamento no permitía tener perros. De aquí que Pokey se convirtiera en la perra de Mim cuando Jane se fue al Canadá.

Aunque yo soy más bien un tipo de perros grandes, Pokey tenía una personalidad contagiosa que no pude resistir. Ella no sólo se comportaba como el perro de *The Poky Little Puppy,* el libro ilustrado para niños, sino que husmeaba en todas mis cosas. Luego se comió el talón de unos mocasines italianos muy caros y de todos los otros zapatos que tenía, y cuando la regañaba, simplemente levantaba la cabeza, movía la cola, y parecía sonreírme. Pokey tenía superpoderes que yo sólo había comenzado a comprender y que salieron a relucir en un viaje de Mim.

Durante la semana que ella estuvo ausente, yo estaba ocupado filmando como invitado regular en *L.A. Takedown,* el programa experimental de corte policíaco de Michael Mann de NBC, que más tarde serviría de facsímil al guión de su película. Una de las mujeres del equipo de filmación había estado flirteando conmigo desde el primer día, pero yo había rechazado sus insinuaciones. Esto coincidía por casualidad con las ideas que me habían asaltado durante la ausencia de Mim de que tal vez me había lanzado a esta relación con demasiada rapidez. De repente tuve serias dudas respecto a contraer cualquier tipo de compromiso.

El vivir juntos había resaltado cuán diferentes éramos. Ella había asistido a una universidad elitista de artes liberales en que la que estaba muy segura que no había equipos deportivos, aunque de haberlos habido, ella no se habría enterado puesto que no sabía nada de deportes, mucho menos de fútbol. Pasaba todo el día intentado saber más de eso, estudiando los juegos en la televisión, e incluso tomando notas, y luego me preguntaban: «¿Estoy bien en que hay diferentes jugadores para la ofensiva y para la defensa?».

También tenía un problema tocante a mi aspecto. «Eres demasiado buen mozo», decía Mim insistiendo en que nunca había estado con tipos guapos en el pasado. Lo que ella había estado buscando era un judío calvito, barrigón, de espejuelos que dirigiera un estudio de cine.

—Espera —le prometí—, soy actor. Soy versátil. Puedo achicarme y encalvecerme.

Yo tenía una retentiva anal respecto a mi entorno; ella no. No era ingenua, pero tenía una tendencia a ver sólo las cosas buenas de la gente. Yo miraba a través de los demás, en busca de algo debajo de la superficie que pudiera herirme. Mim era confiada. Siempre que terminaba un encargo de escribir algo, o el dinero escaseaba, permanecía tranquila, segura de que algo estaba al doblar de la esquina. Yo era el más desconfiado del mundo cuando parecía que estaba a punto de ganar algo, como un trabajo de actuación; pensaba constantemente en que me lo iban a quitar o que se iba a aparecer alguien mejor que yo.

Sólo para recordarme que tal vez éramos incompatibles, había también una pareja socarrona que trabajaba para el dueño del apartamento y que a menudo le lanzaba a Mim miradas desaprobadoras y se cercioraban de que yo las notara. Por una rara serie de coincidencia, el marido —que era el jardinero de nuestro edificio en Gardner Street y que se parecía a Chauncey Gardiner (el actor Peter Sellers en *Desde el jardín*)— era cubano, de Sancti Spíritus por más señas, donde una vez había trabajado en el rancho de mis abuelos.

Tan pronto como su mujer se enteró de esta coincidencia, me mostró al día siguiente las fotos de sus tres hijas casaderas que eran excelentes amas de casa y que nunca me dejarían lavar la ropa como lo hace esa muchacha americana.

Por supuesto, yo no tenía ningún problema en lavar mi ropa, y parte de lo que me gustaba de Mim era su independencia y la dedicación a su carrera. Francamante, nuestras diferencias no me preocupaban tanto como el momento. ¿Estaba preparado para esa relación?

Mim captó mis sentimientos de dudas en nuestras llamadas telefónicas mientras viajaba.

—Sea lo que sea lo que tienes que pensar, tómate tu tiempo —me dijo—. Yo no estoy apurada. No me voy a ningún parte —me agregó que por lo que a su corazón respectaba, yo era el hombre para ella. Eso me asustó aún más y abrió la puerta para la mujer del set de la filmación. Flirteamos y luego llamó al apartamento unas cuantas veces, terminando por invitarme a que me reuniera con ella y otros del reparto y del equipo de filmación. Me mantuve pensando en Mim y diciendo que no. A la cuarta o quinta llamada, dije que sí. Aunque era una cosa de grupo, sabía que si salía del apartamento, iba a salirme de la relación.

Cuando llegó el momento de arreglarme me encaminé al baño, y lo primero que vi en mi camino fue una botella de peróxido de hidrógeno derramada en el suelo. Cerca de ella estaba Pokey, echada de costado y con una espuma biliosa que le salía de la boca.

—¡Oh, Dios mío! ¿Pokey, estás bien?

Ella me miró como si se estuviera muriendo. Corrí al teléfono para cancelar mi cita. Le dije a la chica que mi perra se había envenenado y que debía correr al veterinario.

Quien había estado a punto de ser mi compañera de cita, me gritó por el teléfono.

—¿Tu perra está enferma? ¡Vete al carajo! —y me colgó.

Volví corriendo al baño para atender a Pokey, pero antes de llegar allí, ella estaba haciendo travesuras y moviendo la cola. ¡Estaba bien! No volvió a vomitar ni se enfermó. Cuando llamé al veterinario, me dijo que la observara y que se la llevara si cambiaba su estado. Pero eso no ocurrió.

Pokey me había librado de salir con otra mujer. La simpática Jack Russell —que veía televisión cuando salíamos y una noche debe haber oído la noticia de que Lucille Ball había muerto y se puso lápiz labial en su tributo, embarrando toda la alfombra color crema— había salvado un amor que se fue profundizando con el paso de los meses.

El 18 de noviembre, seis meses después de que nos mudáramos juntos, el día del cumpleaños de Miriam, le propuse matrimonio y ella aceptó. Durante el próximo año y medio, comencé a purgar lo que yo sospechaba que eran mis últimos demonios. Pero lo hice de la manera más inusual: en el sueño. Independientemente de lo que estuviera ocurriendo en mi psique, al parecer ya me sentía lo bastante seguro para embarcarme en este proceso, a sabiendas que, amén de nuestras diferencias, el amor existía. Hablé, lloré, me angustié mientras revivía con todo detalle una y otra escena de mi vida, con Mim a mi lado.

La primera pesadilla comenzó en que recibía una azotaina y me encogía de miedo. Ella despertó para ver mi cuerpo convulso, jadeante y sofocado, mientras recibía un golpe tras otro. Al principio, cuando hablaba dormido, me dijo ella, tenía la voz de un niñito, con acento cubano y todo, una voz que decía: «por favor, ¡no! Yo soy un niño bueno. Por favor no me pegues».

Otra noche reviví en mi sueño toda la escena cuando papi hizo que Tony yo nos comiéramos una lata de espárragos fríos, incluidas las náuseas. Ella me vio aterrorizado intentando trepar por la pared, y cuando desperté, la encontré sollozando.

Las pesadillas siguieron casi todas las noches hasta la semana de nuestro matrimonio, en que se mezclaron con escenas humorísticas. Durante este tiempo, mi voz [en el sueño] maduró y también mi capacidad narrativa, con frecuencia de manera secuencial. Después ella sufrió muchas noches insomnes, en que me veía despertar bruscamente, con los ojos desorbitados y el aspecto de alguien que está perdido, y luego me tranquilizaba hasta que ambos volvíamos a dormirnos. Comencé a inventar personajes como Lenny Jerusalén, un muchacho que vivía a una cuadra en un sueño y también era un agente en otro sueño, y cuentos en que yo era un protagonista de la danza del ciervo mientras otros eran meros partiquinos. Luego de tantas mañanas en que despertaba y la encontraba asustada aunque yo no podía recordar la pesadilla, ahora despertábamos riéndonos y sonrientes.

Nuestra boda, el 6 de abril de 1991 fue una fiesta de amor ecléctica, una celebración que muchos recordarían como la boda más hermosa y romántica a la que habían asistido. Además de Pokey, tuvimos varios otros ángeles sin los cuales ese día nunca habría llegado —entre ellos Heidi von Beltz, quien, al enterarse de nuestro limitado presupuesto, insistió en que nos casáramos en Malibú en una colina en su traspatio que domina la playa de Zuma y el océano Pacífico.

La aldea de amigos y familia que asistió a nuestra boda era de todas clases y condiciones: católicos, judíos, budistas, seguidores de la ciencia cristiana y personas de muchas otras denominaciones religiosas; homosexuales y heterosexuales, jóvenes y viejos, negros, blancos, mulatos, de todas las regiones del país. Una de las estrellas de la boda fue la madre del novio. Mami se adueñó de la pista de baile, con una verdadera cola de parejas que esperaban bailar con ella. Andy García, que no pudo asistir, grabó una cinta de música cubana para dar el tono, aunque también usamos, en su honor, el tema de *El Padrino III* en la procesión de la boda.

Sin proponérnoslo, quebrantamos todas las reglas ese día. Nos casó un rabino reformado debajo de una *chuppah* el sábado del último fin de semana de la Pascua judía y se sirvió comida cubana que incluía un tradicional plato de lechón (cerdo) asado. Durante la ceremonia, un día resplandeciente del sur de California, el viento que soplaba de la costa hizo que cuatro de nuestros amigos sostuvieran los palos de la *chuppah* durante toda la ceremonia, por los que les pusimos afectuosamente *Chuppahs-R-Us* por el resto del día. Mis hermanos, Tony y Ed fueron del cortejo de honor junto con David Plakos y Tom Miller. Mi querido amigo Joe Cartwright fue el padrino. Esperamos por las damas para recorrer la senda desde la casa estilo rancho, cada una con un traje o un vestido diferente color marfil. En fila venían Heidi, la hermana de Mim, Margrit, Ingrid Bauer, Cheryl Perriera, Kathy Cartwright y Betsy Jasny, la dama de honor. Allí al final de la senda estaba el espectáculo más bello que jamás hubiera visto, un ángel velado con una cola de treinta pies de largo. El viento de repente se arremolinó y levantó la cola por el aire. Ella parecía como si estuviera a punto de echarse a volar y como si para sujetarla, todos los asistentes maniobraran y sostuvieran la cola mientras ella proseguía su camino por la senda para encontrarse conmigo.

Mientras pronunciaba mis votos matrimoniales que el rabino Jerry Fisher me hacía repetir, de repente sentí que un súbito golpe de

viento me echaba encima el dosel de boda. Lo tomé como una advertencia de Eugenio, el amoroso padre de Mim, de que más me valía
ocuparme de su hija. Rompí la copa de vino y con un *Mazel tov* y un
beso todo concluyó.

Casi tan pronto como nos casamos, pensé que la había perdido.
Para nuestra luna de miel, habíamos planeado subir por la costa en un
Cadillac alquilado e ir haciendo escalas a lo largo del camino para pasar
la noche.

Nuestra primera escala fue en Pismo Beach, un pueblito costero
famoso por sus dunas arenosas. En el transcurso del viaje me fui sintiendo cada vez más mal, posiblemente debido a la picadura de un insecto venenoso o a algún alimento en mal estado que hubiera comido
en uno de los merenderos de la carretera. Cuando llegamos a nuestro
cuarto del hotel, la fiebre me había subido tanto que me empezaba a
afectar la visión. Desde el cuarto, podía ver un 7-Eleven a una cuadra
de distancia. Débilmente, le entregué las llaves y le dije:

—¿Podrías coger el carro y buscarme algunas galleticas y un ginger
ale?

Me dijo que preferiría caminar y se fue; y yo me desplomé en la
cama. Una hora y media después, se me abrieron los ojos.

Algo andaba mal, terriblemente mal. En mi estado febril, todo lo
que podía pensar era de cuando vivía en Tallahassee y la serenidad del
campus de la FSU se hizo añicos cuando encontraron a dos muchachas
de la fraternidad Chi Omega golpeadas y estranguladas en sus camas;
otras tres mujeres fueron atacadas y dejadas por muertas esa noche,
pero sobrevivieron. El asesino resultó ser Ted Bundy, que no tardó en
ser capturado, pero no hasta después de que secuestrara y asesinara a
otra víctima, una escolar de doce años de Lake City, Florida. En los
años transcurridos desde entonces, había leído extensamente acerca de
este tipo de sociópatas y vagabundos que suelen atacar en los balnea-
rios y la manera en que atraen a sus víctimas.

Mi esposa, mi novia de no tantas horas, era la más confiada de las
víctimas. Se había ido a una gestión de diez minutos. ¿Por qué no se
había llevado el carro?

Salté de la cama, aturdido e inestable, con serios retortijones y salí dando traspiés en su busca. Con la luz enceguecedora del sol que empezaba a ponerse nublándome aún más la vista, me monté en el Caddy y me fui hasta la concurrida tienda *gritando* y gesticulando sobre la desaparición de mi esposa. El tendero me confirmó que una mujer que se ajustaba a la descripción de Mim había estado allí una hora antes.

Salí disparado de la tienda, salté al carro y me fui a recorrer el parqueo. Ninguna señal de mi mujer.

HIS-TÉ-RI-CO, irrumpí en el vestíbulo del hotel, insistiendo: «¡Llame a los alguaciles! ¡Llame a los alguaciles! ¡Han secuestrado a mi esposa!».

Por una extraña coincidencia, la mujer de la carpeta tenía una identificación prendida al pecho en la que se leía «Miriam». Ella sugirió que llamara al cuarto. Cuando me preguntó cuál era el nombre de mi esposa, señalé con un gesto trágico al nombre de su identificación.

Era lo que más temía, no cesaba de repetirme, que todas y cada una de las cosas que atesoraba estaba destinado a perderlas. Mi cuento de hadas parecía ahora destrozado, como los trofeos que Dad me había hecho polvo alguna vez en mi presencia.

Pero el destino tenía un plan diferente. Cuando la Miriam de la recepción llamó a nuestro cuarto y mi esposa Miriam respondió, preocupada por no saber dónde yo estaba, la poco chistosa comedia de errores se dio a conocer. Obviamente, mientras yo volaba a nuestro cuarto y a sus brazos, ambos llegamos a la conclusión de que no la había oído decirme que ella iba a curiosear el pueblo antes de volver.

Aunque la luna de miel había tenido un inquietante comienzo; al día siguiente, ya me sentí lo bastante bien como para tomar un baño con ella en el jacuzzi de nuestro balcón del hotel. En cuestión de cinco minutos, sonó el teléfono y era mi agente que me andaba buscando para discutir las condiciones de un contrato para una película de cierta importancia.

Pese al virus estomacal y a la fantasía del secuestro, Mim y yo sentimos que éste era realmente un cuento de hadas de Hollywood que se había hecho realidad. Repantigados en el jacuzzi, en nuestra luna de miel, negociando mi próximo contrato en el cine. Brindamos por nuestro ángeles, nuestras copas estaban rebosantes.

Aún tenía que contarle a Mim acerca del incidente con Pokey. Eso tendría que esperar.

Me tomaron las huellas dactilares, me fotografiaron, me hicieron una extensa investigación de mis antecedentes y tuve que firmar el documento sobre la política de no-rehenes antes de poder pasar por las puertas de San Quintín, la prisión de máxima seguridad del norte de California.

Durante las próximas seis semanas, pasé doce a dieciséis horas diarias filmando dentro de la población penal sin el consuelo de contar con guardaespaldas privados. El guión de Taylor Hackford *Sangre por sangre* (dado a conocer también como *Bound by Honor)* fue escrito por Jimmy Santiago Baca, un poeta chicano galardonado que aprendió solo a leer y a escribir en la cárcel. La película sigue la historia de dos hermanos chicanos, protagonizados por Benjamín Bratt y Jesse Borrego, y un primo, papel desempeñado por Damián Chapa, todos del Este de L.A., cuyas vidas tomaron sendas diferentes después de un violento incidente de pandillas que les ocurriera en su juventud. El primo termina cumpliendo sanción en San Quintín.

Parte de la fuerza de la película para mí fue la combinación de la autenticidad del guión de Jimmy y el realismo de las secuencias de la prisión. Como en la historia del filme, los actores estábamos físicamente separados en las tres principales facciones de la población penal, los chicanos, los negros y los blancos. Cuando dejábamos el remolque del maquillador que se parqueaba en medio del patio de la prisión, ya no podíamos asociarnos los unos con los otros por temor a las fricciones que eso podría causar. Delroy Lindo y su pequeño grupo de actores afroamericanos se unían a la pandilla negra; Billy Bob Thornton y Tom Towles se unían a la banda aria; y yo, junto con Damián Chapa, Enrique Castillo, Geoffrey Rivas, Danny Trejo y Jimmy Santiago Baca caímos con la pandilla chicana.

Mi personaje, Magic Mike, era uno de los mandamases en la jerarquía de una ficticia pandilla chicana llamada La Onda. Del magro
tipo de 215 libras que yo pesaba, me convertí en un macizo señor de
245, con un bigote y un chivo amenazantes, y tenía todo el torso cubierto de tatuajes carcelarios. Dibujarme los tatuajes tomó como tres
horas y luego los rellenaron algunos de los principales artistas del ta-
tuaje de California, entre ellos Gill «el Drill» Monte. Cuando salía del
remolque del maquillador para entrar en prisión, detrás se quedaba
Víctor y me convertía en Magic Mike, peligroso, violento, cruel, un
soldado en un ejército que operaba con un código de honor, que no
obstante era letal.

Al hablar con algunos de los reclusos, resultaba evidente que casi
todos ellos habían sido testigos o víctimas de abuso infantil en su pasado. (Algunas estadísticas dicen que tanto como el 99 por ciento). Los
niños no nacen violentos ni son criminales natos; la violencia es una
conducta aprendida. Mirando diariamente al patio de la cárcel, y observando el comportamiento de los más formidables presidiarios, me
di cuenta que sólo por la gracia de Dios yo no era uno de ellos. Sin la
intervención y la ayuda que rompió en mí el ciclo de la violencia, fácilmente podría haberme convertido en Magic Mike.

En la prisión había varios recuentos al día. Si algunos de los reclusos faltaba, todo se cerraba, incluida nuestra filmación, hasta que el ex-
traviado aparecía. Originalmente, San Quintín estuvo concebida para
albergar a dos mil quinientos presos. En 1991 había más de cinco mil
hombres. La tensión es ya grande en una prisión de máxima seguridad;
si se le añade el elemento de la superpoblación, la vida se hace insoportable. Cuando los hombres son liberados de sus celdas por la mañana
para sus diversas actividades, el escape de energía es audible, como el
zumbido de la electricidad en un alambre cargado.

Oí y vi cosas que el visitante de un día o el delincuente juvenil en
una excursión del programa *Scared Straight* nunca verá. Hubo por lo
menos cuatro apuñalamientos con punzones de fabricación casera
mientras estuve allí, y uno de ellos en mi presencia. Hubo varios confi-
namientos a las celdas, unos cuantos intentos de suicidio y los gemidos

de dolor y los gritos de auxilio de las víctimas de violaciones eran re-
cordatorios de la brutalidad de que los hombres son capaces. El cierre
metálico de las puertas de las celdas por la noche nos asustaba a todos
los que éramos lo bastante afortunados para estar sólo actuando en los
papeles de penados. ¡Cuánto potencial humano perdido!

Trabajar con un gran director como Taylor es como prestar servicio
a las órdenes de un gran comandante militar o de un gran director de
fútbol. Taylor me ayudó a utilizar al Cubano Loco para este papel
mientras Jimmy me hablaba de evocar el movimiento sensorial del
jaguar. He tenido muchas experiencias extraordinarias como actor,
pero ninguna de ellas me ha afectado o me ha influido tanto como el
tiempo dedicado a *Sangre por sangre* de Taylor Hackford.

Listo para alguna comedia, me sentí muy gratificado de que mi
próximo gran trabajo fuera en *Su distinguida señoría* del director Jo-
nathan Lynn, protagonizada por Eddie Murphy como un delincuente
que logra ser electo al Congreso aprovechándose de que su apellido es
el mismo de un político recién fallecido. En el papel de Armando,
uno de sus compinches, me divertí improvisando escenas con Eddie y
también creando bocadillos para la transición de mi personaje de
convicto a asesor de un congresista. Era un sesgo distinto de lo que tenían en mente el programa *Close Up*, pero más tarde me sirvió para
romper el hielo cuando viajé a Washington, D.C. a cabildear en el
Congreso y pude decir con convicción: «es admirable estar de vuelta
en el Capitolio».

En febrero de 1994, Mim y yo fuimos a ver a nuestro obstetra-
ginecólogo para determinar como progresaba nuestro cuarto embarazo. Ya habíamos pasado por el trauma de tres abortos involuntarios,
sin que ningún embarazo lograra pasar del primer trimestre. Cada vez,
la prueba de ultrasonido había mostrado que el corazón del bebé no estaba latiendo. Cifrábamos todas nuestras esperanzas en éste. Mim y yo
quitamos la vista del monitor mientras el Dr. Scott Serden le aplicaba
el gel y luego la paleta del ultrasonido. El increíble sonido de los latidos

del corazón de nuestro bebé llenó el salón de reconocimiento. Ambos nos echamos a llorar con las imágenes y sonidos del monitor. El bebé era saludable y todo funcionaba con normalidad.

Desafortunadamente, Mim amaneció con mareos durante todo el embarazo. Pasó una temporada miserable e incluso llegó a vomitar sangre, pero se las arregló para doblar su peso. Pese a lo mal que ella la estaba pasando, ambos nos sentímos dichosísimos cuando le hicieron una amniosientesis y supimos que al bebé le iba de maravilla. No queríamos saber si era hembra o varón, queríamos que fuese una sorpresa, pero el pene se veía claramente en el monitor. ¡Muchachón! El hijo de nuestro milagro, por el que tanto habíamos pedido y tanto habíamos esperado.

Hacia el fin del segundo trimestre, mientras conducía por el oeste de Los Ángeles, de regreso a casa luego de una audición, sentí un súbito dolor en el pecho. Al principio pensé que podría ser un espasmo de mis músculos pectorales. Pero luego sentí dificultad para respirar y me empezó a fallar la vista. Por supuesto, lo primero que se me ocurrió fue que tenía un ataque cardíaco y que debía estacionar y dejar de conducir.

En lugar de llamar al 911, llamé a Mim, que estaba ocupada trabajando contra el reloj para la entrega a una casa editorial de un libro del cual era coautora.

Me estacioné en la cuneta, mirando la actividad de la calle a través de una visión de túnel. «Estoy asustado —le dije—. Me parece que me voy a morir. Mejor ven pronto».

Mim llegó después de un tiempo que me pareció horas y me condujo al consultorio del médico. El Dr. Joshua Trabulus me examinó completamente y no pudo encontrarme nada mal, excepto que estaba un poco anémico. Mis síntomas desaparecieron poco después de llegar a su consultorio. Era un misterio.

Un par de semanas después, trabajaba en un serial cómico del Oeste para la televisión llamado *The Adventures of Brisco County, Jr.* cuando los síntomas se repitieron. Estaba a caballo en medio de un lugar desierto cuando de repente sentí que me desmayaba. Me costaba trabajo respirar. Cada vez que sentía el impulso de llamar a la enfermera del set, me sobreponía, no queriendo que me echaran o que me tomaran por un hipocondríaco.

Intenté seguir adelante no importa lo que sucediera. Cuanto más lo intentaba, peor me ponía. Mi compañera, la actriz Ely Pouget, que se encontraba a caballo cerca de mí, no dejaba de mirarme. Entre cada toma, me desplomaba sobre la montura hasta que el director gritaba: «¡acción!». Entonces me enderezaba, movía mi caballo hasta el sitio marcado por la cámara, apuntaba con mi revólver y gritaba mi parlamento. Con la palabra «¡corten!» me desplomaba de nuevo sobre el caballo. Hicimos esa escena una y otra vez por varias razones hasta que terminamos por ese día.

Mientras Ely y yo nos dirigíamos a las casas móviles, le confié que me había estado desplomando sobre el caballo para evitar desmayarme.

—¡Caramba! —dijo—, pensaba que era una nueva técnica de actuación.

Hice el largo viaje de regreso a la ciudad, más asustado que nunca, y llamé al consultorio del Dr. Trabulus para conseguir una cita para la mañana siguiente.

Luego de una andanada de pruebas, un examen físico completo con ecocardiograma, EKG, un sinfín de análisis de sangre, y finalmente una prueba de esfuerzo en la estera, el Dr. Trabusul me dijo: «no tienes ningún problema en el corazón. ¡Es tan fuerte como el de un toro!». Me dijo que me vistiera y que lo viera en su despacho.

—¿Estás teniendo ansiedad paterna? —me preguntó el Dr. Trabulus, de la manera más tranquila y amable. Viendo mi confusión, prosiguió, con cuidado—. ¿Te preocupa ser padre?

Su pregunta me hizo recostarme en la silla y ponerme a la defensiva.

—¡No! Estoy muy entusiasmado. Ya le he pintado el cuarto y he instalado algunos muebles. ¡Estoy preparado!

El Dr. Trabulus me hizo amablemente algunas preguntas acerca de mi infancia y de mi crianza. Pareció profundamente afectado por lo que brevemente le conté.

—Víctor, tienes ataques de ansiedad. Me recetó algunas medicinas para ayudarme a superarlos, pero me recomendó que hablara definitivamente con alguien antes de que el bebé naciera.

Mim se ocupó de buscar una terapeuta que me atendiera, la Dra. Barbara Kobrin. Nunca había ido a ver a una terapeuta, pero quería llegar hasta el fondo de lo que me estaba pasando y REMEDIARLO.

Barbara me hizo sentir cómodo mientras nos sentamos uno frente al otro, fumando cigarrillos en una primorosa casita de Hollywood donde ella tenía entonces su consultorio. Durante mi primer visita conversamos alrededor de una hora acerca de Dad y lo que había ocurrido en nuestra casa. Al final de la sesión, Barbara me preguntó si yo entendía que había sufrido una de las formas más extremas de abuso.

Ella siguió explicándome que los individuos que sufren este tipo de abuso físico y emocional padecen en muchas ocasiones del síndrome del estrés postraumático. Yo había oído usar ese término referido a los veteranos de Vietnam y a otros refugiados de guerras y desastres. La Dra. Kobrin fue la primera persona que comparó la experiencia por la [que mi familia y yo] habíamos pasado con una zona de guerra.

Aunque era un alivio entender que mi estado de ansiedad era normal y aunque Barbara me aseguró que iba a estar bien, en alguna medida nuestras tres sesiones me hicieron sentir más temeroso que antes. Ahora mi pánico se centraba en si yo realmente había logrado desterrar a Dad luego de que me enfrenté a su aparición. Tal vez mientras se desvanecía, su maldad, necesitada de encontrar un cuerpo vivo, había venido a alojarse dentro de mí. Yo le ponía a Mim una cara alegre, pero en mi interior me preguntaba si el monstruo que fue mi padre vivía dentro de mí.

La respuesta llegó el 27 de julio de 1994. Mim rompió la fuente a las 2 A.M., diez días antes de lo que estaba programada la cesárea porque nuestro bebé venía de nalgas. Puesto que el Dr. Serden estaba fuera de la ciudad, su socio, el Dr. Arthur Allen, iba a recibirlo, aún por cesárea, a menos que el bebé se las arreglara para cambiar de posición. Salimos rápidamente al hospital Cedars-Sinai y para las 5 a m estábamos en el salón de operaciones.

El salón estaba bañado de luces brillantes con monitores en todas partes. A Mim la tendieron boca arriba en la mesa, y la anestesiaron de la cintura para abajo, de suerte que no sentía ningún dolor. El anestesiólogo había reunido en una cinta las más increíbles arias operáticas que yo jamás hubiera oído. Me corrían las lágrimas mientras le acariciaba el pelo a Mim y observaba al Dr. Allen emprender con calma su tarea.

—Voy a empezar —con este anuncio, me levanté y me asomé por encima de la mampara que habían puesto sobre los hombros de Mim, para evitar que viera la cirugía que le estaban practicando en su bajo vientre.

El Dr. Allen introdujo la mano en el abdomen de Mim y agarró una de las piernas invisibles de mi hijo.

—¡Este niño no es de siete libras! ¡Es grande!

Con esa proclamación, sacó a mi hijo por los tobillos hasta la cintura. El bebé de inmediato bautizó el salón con un largo chorro de orina de su pene erecto. ¡Muchachón!

De repente, el Dr. Allen volvió a introducir al bebé e hizo un ajuste. El cordón umbilical se le había enroscado alrededor del cuello. Un segundo después, nuestro bebé sanguinolento y azul estaba afuera, pero antes de que pudiera contemplarlo, oí al Dr. Allen enunciar una orden:

—¡Resucítenlo!

A través de la niebla de la anestesia, Mim dijo débilmente:

—¿Qué? ¿Qué está pasando?

Oh, Dios mío, recé, por favor haz que esté bien. Por favor.

Una de las enfermeras tomó un bulbo de succión, se lo introdujo en la garganta al bebé y lo oprimió. El cuarto se llenó de un llanto intermitente y mi hijo se tornó rosado frente a mis ojos.

El Dr. Allen me invitó a unirme con él y las enfermeras. Me entregaron un par de tijeras quirúrgicas y me indicaron cómo tenía que cortarle el cordón umbilical.

Seguí a las enfermeras hasta el calentador de recién nacidos, donde lo limpiaron un poco y lo pesaron. Momentos después le ciñeron una faja y me lo pusieron en los brazos.

—¿Cómo se llama?

—Elias Kennedy Rivas —anuncié mientras miraba a aquel diminuto milagro de la vida que dormía apaciblemente en mis brazos. Nació a las 5:29 A.M., pesando ocho libras, trece onzas, y midiendo veinte pulgadas y media, ¡era tan bello!

Un hijo. Se parecía a mí. Se parecía a Mim. Se parecía a Eli.

Lo sostuve contra mi cuerpo, queriendo que él sintiera el amor incondicional que yo tendría siempre por él. Quería que sintiera el contacto de mi cuerpo fuerte y que supiera que siempre lo protegería y que nunca le haría daño.

Toda la ansiedad y el temor que me habían acompañado por treinta y nueve años se disiparon en esos primeros momentos íntimos, entre *este* padre y su hijo. Eli tendría un hogar al cual querría volver y donde nunca tendría miedo.

Yo estaba en paz. Había llegado.

epílogo:
la paz

La paz es un proceso diario, semanal, mensual, de cambiar de opiniones, de eliminar lentamente viejas barreras, de construir calladamente nuevas estructuras.
—John F. Kennedy, discurso ante las Naciones Unidas,
20 de septiembre de 1963

M IRÉ POR EL LADO IZQUIERDO del avión y vi un perfecto arco iris que comenzaba en la punta del ala y terminaba encima del aparato, donde desaparecía de mi vista. Miré hacia el otro lado, a través del pasillo y, para mi asombro, vi la continuación del más extraordinario arco iris que jamás hubiera contemplado. El avión medio vacío que había viajado desde Los Ángeles a través de una nación en duelo se acercaba a su destino final sobre el agua antes de aterrizar en Baltimore, Maryland.

Era el 1 de octubre de 2001, menos de tres semanas después de los trágicos sucesos del 11 de septiembre. Muchos de los que nos encontrábamos en el avión viajábamos por primera vez desde que nuestro mundo se viera drásticamente alterado por esa catástrofe. Yo no era el único pasajero nervioso y vigilante en este vuelo y no me importaba que el puñado de viajeros sentados conmigo en primera clase me miraran cada vez que me levantaba para ir al baño junto a la puerta de la cabina.

El medio halo de colores transformados se mantuvo coronando al avión, durante todo el trayecto, hasta que las ruedas se deslizaron por la pista del Aeropuerto BWI. El arco iris se dejaba sentir como un arco de protección, o al menos así lo pedía yo.

Estaba en camino a Washington, D.C., para participar con el senador Paul Wellstone, su esposa, Sheila, y otras personas en el evento anual de los Wellstone de inaugurar el Mes Nacional de la Concientización sobre la Violencia Doméstica.

Con el nacimiento de mi hijo, Eli, ya no había indecisión de mi parte. El ciclo de violencia de veras se había roto. La idea de usar mi historia para promover cambios había estado dando vueltas en mi interior por algún tiempo cuando me enteré de la existencia de una organización llamada Red Nacional para Erradicar la Violencia Doméstica, (NNEDV, por su sigla en inglés) una red de coaliciones estatales con sede en Washington, D.C., que se empeña en ponerle fin a la violencia contra las mujeres y los niños. Mi amigo y editor Dick Weaver llamó a la NNEDV y habló con Donna Edwards, su directora ejecutiva.

Dick le dijo a Donna que tenía un cliente que podría convertirse en un importante portavoz nacional de la NNEDV.

—Magnífico —le contestó Donna—, ¿quién es ella?

—Es *él* —Dick se rió y luego le hizo a Donna Edwards una breve sinopsis de mi historia. Ella se quedó lo bastante curiosa para decidir encontrarse conmigo en Los Ángeles.

Lo que me gustaba de la NNEDV era que se trataba de una organización nacional que funcionaba en asociación con el Congreso y con la Casa Blanca, con el dedo en el pulso de todos los problemas en las asignaciones de fondos y acciones legislativas que se abordaban a nivel local, estatal y nacional.

Al igual que Donna —que tuvo la visión y el valor de convertir a un hombre en el portavoz nacional de un problema que siguen siendo visto fundamentalmente como algo privativo de mujeres— su sucesora en la NNEDV, la Directora Ejecutiva Lynn Rosenthal, me mantuvo como portavoz y buscó medios de expandir mi papel en el área de la conciencia pública. Como bien se destaca en mi historia, la relación entre la violencia doméstica y el abuso infantil debe abordarse ya que son problemas que conciernen a todo el mundo.

Antes de comenzar a hablar, quería obtener el permiso de mi familia. Mis hermanas me dieron generosamente su bendición. Yo dejé a mami para lo último. Jubilada desde hacía varios años y residiendo tranquilamente en el sur de la Florida, La Luchadora vive rodeada de sus hijos y numerosos nietos que me visitan a menudo en California. Una de las escenas que más me han regocijado en la vida fue el día en que entré en la sala de mi casa y vi a mi pequeño hijo abrazado con Abbi, como él llama a su abuela. Ella le acariciaba el pelo y él le había pasado los brazos alrededor del cuello. Eso era algo que a ella nunca le dejaron hacer con sus propios hijos. Un espectáculo hermoso.

Si mami, una persona particular, se hubiera opuesto a que contara su historia, yo habría respetado su deseo. Pero apenas había dicho la primera oración cuando me interrumpió para decirme:

—Si puedes salvar *a una sola persona* de padecer la tortura que fue nuestra vida, entonces cualquier falta de privacidad habrá valido la pena.

Cuando estaba por comenzar mi desempeño como portavoz, [de la NNEVD], tuve más de un par de amigos que me hicieron el mismo comentario cuando les dije que estaba hablando sobre el tema de la violencia doméstica:

—¿A favor o en contra?

Y se reirían para hacerme saber que era un chiste porque, desde luego, ¿quién iba realmente a reconocer que estaba a favor de la violencia doméstica?

El hecho es que la gran mayoría de la gente puede convenir en estar en contra de la violencia doméstica. Esa es la buena nueva. Es verdaderamente un tema bipartidista. Pero lo que recibo muchas veces de la gente cuando hacen comentarios como ése es:

—¿Violencia doméstica? ¿Por qué tendría que importarme? ¿En qué me afecta? ¿Realmente tienes que hablar acerca de eso?

He aquí algunas respuestas muy sencillas que trascienden todas las culturas y todos los estratos económicos. La violencia doméstica y sexual afecta a una de cada cuatro mujeres: tu hermana, tu hija, tu madre, tu amiga, tu compañera de trabajo, tú misma. La violencia doméstica destroza la vida de tu comunidad y, sólo a las empresas, les cuesta de 3.000 a 4.000 millones de dólares al año, debido a ausentismo laboral, rotación de personal, gastos médicos y baja productividad. Se calcula que el abuso infantil tiene hasta quince veces más probabilidades de ocurrir en esos hogares donde la violencia doméstica está presente. Entre 3 y 10 millones de niños cada año son testigos de violencia doméstica. Cada año, dos mil niños mueren en Estados Unidos a causa del abuso físico.

Decidí romper el silencio y compartir mi historia de amor como un modo de darle gracias a todos los ángeles y defensores que me ayudaron a escapar de las tinieblas en que me encontraba y a curar mis heridas. Mi eterna gratitud a todas esas familias amorosas y valientes que me recibieron en sus hogares en mis tiempos de secundaria contra las advertencias de otros padres de la comunidad. Para muchas personas, yo era un muchacho grande, rudo y alarmante con malos antecedentes pero, como diría Lillian Echevarría, recibirme fue algo que su familia tenía que hacer, para intentar darle un cambio positivo a mi vida.

Si algo he aprendido en mi viaje de víctima a sobreviviente, y ahora como activista, es a creer que la violencia es evitable y que una onza de prevención tiene una larga trascendencia.

Los ángeles y promotores del movimiento para ponerle fin a la violencia doméstica no sólo han servido a las víctimas y a los sobrevivientes, sino que también han comenzado a crear programas para los agresores, no sólo con tratamiento, sino con intervención y prevención. Siempre que hablo con un grupo de agresores, los hombres con frecuencia me preguntan si las cosas hubieran sido distintas si mi padre hubiera buscado ayuda. Sin duda, si mi padre hubiera estado dispuesto a buscar ayuda, yo lo habría llevado de la mano a lo largo de todo el camino. El punto es que ninguna mujer, niño o compañero debe dejarse indefenso y desesperanzado. El movimiento ha creado albergues, líneas telefónicas de emergencia, servicios de asesoría, leyes, adiestramiento para las fuerzas de orden público y para el personal que brinda atención médica, junto con campañas de concientización públicas que han comenzado a transmitir el mensaje de que el amor nunca debe herir a nadie. Ésa es la buena nueva.

La mala nueva es que la violencia doméstica sigue siendo el delito menos denunciado en Estados Unidos, lo que hace que se le conozca como «el crimen silencioso», porque prospera en una atmósfera de vergüenza, inadmisión y silencio.

Otra razón por la que quería usar mi historia públicamente era para darle voz a esas víctimas que nunca tuvieron una oportunidad de hablar, como mi propio hermano Robert David Rivas. Espero transmitir el mensaje de que no sólo la violencia doméstica afecta a todo el mundo, sino que existe una conexión entre los problemas de violencia doméstica, el abuso infantil, la violación sexual y cualquier otra forma de violencia. En efecto, creo que hay una relación entre esas violaciones y la violencia que tememos en los centros escolares, en las calles y en el mundo.

Lo que relaciona todo esto es uno de los derechos civiles más fundamentales que todos los ciudadanos del mundo deben tener: *el derecho a la seguridad*. Sé que es algo que domina nuestra conciencia nacional con nuestra continua preocupación por el terrorismo y la inestabilidad alrededor del mundo. Pero existe otro tipo de terrorismo al que debemos confrontar, porque se encuentra en el seno de nuestros hogares, en las familias y en las relaciones íntimas, donde más se aprende y más se nutre la violencia.

A mi trayectoria como activista ha venido a sumarse la bendición del activismo de Mim como miembro de la junta del Fondo de la NNEDV y por poder llevar a Eli conmigo cuando he ido a cabildear

con los miembros del Congreso e incluso a reunirme con el presidente
Clinton en la Oficina Oval. Cuanto sólo tenía cinco años, a Eli le pi-
dieron que me acompañara en el podio y que compartiera sus ideas
sobre el tema. Él ha estado hablando siempre desde entonces.

En el 2002 nuestro país perdió a dos de sus grandes funcionarios
públicos y promotores de causas nobles, el senador Paul Wellstone y su
esposa, Sheila, en un trágico accidente aéreo. Ambos habían ayudado a
aguzar la conciencia pública respecto a las complejidades del problema
de la violencia doméstica y fueron de los aliados más firmes y constante
en esta lucha hasta el final. Luego de asistir en el 2001 al evento auspiciado por los Wellstone en pro de la concientización sobre la violencia
doméstica, mi familia y yo nos reencontramos con ellos en junio del
año siguiente en la oficina del senador Wellstone en Washington,
donde conversamos sobre cómo podíamos lograr que más hombres
participaran del movimiento. Al final de nuestro encuentro, le pregunté al senador Wellstone si podía tomarme una foto con mi hijo. Él
llevó a Eli hasta su hermoso escritorio de madera con una gigantesca
silla de cuero y le dijo:

—Arriba, siéntate.

Eli estaba a un pie de la silla cuando se detuvo, se volvió hacia el senador y le dijo:

—Usted sabe, podría querer postularme para presidente.

El senador Wellstone se echó hacia atrás y rompió a reír, y nosotros
nos reímos con él. Es así como siempre lo recordaré a él y a Sheila, que
nunca estaba demasiado ocupada para una reunión y quien siempre le
daba a los estudiantes un recorrido personal por la oficina. Él fue un
hombre, con la orientación de su amada esposa, que siempre votó con
su corazón y su conciencia, no sólo con su partido. Luego de ente-
rarme de la trágica muerte de ambos, renové mi dedicación a intentar
hacer del mundo un sitio más seguro para vivir.

Hay otros ángeles personales que ya no nos acompañan y que hicieron mi mundo personal infinitamente más seguro y feliz. Nuestro
querido maestro Bill Hudnut, en cuya casa rebosante de risas nos
conocimos Mim y yo, murió de SIDA en 1992. Mi mejor amigo,

Joe Cartwright, se enfrentó a un cáncer agresivo que terminó su vida en 2003.

En memoria de ambos, y de todos los entrenadores, maestros y miembros de mi extensa familia que no perdieron sus esperanzas en mí, y para todos los que abogan en las trincheras del movimiento para ponerle fin a la violencia los honro aquí compartiendo este asunto de familia y contando la historia del Cubano Loco, ahora en paz.

medios relacionados con la violencia doméstica

Si usted o alguien que usted conoce es, o puede ser, víctima de abusos, sírvase llamar a la Línea de Emergencia Nacional para la Violencia Doméstica 1-800-799-SAFE (7233)

Si quisiera participar más activamente en la creación de comunidades que sean lugares más seguros y apacibles para todos nosotros, he aquí algunas sugerencias:

1. **Rompa el silencio:** Si usted es víctima o testigo de alguna forma de violencia, hable con alguien. No se quede callado/a.

2. **Practique la paz:** Comprométase consigo mismo/a y con las personas que usted quiere a resolver los conflictos mediante la diplomacia en lugar de la guerra. Haga una promesa de tratar a los demás con respeto, aunque no le caigan particularmente bien.

3. **Enseñe la paz:** Si quiere tener una mayor participación, ofrézcase de voluntario/a para una línea de emergencia, llévele alimento a un albergue de mujeres y niños, o encuentre una organización que trabaje a favor de la paz que usted pueda apoyar.

4. **Contribuya a la paz:** Haga una contribución hoy a un programa local, estatal o nacional que se dedique a salvar vidas y a terminar toda forma de violencia en nuestros hogares, nuestros barrios, nuestra nación y nuestro mundo.

Para obtener más información sobre la Red Nacional para Erradicar con la Violencia Doméstica, y su organización hermana, el Fondo de la NNEDV, sírvase visitar la página web www.nnedv.org, o llamar al 1-202-543-5566. También puede sumarse a la Campaña de Acciones Amorosas del Fondo de la NNEDV *(Fund's Acts of Love Campaign)* y convertirse en un colaborador de nuestros empeños para ponerle fin a la violencia. La campaña ayuda a proporcionarle recursos a los programas locales sobre la violencia doméstica, apoya los logros de los sobrevivientes y honra los esfuerzos de los que han dedicado sus vidas a crear hogares pacíficos. Sus contribuciones deducibles de impuestos al Fondo de la NNEDV ayudarán a alertar la conciencia pública acerca de la violencia doméstica, sus causas, sus repercusiones y sus soluciones.

NNEDV Fund, 660 Pennsylvania Avenue, SE, Suite 303, Washington, D.C. 20003.

agradecimientos
adicionales

En mi trayectoria como actor y como activista, me siento orgulloso de formar parte de una increíble comunidad de promotores con quienes me siento para siempre en deuda. No hay suficiente espacio para darle las gracias a cada uno de ellos, pero pecaría de negligente si no incluyera estos agradecimientos adicionales. Sin el aliento de las siguientes personas, este libro nunca habría sido posible.

Lléguele mi cordial gratitud al senador Joe Biden, un héroe nacional en la lucha por garantizar la seguridad de todos los ciudadanos, en este país y en el mundo. Gracias a todos en la Oficina sobre la Violencia contra las Mujeres; a los legisladores del Senado y la Cámara de Representantes de los Estados Unidos, junto con gobernadores, legisladores estatales y locales, líderes en el campo de los servicios sociales y de salud, en los tribunales, las escuelas y en los organismos de orden público, que, pese a las crisis presupuestarias, se niegan a retirar las protecciones a todos aquellos afectados por la violencia doméstica; especial gratitud al *Caucus* Congresional para Asuntos de la Mujer y el *Caucus* Congresional Hispano por la acogida y apoyo que me han dado en Washington, D.C.

Por respaldarme en mi trabajo como portavoz de la NNEDV, llegue mi enorme aprecio a Fernando Laguarda y a todos los demás en la firma de Mintz, Levin, Cohn, Ferris, Glovsky y Popeo, y a Shannon Flint Euscy de *Beacon Pointe Advisors*. Por su extraordinaria generosidad personal y filantrópica, una especial palabra de agradecimiento llegue a David Geffen —una temprana inspiración para mí al intentar sentar una pauta— y a todos en la Fundación David Geffen. Mi más cariñosa admiración se la debo a Carol Black, Meredith Wagner, Mary Dixon y a todos en *Lifetime Televisión* por su constante dedicación a vuestra campaña para ponerle fin a la violencia contra las mujeres.

Sin el liderazgo y apoyo de fundaciones particulares y corporativas, incontables agencias dedicadas a salvar vidas en esta nación dejarían de existir. Estoy especialmente agradecido a mis amigas Diane Eidman, Diana Echevarría y a todos en el programa Puertas de Esperanza *(Doors of Hope)* de Altria. Inmenso agradecimiento también a Anne Crews y a todos en la Fundación Benéfica Kay Ash, de la Mary Kay, Inc., con personal reconocimiento por sufragar la producción de *Rompiendo el silencio: viajes de esperanza,* junto con el mayor aprecio para sus realizadores cinematográficos, Dominique Lasseur y Catherine Tatge. Inmensa gratitud le debo a la familia Byron, a Marcia Roth, y a todos en la Mary Byron Foundation, junto con todos en *Appriss* que participaron en el programa VINE. A Dianne Mooney, Jennifer Jacquess y todos los demás de *Southern Living at HOME* y al programa *Cut is Out,* les quedo muy reconocido.

No alcanzan las palabras para decir cuánto respeto siento por los incansables empeños de todos los miembros de las coaliciones estatales de la NNEDV. Por invitarme a vuestros estados y hacerme sentir como en casa, mi constante gratitud a Mary Lauby y a todos en la Coalición de Wisconsin Contra la Violencia Doméstica; a Cheryl Howard y a todos en la Coalición de Illinois Contra la Violencia Doméstica; a Mary Keefe, Kathy Hagenian y todos en la Coalición de Michigan Contra la Violencia Doméstica y Sexual; a Sherry Frohman y todos los demás en la Coalición del Estado de Nueva York Contra la Violencia Doméstica; a Tiffany Carr en la Coalición de la Florida Contra la Violencia Doméstica; a Sandy Barnett y a todos los demás en la Coalición de Kansas Contra la Violencia Sexual y Doméstica; a Agnes Maldonado y a todos los demás en la Coalición de Nuevo México Contra la Violencia Doméstica; a Carol Post y a todos los demás en la Coalición de Delaware Contra la Violencia Doméstica; a Coleen Coble y a todos los demás en Coalición de Missouri Contra la Violencia Doméstica; a todos en la Coalición de Louisiana Contra la Violencia Doméstica;

a Ellyne Bell y a todos los demás en la Alianza de California Contra la Violencia Doméstica; a Carol Gundlach en la Coalición de Alabama Contra la Violencia Doméstica; y a Rose Pulliam y todos los demás en la Red de Vermont Contra la Violencia Doméstica y el Asalto Sexual.

Mi constante respeto y gratitud llegue hasta aquellos aliados nacionales que son parte del movimiento para ponerle fin a la violencia en nuestros hogares y en nuestras relaciones; Sheryl Cates y la Línea de Emergencia Nacional para la Violencia Doméstica; Deborah Tucker y Vickie Smith del Centro Nacional sobre la Violencia Doméstica y Sexual; Rita Smith y la Coalición Nacional Contra la Violencia Doméstica; Adelita Michelle Medina y todos los demás en la Alianza Nacional Latina para la Eliminación de la Violencia Doméstica; la Dra. Nora Baladerian y todos los demás participantes de la Conferencia Internacional para Terminar el Abuso de Adultos y Niños con Discapacidades, auspiciada anualmente por Arc Riverside; al Dr. Robert Geffner y todos los demás participantes en la Conferencia Internacional sobre Violencia Familiar; el Colegio Nacional de Fiscales de Distritos; y todo los miembros de MANA, una organización nacional de capacitación para la mujer latina.

Permanente gratitud le debo a mis colegas portavoces que se valen de su habilidad artística, su celebridad y sus historias personales para despertar la conciencia [sobre la violencia doméstica] alrededor del mundo: Eve Ensleer y todos los que participaron en el *V-Day;* Heidi Joyce y todos los comediantes de *Stand Up Against Domestic Violence;* al coreógrafo Donald Byrd por su contribución de *The Beast;* Connie Mae Fowler; Don McPherson; Michael Bolton; Jackson Katz y todos los artistas, poetas, actores, cantantes, autores, dramaturgos, narradores, guionistas de televisión, cineastas y periodistas que rehúsan tratar la violencia doméstica y el abuso infantil como problemas de familia.

Gracias, gracias, gracias a todos los promotores, voluntarios y colaboradores, y a todos los que se encuentran en el frente sirviendo a las mujeres maltratadas y a sus familias en albergues, programas y agencias locales a través de todo el país. Por la hospitalidad que me han brindado en los campos de trabajo, le envío mi gratitud a: Felicia Collins-

Correia en los Servicio de Intervención contra el Abuso doméstico; Judith Wills y todos los demás en *Mid-Cities S.O.S.* del Albergue de Mujeres en la vecindad de Arlington, Texas; a Candy Pérez y todo los demás en Servicios Familiares La Rosa en Houston; a la tenienta coronel Peggy Emington y a todos los demás en la Asociación de Jefes de Policía de Kentucky; a Casey Gwinn y a todos los demás en el Centro de Justicia Familiar de San Diego; a todos en CASA en St. Petersburg, Florida, entre ellos mi hermano mayor, Tony Rivas; a todos en *The Spring of Tampa Bay* en la Florida; a todos en *SafeNet* de Erie, Pensilvania; a todos en el albergue del norte de Westchester, en el programa S.T.A.R. y en la Universidad de Pace en Nueva York; a todos en los Servicios de Emergencia para Mujeres en Napa; a la Asociación de Fiscales del Distrito de California; a la Oficina del Fiscal del distrito del Condado de Sonoma por su labor en favor de todas las víctimas de la violencia; a la Asociación Osteopática de Michigan; a la Universidad de Wisconsin; y a Sylvia Heller y a todos los demás de la Coalición Rachel en Nueva Jersey.

Aquí en mi transpatio del sur de California, me siento agradecido todos los días por los que prestan servicios de salvamento en mi propia comunidad. Gracias a Patti Giggans, y a todos en la Comisión de Los Ángeles sobre Asaltos Contra las Mujeres, por su continuo liderazgo e inspiración. Cordiales gracias también a la hermana Judy Molovsky por dedicar la vida entera a promover la paz; a todos en el Mount St. Mary's College y a los auspiciadores de la Cumbre de la Juventud sobre la Paz; a la hermana Ann y a todos en el Albergue el buen Pastor de Los Ángeles; al Dr. Robert Splawn y a todos en el Hospital de California; al teniente Mike Hertica con aprecio invariable; a todos en el Centro de Crisis Familiar 1736; a Dorothy Courtney y a todos en el Centro de Familias de Richstone; a January Wiggins por su valiente labor en el Programa de Tratamiento para Hombres Perpetradores de Violencia Doméstica en Torrance; al Consejo sobre la Violencia Familiar en *South Bay;* a todos en el Consejo Interinstitucional sobre el Abuso y el Abandono de los Niños; a *East Los Angeles College,* a El Camino

College; y a todos en Un Lugar Llamado Hogar en el Sur Centro de Los Ángeles.

Especiales gracias a todos los que constituyen el sistema de apoyo a mi carrera, lo cual me ayuda a intercalar mis conferencias con mis contratos de actuación: la polifacética Hillary Carlip por el extraordinario diseño y mantenimiento de mi sitio en la Red; a mis formidables agentes, Ann Geddes y Richard Lewis en la Agencia Geddes; y al inimitable Dick Weaver, genio de las relaciones públicas y amigo querido, por no dejar de hacer su parte.

acerca del autor

Víctor Rivas Rivers es un ex atleta universitario y profesional; un actor de experiencia, con papeles protagónicos en más de dos docenas de películas, entre ellos: el compinche de Eddie Murphy en *Su distinguida señoría,* el hermano de Antonio Banderas en *La máscara del Zorro* y Magic Mike en el éxito taquillero *Sangre por sangre;* y el portavoz para todo el país de la Red Nacional para Erradicar la Violencia Doméstica. Víctor nació en Cuba y ahora vive con su familia en Hermosa Beach, California. Visite su página web en www.victorrivers.com.

acerca del traductor

Vicente Echerri, nacido en Trinidad, Cuba, en 1948, ha publicado poesía (*Luz en la piedra;* Madrid, Oriens, 1986), ensayos (*La señal de los tiempos;* Bogotá-Miami, FNCA, 1993) *y relatos (Historias de la otra revolución;* Universal, Miami, 1998). Ha ejercido el periodismo de opinión por más de veinte años y sus columnas aparecen regularmente en varias publicaciones de Estados Unidos y América Latina y, desde 1971, ha traducido numerosos libros del inglés al español.